GLIEDERUNG

9

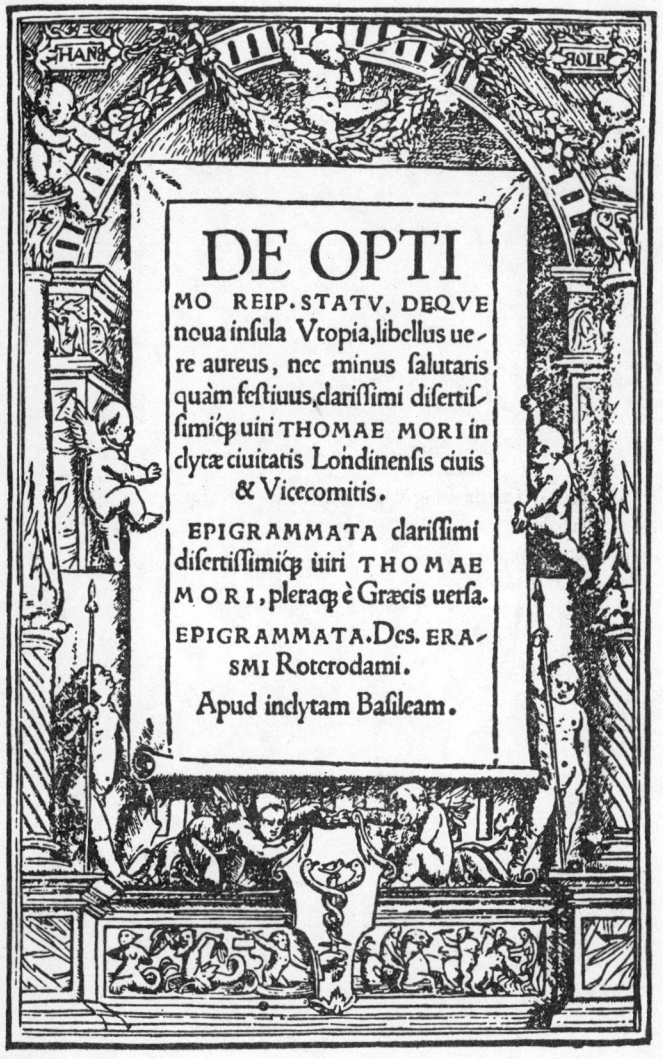

DE OPTI

MO REIP. STATV, DEQVE
noua insula Vtopia, libellus uere aureus, nec minus salutaris
quàm festiuus, clarissimi disertis-
simiq́; uiri THOMAE MORI in
clytæ ciuitatis Londinensis ciuis
& Vicecomitis.

EPIGRAMMATA clarissimi
disertissimiq́; uiri THOMAE
MORI, pleraq́; è Græcis uersa.

EPIGRAMMATA. Des. ERA-
SMI Roterodami.

Apud inclytam Basileam.

Titelblatt der Basler Ausgabe von 1517 der ‹Utopia› des Thomas Morus

VORREDE

[1. Voraussetzungen und Schwierigkeiten der Abfassung des Werkes]
Thomas Morus grüßt Petrus Ägidius [1] vielmals.

Ich schäme mich beinahe, liebster Petrus Ägidius, Dir dieses Büchlein über den Staat von Utopia erst nach fast einem Jahre zuzusenden, das Du zweifellos schon nach sechs Monaten erwartet hast, da Du ja wußtest, daß in diesem Werke die Mühe des Erfindens für mich wegfiel und ich auch über die Einteilung nicht nachzudenken, sondern nur das wiederzugeben brauchte, was ich mit Dir zusammen genauso wie Du den Raphael erzählen hörte. Daher gab es ja auch keine Mühe mit dem sprachlichen Ausdruck; denn seine Redeweise konnte nicht gewählt sein, da sie einmal unvorbereitet und augenblicksgebunden war, dann aber die eines Mannes, der, wie Du weißt, nicht so sehr des Lateinischen als vielmehr des Griechischen mächtig ist. Je näher aber meine Ausdrucksweise seiner lässigen Schlichtheit kommt, um so mehr wird sie der Wahrheit entsprechen, die allein in dieser Sache meine Sorge sein wird und sein muß.

Ich gestehe, lieber Petrus, daß ich durch diese Voraussetzungen so vieler Mühe enthoben war, daß beinahe nichts zu tun übrig blieb; sonst hätten Erfindung und Aufbau eines solchen Stoffes auch von einem nicht unbedeutenden und nicht gerade beschränkten Kopfe Beträchtliches an Zeit und Eifer gefordert. Wenn man aber gar noch verlangt hätte, die Sache nicht nur wahrhaftig, sondern auch gewandt wiederzugeben, so hätte ich das mit dem größten Aufwand an Eifer und Zeit nicht fertigbringen können.

Nun aber, da ich dieser Sorgen, die so viel Schweiß gekostet hätten, ledig war und es nur darauf ankam, das Gehörte einfach niederzuschreiben, war die Mühe nicht der Rede wert. Jedoch sogar zu dieser geringfügigen Arbeit ließen mir meine sonstigen Geschäfte sozusagen weniger als gar keine Zeit. Während ich ununterbrochen Prozesse führe, anhöre, schiedsrichterlich schlichte oder richterlich entscheide, während ich hier amtliche, dort geschäftliche Besuche mache, während ich draußen fast den ganzen Tag Fremden, den Rest zu Hause den Meinigen widme, bleibt für mich, das heißt für meine schriftstellerische Tätigkeit, nichts übrig. Denn komme ich nach Hause, so muß ich mit meiner Frau plaudern, mit den Kindern schwatzen, mit den Dienstboten reden; da das alles unbedingt not-

---

1 Zu den Eigennamen und nicht ohne weiteres verständlichen Sachbezeichnungen vgl. den Kommentar des Namen- und Sachregisters, S. 278 ff.

wendig ist, zähle ich es zu meinen Geschäften; notwendig aber ist
es, wenn man nicht im eigenen Hause zum Fremdling werden will.
Man muß sich überhaupt Mühe geben, mit den Menschen, die einem
Natur oder Zufall oder die eigene Wahl zu Lebensgefährten bestimmt hat, so freundlich wie möglich umzugehen; nur darf man sie
nicht durch Gutmütigkeit verderben oder sie aus Nachsicht aus Dienern zu Herren werden lassen. Dabei vergehen die Tage, die Monate,
die Jahre!

Wann also soll ich schreiben? Ich habe dabei noch gar nicht vom
Schlafen gesprochen, nicht einmal vom Essen, das vielen nicht weniger Zeit stiehlt als der Schlaf, der fast die Hälfte des Lebens weg-
nimmt. Ich aber gewinne gerade die Zeit, die ich dem Essen und
Schlafen stehle. Wenn das auch wenig ist, so habe ich dennoch zwar
langsam, aber, da es eben doch etwas ist, endlich die ‹Utopia› beendet. Nun sende ich sie Dir, lieber Petrus, damit Du sie liest und
mich aufmerksam machst, falls mir etwas entgangen sein sollte.
Obwohl ich mir in dieser Beziehung nicht gänzlich mißtraue — ich
wünschte, Geist und Gelehrsamkeit stünden mir in dem Maße zu
Gebote, wie ich mich in jeder Hinsicht auf mein Gedächtnis verlassen kann! —, so traue ich dennoch nicht so weit, daß ich es nicht für
möglich hielte, es könne mir etwas entfallen sein.

[2. Zweifel an der Genauigkeit des Berichtes]

Denn sogar mein junger Gehilfe John Clement hat mich in großen
Zweifel gestürzt. Er war ja, wie Du weißt, damals dabei, da ich ihn
bei keiner Unterhaltung fehlen lasse, von der er Nutzen haben kann,
zumal ich mir von diesem Sproß, der bereits im Griechischen und
Lateinischen zu grünen beginnt, einst hervorragende Früchte er-
hoffe. Während nämlich, soweit ich mich erinnere, Hythlodeus erzählt hat, jene Brücke von Amaurotum, von der der Fluß Anydrus
überspannt wird, sei 500 Schritt lang, behauptet mein guter John,
man müsse 200 abziehen: die Breite des Flusses betrage dort nicht
mehr als 300 Schritt. Ich bitte Dich, Dir die Sache ins Gedächtnis zu
rufen. Denn wenn Du seiner Meinung bist, so stimme auch ich bei
und gebe zu, daß ich mich getäuscht habe; wenn aber auch Du Dich
nicht genau erinnerst, so werde ich, wie ich es getan habe, das schreiben, was ich selbst im Gedächtnis habe. Denn so sehr ich darauf
bedacht bin, daß nichts Falsches in dem Buche stehe, so will ich doch,
sofern etwas zweifelhaft ist, lieber etwas Unrichtiges als eine bewußte Lüge sagen, weil ich lieber aufrichtig als durchtrieben sein
will.

Indessen wäre dieser Schaden leicht zu beheben, wenn Du Dich
entweder mündlich oder schriftlich bei Raphael selbst erkundigtest.
Das mußt Du übrigens sowieso tun wegen eines anderen Beden-

kens, das uns kam — ich weiß nicht, ob mehr auf Grund meiner, Deiner oder Raphaels eigener Schuld:

[3. Bitte um Feststellung der geographischen Lage der Insel]

Es kam nämlich weder uns in den Sinn, zu fragen, noch ihm, zu sagen, in welchem Teil jener Neuen Welt Utopien liegt. Ich gäbe tatsächlich ein gutes Stück Geld dafür, wenn das nicht unterlassen worden wäre. Einerseits ist es mir peinlich, nicht zu wissen, in welchem Meere die Insel liegt, über die ich so viel berichte, andererseits gibt es bei uns den einen oder anderen, vor allem einen, einen frommen Mann, der von Beruf Theologe ist, der in erstaunlichem Maße darauf brennt, nach Utopien zu reisen, nicht aus eitler Neugier und Lust, Neues zu sehen, sondern um unsere Religion, die dort glücklich Fuß gefaßt hat, zu fördern und zu verbreiten. Um das ordnungsgemäß tun zu können, beschloß er, vorher dafür zu sorgen, daß er vom Papste gesandt, ja sogar von den Utopiern zum Bischof gewählt werde, keineswegs von dem Bedenken zurückgehalten, daß er sich um dieses hohe Amt ja erst bewerben muß. Denn er hält diesen Ehrgeiz für berechtigt, da ihn nicht der Wunsch nach Ehre oder Geld, sondern frommer Eifer erzeugt hat.

Deshalb bitte ich Dich, lieber Petrus, wende Dich entweder mündlich, wenn Du es ohne Schwierigkeiten kannst, oder schriftlich an Hythlodeus und suche zu erreichen, daß in diesem meinem Werke nichts Falsches stehen bleibe oder nichts Wahres vermißt werde. Vielleicht ist es am besten, ihm das Buch selbst zu zeigen. Denn ein anderer ist wohl nicht imstande, einen etwaigen Irrtum zu verbessern, und auch er selbst kann es nur tun, wenn er das, was ich geschrieben habe, liest. Zudem könntest Du auf diese Weise erfahren, ob er es gern sieht oder ob es ihm unangenehm ist, daß ich dieses Werk geschrieben habe. Falls er nämlich selbst entschlossen war, seine Erlebnisse niederzuschreiben, so will er vielleicht nicht (und auch ich möchte das gewiß nicht), daß ich ihm durch meinen Bericht über den Staat der Utopier den Glanz und den Schmelz der Neuheit seiner Geschichte vorwegnehme.

[4. Befürchtungen hinsichtlich der Aufnahme des Werkes]

Indessen, um die Wahrheit zu sagen, bin ich mir selbst noch nicht im klaren, ob ich das Werk überhaupt herausgeben soll. Der Geschmack der Menschen ist ja nämlich so verschieden, die Einstellung mancher Leute ist so seltsam, es gibt so viel Undank, so viele widersinnige Urteile, daß damit offenbar die viel besser zurechtkommen, die froh und sorglos in den Tag hineinleben, als die sich mit der Sorge abplagen, etwas zu veröffentlichen, was undankbaren oder verwöhnten Lesern Nutzen oder Vergnügen bereiten könnte. Die meisten Menschen wissen nichts von Literatur, viele verachten sie; der Ungebildete weist alles als zu schwer zurück, was nicht völlig geistlos ist. Die Schulfüchse verachten alles als platt, was nicht von herkömmlichen Phrasen wimmelt; einigen gefällt allein das Althergebrachte, den meisten nur die eigene Weisheit. Der eine ist so griesgrämig, daß er keinen Spaß zulassen will, der andere so engstirnig, daß er keinen Witz vertragen kann. Manche sind so fade, daß sie jeden Spott scheuen wie ein von einem tollen Hunde Gebissener das Wasser; andere wieder sind so launisch, daß ihnen im Sitzen etwas anderes gefällt als im Stehen. Manche sitzen in den Wirtshäusern und urteilen beim Trinken über die Fähigkeiten der Schriftsteller; sie verdammen hoheitsvoll ganz willkürlich eines jeden Schriften, als ob sie ihn bei den Haaren zausten, dabei selbst in Sicherheit und sozusagen außer Schußweite; denn die guten Leute sind so glatt und ganz und gar ‹geschert›, daß sie kein einziges Haar haben, an dem man sie fassen könnte. Es gibt außerdem einige so Undankbare, die sich zwar an einem Werke höchlichst ergötzen, nichtsdestoweniger aber den Verfasser ablehnen, nicht unähnlich jenen unhöflichen Gästen, die, mit einem üppigen Mahle reichlich bewirtet, schließlich gesättigt nach Hause gehen, ohne dem Dank gesagt zu haben, von dem sie eingeladen worden sind.

Geh nun und richte Menschen von so verwöhnter Zunge, von so verschiedenem Geschmack, zudem von so dankbarer und freundlicher Gesinnung auf Deine Kosten die Mahlzeit!

Aber dennoch, lieber Petrus, mache Du das, was ich sagte, mit Hythlodeus aus! Nachher wird es immer noch freistehen, darüber von neuem zu beraten. Indessen werde ich, wenn es seinem Willen entspricht, jetzt nach Beendigung der Schreibarbeit freilich zu spät klug geworden, in den restlichen Fragen der Herausgabe dem Rat meiner Freunde und vor allem dem Deinen folgen.

Lebe wohl, liebster Petrus, mitsamt Deiner lieben Frau, und bleibe wie bisher mein Freund, wie ich der Deine noch mehr als sonst bin!

ENDE

BERICHT

[1. Die Gesandschaft nach Flandern]

Als der unbesiegbare König Heinrich von England, der achte seines Namens, geschmückt mit allen Tugenden eines hervorragenden Herrschers, kürzlich mit dem durchlauchtigsten Fürsten Karl von Kastilien Meinungsverschiedenheiten von nicht geringer Bedeutung hatte, schickte er mich zu ihrer Verhandlung und Beilegung als Gesandten nach Flandern, als Begleiter und Mitarbeiter des unvergleichlichen Cuthbert Tunstall, den er jüngst unter allgemeinem lebhaften Beifall zum Staatsarchivar ernannt hat. Zu dessen Lob will ich erst nichts weiter sagen; nicht weil ich fürchte, die Freundschaft werde als Zeuge von zu wenig zuverlässiger Glaubwürdigkeit erachtet, sondern weil seine Tüchtigkeit und Gelehrsamkeit größer sind, als sie von mir gepriesen werden könnten, zudem überall bekannter und berühmter, als daß sie es sollten, wenn ich nicht die Sonne mit der Laterne beleuchten wollte, wie man sagt.

In Brügge trafen verabredungsgemäß mit uns die Beauftragten des Fürsten zusammen, alles hervorragende Männer. Unter ihnen war der Präfekt von Brügge, ein prachtvoller Mensch, das Haupt und der Führer, ferner der Sprecher und die Seele Georg Temsicius, der Propst von Cassel, ein Mann von nicht nur erworbener, sondern angeborener Beredsamkeit, dazu ein ungemein gewiegter Jurist, ein Meister der Verhandlungstechnik auf Grund seiner Begabung wie auch seiner langjährigen Erfahrung. Als wir uns nach wiederholten Zusammenkünften über gewisse Punkte nicht hinreichend einigen konnten, verabschiedeten sich jene und reisten nach Brüssel, um die Ansicht ihres Fürsten zu hören.

Ich begab mich inzwischen — die Geschäfte brachten es so mit sich — nach Antwerpen. Während ich dort verweilte, besuchte mich oft unter anderen, aber willkommener als jeder andere, Petrus Ägidius, ein geborener Antwerpener, ein Mann von großer Zuverlässigkeit und angesehener Stellung bei seinen Mitbürgern, würdig der angesehensten, denn es ist schwer zu entscheiden, ob das Wissen des jungen Mannes mehr zu preisen ist oder sein Charakter; er ist nämlich ein ebenso gediegener wie gebildeter Mensch; zudem zeigt er eine ehrliche Gesinnung allen gegenüber, seinen Freunden jedoch eine so aufrichtige Zuneigung, Liebe, Treue und offene Herzlichkeit, daß man kaum irgendwo den einen oder den andern finden möchte, der mit jenem in allen Dingen der Freundschaft zu vergleichen wäre. Er ist von seltener Bescheidenheit; keinem liegt Verstellung ferner; keiner verbindet besser als er Klugheit und Schlichtheit. Dabei ist er im Gespräch so gewandt und so unbefangen witzig, daß er mir das Heimweh und die Sehnsucht nach Frau und Kindern, die wiederzusehen ich allzu ängstlich drängte — denn ich war schon mehr als vier Monate von Hause entfernt — zum großen Teil durch seinen angenehmen Umgang und durch seine liebenswürdige Plauderei linderte.

[2. Der Weltreisende: Raphael Hythlodeus]

Eines Tages hatte ich in der prächtigen und vielbesuchten Marienkirche dem Gottesdienst beigewohnt und wollte gerade von dort in meine Wohnung zurückkehren: da sehe ich ihn zufällig im Gespräch mit einem Fremden, einem älteren Manne mit sonnengebräuntem Gesicht, langem Bart und nachlässig von der Schulter hängendem Überwurf, der mir nach Aussehen und Tracht ein Seemann zu sein schien.

Sobald aber Petrus mich erblickte, trat er herzu, begrüßte und führte mich, ehe ich noch antworten konnte, ein wenig zur Seite, indem er sagte: «Siehst du den da?» Dabei deutete er auf den Mann, mit dem ich ihn hatte reden sehen. «Ich war eben im Begriffe, ihn geradewegs von hier zu dir zu führen.» — «Er wäre mir», versetzte ich, «deinetwegen willkommen gewesen.» — «Im Gegenteil», erwiderte jener, «seinetwegen, wenn du diesen Mann erst kenntest. Denn es lebt heute kein Mensch auf der Welt, der dir derartige Dinge von unbekannten Ländern und Menschen erzählen könnte, die zu hören, wie ich weiß, du so außerordentlich begierig bist.» — «Also», entgegnete ich, «habe ich nicht falsch geraten. Denn ich hielt diesen Mann auf den ersten Blick für einen Seemann.» — «Weit gefehlt!» rief er. «Jedenfalls fährt er nicht zur See wie Palinurus, sondern wie Odysseus oder, besser gesagt, wie Platon. Denn dieser Raphael — so nämlich heißt er, mit Familiennamen Hythlodeus — ist nicht unbewandert in der lateinischen und vollkommen in der griechischen Sprache, die er deshalb besser beherrscht als die der Römer, weil er sich ganz auf die Philosophie verlegt hatte, in der es in lateinischer Sprache seiner Feststellung nach nichts von Bedeutung außer einigem von Seneca und Cicero gibt. Er überließ das väterliche Erbgut, auf dem er wohnte, seinen Brüdern und schloß sich — er ist Portugiese — aus Lust, die Welt kennenzulernen, dem Amerigo Vespucci an. Dessen ständiger Begleiter war er auf den drei letzten jener vier Reisen, von denen man bereits überall liest; doch kehrte er von der letzten nicht mit ihm zurück. Er wünschte nämlich und setzte es bei Amerigo durch, daß er unter jenen vierundzwanzig Männern war, die am Ende der letzten Seereise im Kastell zurückblieben. Deshalb ließ man ihn zurück, damit er seiner Art folgen könne, die mehr auf Reisen aus ist als auf einen Grabstein in der Heimat. Beständig führt er nämlich Sprüche im Munde wie: ‹Wer keine Urne hat, den deckt der Himmel› und: ‹Zum Himmel ist der Weg von überall gleich weit›. Diese Einstellung wäre ihm ohne Gottes gnädigen Beistand teuer zu stehen gekommen.

Nachdem er übrigens nach Vespuccis Abfahrt mit fünf Gefährten aus dem Kastell viele Länder durchstreift hatte, ist er schließlich nach Tapobrane verschlagen worden und von da nach Kalikut gelangt; dort traf er gerade portugiesische Schiffe an und gelangte wider Erwarten doch noch in die Heimat.»

[3. Der Reisebericht]

Als mir Petrus erzählt und ich ihm gedankt hatte, daß er so aufmerksam gegen mich gewesen sei und sich solche Mühe gegeben habe, mir den Umgang mit einem Manne, dessen Erzählungen für mich seiner Annahme nach willkommen seien, zu verschaffen, wandte ich mich an Raphael. Nach gegenseitiger Begrüßung und jenen Redensarten, die gewöhnlich bei der ersten Begegnung Fremder ausgetauscht werden, gingen wir in meine Wohnung, setzten uns im Garten auf eine Rasenbank und plauderten.

Er erzählte uns nun, wie nach der Abreise Vespuccis er selbst und seine Gefährten, die im Kastell zurückgeblieben waren, sich allmählich durch Gefälligkeiten und Schmeicheleien bei den Eingeborenen jenes Landes beliebt zu machen begonnen hatten. Bald hätten sie nicht nur ungefährdet, sondern sogar freundschaftlich mit ihnen verkehrt; besonders seien sie einem Fürsten, dessen Land und Name mir entfallen ist, lieb und wert gewesen. Durch dessen Freigebigkeit, erzählte er, seien er und seine fünf Gefährten mit Verpflegung und Reisegeld hinreichend ausgerüstet worden; auch habe er ihnen für den Weg, den sie zu Wasser auf Flößen, zu Lande auf einem Wagen zurücklegten, einen treuen Führer mitgegeben, der sie zu anderen Fürsten, die sie, bestens empfohlen, aufsuchten, führte. Nach einer Reise von vielen Tagen, sagte er, hätten sie dann kleine und große Städte erreicht und Staaten mit zahlreicher Bevölkerung und gar nicht üblen Einrichtungen.

Allerdings lägen unter dem Äquator selbst, sowie auch auf beiden Seiten von ihm, soviel an Raum ungefähr die Kreisbahn der Sonne umgreift, wüste, von ewiger Hitze ausgetrocknete Einöden: die ganze Gegend ringsum sei unwirtlich und trostlos, alles wild und unerschlossen, von Raubtieren und Schlangen bewohnt oder auch von Menschen, die aber nicht weniger wild seien und nicht weniger gefährlich als die Tiere. Fahre man dann weiter, so werde allmählich alles freundlicher: das Klima weniger drückend, der Boden wohltuend grün, die Lebewesen umgänglicher. Endlich zeigten sich Völker, Städte, Dörfer, in diesen auch ständiger Handelsverkehr zu Wasser und zu Lande, nicht nur untereinander und mit den Nachbarn, sondern auch mit fern wohnenden Völkern. Daher habe sich für sie die Möglichkeit ergeben, viele Länder diesseits und jenseits zu besuchen, weil kein Schiff ausgerüstet wurde, in dem man ihn und seine Begleiter nicht freundlichst aufnahm.

Die Schiffe, die sie in den ersten Gegenden erblickten, hätten flache Kiele gehabt, erzählte er, Segel aus zusammengehefetem Bast oder Weidengeflecht, anderswo auch aus Tierhäuten; später aber trafen sie auch spitze Kiele und Hanfsegel an, schließlich alles unseren Schiffen ähnlich. Die Seeleute waren nicht unerfahren in Meer- und Himmelskunde. Aber außerordentlichen Dank, so erzählte er, habe er erfahren, als er ihnen den Gebrauch der Magnetnadel erklärte, der ihnen vorher völlig unbekannt war; deshalb hätten sie sich dem Meere nur voller Furcht anvertraut und zu keiner anderen Zeit als im Sommer größere Fahrten unternommen. Jetzt aber achten sie im Vertrauen auf den Magnetstein den Winter gering, jedoch eher sorglos als sicher, so daß Gefahr besteht, daß diese Errungenschaft, die ihnen ihrer Meinung nach so viel Gutes bringen sollte, infolge ihrer Unvorsichtigkeit die Ursache schweren Schadens werden könnte.

Was er in jener Gegend seinen Erzählungen zufolge noch alles gesehen hat, wiederzugeben, würde zu weit führen und liegt nicht in der Absicht dieses Werkes. Vielleicht werde ich an anderer Stelle davon berichten, zumal das, was zu wissen nützlich ist. Dazu gehört vor allem, was er irgendwo bei gesitteten Völkern an vernünftigen und klugen Einrichtungen bemerkt hat. Nach solchen Dingen nämlich fragten wir ihn am eifrigsten, und sie legte er auch am liebsten dar, während die Erwähnung von Fabeltieren unterblieb, da nichts langweiliger ist als diese. Denn Skyllen und räuberische Celänen, menschenfressende Lästrygonen und derartige furchtbare Ungetüme findet man fast allenthalben, Menschen aber in vernünftig und weise eingerichteten Staaten nicht leicht überall. Wieviel Verkehrtes er übrigens auch bei jenen neuen Völkern bemerkte, so zählte er doch nicht wenig auf, was man zum Vorbild nehmen könnte, um die Mißstände der hiesigen Städte und Staaten, Völker und Reiche zu verbessern, und was ich, wie gesagt, an anderer Stelle ausführen will.

Jetzt möchte ich nur das berichten, was er über die Sitten und Einrichtungen der Utopier erzählte, nachdem ich noch das Gespräch vorausgeschickt habe, in dessen Verlauf wir gleichsam von selbst auf die Erwähnung dieses Staates kamen.

[4. Der Philosoph als Fürstendiener]

Raphael hatte mit großem Scharfsinn Mißstände hier und dort — und sicher sind es auf beiden Seiten sehr viele — aufgezählt, ebenso aber das, was bei uns und bei jenen weiser eingerichtet ist, da er Sitten und Einrichtungen eines jeden einzelnen Volkes so im Kopfe hatte, als ob er an jedem Orte, wohin er gekommen war, sein ganzes Leben zugebracht hätte. Darüber war Petrus voll Bewunderung und sagte: «Ich wundere mich tatsächlich, lieber Raphael, warum du dich nicht einem Könige zur Verfügung stellst. Ich bin gewiß, daß es keinen gibt, dem du nicht außerordentlich willkommen wärest, da du ihn doch mit diesem Wissen, dieser Welt- und Menschenkenntnis nicht nur erfreuen, sondern auch durch Beispiele belehren und durch deinen Rat unterstützen könntest. Zugleich könntest du auf diese Weise ein Vermögen verdienen und deiner ganzen Verwandtschaft sehr nützlich sein.»

«Was meine Verwandten betrifft», sagte jener, «so kümmern sie mich nicht sehr; ich glaube nämlich, ihnen gegenüber meine Pflicht hinreichend erfüllt zu haben. Denn das, worauf andere erst in kranken Tagen und im hohen Alter verzichten, und auch dann nur unwillig, da sie es nicht länger behalten können, das habe ich nicht nur in voller Frische und Gesundheit, sondern sogar schon in der Blüte meiner Jahre unter Verwandte und Freunde verteilt. Sie sollten, glaube ich, mit dieser meiner Gutmütigkeit zufrieden sein und nicht noch obendrein fordern und erwarten, daß ich mich ihretwegen in die Abhängigkeit von Königen begebe.»

«Gut gesagt!» rief Petrus. «Ich meine aber nicht, du solltest *in* Diensten, sondern *zu* Diensten der Könige stehen.»

«Das sind», meinte jener, «nur zwei andere Buchstaben.»

«Aber ich meine doch», sagte Petrus, «wie du es auch nennen magst, daß das auf jeden Fall der Weg wäre, auf dem du nicht nur anderen persönlich und von Amts wegen nützlich sein, sondern auch deine eigene Lage verbessern könntest.»

«Verbessern?» entgegnete Raphael, «auf einem Wege, vor dem mir schaudert? Ich lebe doch jetzt so, wie ich will, wie es meines Erachtens den wenigsten Würdenträgern vergönnt ist. Es gibt doch genug Leute, die um die Gunst der Mächtigen buhlen; man braucht es für keinen großen Verlust zu halten, wenn sie auf mich und den einen oder anderen meinesgleichen verzichten müssen.»

Da ergriff ich das Wort und sagte: «Offensichtlich, lieber Raphael, bist du weder auf Macht noch auf Geld sehr erpicht. Und ich verehre und achte Leute deiner Gesinnung wahrhaftig nicht weniger als irgendeinen der großen Machthaber. Jedoch würdest du, wie mir scheint, durchaus deiner selbst und dieser deiner so edlen, wahrhaft philosophischen Denkungsart gemäß handeln, wenn du es über dich brächtest, wenn auch unter einigen persönlichen Opfern, deine Begabung und deinen Fleiß der Allgemeinheit zur Verfügung zu stellen; das könntest du nirgends mit so großem Nutzen tun, wie wenn du Ratgeber irgendeines großen Fürsten wärst und ihm, richtig und verantwortungsvoll, wie du es meiner Überzeugung nach tun würdest, rietest. Denn wie aus einer nie versiegenden Quelle ergießt sich von einem Fürsten ein Sturzbach von Gutem und Bösem auf das ganze Volk. In dir aber steckt eine so vollkommene Bildung, daß du auch ohne große Geschäftserfahrung, allein auf Grund deiner Weltkenntnis, ohne jede Schulung einen hervorragenden Ratgeber für jeden beliebigen König abgeben würdest.»

«Du irrst doppelt, lieber Morus», erwiderte er. «Einmal in mir, dann in der Sache selbst. Ich besitze nämlich die Fähigkeit, die du mir zuschreibst, gar nicht, und wenn ich sie auch im höchsten Grade besäße, so nützte ich doch, sofern ich meine Muße in Geschäftigkeit verwandelte, dem Staate nichts. Denn zunächst beschäftigen sich die meisten Fürsten lieber mit militärischen Dingen, von denen ich nichts verstehe und nichts verstehen will, als mit den vernünftigen Künsten des Friedens, und sie sind viel mehr darauf bedacht, sich durch Recht oder Unrecht neue Reiche zu erwerben, als das Erworbene gut zu verwalten. Außerdem gibt es keinen unter den Ratgebern der Könige, der nicht entweder wirklich so weise ist, daß er fremden Rat nicht benötigt, oder sich selbst für so weise hält, daß er ihn nicht gutheißen will, ganz abgesehen davon, daß sie den widersinnigsten Meinungen derer beipflichten und liebedienerisch zustimmen, die sie durch ihren Beifall um der Gunst der Fürsten willen sich gewinnen wollen. Und sicher ist es ganz natürlich so, daß einem jeden seine Einfälle gefallen. So gefällt auch dem Raben seine Brut und dem Affen sein Junges.

Wenn aber einer in diesem Kreis von Neidern und Selbstgefälligen etwas vorbringt, was er entweder von anderen Zeiten gelesen oder an anderen Orten gesehen hat, so tun die, die es hören, so, als ob das ganze Gebäude ihrer Weisheit gefährdet würde und sie für ausgemachte Dummköpfe gehalten werden müßten, wenn sie nicht etwas zu erfinden vermöchten, was die Erzählungen der anderen Lügen straft. Wenn alles versagt, greifen sie zu der Ausflucht: ‹So war es unseren Vorfahren recht; wären wir nur so klug wie sie!› Nach diesen Worten setzen sie sich nieder, als hätten sie eine hervorragende Rede gehalten. Als ob es höchst gefährlich wäre, wenn sich einer dabei ertappen ließe, daß er weiser als seine Vorfahren ist, deren vernünftige Einrichtungen wir doch jedenfalls mit größter Seelenruhe gelten lassen; hätte sich aber die Möglichkeit ergeben, etwas besser einzurichten, so greifen wir unverzüglich gierig nach dieser Handhabe und halten sie verbissen fest. Und so bin ich auf solche überhebliche, widersinnige und törichte Vorurteile anderswo oft, besonders aber einmal in England gestoßen.»

«Was du nicht sagst!» rief ich, «du bist bei uns gewesen?»

[5. Erfahrungen in England; a. Kardinal John Morton]

«Gewiß», antwortete er, «und zwar einige Monate lang war ich dort, nicht lange nach jener Niederlage, durch die der Aufstand der Westengländer gegen ihren König in einem jämmerlichen Blutbad erstickt wurde. In dieser Zeit war ich dem ehrwürdigen Vater Johannes Morton sehr verpflichtet, dem Erzbischof von Canterbury, Kardinal und damaligen Lordkanzler von England, einem Manne, lieber Petrus — denn Morus erzähle ich ja nichts Neues damit —, den seine Klugheit und Tüchtigkeit nicht weniger verehrungswürdig machten als seine hohe Stellung. Er war ein Mann von mittlerer Größe, dem man sein hohes Alter nicht anmerkte. Sein Antlitz erweckte Ehrfurcht, keineswegs Furcht. Im Umgang war er nicht abweisend, jedoch ernst und würdevoll. Gelegentlich liebte er es, Bittsteller dadurch auf die Probe zu stellen, daß er sie hart anfuhr; das geschah jedoch ohne böse Absicht, nur um zu erfahren, welch Geistes Kind sie seien, welche Geistesgegenwart sie besäßen, die er als eine ihm selbst angeborene Fähigkeit hochschätzte, sofern sie nicht in Unverschämtheit ausartete, und die er als unentbehrlich für den politischen Alltag erachtete. Seine Rede war geschliffen und eindrucksvoll, groß seine Rechtskenntnis, unvergleichlich sein Scharfsinn, und sein Gedächtnis grenzte ans Wunderbare. Durch Übung und Studium nämlich förderte er seine natürlichen Anlagen noch.

Seinem Rat schien während meiner Anwesenheit der König am meisten zu vertrauen, die Regierung weitgehend zu folgen. Er war auch in früher Jugend von der Schule weg an den Hof geholt worden, hatte sein ganzes Leben mit Staatsgeschäften verbracht und sich, beständig von unterschiedlichen Schicksalsstürmen umhergeworfen, unter vielen und großen Gefahren eine Lebensklugheit angeeignet, die man nicht leicht wieder verliert, wenn man sie auf solche Weise erworben hat.

[b. Kritik des englischen Strafrechts]

Als ich eines Tages an seiner Tafel speiste, war zufällig auch einer eurer Juristen aus dem Laienstande zugegen. Dieser begann nun, ich weiß nicht, aus welchem Anlaß, eifrig jenen harten Rechtsbrauch zu rühmen, der damals dort gegen Diebe geübt wurde, die man, wie er erzählte, allerorts aufhänge, manchmal zwanzig an einen Galgen. Um so mehr, sagte er, wundere er sich, da doch wenige der Todesstrafe entgingen, welches üble Verhängnis es mit sich bringe, daß sich trotzdem so viele überall herumtrieben. Da sagte ich — denn ich durfte es wagen, vor dem Kardinal frei heraus zu reden —: ‹Du brauchst dich darüber nicht zu wundern, denn diese Bestrafung der Diebe übersteigt das gerechte Maß und liegt auch nicht im Interesse des Staates. Sie ist zu scharf, um Diebstähle zu ahnden, und andererseits nicht ausreichend, um sie ganz zu unterbinden. Denn ein einfacher Diebstahl ist kein so gewaltiges Verbrechen, daß es den Kopf kosten müßte, und keine Strafe ist schwer genug, um die Leute von Diebereien abzuhalten, die kein anderes Gewerbe haben, um ihr Leben fristen zu können. Darin scheint nicht nur ihr, sondern ein guter Teil dieser Welt die schlechten Schulmeister nachzuahmen, die ihre Schüler lieber verprügeln als belehren. Man setzt nämlich harte und grauenhafte Strafen für Diebe fest, während man vielmehr Vorsorge treffen sollte, daß sie irgendein Auskommen finden, damit keiner in die Zwangslage gerät, zuerst stehlen und dann sterben zu müssen.› — ‹Dafür ist genügend gesorgt›, sagte jener, ‹es gibt handwerkliche Berufe, den Ackerbau: davon könnten sie leben, wenn sie nicht lieber Spitzbuben sein wollten.›

[c. Die Herkunft der Diebe]

‹So entkommst du mir nicht!› sagte ich. ‹Lassen wir zunächst einmal die aus dem Spiel, die häufig aus Bürgerkriegen oder von auswärtigen Feldzügen verstümmelt nach Hause zurückkehren, wie neulich bei euch aus dem Aufstand in Cornwallis und vor nicht langer Zeit aus dem französischen Feldzug; diese Leute haben entweder dem Staate oder dem König ihre Glieder geopfert, ihre Kriegsbeschädigung hindert sie, ihr früheres Handwerk zu betreiben, ihr Alter, ein neues zu erlernen. Von diesen, sage ich, wollen wir absehen, da Kriege immer wieder einmal aussetzen. Betrachten wir nur das, was jeden Tag vorkommt!

Wie groß also ist die Zahl der Adligen, die nicht nur selbst müßig wie Drohnen von der Arbeit anderer leben, die, glaube mir, die Pächter ihrer Güter um höherer Einkünfte willen bis aufs Blut schinden! Denn das ist die einzige Art von Wirtschaftsführung, die diese Menschen kennen, sonst sind sie Verschwender, bis sie betteln müssen. Ferner umgeben sie sich mit einer wahrhaft ungeheuerlichen Schar von müßigen Gefolgsleuten, die niemals ein Handwerk erlernt haben, womit sie ihr Brot verdienen können. Diese nun werden, sobald ihr Herr stirbt oder sie selbst krank werden, sofort hinausgeworfen. Denn einerseits füttert man lieber Faulenzer als Kranke, andererseits ist der Erbe des Verstorbenen oft nicht imstande, das väterliche Gesinde weiter zu ernähren. Unterdessen hungern jene wakker, wenn sie nicht wacker rauben. Denn was sollen sie tun, wenn sie, sobald sie erst einmal beim Herumlungern Kleidung und Gesundheit verdorben haben, krank, schmutzig und mit Lumpen bekleidet,

kein Edelmann mehr aufzunehmen geruht, wenn sie kein Bauer ein-
läßt, der sehr wohl weiß, daß sie, weichlich erzogen und an Müßiggang und Wohlleben gewöhnt, mit Schwert und Schild gewappnet,
mit dünkelhafter Miene auf ihre ganze Umgebung herabblicken,
alle Leute außer sich selbst verachten und keineswegs geeignet sind,
mit Hacke und Karst bei kärglichem Lohn und knapper Kost einem
Herrn treu zu dienen?›

‹Und doch›, erwiderte jener, ‹muß man gerade diese Art Menschen vor allem fördern. Auf ihnen nämlich, die hochgemuter und
edler sind als Handwerker und Bauern, beruht Kraft und Stärke des
Heeres, wenn es einmal gilt, im Felde zu kämpfen.›

[d. Die Landsknechtsplage]

‹In der Tat›, versetzte ich, ‹genausogut könntest du sagen, man
müsse um des Krieges willen die Diebe fördern, an denen ihr ohne
Zweifel niemals Mangel haben werdet, solange ihr diese Leute habt.
Die Räuber sind ja keine schlechten Krieger und die Krieger nicht
gerade die feigsten Räuber: so gut passen die beiden Handwerke zueinander. Jedoch ist dieses häufige Laster nicht nur bei euch zu Hause; es ist nämlich Gemeingut fast aller Völker. Denn Frankreich
plagt außerdem noch eine schlimmere Seuche: das ganze Land wimmelt auch im Frieden — wenn man das Frieden nennen kann — von
Söldnern und ist besetzt von Soldaten, die aus demselben Wahn ange-
worben wurden, aus dem ihr hier die nichtsnutzigen Dienstleute füttern zu müssen glaubt. Den weisen Narren scheint nämlich das öffentliche Wohl darauf zu beruhen, daß immer eine starke und mächtige
Schutztruppe da sei, vor allem aus altgedienten Kriegern; denn den
Ungeübten trauen sie nichts zu. Und so müssen sie geradezu nach
Kriegern suchen, um wohlgeübte Soldaten zu haben, und müssen
Menschen sinnlos abschlachten, damit, wie Sallust witzig sagt, nicht
‚Hand und Sinn im Nichtstun erlahmen'.

Wie verderblich es aber ist, derartige Bestien zu füttern, hat Frankreich ebenso zu seinem Schaden erfahren, wie es das Beispiel der
Römer, Karthager und Syrer und vieler anderer Völker lehrt, deren
eigene stehende Heere bei jeder möglichen Gelegenheit nicht nur die
Regierung gestürzt, sondern auch die Äcker verwüstet und sogar be-
festigte Städte zerstört haben. Wie unnötig das ist, erhellt daraus,
daß nicht einmal die französischen Truppen, die von Kindesbeinen
an in Waffen geübt sind, sich rühmen können, eure Aufgebote im
Kampfe allzu häufig geschlagen zu haben. Mehr will ich nicht sagen,
um nicht den Anschein zu erwecken, euch zu schmeicheln.

Aber weder eure städtischen Handwerker noch eure derben und
ungeschlachten Bauern fürchten wohl die faulen Gefolgsleute der
Adligen sehr, abgesehen von denen, deren Körper zu Heldentaten

untauglich oder deren Mut durch Not und Entbehrung gebrochen ist.
So besteht also keine Gefahr, daß die gesunden und kräftigen Leute — denn nur ausgesuchte Männer geruhen die Adligen zu verderben! —, die jetzt im Nichtstun erschlaffen oder bei fast weibischen
Betätigungen verkommen, in nützlichen Künsten für das Leben unterwiesen und in männlicher Arbeit geübt, verweichlichen könnten.
Jedenfalls — wie die Sache auch sei — scheint mir das für das Staatswesen nicht zuträglich zu sein: für den Kriegsfall, den ihr niemals
habt, wenn ihr nicht wollt, eine unabsehbare Schar dieser Art von
Menschen zu füttern, die den Frieden gefährdet, für den man doch
viel mehr Sorge tragen sollte als für den Krieg. — Jedoch ist dies
nicht die einzige Ursache der Diebstähle. Es gibt noch eine andere,
die, wie ich glaube, noch eigentümlicher ist.>
   <Was ist das für eine?> fragte der Kardinal.

[e. Schafzucht und Einhegungen]
   <Das sind eure Schafe>, sagte ich, <die so sanft und genügsam zu
sein pflegten, jetzt aber, wie man hört, so gefräßig und bösartig
werden, daß sie sogar Menschen fressen, Felder, Gehöfte und Dörfer
verwüsten und entvölkern. Denn überall, wo in eurem Reiche feinere
und daher bessere Wolle erzeugt wird, da sind hohe und niedere
Adlige, ja auch heilige Männer, wie einige Äbte, nicht mehr mit den
jährlichen Einkünften und Erträgnissen zufrieden, die ihren Vorgängern aus den Landgütern erwuchsen. Es genügt ihnen nicht, müßig und üppig zu leben, der Allgemeinheit nicht zu nützen, sofern
sie ihr nicht sogar schaden; sie lassen kein Stück Land zur Bebauung übrig, sie zäunen alles als Weide ein, reißen die Häuser ab,
zerstören die Dörfer und lassen gerade noch die Kirchen als Schaf-
ställe stehen, und, als ob die Wildgehege und Tiergärten bei euch
noch zu wenig Ackerboden beanspruchten, verwandeln jene edlen
Leute alle Ansiedlungen und alles, was es noch an bebautem Lande
gibt, in Wüsten.
   Damit also ein einziger Prasser, in seiner Unersättlichkeit eine
unheilvolle Pest für sein Vaterland, einige tausend Morgen zusam-
menhängenden Ackerlandes mit einem einzigen Zaun einfriedigen
kann, werden die Pächter vertrieben; durch Lug und Trug umgarnt
oder mit Gewalt unterdrückt, werden sie enteignet oder, durch Schi-
kanen zermürbt, zum Verkauf gezwungen. Daher wandern die Unglücklichen in jedem Falle aus: Männer, Frauen, Ehemänner, Ehe-
frauen, Waisen und Witwen, Eltern mit kleinen Kindern und einer
mehr zahlreichen als wohlhabenden Familie, wie eben die Landwirtschaft vieler Hände bedarf. Sie wandern aus, sage ich, aus ihrer
gewohnten und vertrauten Häuslichkeit und finden keinen Platz,
wohin sie sich wenden könnten. Ihren ganzen Hausrat, der sowieso

nicht für hohen Preis verkäuflich ist, auch wenn man einen Käufer erwarten könnte, verschleudern sie, da sie ihn loswerden müssen; ist der Erlös auf der Wanderschaft in kurzer Zeit verbraucht, was bleibt ihnen schließlich anderes übrig, als zu stehlen und — natürlich nach Recht und Gerechtigkeit — gehenkt zu werden, oder aber umherzustreunen und zu betteln, obgleich sie auch dann als Landstreicher ins Gefängnis geworfen werden, weil sie sich müßig herumtreiben? Es gibt aber eben niemanden, der sie dingt, wenn sie sich auch noch so eifrig anbieten. Denn mit der Landwirtschaft, an die sie gewöhnt sind, ist nichts mehr anzufangen, wo nichts gesät wird. Ein einziger Schaf- oder Kuhhirt genügt ja, um dasselbe Land vom Vieh abweiden zu lassen, zu dessen Bebauung und Bestellung viele Hände erforderlich waren.

[f. Teuerung]

Aus demselben Grunde ist auch an vielen Orten das Getreide teurer geworden. Ja sogar der Preis der Wolle ist so gestiegen, daß sie von den Minderbemittelten, die bei euch daraus Tuch weben, nicht mehr bezahlt werden kann, und auf diese Weise werden noch mehr Leute von der Arbeit in den Müßiggang getrieben. Denn nach der Vergrößerung der Weidefläche raffte eine Seuche eine unzählbare Menge von Schafen hinweg, als ob Gott zur Strafe für die Habsucht die Pest auf die Schafe geschickt hätte, die gerechter auf ihre Besitzer geschleudert worden wäre. Wenn aber die Menge der Schafe auch noch so sehr anwächst, so sinkt der Preis dennoch nicht, weil der Handel mit ihnen, wenn man ihn auch noch nicht Monopol nennen kann, weil sie nicht ein einziger verkauft, sicherlich ein ‚Oligopol' ist. Er ist nämlich fast ganz in die Hände weniger und zwar derselben reichen Leute geraten, die keine Notwendigkeit drängt, sie früher zu verkaufen, als sie wollen; und sie wollen nicht früher, als bis sie beliebig teuer verkaufen können.

Daß bereits auch die übrigen Vieharten ebenso teuer sind, hat denselben Grund, und zwar um so mehr, als es nach der Zerstörung der Gehöfte und dem Niedergang der Landwirtschaft keine Leute mehr gibt, die sich um das Jungvieh kümmern. Jene Reichen ziehen nämlich die Jungen der Großtiere nicht in derselben Weise auf wie die der Schafe, sondern kaufen anderswo mageres Vieh billig an und verkaufen es, wenn es auf ihren Weiden fett geworden ist, teurer weiter. Nur deshalb, glaube ich, merkt man den ganzen Schaden dieses Zustandes noch nicht, weil sie bisher nur dort die Preise hinauftreiben, wo sie verkaufen. Sobald sie aber erst einmal das Vieh schneller von dort wegholen, als es nachwachsen kann, wird auch dort allmählich der Viehbestand abnehmen, wo sie aufkaufen, und so notwendigerweise ein empfindlicher Mangel eintreten.

So hat die verruchte Habgier einiger weniger gerade das, was das größte Glück eurer Insel darzustellen schien, in Unheil verwandelt. Denn diese Verteuerung der Lebensmittel ist der Grund, warum ein jeder so viel Gesinde wie möglich entläßt. Wohin? frage ich, wenn nicht zur Bettelei oder, wie es ritterlichem Sinn eher zusagt, zur Räuberei?

Was nun, wenn zu dieser jämmerlichen Not und Verelendung noch sinnlose Verschwendung kommt? Unter den Dienern des Adels, den Handwerkern, fast genauso bei den Bauern und überhaupt in allen Ständen gibt es viel übertriebenen Aufwand in Kleidung und allzu üppiger Lebenshaltung. Und erst noch die Kneipen, Spelunken und Frauenhäuser und die andere Art von Freudenhäusern: die Weinstuben und Bierschenken, schließlich so viele liederliche Spiele: Würfel und Karten, Knobelbecher, Ball, Kugel und Scheibe! Treibt das alles nicht, wenn das Geld rasch vertan ist, seine Anbeter irgendwohin zur Räuberei?

[g. Notwendigkeit der Änderung]

Schafft diese verderblichen Seuchen aus der Welt! Verfügt, daß entweder die Leute, die Gehöfte und Dörfer vernichtet haben, sie wieder aufbauen oder sie an die abtreten, die bereit sind, sie wiederherzustellen oder neu zu errichten! Schränkt diese Aufkäufe der Reichen ein und die Möglichkeit, sie wie ein Monopol zu handhaben! Laßt nicht so viele vom Müßiggang leben! Stellt die Landwirtschaft wieder her! Belebt die Wollspinnerei! Somit hättet ihr ein ehrliches Gewerbe, in dem sich diese müßige Schar nützlich betätigen könnte: einmal die Leute, die die Not bisher zu Dieben machte, dann auch die, die jetzt als Landstreicher oder faulenzende Dienstleute herumlungern, beides zweifellos künftige Diebe. Gewiß, wenn ihr diesen Übeln nicht steuert, prahlt ihr vergeblich mit eurer Gerechtigkeit bei der Ahndung der Diebstähle; sie ist nämlich mehr in die Augen fallend als gerecht oder nützlich. Wenn ihr nämlich zulaßt, daß die Menschen grundschlecht erzogen und ihre Sitten von Kind auf allmählich verdorben werden, daß sie erst dann bestraft werden sollen, wenn sie als Männer die Schandtaten begehen, auf die sie von ihrer Kindheit an ständig hoffen ließen, was anders, so frage ich, als Diebe züchtet ihr, um sie dann zu hängen?›

[h. Erwiderungen und Gegenargumente]

Noch während ich so sprach, hatte sich jener Rechtsgelehrte zu einer Entgegnung gerüstet und beschlossen, sich in jener feierlichen Art der Diskussionsredner zu ergehen, die sorgfältiger wiederholen als antworten; ein guter Teil ihres Ruhmes beruht auf ihrem Gedächtnis.

‹Wahrhaftig›, sagte er, ‹du hast sehr gut gesprochen. Aber freilich als Fremder, der mehr von diesen Dingen etwas hören als genau erfahren konnte, wie ich in wenigen Worten nachweisen will. Denn zuerst werde ich der Reihe nach durchgehen, was du gesagt hast; danach werde ich zeigen, in welchen Dingen dich die Unkenntnis unserer Verhältnisse irregeführt hat; schließlich werde ich alle deine Behauptungen widerlegen und entkräften. Um also mit dem ersten Punkte, den ich versprach, zu beginnen, so schienst du mir vier . . .›

‹Schweige›, rief der Kardinal. ‹Denn offensichtlich wirst du nicht mit wenigen Worten antworten, wenn du so beginnst. Deshalb entheben wir dich für den Augenblick der Mühe der Antwort; wir wollen dir jedoch diese Aufgabe unverkürzt für euer nächstes Zusammentreffen vorbehalten, das ich, wenn dich oder Raphael nichts abhält, auf den morgigen Tag festsetzen möchte. — Inzwischen möchte ich von dir, lieber Raphael, überaus gerne hören, weshalb du meinst, man dürfe Diebstahl nicht mit dem Tode bestrafen und welche andere Strafe du selbst vorschlägst, die dem Gemeinwesen zuträglicher ist; denn auch du bist doch nicht dafür, daß man ihn dulden solle. Wenn aber die Übeltäter jetzt sogar angesichts der Todesgefahr dennoch drauflosstehlen, welche Gewalt, welche Furcht könnte sie abhalten, sofern einmal die Sicherheit des Lebens verbürgt ist? Würden sie eine Strafmilderung nicht so auffassen, als ob gewissermaßen durch eine Belohnung zum Verbrechen aufgefordert würde?›

‹Es scheint mir einfach, gütigster Vater›, sagte ich, ‹ganz und gar unbillig, einem Menschen das Leben zu nehmen, weil er Geld geraubt hat. Denn ich glaube, daß keines von allen Glücksgütern mit dem menschlichen Leben verglichen werden kann. Wenn aber Rechtsverletzung, wenn Übertretung der Gesetze durch diese Strafe geahndet werden soll, nicht aber der Gelddiebstahl, muß dann nicht von Rechts wegen jenes höchste Recht höchstes Unrecht genannt werden? Denn man darf doch weder die Rechtsgrundsätze des Manlius billigen und, wenn in den geringfügigsten Dingen nicht gleich gehorcht wird, auf der Stelle das Schwert zücken, noch so stoische Ansichten, daß man alle Vergehen vollständig gleich einschätzt und behauptet, es bestehe kein Unterschied, ob einer einen Menschen tötet oder ihm nur einen Taler nimmt, Vergehen, zwischen denen, wenn Gerechtigkeit überhaupt noch etwas gilt, keinerlei Ähnlichkeit oder Verwandtschaft besteht. Gott hat verboten zu töten, und wir töten so leicht wegen eines entwendeten Groschens. Wenn man aber jenes Gebot Gottes so auslegen wollte, daß das Töten nur soweit untersagt sei, wie das Gesetz der Menschen nicht das Töten verlange, was steht dann den Menschen im Wege, auf dieselbe Weise unter sich auszumachen, inwieweit Vergewaltigung, Ehebruch und Meineid zulässig sind? Nun hat uns Gott aber nicht nur die Verfügung über das fremde, sondern auch über das eigene Leben entzogen; wenn daher die menschliche Übereinkunft, sich unter bestimmten Voraussetzungen gegenseitig zu töten, soviel gelten soll, daß sie ihre Schergen von den Bindungen an jene göttliche Vorschrift befreit, so daß sie ohne Rücksicht auf Gott diejenigen hinrichten können, die eine menschliche Anordnung zu töten befiehlt, wird dann jenes Gebot Gottes nicht gerade soviel gelten, wie es die menschlichen Rechte zulassen? Dann wird es unfehlbar geschehen, daß die Menschen in allen Dingen ebenso bestimmen, wieweit es angezeigt ist, die göttlichen Gebote zu beachten. Schließlich hat sogar das mosaische Gesetz, so unbarmherzig und hart es sonst auch ist — denn es war für Knechte und zwar für halsstarrige erlassen —, dennoch den Diebstahl nur mit Geldbuße, nicht mit dem Tode bestraft. Glauben wir doch nicht, daß Gott in seinem neuen Gesetz der Milde, durch das er als Vater über seine Söhne gebietet, uns größere Freiheit gewährt habe, gegeneinander zu wüten!

Das sind die Gründe, warum ich es für unerlaubt halte. Wie unsinnig und sogar verderblich es aber für das Gemeinwesen ist, einen Dieb genauso wie einen Mörder zu bestrafen, das weiß, meine ich, doch ein jeder. Denn wenn der Räuber sieht, daß ihm keine geringere Strafe droht, wenn er nur des Diebstahls wegen verurteilt wird, so wird er schon allein durch diese Überlegung verleitet werden, den, den er sonst nur beraubt hätte, auch noch zu töten; denn, ganz abgesehen davon, daß die Gefahr um nichts größer ist, wenn er ergriffen wird, bietet der Mord sogar größere Sicherheit, und die Aussicht, nicht entdeckt zu werden, ist größer, wenn der Zeuge der Tat beseitigt ist. Indem wir uns also bemühen, die Diebe durch übertrieben harte Strafen einzuschüchtern, ermuntern wir sie zum Mord an anständigen Menschen.

Nun fragt man gewöhnlich, welche Bestrafung zweckmäßiger sein könne. Meiner Meinung nach ist eine bessere viel leichter zu finden als eine schlechtere. Warum nämlich sollen wir Bedenken tragen, jene alte Methode, Verbrechen zu strafen, für nützlich zu halten, die, wie wir wissen, so lange Zeit hindurch die Römer, die in der Verwaltung des Staates so außerordentlich tüchtig waren, für gut befunden haben? Die aber verurteilten diejenigen, die schwerer Verbrechen überführt worden waren, zu lebenslänglicher Zwangsarbeit in Steinbrüchen und Bergwerken.

[i. Das Beispiel der Polyleriten]

Indessen schätze ich in dieser Beziehung keines Volkes Einrichtung höher als die, die ich auf meinen Reisen in Persien bei den sogenannten ‚Polyleriten‘ kennengelernt habe. Es ist dies ein nicht unbedeutendes Volk mit einer nicht üblen Verfassung, abgesehen von dem jährlichen Tribut an den Perserkönig frei und nur von seinen eigenen Gesetzen abhängig. Da sie ferner weit vom Meere, fast ganz von Bergen eingeschlossen, wohnen, mit den Erträgnissen ihres keineswegs unfruchtbaren Landes zufrieden sind und mit anderen Völkern wenig gegenseitigen Verkehr pflegen, streben sie aus alter Gewohnheit nicht danach, ihre Grenzen vorzuschieben. Was sie besitzen, schützen leicht vor jeder Unbill die Berge, schützt die Abgabe, die sie an die Machthaber zahlen. Vollständig frei von Kriegsdienst, leben sie nicht gerade glänzend, aber auskömmlich und, obwohl weder stolz noch berühmt, so doch glücklich; denn nicht einmal dem Namen nach sind sie, wie ich glaube, außer ihrer Nachbarschaft jemandem bekannt.

Bei diesen nun müssen alle, die einen Diebstahl begangen haben, das Gestohlene dem Besitzer zurückgeben, nicht aber, wie es anderswo zu geschehen pflegt, dem Fürsten; sie glauben nämlich, daß dieser genausowenig Anspruch auf gestohlenes Gut habe wie der Dieb selbst. Ist es verloren gegangen, so wird der Wert aus dem Besitz des Diebes aufgebracht und bezahlt; der Rest verbleibt der Frau und den Kindern ungeschmälert. Die Diebe selbst werden zur Zwangsarbeit verurteilt. Sofern nicht ein besonders schwerer Diebstahl vorliegt, werden sie weder ins Zuchthaus gesperrt, noch tragen sie Fußfesseln, sondern frei und ungefesselt werden sie mit öffentlichen Arbeiten beschäftigt. Wer die Arbeit verweigert und faul ist, den legt man nicht in Fesseln, sondern treibt ihn mit Prügeln an; wer eifrig bei der Arbeit ist, erfährt keinerlei Mißhandlung. Abends jedoch werden sie namentlich aufgerufen und in die Schlafräume geschlossen. Außer der ständigen Arbeit gibt es in ihrem Leben nichts Beschwerliches. Ihre Verpflegung ist nicht schlecht: wer nämlich für das Gemeinwesen arbeitet, wird von ihm verpflegt, und zwar hier so, dort so. An manchen Orten wird nämlich, was sie brauchen, aus Almosen aufgebracht, und reichlicher als auf diese, wenn freilich auch unsichere Weise, kommt der Lebensunterhalt auf keine andere ein, da das Volk mildtätig ist; an anderen Orten werden bestimmte staatliche Einkünfte dafür verwendet; wieder an anderen zahlt man zu diesem Zwecke pro Kopf eine bestimmte Abgabe. An einigen Orten leisten sie sogar überhaupt keine öffentliche Arbeit, sondern jeder Unternehmer, der Tagelöhner braucht, mietet sich auf dem Markt für den betreffenden Tag einen von ihnen für einen bestimmten Lohn, der etwas niedriger ist als für die freie Lohnarbeit; außerdem darf er die trägen Zwangsarbeiter mit der Peitsche antreiben. So fehlt es ihnen nie an Arbeit, und außer seiner Verpflegung bringt jeder einzelne noch täglich der Staatskasse etwas ein.

Sie sind in eine bestimmte Farbe gekleidet, und alle, und zwar sie allein, zwar nicht ganz kahl geschoren, aber dicht oberhalb der Ohren ausrasiert; das eine der Ohren wird zudem ein wenig gestutzt. Speise und Trank dürfen sie von Freunden annehmen; Geldgeschenke jedoch sind für den Geber in gleicher Weise wie für den Empfänger bei Todesstrafe verboten, und es ist nicht weniger gefährlich, auch für einen Freien, von einem Verurteilten aus irgendeinem Grunde Geld anzunehmen, als für die Sklaven — so nennen sie nämlich die Verurteilten —, Waffen zu berühren. Ein jeder Bezirk hat seine eigenen Kennzeichen, die abzulegen die Todesstrafe nach sich zieht, genauso, wie außerhalb des eigenen Bezirkes erblickt zu werden oder mit einem Sklaven des benachbarten Gebietes zu sprechen. Die Planung einer Flucht ist zudem nicht geratener als die Flucht selbst; ja schon Mitwisser eines Fluchtplanes zu sein, bedeutet für einen Sklaven den Tod, für einen Freien die Sklaverei. Dagegen sind Belohnungen für die Anzeige ausgesetzt: für einen Freien Geld, für einen Sklaven die Freiheit, für beide aber Verzeihung und Straflosigkeit der Mitwisserschaft, damit es nicht sicherer sei, einen üblen Plan zu hegen, als ihn zu bereuen.

Das also ist auf diesem Gebiete die gesetzliche Regelung, die ich meinte. Wie menschlich und zweckmäßig sie ist, leuchtet ohne weiteres ein, da sie so streng ist, daß sie die Vergehen verhütet, während sie die Menschen schont und so behandelt, daß sie gut sein müssen und den Schaden, den sie vorher angerichtet haben, durch ihr weiteres Leben wieder gutmachen.

Ferner besteht so wenig Grund zu einem Rückfall in ihre früheren Unsitten, daß sogar Reisende, die sich irgendwohin zu wenden beabsichtigen, sich mit keinem anderen Führer sicherer fühlen als mit einem jener Sklaven, der jeweils an der Grenze seines Bezirks ausgewechselt wird. Denn sie haben von einem Überfall nur Nachteil zu erwarten; den Ergriffenen erwartet die Strafe, und irgendwohin zu entkommen besteht nicht die geringste Aussicht. Auf welche Weise nämlich sollte ein Mensch seine Flucht bemänteln und verheimlichen, der kein einziges Kleidungsstück besitzt, das dem der übrigen Bevölkerung ähnlich ist, wenn er nicht nackt entweichen wollte? Ja sogar dann würde den Fliehenden noch sein Ohr verraten.

Aber könnten sie sich nicht mindestens auf Grund heimlicher Beratung gegen den Staat verschwören? Das ist doch natürlich eine Gefahr! Als ob sich eine solche Genossenschaft derartige Hoffnung machen könnte, ohne vorher die Sklavenschaften vieler Bezirke bearbeitet und aufgewiegelt zu haben, die so wenig Gelegenheit zu gegenseitiger Verständigung haben, daß sie nicht einmal zusammenkommen, miteinander sprechen oder sich gegenseitig grüßen können. Wie könnte man weiterhin annehmen, daß sie einen solchen Plan ihren Schicksalsgenossen unbekümmert anvertrauen würden, da sie doch wissen, daß Verschweigen gefährlich, Verrat aber höchst vorteilhaft ist, während auf der anderen Seite keiner ganz die Hoffnung aufgegeben hat, es durch Gehorsam, besonderen Eifer und ein Verhalten, das die Aussicht auf spätere Besserung verrät, dahin zu bringen, daß er einmal die Freiheit wiedergewinnt? Denn in jedem Jahre werden einige, die sich durch Fügsamkeit empfohlen haben, wieder entlassen.›

[k. *Möglichkeit der Nachahmung in England*]

Nach diesen Worten fügte ich noch hinzu, ich sähe keinen Grund, warum dieses Verfahren nicht mit weit größerem Erfolg auch in England angewendet werden könne als die Rechtsprechung, die jener Rechtsgelehrte so sehr gelobt hatte. Da aber rief eben dieser Rechtskundige:

‹Niemals könnte dies so in England eingeführt werden, ohne den Staat in größte Gefahr zu bringen!›

Und bei diesen Worten schüttelte er den Kopf und verzog den Mund. Dann verstummte er. Und alle Anwesenden schlossen sich seiner Meinung an. Da sagte der Kardinal:

‹Es ist nicht leicht vorauszusagen, ob eine solche Maßnahme gut auslaufen würde oder nicht, solange man noch keinen Versuch damit gemacht hat. Indessen könnte der Landesherr ja nach Verkündigung des Todesurteils die Vollstreckung aufschieben lassen und nach Aufhebung des Asylrechts dieses Vorgehen erproben; dann aber, wenn es sich durch den Erfolg als nützlich bewährt, wäre es richtig, es einzuführen. Andernfalls könnte man die vorher Verurteilten auch dann noch hinrichten, und das wäre nicht nachteiliger für den Staat und auch nicht ungerechter, als wenn es schon jetzt geschähe, und auch in der Zwischenzeit kann keine Gefahr daraus erwachsen. Ja, mir scheint sogar gewiß, daß auch die Landstreicher auf diese Weise sehr richtig behandelt würden, gegen die wir bisher trotz vieler Gesetze nichts ausgerichtet haben.›

Kaum hatte der Kardinal das gesagt, da wetteiferte die ganze Gesellschaft, dem, was sie aus meinem Munde alle verächtlich abgetan hatten, unter Lobsprüchen zuzustimmen, vor allem jedoch der Bemerkung über die Landstreicher, weil die von ihm selbst hinzugefügt worden war.

[l. *Der Streit mit dem Mönch*]

Vielleicht sollte ich das, was folgte, besser mit Schweigen übergehen. Es war nämlich lächerlich. Aber ich will es dennoch erzählen, denn es war doch nicht ganz übel und gehörte irgendwie zur Sache.

Es stand nämlich zufällig ein Höfling dabei, der offenbar den Narren spielen wollte, es aber so machte, daß er eher wirklich einem glich, da er mit so faulen Witzen Gelächter hervorzurufen suchte, daß man öfter über ihn selbst als über seine Sprüche lachte. Indessen entfiel dem Manne zuweilen ein nicht ganz unsinniges Wort, wie um das Sprichwort zu bestätigen: Wer oft würfelt, wirft auch einmal eine Sechs! Als nun einer der Gäste bemerkte, ich hätte in meiner Rede für die Diebe gut gesorgt, der Kardinal habe sich auch der Landstreicher angenommen, jetzt bleibe nur noch übrig, daß man sich von Staats wegen auch noch um die kümmere, die durch Alter oder Krankheit in Not geraten und unfähig geworden seien zu einer Arbeit, von der sie leben könnten, da rief jener:

‹Überlaß das mir! denn ich werde dafür sorgen, daß auch das in Ordnung kommt. Ich wünsche nämlich nichts sehnlicher, als daß mir diese Sorte von Menschen irgendwohin aus den Augen geschafft wird. Sie haben mich zu oft übel geplagt, wenn sie mit ihren zudringlichen Klagen um Geld bettelten, obwohl sie sie freilich niemals so schön anstimmen konnten, daß sie mir auch nur einen Groschen entlockten: es trifft sich nämlich immer so, daß ich entweder nicht geben will oder nicht geben kann, weil ich gerade nichts zum Geben habe. Deshalb beginnen sie jetzt vernünftig zu werden: um keine Mühe zu verschwenden, lassen sie mich stillschweigend vorbei, wenn sie mich kommen sehen; so erhoffen sie sich nichts mehr von mir, bei Gott, nicht mehr, als wenn ich ein Geistlicher wäre. Ich aber befehle jetzt, alle Bettler kraft eines Gesetzes auf die Benediktinerklöster zu verteilen und dort, wie die Mönche es nennen, zu Laienbrüdern zu machen; die Frauen aber, so wünsche ich, sollen Nonnen werden.›

Der Kardinal lächelte und stimmte im Scherz bei, die andern allen Ernstes. Einen Ordensgeistlichen aber erheiterte diese spitze Bemerkung gegen die Priester und Mönche so, daß er selbst ebenfalls zu scherzen begann, obwohl er sonst ernst, ja beinahe finster war.

‹Nicht einmal so›, rief er, ‹wirst du die Bettler loswerden, wenn du nicht auch für uns Mönche sorgst!›

‹Für die ist schon gesorgt!› meinte der Höfling. ‹Denn der Kardinal hat höchst fürsorglich an euch gedacht, indem er bestimmte, daß die Landstreicher in Gewahrsam genommen und zur Arbeit gezwungen werden sollten; ihr seid ja doch die ärgsten Landstreicher.›

Aller Augen richteten sich auf den Kardinal; als sie jedoch sahen, daß er auch diesen Witz nicht verwarf, nahmen ihn alle mit Beifall auf, mit Ausnahme des Mönchs. Mit solchem Essig begossen, empörte er sich — und ich finde das auch nicht verwunderlich — und geriet derartig in Wut, daß er sich nicht enthalten konnte, ausfällig zu werden. Er nannte den Höfling einen Taugenichts, einen Ehrabschneider und Ohrenbläser, einen Sohn der Verdammnis und zitierte zwischendurch schreckliche Drohungen aus der Heiligen Schrift. Da begann der Hanswurst ernsthaft Witze zu machen und war ganz in seinem Element:

‹Zürne nicht!› rief er, ‹guter Bruder! Es steht geschrieben: Wenn ihr standhaft bleibt, werdet ihr eure Seelen gewinnen [Luc. 21, 19].›

Darauf erwiderte der Mönch — ich will es mit seinen eigenen Worten wiedergeben —: ‹Ich zürne nicht, du Galgenstrick, oder wenigstens sündige ich nicht. Denn der Psalmist sagt: Zürnet, und sündigt nicht! [Ps. 4, 5].›

Darauf wurde der Mönch von dem Kardinal mit freundlichen Worten ermahnt, seinen Zorn zu bezähmen, sagte aber:

‹Nein, Herr, ich rede nur aus heiligem Eifer, wie ich es muß; denn auch heilige Männer hatten redlichen Eifer. Daher steht geschrieben: Denn mich verzehrt der Eifer für dein Haus [Ps. 69, 10]. Und in den Kirchen singt man:

Die Elias einst verlachten,
da er schritt zum Hause Gottes,
spürten wohl des Kahlkopfs Eifer...,

wie ihn vielleicht auch dieser Spötter da, dieser Hanswurst und Witzbold verspüren wird.›

‹Du magst›, beschwichtigte der Kardinal, ‹in bester Absicht handeln, aber meiner Meinung nach handeltest du doch vielleicht heiliger, sicherlich aber weiser, wenn du dich nicht herabließest, dich mit einem törichten und lächerlichen Menschen in einen lächerlichen Streit einzulassen.›

‹Nein, Herr›, erwiderte er, ‹ich handelte nicht weiser. Denn der weise Salomon selbst sagt: Antworte einem Toren nach seiner Torheit! [Spr. 26, 5]. So tue ich jetzt und zeige ihm die Grube, in die er fallen wird, wenn er sich nicht in acht nimmt. Denn wenn die vielen Spötter des Elias, der doch nur ein einziger Kahlkopf war, den Eifer des Kahlen verspürten, um wieviel mehr wird ein einziger Spötter den Eifer der vielen Ordensbrüder verspüren, unter denen viele Kahlköpfe sind. Und wir haben ja auch eine päpstliche Bulle, durch die alle, die uns auslachen, exkommuniziert werden.›

[m. Schluß des Berichts über das Gespräch bei John Morton]

Da der Kardinal merkte, daß es kein Ende gebe, gab er dem Höfling einen Wink, auf daß er verschwinde, und lenkte das Gespräch auf einen angemessenen Gegenstand. Kurz darauf erhob er sich von der Tafel und widmete sich den Bittgesuchen seiner Untergebenen. Uns aber entließ er.

Mit was für einer langatmigen Geschichte habe ich dich da belästigt, lieber Morus! Ich hätte mich tatsächlich geschämt, sie so breit auszumalen, wenn du mich nicht so dringend gebeten und allem Anschein nach so zugehört hättest, als ob du kein Wort von dieser Erzählung verlieren wolltest. Ich hätte zwar etwas straffer erzählen können, mußte es aber schon vollständig tun um der Urteilsfähigkeit

dieser Leute willen, die genau das, was sie aus meinem Munde verachtet hatten, unmittelbar darauf, da es der Kardinal nicht ablehnte,
mit Beifall bedachten und in ihrer Zustimmung so weit gingen, daß
sie sogar den Einfällen des Höflings, die der Herr scherzeshalber
gelten ließ, beipflichteten und sie für ernst nahmen. Danach kannst
du beurteilen, wie hoch ich mit meinen Ratschlägen bei diesen Leuten
am Hofe in Achtung stehen würde.»

«Tatsächlich, lieber Raphael», sagte ich, «hast du mir ein großes
Vergnügen bereitet. Das alles war klug und zugleich geistreich gesagt. Außerdem schien es mir zwischendurch, als weilte ich nicht nur
in der Heimat, sondern wäre noch einmal jung geworden, in der angenehmen Erinnerung an jenen Kardinal, an dessen Hofe ich als
Knabe erzogen wurde. Du glaubst nicht, lieber Raphael, um wieviel
teurer du mir dadurch geworden bist, daß du das Andenken dieses
Mannes so in Ehren hältst, obwohl du mir auch sonst schon lieb
und teuer warst. Im übrigen kann ich auch jetzt meine Ansicht auf
keine Weise ändern; ich bin nach wie vor der Meinung, daß du,
wenn du dich dazu überwinden könntest, deinen Abscheu vor den
Fürstenhöfen abzulegen, der Allgemeinheit durch deine Ratschläge
außerordentlich viel Gutes erweisen könntest. Deshalb ist das auch
deine, als eines tüchtigen Mannes, erste Aufgabe. Denn gerade dein
Platon ist ja der Ansicht, die Staaten würden erst dann glücklich,
wenn entweder die Philosophen regierten oder die Könige philo-
sophierten. Wie fern aber ist das Glück, wenn die Philosophen nicht
einmal geruhen, den Königen ihren Rat zu erteilen!»

[6. Der Philosoph als Staatsmann]

«Sie sind gar nicht so ungefällig», erwiderte er, «daß sie das
nicht gern täten. Sie haben es ja auch schon durch die Herausgabe
vieler Bücher getan — wenn die Machthaber nur bereit wären, ihren
guten Ratschlägen zu gehorchen! Aber das hat zweifellos auch Platon richtig vorausgesehen, daß die Könige niemals, falls sie nicht
selbst philosophieren, den Ratschlägen der Philosophen von ganzem
Herzen beistimmen werden, da sie von Kindheit an mit verkehrten
Auffassungen durchtränkt und durchsetzt werden. Er hat es ja auch
selbst bei Dionysios erfahren. Glaubst du nicht auch, daß ich auf
der Stelle verjagt oder zum Gespött gemacht würde, wenn ich bei
irgendeinem König vernünftige Maßnahmen vorschlüge und versuchte, die verderbliche Saat übler Ratgeber bei ihm auszurotten?

[a. Kritik der üblichen Außenpolitik]

Stelle dir einmal vor, ich wäre beim König von Frankreich und
säße in dessen Rat, während in einer Geheimsitzung unter dem Vorsitz des Königs selber in einem Kreise kluger Männer mit großem

Eifer darüber verhandelt würde, mit welchen Künsten und Machenschaften man Mailand behalten und das abtrünnige Neapel zurückgewinnen, ferner Venedig vernichten und ganz Italien unterwerfen, dann Flandern und Brabant, schließlich das ganze Burgund unter seine Gewalt bringen könne, und außerdem noch andere Völker, in deren Land der König in Gedanken schon längst einfiel. Der eine rät, mit den Venezianern ein Bündnis zu schließen, das nur so lange dauern solle, wie es für einen selbst vorteilhaft sei, mit ihnen gemeinsam zu beratschlagen, ja sogar einen Teil der Beute bei ihnen zu lagern, den man, wenn alles nach Wunsch abgelaufen sei, zurückfordern könne. Ein anderer schlägt vor, Deutsche anzuwerben, wieder ein anderer, Schweizer mit Geld zu gewinnen, ein dritter, den Willen der kaiserlichen Majestät mit Geld — wie mit einem Weihgeschenk — geneigt zu machen; noch ein weiterer hält es für ratsam, die Streitigkeiten mit dem König von Aragon beizulegen und ihm gleichsam als Handgeld für den Frieden das Königreich Navarra, das einem anderen gehört, abzutreten, während der letzte der Ansicht ist, man müsse den Fürsten von Kastilien durch gewisse Aussichten auf Verschwägerung umgarnen und einige adlige Höflinge durch feste Jahresgelder auf seine Seite ziehen. Nun aber kommt der schwierigste Knoten von allen: nämlich was inzwischen über England beschlossen werden soll. Auf alle Fälle müsse man über einen Frieden verhandeln und das stets unsichere Bündnis durch die stärksten Bande bekräftigen; man solle die Engländer Freunde nennen, aber argwöhnisch, wie Feinde, im Auge behalten, daher die Schotten wie Wachtposten für jeden Notfall in Bereitschaft halten, um sie den Engländern, wenn sie sich auch nur rührten, sofort auf den Hals zu schicken; zudem solle man einen bestimmten verbannten Adligen heimlich — denn das offen zu tun, hinderten ja die Verträge — begünstigen, der Ansprüche auf den Thron erhebe, um so wie mit einer Trense den verdächtigen König im Zaum zu halten.

Hier also, sage ich, inmitten solcher Staatsaktionen, wo so viele hervorragende Männer um die Wette ihre Ratschläge für den König anbringen, sollte ich armes Menschenkind aufstehen und befehlen, das Steuer herumzureißen, dafür stimmen, Italien aufzugeben, raten, daheim zu bleiben, meinen, Frankreich allein sei fast zu groß, als daß es von einem Einzigen richtig verwaltet werden könne, und der König solle doch nicht glauben, er müsse noch nach Gebietserweiterungen trachten. Und dann sollte ich ihnen gar noch die Beschlüsse der Achorier vor Augen stellen, eines Volkes, das der Insel der Utopier im Südosten gegenüberliegt.

[b. Das Beispiel der Achorier]

Diese hatten einst Krieg geführt, um ihrem König ein fremdes Reich zu erobern, auf das er auf Grund einer alten Verschwägerung Erbansprüche erhob. Sie gelangten schließlich zu ihrem Ziele. Dann aber merkten sie, daß die Behauptung nicht weniger beschwerlich sei als die Eroberung: unaufhörlich keimte die Saat innerer Empörung oder äußerer Überfälle auf die Unterworfenen, andauernd mußten sie nun entweder für oder gegen diese ins Feld ziehen, niemals hatten sie die Möglichkeit, ihr Heer zu entlassen, wurden mittlerweile selbst ausgebeutet, ihr Geld wurde aus dem Lande getragen, ihr Blut floß für fremden Ruhm, der Friede daheim war um nichts sicherer, die Menschen verrohten im Kriege, die Lust zum Rauben nahm überhand, die Verwegenheit wuchs durch das Morden, die Gesetze wurden zum Gespött, weil der König, von der Sorge für zwei Reiche nach verschiedenen Richtungen gezogen, sich um keines von beiden richtig kümmern konnte. Da sie nun sahen, daß es anders kein Ende dieser so großen Übel gebe, faßten sie endlich einen Entschluß und stellten ihren König in aller Ehrerbietung vor die Wahl, welches von den beiden Reichen er behalten wolle; denn über beide könne er nicht länger herrschen; sie seien zu zahlreich, als daß sie von einem halbierten König regiert werden könnten; es werde sich auch niemand finden lassen, der seinen Maultiertreiber gern mit einem anderen teile. So sah sich jener gute Herrscher gezwungen, sein neues Reich einem seiner Freunde zu überlassen, der kurz darauf ebenfalls verjagt wurde, und sich mit dem alten zu begnügen.

Wenn ich weiterhin zeigen sollte, daß alle diese kriegerischen Versuche, durch die so viele Völker des Königs wegen in Unruhe gestürzt würden, da sie den Staatsschatz erschöpft und das Volk zermürbt hätten, durch irgendein Mißgeschick schließlich doch erfolglos enden würden, und daher riete, er solle das ererbte Reich fördern und pflegen, so gut er könne, es zu höchster Blüte bringen, er möge seine Untertanen lieben und sich von ihnen lieben lassen, mit ihnen zusammen leben, milde herrschen und andere Reiche in Ruhe lassen, da ja das, was ihm bereits zugefallen sei, genug und übergenug sei — mit was für Ohren, mein lieber Morus, glaubst du wohl, würde eine solche Rede aufgenommen werden?»

«Wahrlich nicht mit sehr geneigten!» sagte ich.

[c. Kritik der üblichen Finanzpolitik]

«Also fahren wir fort!» meinte er. «Gesetzt den Fall, die Ratgeber irgendeines Königs verhandelten und zerbrächen sich den Kopf, mit welchen Machenschaften sie ihm Schätze aufhäufen könnten. Der eine empfiehlt, den Wert des Geldes zu erhöhen, wenn der König

Zahlungen zu leisten, ihn hingegen unter den gesetzlichen Wert zu senken, wenn er Forderungen einzutreiben habe, so daß er viel mit wenig abgelte und für weniges viel erhalte. Ein anderer rät, einen Krieg vorzutäuschen und unter diesem Vorwand Geld einzutreiben, dann im richtigen Augenblick unter feierlichem Gepränge Frieden zu schließen und dadurch den Augen des dummen Volkes vorzuspiegeln, der fromme Herrscher erbarme sich des Blutes seiner Untertanen. Ein dritter ruft ihm gewisse alte, längst von den Motten zerfressene und durch Nichtbeachtung veraltete Gesetze in Erinnerung, die sämtlich übertreten werden, weil sich niemand mehr erinnert, daß sie erlassen worden sind; er solle also Befehl geben, die Buße dafür einzutreiben: kein Ertrag sei reicher, keiner ehrenhafter, da er ja dabei die Maske der Gerechtigkeit trage. Ein anderer wieder gibt den Rat, vieles bei hoher Strafe zu verbieten, vor allem solches, das zu unterlassen dem Volke Nutzen bringe, nachher aber gegen Geld die davon auszunehmen, deren Vorteil das Verbot im Wege stehe: so werde er sich beim Volke beliebt machen und doppelten Gewinn daraus ziehen, einmal indem die bestraft würden, die ihre Gewinnsucht ins Garn locke, und zweitens indem er den andern die Vorrechte um so teurer verkaufe, je besser er als Herrscher dastehen wolle; denn ein guter Fürst räume ja nur ungern einem Privatmann etwas gegen den Vorteil des Volkes ein und deshalb nur um einen hohen Preis. Ein fünfter sucht ihn zu überreden, sich die Richter zu verpflichten, damit sie in jedem Streitfall für das Recht des Königs entschieden; zudem solle er sie in seinen Palast kommen lassen und auffordern, in seiner Gegenwart über seine Streitsachen zu verhandeln: dann werde keiner seiner Prozesse so offensichtlich schief sein, in dem nicht einer von ihnen, sei es aus Widerspruchsgeist, sei es aus Furcht, sich zu wiederholen, oder aus Liebedienerei, einen Spalt ausfindig mache, durch den sich eine Verdrehung einschieben lasse; wenn dann die Richter erst untereinander uneinig über eine an sich sonnenklare Sache stritten und die Wahrheit in Frage gestellt sei, dann biete sich dem König eine bequeme Handhabe, das Recht zu seinen Gunsten auszulegen, die anderen würden aus Furcht oder Befangenheit beistimmen und so werde in Zukunft vom Gerichtshof ohne Bedenken das Urteil gesprochen; denn es könne ja nicht an einem Vorwand fehlen, zugunsten des Herrschers zu entscheiden, da es genüge, daß entweder die Billigkeit auf seiner Seite sei oder der Buchstabe des Gesetzes oder der verdrehte Sinn einer Urkunde oder, was schließlich bei gewissenhaften Richtern schwerer wiege als alle Gesetze, das unbestreitbare Vorrecht des Fürsten. Sie stimmen also alle einhellig jenem Worte des Crassus zu, daß keine Menge Goldes für einen Fürsten, der ein Heer unterhalten müsse, ausreichend sei, und kommen darin überein, daß ein König überhaupt gar kein Unrecht tun könne, selbst wenn er es noch so sehr wünsche, da ja alle Habe aller Untertanen und sogar diese selbst ihm gehörten, jeder einzelne also nur so viel besitze, wie ihm die Güte des Königs noch nicht weggenommen habe; im Interesse des Fürsten hingegen liege es, daß dies möglichst wenig sei, da ja seine Sicherheit darauf beruhe, daß das Volk nicht auf Grund von Reichtum und Freiheit über die Schranken schlage; denn diese beiden ließen eine harte und ungerechte Herrschaft weniger geduldig ertragen, während dagegen Armut und Not die Menschen abstumpften, geduldig machten und den Unterdrückten den kühnen Geist der Empörung austrieben — —

Wenn ich jetzt aufstünde und behauptete, alle diese Vorschläge seien eines Königs unwürdig und verderblich, nicht nur seine Ehre, sondern auch seine Sicherheit beruhe mehr auf des Volkes Reichtum als auf seinem eigenen; wenn ich darlegte, daß sie sich einen König um ihretwillen wählten, nicht des Königs wegen, nämlich um dank seiner unermüdlichen Fürsorge selbst ungestört und sicher vor Gewalttaten zu leben, und es deshalb um so mehr seine Sorge sein müsse, daß es dem Volke gut gehe, als für sich zu sorgen, nicht anders als es die Pflicht des Hirten ist, eher seinen Schafen als sich selbst Nahrung zu verschaffen, sofern er ein wahrer Hirte sei!

Wer nämlich der Ansicht ist, die Armut des Volkes gewährleiste Sicherheit, irrt ganz erheblich, wie die Tatsachen beweisen: Wo findet man mehr Gezänk als unter Bettlern? Wer sinnt eifriger auf Umsturz als der, dem seine gegenwärtigen Lebensverhältnisse ganz und gar nicht gefallen? Oder wer ist schließlich, in der Hoffnung, etwas zu gewinnen, ungestümer dabei, alles umzustürzen, als der, der nichts mehr besitzt, was er verlieren kann? Wenn aber ein König so verachtet oder verhaßt ist bei den Seinen, daß er sie nicht anders in Gehorsam halten kann, als daß er mit Unterdrückung, Ausplünderung und Enteignung gegen sie wütet und sie an den Bettelstab bringt, dann wäre es wahrhaftig besser für ihn abzudanken, als sich mit solchen Mitteln zu behaupten, die ihm zwar den Namen der Herrschaft erhalten, die Majestät aber gewiß rauben. Denn es ist eines Königs nicht würdig, über Bettler zu herrschen, sondern vielmehr über Wohlhabende und Glückliche. Gerade das meinte gewiß der aufrechte und edle Fabricius, als er äußerte, er wolle lieber über Reiche herrschen, als selbst reich sein. Und wahrhaftig: allein in Wonne und Genuß zu schwelgen, während ringsum die anderen seufzen und jammern, das heißt nicht, König zu sein, sondern Kerkermeister. Wie schließlich der ein gänzlich unerfahrener Arzt ist, der eine Krankheit nur durch eine andere zu heilen weiß, so sollte ein Herrscher, der das Leben seiner Untertanen auf keine andere Art und Weise zu bessern versteht als durch Aufhebung aller Annehmlichkeiten des Lebens, bekennen, daß er über freie Menschen nicht zu herrschen imstande sei; ja er sollte lieber seine Trägheit oder seinen Hochmut ablegen. Denn diese Laster sind es gewöhnlich, die ihn beim Volke verächtlich oder verhaßt machen. Er soll rechtschaffen von seinem Besitz leben, soll seine Ausgaben mit seinen Einnahmen in Einklang bringen, die Übeltaten einschränken und ihnen durch sinnvolle Unterweisung seiner Untertanen lieber zuvorkommen, als sie überhandnehmen lassen und daraufhin bestrafen. Er soll Gesetze, die durch Gewohnheit aufgehoben sind, nicht willkürlich wieder aufleben lassen, zumal solche nicht, die längst erloschen sind und die niemand zurückwünscht, und niemals soll er, unter Berufung auf eine derartige Zuwiderhandlung, etwas nehmen, was ein Richter einen Privatmann nicht nehmen ließe, weil er sonst ungerecht und durchtrieben wäre.

[d. Das Beispiel der Makarenser]

Wenn ich ihnen das Gesetz der Makarenser vorhielte, die auch nicht weit von Utopia abliegen!

Deren König wird gleich am Tage der Thronbesteigung unter feierlichen Opferhandlungen eidlich verpflichtet, niemals zur selben Zeit mehr als tausend Pfund Gold oder eine gleichwertige Summe in Silber in seiner Schatzkammer zu haben. Dieses Gesetz soll von einem hervorragenden König erlassen worden sein, dem mehr die Sorge um sein Land als um seinen Reichtum am Herzen lag, als Hemmnis gegen die Anhäufung von so viel Geld, daß dadurch Mangel im Volke entstehen könnte. Denn er sah, daß diese Summe genügen werde, ob der König gegen Aufrührer oder das Land gegen einbrechende Feinde zu Felde ziehen müsse, daß sie aber zu klein sei, um die Lust zu einem Angriff auf Fremde zu erwecken. Das aber sei der hauptsächlichste Grund zum Erlaß des Gesetzes gewesen. Der nächste aber, weil er auf diese Weise Vorsorge traf, daß niemals Geld fehle für den täglichen Zahlungsverkehr der Untertanen, und der König, wenn er ausgeben muß, was über das gesetzliche Maß dem Staatsschatz zugewachsen ist, nicht auf den Gedanken kam, Gelegenheit zum Unrecht zu suchen. Ein solcher König wird für die Bösen ein Schrecken sein und von den Guten geliebt werden!

Wenn ich also dies und Ähnliches vor solchen Menschen vorbrächte, die entschieden zum Gegenteil neigen, was für tauben Ohren würde ich meine Geschichte erzählen!»

«Stocktauben!» rief ich, «ohne jeden Zweifel! Und das ist, bei Gott, kein Wunder. Um die Wahrheit zu sagen, scheint es mir auch nicht richtig, derartige Reden zu halten und solche Ratschläge zu geben, von denen man sicher ist, daß sie keinen Anklang finden werden. Was kann es denn schon nützen oder wie könnten so ungewohnte Worte den Weg in das Herz derer finden, deren Sinn voreingenommen ist und vollständig von einer entgegengesetzten Überzeugung beherrscht wird? Unter guten Freunden im vertraulichen Gespräch ist eine solche Schulphilosophie nicht unangebracht; im Rat der Fürsten aber, wo große Dinge mit großem Gewicht verhandelt werden, ist sie nicht am Platze.»

«Das ist es ja», versetzte jener, «was ich behauptete: bei Fürsten ist kein Raum für Philosophie.»

[e. ‹Theoretische› und ‹praktische› Philosophie]

«Sicherlich nicht», entgegnete ich, «für diese Schulphilosophie, die glaubt, alles passe überallhin. Es gibt aber noch eine andere, weltläufigere Philosophie, die ihre Bühne kennt, sich ihr anpaßt und in dem Stück, das gerade gespielt wird, ihre Rolle kunstgerecht und mit Anstand durchführt. Die mußt du anwenden. Denn wolltest du, während eine Komödie des Plautus gegeben wird und die Haussklaven untereinander Witze machen, im Gewande eines Philosophen auf die Bühne treten und eine Stelle aus der ‹Oktavia›, in der Seneca mit Nero streitet, vortragen, wäre es da nicht besser, eine stumme Rolle zu spielen, als durch deine unpassenden Worte eine Tragikomödie aufzuführen? Du würdest das vorliegende Stück nämlich verderben und verkehren, indem du Unzugehöriges hineinmischtest, selbst wenn das, was du vorbringst, wertvoller wäre. Was für ein Stück gerade gegeben wird, das spiele, so gut du kannst, und bringe nicht das Ganze bloß deshalb durcheinander, weil dir etwas anderes einfällt, das hübscher ist!

So ist es im Staate, so ist es im Rate der Fürsten: wenn du abwegige Meinungen nicht mit der Wurzel ausreißen kannst und Fehler, die sich herkömmlicherweise eingenistet haben, nicht nach Wunsch und Willen beheben, so darfst du deswegen doch nicht gleich den Staat im Stiche lassen und im Sturme das Schiff aufgeben, weil du den Winden nicht wehren kannst. So darfst du auch Leuten keine ungewohnte und ungewöhnliche Rede aufdrängen, von der du weißt, daß sie bei Andersdenkenden kein Gewicht haben wird. Du mußt es vielmehr auf Umwegen versuchen und dich bemühen, soweit es in deinen Kräften liegt, alles geschickt darzulegen und, was du nicht zum Guten wenden kannst, wenigstens möglichst wenig schlecht ausfallen zu lassen. Denn es ist unmöglich, daß alles gut ist, es sei denn, daß alle Menschen gut wären; aber das erwarte ich für eine ganze Reihe von Jahren noch nicht.»

«Auf diese Weise», meinte er, «käme nichts anderes heraus, als daß ich selbst verrückt würde, während ich die Verrücktheit anderer zu heilen versuchte. Denn wenn ich die Wahrheit sagen will, so muß ich so reden. Ob es im übrigen die Sache eines Philosophen ist,

Falsches zu sagen, weiß ich nicht; meine ist es jedenfalls nicht. Wenn auch meine Rede jenen unwillkommen und lästig gewesen wäre, so sehe ich doch nicht ein, warum sie ihnen bis zur Albernheit übertrieben erscheinen müßte. Wenn ich aber das sagte, was Platon in seinem ‹Staat› erfindet, oder das, was die Utopier in ihrem Staate tun, so könnte das, obwohl es besser ist — und das ist es gewiß! —, dennoch sonderbar erscheinen, weil es hier Privateigentum einzelner gibt, dort aber alles Gemeinbesitz ist. Meine Rede aber kann für Leute, die entschlossen sind, auf einem ganz anderen Wege kopfüber davonzustürmen, nicht angenehm klingen, da sie ja warnt und auf Gefahren hinweist. Aber was enthielt sie denn sonst, was nicht überall gesagt werden sollte oder müßte? Wenn man allerdings alles als ungewöhnlich und widersinnig beiseiteschieben müßte, was die Verkehrtheit der Menschen abwegig erscheinen läßt, dann müßten wir vor den Christen das meiste verheimlichen, was Christus gelehrt und was er uns so entschieden zu verheimlichen verboten hat, daß er sogar das, was er selbst seinen Jüngern nur in die Ohren geflüstert hatte, öffentlich von den Dächern zu predigen befahl. Das meiste davon steht zu den heutigen Sitten in noch größerem Widerspruch als meine Rede, nur daß die Prediger, schlau wie sie sind, offenbar deinem Rate folgen: da nämlich die Menschen ihre Sitten nur ungern der Vorschrift Christi anpassen ließen, glichen sie seine Lehre wie ein bleiernes Richtmaß den Sitten an, damit beide wenigstens auf irgendeine Weise zusammenpaßten. Ich sehe aber darin keinen Nutzen, außer daß die Schlechten sorgloser sein können.

[f. Ein Philosoph kann weder Staatsmann noch Fürstendiener sein]
Und ebensoviel würde ich wahrhaftig im Rat der Fürsten erreichen: entweder wäre ich nämlich abweichender Meinung, und das wäre genausoviel wert, wie wenn ich gar nichts sagte — oder der gleichen, und dann wäre ich, wie Micio bei Terenz sagt, ein Helfer des Unsinns. Denn ich begreife nicht recht, was jener Umweg soll, den ich nach deiner Ansicht einschlagen soll, indem nämlich alles, was nicht gut gemacht werden kann, dennoch geschickt behandelt und, soweit es geht, möglichst wenig schlecht gestaltet werden soll. Dort ist aber nicht der Ort, etwas zu verleugnen, da darf man nicht die Augen zudrücken: da muß man offensichtlich üble Ratschläge billigen und die verhängnisvollsten Verfügungen unterschreiben; wie ein Spion, ja fast wie ein Verräter stünde man da, wenn man bösartige Beschlüsse unwillig guthieße. Ferner findet man keine Gelegenheit, bei der man etwas nützen könnte, wenn man unter solche Amtsgenossen geraten ist, die ja eher den besten Mann verderben, als daß sie selbst gebessert werden. Durch den verderblichen Umgang mit ihnen wird man entweder selbst verdorben, oder, wenn

man selber lauter und anständig bleibt, deckt man ihre Bösartigkeit und Dummheit. Es fehlt also viel daran, daß du mit jenem deinem Umweg etwas zum Besseren wenden könntest.

Daher erklärt Platon mit einem sehr schönen Vergleich, warum sich die Weisen mit Recht von den Staatsgeschäften fernhalten sollen: wenn sie nämlich sehen, wie die Leute in Scharen auf den Straßen vom Dauerregen durchnäßt werden, und sie nicht überreden können, dem Regen auszuweichen und sich unter die Dächer zu stellen, bleiben sie, da sie sich darüber klar sind, daß sie nichts erreichen, wenn sie hinausgehen, als daß sie selber naß werden, unterm Dach und sind zufrieden, wenigstens selbst im Trocknen zu sitzen, da sie der Dummheit der anderen doch nicht helfen können.

[7. Das Privateigentum als Hindernis gerechter Politik]

Indessen, mein lieber Morus, scheint es mir — um offen zu sagen, was ich denke — in der Tat so, daß es überall da, wo es noch Privateigentum gibt, wo alle alles nach dem Wert des Geldes messen, kaum jemals möglich sein wird, gerechte oder erfolgreiche Politik zu treiben, es sei denn, man wäre der Ansicht, daß es dort gerecht zugehe, wo immer das Beste den Schlechtesten zufällt, oder dort glücklich, wo alles an ganz wenige verteilt wird und auch diese nicht in jeder Beziehung gut gestellt sind, die übrigen jedoch ganz übel.

Daher erwäge ich oft die überaus klugen und ehrwürdigen Einrichtungen der Utopier, bei denen alles durch so wenige Gesetze so zweckmäßig geordnet ist, daß einerseits die Leistung ihren Lohn findet, andererseits infolge der allgemeinen Gleichheit allen alles reichlich zugemessen ist. Und dann vergleiche ich mit diesen ihren Verhältnissen im Gegensatz dazu so viele andere Völker, die immerfort neue Ordnungen schaffen, und niemals findet auch nur eins von ihnen hinreichende Ordnung. Bei ihnen nennt jeder das sein Privateigentum, was er sich erworben hat. Aber so viele Gesetze auch Tag für Tag erlassen werden, sie genügen nicht, um einen jeden das, was er sein Privateigentum nennt, erwerben oder schützen oder genügend von fremdem Besitz abgrenzen zu lassen. Das zeigen ja leicht jene unzähligen, ebenso häufig entstehenden wie niemals endenden Streitigkeiten an.

Wenn ich das, wie gesagt, bedenke, werde ich dem Platon besser gerecht und wundere mich weniger, daß er es verschmäht hat, solchen Leuten überhaupt noch Gesetze zu geben, die die gleichmäßige Verteilung aller Güter ablehnten. Denn das sah dieser kluge Mann freilich leicht voraus, daß es nur einen einzigen Weg zum Heile des Staates gebe, nämlich die Verkündung der Gleichheit des Besitzes, die schwerlich eingehalten werden kann, wo die einzelnen noch Privateigentum haben. Denn wenn ein jeder unter gewissen

Rechtstiteln, soviel er nur kann, an sich reißt, so kann die Masse noch so groß sein: es teilen doch nur wenige alles unter sich und lassen den übrigen die Armut. Und gewöhnlich ist es so, daß die einen das Los der anderen verdient hätten, da jene räuberisch, unredlich und nichtsnutzig, diese dagegen bescheidene und schlichte Männer sind, die durch ihren täglichen Fleiß mehr für das allgemeine als für das eigene Wohl tun.

Deshalb bin ich fest davon überzeugt, daß der Besitz nur dann auf gleichmäßige und gerechte Weise verteilt oder die Geschicke der Menschen nur dann glücklich gestaltet werden können, wenn das Privateigentum aufgehoben worden ist; solange es besteht, wird immer auf dem weitaus größten und weitaus besten Teile der Menschheit die drückende und unvermeidliche Bürde der Armut und des Kummers lasten. Man wird sie — das gebe ich zu — ein klein wenig erleichtern können; sie gänzlich aufzuheben — das behaupte ich — ist unmöglich.

Man könnte zwar verfügen, keiner solle über ein bestimmtes Maß hinaus Land besitzen, man könnte ein gesetzliches Höchstvermögen für einen jeden festsetzen; man könnte durch bestimmte Gesetze verhüten, daß der Fürst allzu mächtig wird, das Volk allzu anmaßend, ferner daß die Ämter nach Gunst oder um Geld vergeben werden oder daß in ihnen Aufwand getrieben werden muß — andernfalls entsteht nämlich die Versuchung, durch Betrug und Erpressung das Vermögen wieder aufzufüllen, oder es ergibt sich die Notwendigkeit, die Stellen mit reichen Leuten zu besetzen, die besser von klugen verwaltet worden wären.

Durch solche Gesetze könnten, wie gesagt, ebenso wie der kranke Körper durch ständige Hilfsmittel gegen die jämmerliche Schwäche gekräftigt zu werden pflegt, auch diese Übelstände gemildert und abgeschwächt werden. Daß sie aber geheilt werden und ein guter Gesundheitszustand wiederkehrt, darauf besteht keinerlei Aussicht, solange jeder sein persönliches Eigentum besitzt. Während man nämlich auf der einen Seite zu heilen sucht, verschlimmert man die Wunde auf der anderen. So entsteht abwechselnd aus der Heilung der einen die Krankheit der anderen, weil man keiner etwas zusetzen kann, ohne es der anderen wegzunehmen.»

«Mir dagegen», erwiderte ich, «scheint dort, wo alles Gemeingut ist, ein erträgliches Leben unmöglich. Denn wie soll die Menge der Güter ausreichen, wenn sich jeder vor der Arbeit drückt, da ihn keinerlei Zwang zu eigenem Erwerb drängt und ihn das Vertrauen auf fremden Fleiß faul macht? Aber selbst wenn die Not ihn antreibt und ihm dann kein Gesetz erlaubt, sich das, was er erworben hat, als Eigentum zu sichern, wird man dann nicht zwangsläufig beständig mit Mord und Aufruhr rechnen müssen? Wenn zudem noch das

Ansehen der Behörden und die Achtung vor ihnen geschwunden ist, dann kann ich mir nicht einmal ausdenken, was bei solchen Menschen, zwischen denen es keinerlei Unterschied gibt, an deren Stelle treten könnte.»

[8. Preis der Utopier]

«Ich wundere mich nicht», entgegnete er, «daß dir das so vorkommt. Du vermagst dir ja auch kein Bild von einem solchen Zustand zu machen, oder nur ein falsches. Wenn du aber mit mir in Utopien gewesen wärest und hättest mit eigenen Augen die dortigen Sitten und Einrichtungen gesehen, wie ich, der ich mehr als fünf Jahre dort gelebt habe und niemals mehr hätte fortgehen wollen, wenn nicht um von dieser Welt zu künden, dann würdest du ohne weiteres gestehen, nirgendwo sonst ein so wohlgeordnetes Staatswesen gesehen zu haben wie dort.»

«Und doch», warf Petrus Ägidius ein, «möchtest du mich wahrhaftig nur mit Mühe überzeugen, daß in jener neuen Welt ein besser geordnetes Staatswesen zu finden sei als in dieser uns bekannten. Ich glaube doch wohl, in dieser hier gibt es nicht geringere Geister und zudem ältere Staatswesen als in jener, und hier hat die lange Erfahrung vieles geschaffen, was das Leben bequemer macht, von dem ganz zu schweigen, was bei uns durch Zufall erfunden wurde, das zu ersinnen kein Scharfsinn ausgereicht hätte.»

«Was das Alter der Staaten betrifft», erwiderte jener, «so könntest du richtiger darüber urteilen, wenn du Geschichtsbücher jener Welt gelesen hättest. Darf man ihnen Glauben schenken, so gab es bei ihnen früher Städte als bei uns Menschen. Was aber bis heute der menschliche Geist ersonnen oder durch Zufall gefunden hat, das konnte es hier wie da gegeben haben. Im übrigen bin ich fest davon überzeugt: wenn wir ihnen auch an Scharfsinn überlegen sein sollten, an Eifer und Fleiß bleiben wir weit hinter ihnen zurück. Denn wie ihre Geschichtsbücher berichten, hatten sie vor unserer Landung dort von den Verhältnissen bei uns, die sie ‹Ultraäquinoktiale› nennen, niemals etwas gehört, außer daß einst vor 1200 Jahren ein Schiff bei der Insel Utopia scheiterte, das der Sturm dorthin verschlagen hatte; es wurden einige Römer und Ägypter an die Küste getrieben, die nachher niemals wieder von dort weggingen.

Nun sieh aber, welchen Gewinn die rührigen Leute aus dieser einzigen Gelegenheit gezogen haben! Es gab keine Kunstfertigkeit innerhalb des römischen Reiches, aus der man irgendwelchen Nutzen ziehen könnte, die jene nicht von den schiffbrüchigen Fremdlingen gelernt hätten oder auf Grund der erhaltenen Anregungen nicht selbst erfunden hätten. Von solchem Nutzen war es für sie, daß einmal einige Menschen von hier zu ihnen verschlagen wurden! Wenn jedoch ein ähnliches Geschick früher einmal irgendeinen von dort hierher getrieben haben sollte, so ist das so vollständig in Vergessenheit geraten, wie es vielleicht auch unseren Nachkommen aus dem Gedächtnis verschwinden wird, daß ich einmal dort gewesen bin. Und während jene sich bereits bei der einen Begegnung alle unsere brauchbaren Erfindungen zu eigen gemacht haben, wird es, wie ich vermute, lange währen, bis wir irgendeine Einrichtung, die bei ihnen besser ist als bei uns, übernehmen. Das halte ich für den Hauptgrund, warum ihr Staatswesen, obwohl wir ihnen doch weder an Begabung noch an Reichtum nachstehen, verständiger verwaltet wird als das unsere und sich erfolgreicher entwickelt.»

«Also, mein lieber Raphael», sagte ich da, «bitte ich dich herzlich: beschreibe uns die Insel und fasse dich dabei nicht kurz, sondern schildere der Reihe nach das Land, die Flüsse, die Städte, die Menschen, die Sitten, Einrichtungen und Gesetze, kurz alles, was wir deiner Meinung nach erfahren wollen; und du darfst glauben, daß wir alles erfahren wollen, was wir noch nicht wissen.»

«Nichts täte ich lieber!» antwortete er. «Denn ich habe das ja alles bei der Hand. Aber die Sache braucht Zeit.»

«So laß uns», sagte ich, «erst zu Tische gehen. Nachher wollen wir uns soviel Zeit nehmen, wie wir brauchen.»

«Gut!» sagte er. Und so gingen wir hinein, um zu speisen.

Nach der Mahlzeit kehrten wir an denselben Platz zurück, setzten uns auf dieselbe Bank und sagten den Dienern, daß wir von niemandem gestört sein wollten.

Petrus Ägidius und ich baten sodann den Raphael, sein Versprechen zu erfüllen. Als der uns nun so gespannt und begierig, ihm zuzuhören, sah, saß er erst einen Augenblick schweigend und nachdenklich da und begann dann folgendermaßen:

ENDE DES ERSTEN BUCHES
ES FOLGT DAS ZWEITE

BERICHT

[1. Die Lage der Insel Utopia]

Die Insel der Utopier dehnt sich in der Mitte, wo sie am breitesten ist, zweihundert Meilen weit aus, ist eine weite Strecke lang nicht viel schmäler und spitzt sich dann gegen die beiden Enden hin allmählich zu. Die Küsten bilden einen wie mit dem Zirkel gezogenen Kreisbogen von fünfhundert Meilen Umfang und geben der ganzen Insel die Gestalt des zunehmenden Mondes. Zwischen die beiden Hörner dringt das Meer in einer Breite von ungefähr elf Meilen, erfüllt die ungeheure Weite, die von allen Seiten von Land umgeben und so, vor Winden geschützt, wie ein riesiger See mehr still als stürmisch ist, und macht fast die ganze Bucht zu einem Hafen, der die Schiffe zum großen Vorteil der Einwohner nach allen Richtungen ein- und ausfahren läßt. Die Einfahrt ist auf der einen Seite infolge von Untiefen, auf der anderen durch Klippen gefährlich. Ungefähr in der Mitte ragt ein einzelner Felsblock empor, der aber ungefährlich ist; auf ihm ist ein Wachtturm errichtet. Die übrigen Riffe sind verborgen und heimtückisch. Die Fahrrinnen sind allein ihnen selbst bekannt; und so kommt es nicht leicht vor, daß ein Fremder ohne einen Lotsen der Utopier in diese Bucht eindringt, zumal sie selbst kaum ohne Gefahr einlaufen könnten, wenn ihnen nicht bestimmte Zeichen vom Strande her die Richtung anzeigten. Durch Versetzung dieser könnten sie leicht eine noch so große feindliche Flotte ins Verderben locken.

Auf der anderen Seite gibt es viel besuchte Häfen. Aber überall ist die Zufahrt zum Lande so von Natur oder Menschenhand befestigt, daß sogar gewaltige Truppenmassen von wenigen Verteidigern abgewiesen werden können.

Übrigens war dieses Land, wie berichtet wird und wie der Augenschein zeigt, in alten Zeiten nicht vom Meere umgeben. Aber Utopos, dessen Namen die Insel trägt, während sie vorher Abraxa hieß, und der das rohe und wilde Volk zu der Gesittung und Bildung heranzog, durch die es jetzt fast alle Menschen übertrifft, ließ sofort nach seiner Landung und seinem Sieg die Erde dort, wo sie mit dem Festland zusammenhing, auf fünfzehn Meilen ausheben und umgab das Land so ringsum mit Wasser. Da er zu dieser Arbeit nicht nur die Einwohner zwang, sondern außerdem alle seine Krieger heranzog, um die Arbeit nicht als Schmach ansehen zu lassen, und weil jene so auf eine große Menge Menschen verteilt wurde, ist das Werk mit unglaublicher Geschwindigkeit beendet worden. Und die Nachbarn, die anfangs über die Aussichtslosigkeit des Unterfangens gelacht hatten, packte angesichts des Erfolges Bestürzung und Bewunderung.

[2. Städte, Land und Landwirtschaft]

Die Insel hat vierundfünfzig Städte, alle weiträumig und prächtig, in Sprache, Sitten, Einrichtungen und Gesetzen vollständig übereinstimmend. Alle haben dieselbe Anlage und, soweit es die geographische Lage gestattet, dasselbe Aussehen. Die einander nächsten sind vierundzwanzig Meilen voneinander entfernt. Andererseits ist keine so einsam, daß man von ihr aus nicht eine andere zu Fuß in einem Tagemarsch erreichen könnte.

Aus jeder Stadt kommen jährlich drei bejahrte und erfahrene Bürger in Amaurotum zusammen, um über die gemeinsamen Angelegenheiten der Insel zu beraten. Denn diese Stadt, die gewissermaßen im Nabel des Landes und für Abordnungen aus allen Teilen des Landes günstig liegt, gilt als die erste und führende.

Das Ackerland ist den Städten so zweckmäßig zugeteilt, daß eine jede auf keiner Seite weniger als zwölf Meilen Bodenfläche besitzt, dort aber, wo die Städte weiter voneinander entfernt liegen, beträchtlich mehr. Keine Stadt hat das Bestreben, ihr Gebiet zu vergrößern, denn sie halten sich mehr für Bebauer als für Besitzer des Bodens.

Auf dem Lande haben sie Gehöfte, die planmäßig über die ganze Anbaufläche verteilt und mit landwirtschaftlichen Geräten versehen sind. Sie werden von Bürgern bewohnt, die abwechselnd dorthin übersiedeln. Kein ländlicher Haushalt zählt weniger als vierzig Männer und Frauen, wozu noch zwei bodengebundene Dienstleute kommen. Die Leitung des Haushalts haben ein Hausvater und eine Hausmutter inne, beides erfahrene und gesetzte Leute, und je dreißig Haushaltungen unterstehen einem Phylarchen. Aus jedem Haushalt ziehen jährlich zwanzig Personen in die Stadt zurück, die nämlich, die zwei Jahre auf dem Lande zugebracht haben. An ihre Stelle treten ebenso viele Neue aus der Stadt. Sie werden von denen, die bereits ein Jahr dort gewesen sind und sich daher auf die Landwirtschaft verstehen, eingewiesen, um im folgenden Jahre wieder andere zu unterweisen, damit nicht alle zugleich dort Neulinge sind und von der Landwirtschaft nichts wissen, so daß womöglich infolge ihrer Unerfahrenheit bei der Ernte etwas versehen wird. Der Brauch, die Bauern ständig zu wechseln, ist zwar festgelegt, damit keiner ge-

gen seinen Willen gezwungen sei, das harte Leben länger fortzu-
setzen, dennoch aber erwirken sich viele, die von Natur aus Freude
an der Landwirtschaft haben, die Erlaubnis, mehr Jahre zu bleiben.

Die Bauern bestellen das Land, züchten Vieh, schlagen Holz und
schaffen es, je nach Gelegenheit, zu Wasser oder zu Lande in die
Stadt. Geflügel ziehen sie in unendlicher Menge auf, und zwar mit
Hilfe einer erstaunlichen Einrichtung: Die Hennen brüten nämlich
die Eier nicht selbst aus, sondern man setzt eine große Anzahl von
Eiern einer gleichmäßigen Wärme aus, erweckt so das Leben und
zieht die Kücken auf. Sobald diese aus der Schale geschlüpft sind,
laufen sie hinter den Menschen her wie hinter der Glucke und sehen
sie als diese an. Pferde züchten sie nur sehr wenige, und zwar nur
sehr feurige und bloß zu dem Zweck, die Jugend im Reiten auszubil-
den. Denn zu jeder Arbeit auf dem Felde und zum Ziehen verwenden sie Ochsen, die, wie sie zugeben, weniger feurig, aber ausdauern-
der als die Pferde und ihrer Meinung nach nicht so vielen Krankheiten ausgesetzt sind, zudem geringeren Aufwand an Mühe und
Kosten verlangen und am Ende, wenn sie ausgedient haben, noch
zur Nahrung dienen.

Das Getreide verarbeiten sie nur zu Brot. Denn sie trinken nur
Wein oder Apfel- und Birnenmost oder auch einfach Wasser, manchmal ungemischt, oft auch mit Honig oder Süßholz verkocht, wovon
sie eine beträchtliche Menge haben.

Obwohl sie ausgerechnet haben, und zwar aufs genaueste, wieviel
Lebensmittel die Stadt mitsamt ihrer Umgebung verbraucht, so säen
sie dennoch viel mehr aus und ziehen mehr Vieh auf, als für ihren
eigenen Bedarf genügen würde, um den Überschuß an ihre Nachbarn
weiterzugeben. Was sie an Gerätschaften brauchen, die auf dem Lande nicht zu haben sind, fordern sie alles in der Stadt an und erhalten es ohne Gegenleistung und ohne besondere Umstände von den
städtischen Behörden; denn jeden Monat treffen sie sich in großer
Zahl bei einem Festtag.

Wenn die Ernte bevorsteht, so melden die Phylarchen der Bauern
den städtischen Behörden, wieviele Bürger ihnen hinauszuschicken
sind. Da diese Anzahl von Erntehelfern dann rechtzeitig an dem bestimmten Tage eintrifft, wird bei schönem Wetter die ganze Ernte
fast an einem einzigen Tage eingebracht.

Wer eine von ihren Städten kennt, kennt alle: so völlig gleichen
sie einander, soweit es das Gelände erlaubt.

[3. Die Stadt Amaurotum]

Ich will daher irgendeine beliebige beschreiben, denn es kommt
nicht so sehr darauf an, welche. Welche aber lieber als Amaurotum?
Bedeutender als sie ist keine, da ihr die übrigen die Würde des Senats-

sitzes übertragen haben, und keine ist mir bekannter, da ich dort fünf Jahre ununterbrochen gelebt habe.

Amaurotum also liegt an dem sanften Abhang eines Berges. Der Grundriß der Stadt ist fast quadratisch; denn in der Breite erstreckt sie sich, etwas unterhalb der Spitze des Hügels beginnend, zwei Meilen bis zum Flusse Anydrus, längs des Ufers etwas weiter.

Der Anydrus entspringt achtzig Meilen oberhalb von Amaurotum aus mäßiger Quelle, verbreitert sich aber, durch den Zustrom anderer Flüsse, unter ihnen zweier ziemlich ansehnlicher, verstärkt, oberhalb der Stadt selbst bis zu einer halben Meile. Nach einem weiteren Lauf von sechzig Meilen ergießt er sich, noch mächtiger geworden, in den Ozean. Auf der ganzen Strecke zwischen der Stadt und dem Meere und noch einige Meilen oberhalb der Stadt zeigt sich alle sechs Stunden der Einfluß von Ebbe und Flut an der Strömung des Flusses. Wenn das Meer bis zu dreißig Meilen weit eindringt, füllt es das ganze Bett des Anydrus mit seinen Wogen und drängt den Fluß zurück; dann verdirbt es auch dessen Wasser beträchtlich darüber hinaus mit seinem Salzgehalt. Darauf gewinnt allmählich das Süßwasser wieder die Oberhand, rein und lauter durchfließt der Strom die Stadt und verfolgt seinerseits das zurückflutende Meer bis hart an seine Schlünde.

Die Stadt ist mit dem gegenüberliegenden Ufer des Flusses nicht etwa durch eine aus hölzernen Pfählen und Pfeilern erbaute, sondern aus Steinwerk kunstvoll gewölbte Brücke an der Seite verbunden, die am weitesten vom Meere entfernt liegt, damit die Schiffe an der ganzen Längsseite der Stadt ungehindert vorbeifahren können.

Sie haben außerdem noch einen anderen, zwar nicht sehr tiefen, jedoch sehr ruhigen und vorteilhaften Fluß. Er entspringt an demselben Berge, auf dem die Stadt liegt, fließt in einer Mulde mitten durch sie hindurch und mündet in den Anydrus. Quelle und Oberlauf dieses Flusses haben die Amaurotaner, weil er ein wenig außerhalb der Stadt entspringt, mit Befestigungsanlagen umgeben und mit der Stadt verbunden, damit das Wasser, wenn je einmal der Feind mit Gewalt eindringen sollte, weder abgeschnitten noch abgeleitet noch verdorben werden könne. Es wird von dort in Backsteinrinnen auf verschiedenen Wegen in die tiefer gelegenen Teile der Stadt geleitet; wo aber das Gelände dies verbietet, sammelt man in geräumigen Brunnen das Regenwasser, das den gleichen Zweck erfüllt.

Eine hohe und breite Mauer mit zahlreichen Türmen und Vorwerken umgibt die Stadt. Ein trockener, aber tiefer und breiter und durch Verhaue von Dornsträuchern unzugänglich gemachter Graben zieht sich an drei Seiten um die Mauern; an der vierten dient der Fluß selbst als Wallgraben.

Die Straßen sind zweckmäßig angelegt: sowohl günstig für den Verkehr, als auch gegen die Winde geschützt. Die Häuser sind keineswegs unansehnlich. Ihre lange und blockweise zusammenhängende Reihe übersieht man von der gegenüberliegenden Häuserfront aus. Die Fronten der Häuserblöcke trennt eine zwanzig Fuß breite Straße. An der Hinterseite zieht sich, jeweils den ganzen Block entlang, ein großer und durch die Rückseite der Blöcke von allen Seiten eingeschlossener Garten hin.

Es gibt kein Haus, das nicht, genauso wie es sein Vordertor zur Straße hat, eine Hinterpforte zum Garten besitzt. Diese zweiflügeligen Türen, die durch einen leichten Druck der Hand zu öffnen sind und sich darauf wieder von allein schließen, lassen einen jeden ein: so gibt es keinerlei Privatbereich. Denn sogar die Häuser wechseln sie alle zehn Jahre durch Auslosung.

Die Gärten schätzen sie außerordentlich. In ihnen ziehen sie Reben, Obst, Gemüse und Blumen von solcher Pracht und Schönheit, daß ich niemals etwas Üppigeres und zugleich Geschmackvolleres gesehen habe. Dabei spornt ihren Eifer nicht nur die Freude an der Sache selbst an, sondern auch der Wettstreit der Stadtteile untereinander in der Pflege der Gärten. Und gewiß könnte man in der ganzen Stadt nicht leicht etwas anderes finden, das dem Nutzen sowie dem Vergnügen der Bürger dienlicher wäre, und eben deshalb scheint der Gründer auf nichts größere Sorgfalt verwendet zu haben als auf die Anlage derartiger Gärten.

Der Überlieferung nach ist nämlich der gesamte Plan der Stadt bereits von Anfang an von Utopos selbst festgelegt worden. Die Ausschmückung aber und den weiteren Ausbau, wozu das Leben eines einzigen Menschen aller Voraussicht nach nicht ausreichte, überließ er den Nachfahren. Daher steht in ihren Geschichtsbüchern, die die Geschichte der 1760 Jahre seit der Eroberung der Insel umfassen, sorgfältig geführt werden und ehrfürchtig aufbewahrt sind, die Häuser seien anfangs niedrig und eine Art von Hütten und Buden, planlos aus irgendwelchem Holz errichtet, gewesen, die Wände mit Lehm verschmiert, die Dächer steil und strohgedeckt. Heute jedoch ist jedes Haus ein ansehnliches Gebäude von drei Stockwerken. Die Außenwände bestehen aus Granit, anderem harten Gestein oder auch aus Backsteinen, innen sind sie mit Mörtel verputzt. Die Dächer sind flach und werden mit gewissen Kunststeinen gedeckt, die nicht viel kosten, aber so beschaffen sind, daß sie kein Feuer fangen und andererseits besser als Blei gegen die Unbilden des Wetters schützen. Die Winde halten sie von den Fenstern durch Glas ab, das dort sehr viel benutzt wird, gelegentlich auch durch dünne Leinwand, die sie mit durchsichtigem Öl oder Harz bestreichen, mit doppeltem Erfolg, insofern sie auf diese Weise mehr Licht und weniger Wind hineinläßt.

[4. Die Behörden]

Je dreißig Familien wählen sich jährlich einen Vorstand, den sie in ihrer älteren Sprache ‹Syphogrant› nennen, in der neueren ‹Phylarch›. An die Spitze von zehn Syphogranten mitsamt ihren Familien wird jetzt der Protophylarch gestellt, der früher ‹Tranibor› hieß. Schließlich ernennen alle Syphogranten, zweihundert an der Zahl, nachdem sie vorher geschworen haben, den zu wählen, den sie für den Tüchtigsten halten, in geheimer Abstimmung ein Oberhaupt, das heißt einen von den vier Männern, die ihnen das Volk benannt hat; denn von jedem Viertel der Stadt wird einer ausgewählt und dem Senat vorgeschlagen.

Das Amt des Staatspräsidenten ist lebenslänglich, sofern nicht der Verdacht, sein Inhaber strebe nach Gewaltherrschaft, aufkommt.

Die Traniboren werden jährlich gewählt, doch wechselt man nicht blindlings mit ihnen.

Die übrigen Beamtenstellen werden jährlich neu besetzt.

Die Traniboren treten jeden dritten Tag, zwischendurch, wenn die Lage es erfordert, auch häufiger, zur Beratung mit dem Staatsoberhaupt zusammen, beratschlagen über Staatsangelegenheiten, schlichten rasch, falls solche vorliegen, Privatstreitigkeiten, die außerordentlich selten sind.

Von den Syphogranten rufen sie immer zwei in den Senat, und zwar jeden Tag andere; und man achtet darauf, daß nichts, was die Öffentlichkeit angeht, entschieden wird, worüber nicht vor der endgültigen Beschlußfassung an drei Tagen im Senat verhandelt worden ist. Außerhalb des Senats oder der Volksversammlung über Angelegenheiten der Gemeinschaft Beschlüsse zu fassen, wird für Hochverrat gehalten. Dies ist, wie sie sagen, deshalb so festgesetzt, damit das Volk nicht Gefahr läuft, durch eine Verschwörung des Staatsoberhaupts mit den Traniboren von einem Gewaltherrscher unterdrückt zu werden, und damit die Staatsverfassung nicht geändert wird. Daher wird auch jede Frage von Wichtigkeit der Versammlung der Syphogranten vorgelegt, die sie mit ihren Familien besprechen, nachher untereinander beratschlagen und ihren Beschluß dem Senat mitteilen. Zuweilen wird die Angelegenheit auch dem Rat der gesamten Insel unterbreitet. Der Senat hat auch die Gepflogenheit, nichts an demselben Tage, an dem es zum ersten Male vorgelegt wird, zu besprechen, sondern es auf die nächste Sitzung zu verschieben, damit keiner unbedacht daherredet, was ihm gerade in den Sinn kommt, und daraufhin mehr darüber nachdenkt, womit er seine Meinung verteidigen könne, als was dem Vorteil des Staates entspricht, und aus einem falschen und verkehrten Ehrgefühl heraus lieber dem Staatswohl als dem eigenen Ansehen Abbruch tun will, um nicht den Anschein zu erwecken, am Anfang zu wenig vorausgesehen zu haben, während er sich doch gleich anfangs hätte vorsehen sollen, lieber bedacht als vorschnell zu sprechen.

[5. Die Gewerbe]

Ein einziges Gewerbe üben alle Männer und Frauen gemeinsam aus: den Ackerbau. Von ihm ist keiner befreit; in ihm werden alle von Kindheit an unterwiesen, teils durch theoretischen Unterricht in der Schule, teils praktisch, indem die Kinder auf die der Stadt benachbarten Äcker, gleich wie zum Spiel, geführt werden, wo sie nicht nur zuschauen, sondern zur Übung der Körperkräfte auch zupacken.

Außer der Landwirtschaft, die, wie gesagt, alle gemeinsam ausüben, erlernt jeder noch irgendein besonderes Handwerk; das ist in der Regel die Tuchmacherei, die Leineweberei oder das Maurer-, Schmiede-, Schlosser- oder Zimmermannsgewerbe. Es gibt nämlich sonst kein anderes Handwerk, das dort eine nennenswerte Anzahl von Menschen beschäftigte. Denn die Kleider haben über die ganze Insel hin denselben Schnitt, abgesehen davon, daß sich die Geschlechter untereinander und die Ledigen von den Verheirateten durch ihre Kleidung unterscheiden; sie sind für alle Altersstufen gleich, gefällig anzusehen und den Bewegungen des Körpers angepaßt, zudem für Kälte und für Hitze berechnet. Diese Kleider fertigt sich, wohlgemerkt, jede Familie selber an.

Von den anderen Handwerken aber lernt jeder eins, und zwar nicht nur die Männer, sondern auch die Frauen; diese betreiben jedoch als die Schwächeren nur leichtere Gewerbe: gewöhnlich spinnen sie Wolle und weben Leinen; den Männern werden die übrigen, mühsameren Tätigkeiten überlassen.

Größtenteils wird jeder im väterlichen Gewerbe unterwiesen; denn dazu neigen die meisten von Natur aus. Wenn aber einen seine Neigung zu etwas anderem zieht, so wird er durch Adoption in eine Familie übernommen, die das Handwerk ausübt, zu dem es ihn treibt, wobei nicht nur sein Vater, sondern auch die Behörden dafür sorgen, daß er einem würdigen und ehrenhaften Familienvater übergeben wird. Auf dieselbe Weise wird es ermöglicht, daß einer, der ein Handwerk erlernt hat, noch ein anderes erlernen kann. Beherrscht er dann beide, so übt er das aus, das er will, falls nicht die Gemeinde das eine mehr benötigt als das andere.

Die wichtigste und fast einzige Aufgabe der Syphogranten ist, dafür zu sorgen und darüber zu wachen, daß keiner müßig herumsitzt, sondern jeder fleißig sein Gewerbe betreibt, ohne sich jedoch vom frühen Morgen bis tief in die Nacht hinein ununterbrochen wie ein Lasttier abzumühen. Denn das wäre schlimmer als sklavische Plackerei!

[6. Der Tageslauf der Utopier]

Und doch ist dies fast überall das Los der Handwerker, außer bei den Utopiern, die, während sie den Tag mit Einschluß der Nacht in vierundzwanzig Stunden einteilen, doch nur sechs Stunden für die Arbeit bestimmen: drei vor Mittag, nach denen sie zum Essen gehen; nach der Mahlzeit ruhen sie zwei Nachmittagsstunden, widmen dann wiederum drei Stunden der Arbeit und beschließen das Tagewerk mit dem Abendessen. Da sie die erste Stunde vom Mittag ab zählen, gehen sie um die achte schlafen. Der Schlaf beansprucht acht Stunden.

Die Stunden zwischen Arbeit, Schlaf und Essen sind jedem zur eigenen Verfügung überlassen, jedoch nicht, um sie mit Ausschweifungen und Faulenzerei zu vergeuden, sondern um die Freizeit, die ihm sein Handwerk läßt, nach eigenem Gutdünken zu irgendeiner nützlichen Beschäftigung zu verwenden. Die meisten benützen diese Unterbrechungen zu geistiger Weiterbildung. Es ist nämlich üblich, täglich in den frühen Morgenstunden öffentliche Vorlesungen zu halten, die anzuhören eigentlich nur die verpflichtet sind, die ausdrücklich für das wissenschaftliche Studium ausersehen wurden; indessen strömt aus jedem Stande eine sehr große Menge von Männern wie auch von Frauen herbei, um, ihrem jeweiligen Interesse entsprechend, diese oder jene Vorlesung zu hören. Falls aber einer auch diese Zeit lieber seinem Handwerke widmen will, wie es für viele empfehlenswert ist, deren Geist sich nicht zu den Höhen der Wissenschaft zu erheben vermag, so hindert ihn nichts daran, ja er wird sogar gelobt, weil er dem Staate nützt.

Nach dem Abendessen verbringen sie dann eine Stunde mit Spielen, im Sommer in den Gärten, im Winter in jenen öffentlichen Hallen, in denen sie essen. Dort treiben sie Musik oder erholen sich bei Gesprächen. Würfel aber und dergleichen unschickliche und verderbliche Spiele kennen sie nicht einmal. Dagegen haben sie zwei Spiele, die dem Brettspiel nicht unähnlich sind: das eine ist der ‹Zahlenkampf›, in dem die eine Zahl die andere sticht, bei dem anderen kämpfen die Laster in Schlachtordnung mit den Tugenden; in diesem Spiele zeigt sich überaus fein der Zwiespalt der Laster untereinander und ihr einträchtiges Zusammenstehen gegen die Tugenden, ebenso, welche Laster den einzelnen Tugenden entgegenstehen, mit welchen Kräften sie ihnen offen entgegentreten, mit welchen Machenschaften sie ihnen hinterhältig nachstellen, mit welchen Mitteln dagegen die Tugenden die Angriffe der Laster zu brechen vermögen, mit welchen Künsten sie ihre Versuchungen vereiteln und auf welche Weise schließlich die eine oder die andere Partei den Sieg davonträgt.

An dieser Stelle müssen wir jedoch, um einen Irrtum zu vermeiden, einen bestimmten Punkt genauer betrachten. Weil sie nämlich nur sechs Stunden an der Arbeit sind, könnte man vielleicht auf den Gedanken kommen, es müsse sich daraus ein Mangel an lebensnotwendigen Dingen ergeben. Weit gefehlt! Diese Arbeitszeit genügt vielmehr zur Erzeugung aller Dinge, die lebensnotwendig sind oder zur Bequemlichkeit dienen, ja, es bleibt sogar noch Zeit übrig. Auch ihr werdet das begreifen, wenn ihr bedenkt, ein wie großer Teil des Volkes bei anderen Völkern untätig dahinlebt: zunächst einmal fast alle Frauen, die Hälfte der Gesamtbevölkerung; oder, wo die Frauen werktätig sind, dort faulenzen an ihrer Stelle meistenteils die Männer; dazu kommen dann noch die Priester und sogenannten Geistlichen – welch riesige, welch faule Gesellschaft! Nimm all die reichen Leute hinzu, vor allem die Großgrundbesitzer, die man gewöhnlich Vornehme und Adlige nennt! Zähle dazu deren Dienerschaft, jenen ganzen Haufen bewaffneter Taugenichtse! Füge dazu endlich die gesunden und arbeitsfähigen Bettler, die irgendeine Krankheit zum Vorwand ihrer Faulenzerei nehmen! Sicherlich wirst du dann viel weniger Leute finden, als du geglaubt hättest, von deren Arbeit all das herrührt, was die Menschen brauchen. Und nun erwäge noch, wie wenige selbst von diesen ein lebensnotwendiges Gewerbe betreiben, weil ja doch, da wir alles nach Geld und Geldeswert messen, viele völlig unnütze und überflüssige Tätigkeiten ausgeübt werden, die nur der Genußsucht und dem Vergnügen dienen! Wenn nämlich diese ganze Menge der Werktätigen auf die wenigen Gewerbe verteilt würde, die eine zweckmäßige Verwendung der Naturgüter fordert, so wären bei dem dann natürlich bestehenden Überfluß an Waren die Preise zweifellos niedriger als daß die Handwerker davon ihr Leben fristen könnten. Wenn aber alle, die jetzt mit unnützen Gewerben beschäftigt sind, wenn dazu noch das ganze Heer der schlaffen Nichtstuer und Faulenzer, von denen jeder einzelne von den Dingen, die auf Grund der Arbeit der anderen zur Verfügung stehen, so viel verbraucht wie zwei, die sie herstellen, wenn also diese alle zur Arbeit, und zwar zu nützlicher Arbeit herangezogen würden, dann könntest du leicht feststellen, wie wenig Zeit reichlich genug, ja überreichlich wäre, um alles das bereitzustellen, was unentbehrlich oder nützlich ist – ja, setze ruhig noch hinzu, was zum Vergnügen, mindestens zu einem natürlichen und echten Vergnügen, dient.

Gerade das machen die Verhältnisse in Utopien klar. Denn dort sind in der ganzen Stadt mitsamt ihrer nächsten Umgebung von der Gesamtzahl der Männer und Frauen, die ihrem Lebensalter und Gesundheitszustand nach arbeitsfähig sind, kaum fünfhundert Menschen von der Arbeit freigestellt. Unter ihnen erlauben sich selbst die Syphogranten, obgleich sie gesetzlich von der Arbeitsleistung befreit sind, keine Ausnahme, um durch ihr Beispiel die übrigen um so mehr zur Arbeit anzuspornen. Derselben Vergünstigung erfreuen sich die, denen auf Empfehlung der Priester das Volk durch geheime Abstimmung der Syphogranten dauernde Arbeitsbefreiung zum gründlichen Studium der Wissenschaften gewährt. Enttäuscht einer von ihnen die auf ihn gesetzten Erwartungen, so wird er wieder zu den Handwerkern versetzt. Umgekehrt kommt es nicht selten vor, daß irgendein Handwerker seine Freizeit so emsig zum Studium benützt und dank seines Fleißes solche Fortschritte macht, daß er von seinem Handwerk befreit und in die Klasse der Wissenschaftler befördert wird.

Aus diesem Stande der wissenschaftlich Gebildeten werden die Gesandten, die Priester, die Traniboren gewählt, und schließlich auch der Staatspräsident selbst, den sie in ihrer älteren Sprache ‹Barzanes›, in der neueren ‹Ademos› nennen.

Da nun fast die ganze übrige Bevölkerung weder untätig ist noch mit unnützen Arbeiten beschäftigt, kann man leicht berechnen, wie wenige Stunden ausreichen, um eine Menge guter Arbeit zu leisten.

Zu allem, was ich erwähnt habe, kommt noch die weitere Erleichterung hinzu, daß sie in den meisten lebensnotwendigen Gewerben mit weniger Arbeit auskommen als andere Völker. Denn zunächst erfordert überall der Bau oder die Ausbesserung der Häuser deswegen die ständige Arbeit so vieler, weil der liederliche Erbe allmählich zerfallen läßt, was der Vater gebaut hat, so daß sein Nachfolger gezwungen wird, mit großen Kosten von Grund aus wieder zu erneuern, was er selber mit geringem Aufwand hätte erhalten können. Ja, oft verschmäht der verwöhnte Geschmack des einen ein Haus, das ein anderer unter ungeheuren Kosten errichtete; er vernachlässigt es daher, läßt es in kurzer Zeit verfallen und baut sich anderswo mit nicht geringeren Kosten ein anderes.

Bei den Utopiern aber kommt es seit der Regelung aller dieser Dinge und der Begründung des Gemeinwesens sehr selten vor, daß neues Gelände zum Häuserbau gesucht wird; und nicht nur sichtbaren Schäden wird rasch abgeholfen, sondern auch drohenden vorgebeugt. So kommt es, daß ihre Gebäude bei geringstem Arbeitsaufwand sehr lange erhalten bleiben und die Bauhandwerker zeitweise kaum etwas zu tun haben, außer daß sie derweilen zu Hause Bauholz zuzurichten und Steine zuzuhauen und anzupassen geheißen werden, damit im Bedarfsfalle der Bau rascher voranschreiten kann.

Sieh ferner, wie weniger Mühe die Kleidung bedarf! Zunächst einmal tragen sie bei der Arbeit einen einfachen Anzug aus Leder oder Fellen, der bis zu sieben Jahren hält. Wenn sie ausgehen, ziehen sie ein Obergewand darüber, das jene gröbere Kleidung verdeckt; seine Farbe ist auf der ganzen Insel dieselbe, und zwar die Naturfarbe. Daher genügt nicht nur viel weniger Wollstoff als irgendwo sonst, sondern dieser selbst ist auch viel billiger. Aber noch geringer ist die Mühe mit dem Leinen, das daher noch häufiger getragen wird. Man sieht aber bei der Leinwand nur auf die Weiße, bei der Wolle nur auf die Sauberkeit; auf feinere Webart legt man keinen Wert.

So kommt es denn, daß, während nirgends sonst für eine Person vier oder fünf verschiedenfarbige Tuchanzüge und ebenso viele seidene Unterkleider ausreichen — für anspruchsvolle Leute nicht einmal zehn —, dort jeder sich mit einem einzigen Anzug, meist für zwei Jahre, begnügt. Es liegt ja auch kein Grund für ihn vor, mehr Kleider zu wünschen; bekäme er sie, so wäre er weder gegen die Kälte besser geschützt, noch sähe er in seiner Kleidung auch nur um ein Haar vornehmer aus.

Weil nun aber alle nützliche Gewerbe betreiben und dabei wiederum mit weniger Arbeit auskommen, ist es verständlich, daß sie Überfluß an allen Erzeugnissen haben und zeitweise eine gewaltige Menge von Arbeitern zur Ausbesserung der Staatsstraßen, wenn diese überholungsbedürftig sind, heranziehen können, sehr oft auch, wenn kein Bedarf an derartigen Arbeiten vorliegt, von Staats wegen die Verkürzung der Arbeitszeit verkünden. Denn die Behörden plagen die Bürger nicht gegen ihren Willen mit überflüssiger Arbeit, da die Verfassung dieses Staates vor allem nur das eine Ziel vor Augen hat, soweit es die öffentlichen Belange zulassen, allen Bürgern möglichst viel Zeit von der körperlichen Fron für die Freiheit und Pflege des Geistes sicherzustellen. Darin liegt nämlich nach ihrer Meinung das Glück des Lebens.

[8. Sozialordnung und Bevölkerungspolitik]

Jetzt aber scheint es an der Zeit, darzulegen, nach welcher Ordnung die Bürger miteinander leben, welche Beziehungen zwischen ihnen bestehen und wie die Verteilung der Güter vor sich geht.

Die Bürgerschaft besteht also aus Familien; diese Familien beruhen, wie meist, auf Blutsverwandtschaft. Die Frauen werden, sobald sie heiratsfähig sind, verehelicht und ziehen dann in die Wohnungen ihrer Männer; die männlichen Sprößlinge und nachher die Enkel bleiben in der Familie und stehen unter der Gewalt des Familienältesten, sofern dieser nicht infolge des Alters geistesschwach geworden ist; dann nämlich tritt der Nächstälteste an seine Stelle.

Damit jedoch die Bürgerschaft nicht an Zahl abnehmen oder übermäßig anwachsen kann, sorgt man dafür, daß keine Familie, deren jede Stadt ohne den Landbezirk sechstausend umfaßt, weniger als zehn und mehr als sechzehn Erwachsene zählt — die Anzahl der Unmündigen kann ja nicht im voraus begrenzt werden; dieses Maß kann leicht eingehalten werden, indem die Überschüssigen, die in übergroßen Familien heranwachsen, in kinderarme eingegliedert werden. Wenn aber einmal die Bevölkerung insgesamt über die gesetzmäßige Anzahl anwächst, so füllen sie andere untervölkerte Städte damit auf. Falls jedoch etwa die Gesamtbevölkerung der ganzen Insel über Gebühr anschwillt, so bieten sie aus jeder Stadt Bürger auf, die auf dem nächstgelegenen Festland, wo die Eingeborenen Überfluß an Ackerland haben und es nicht bebauen, eine Kolonie nach ihren eigenen Gesetzen gründen; die Ureinwohner des Landes nehmen sie mit auf, falls diese mit ihnen zusammenleben wollen. Mit denen, die es wollen, verbinden sie sich zu gleicher Lebensweise und gleichen Sitten und verschmelzen zum Vorteil beider Völker leicht mit ihnen; denn auf Grund ihrer Einrichtungen erreichen sie, daß das Land, das für die einen vorher knapp und unzureichend schien, für beide reichlich Raum bietet. Diejenigen aber, die sich weigern, nach ihren Gesetzen zu leben, vertreiben sie aus diesen Gebieten, die sie sich selbst aneignen. Gegen Widerstrebende wenden sie Waffengewalt an. Denn sie halten es für einen durchaus gerechtfertigten Kriegsgrund, wenn irgendein Volk an dem Grund und Boden, den es selbst nicht ausnutzt, sondern gleichsam ohne Sinn und Zweck besitzt, anderen, die nach dem Naturrecht daraus ihre Nahrung holen sollten, Nutzung und Besitz versagt. Falls aber einmal irgendein Ereignis ihre Städte so stark entvölkern sollte, daß sie aus anderen Teilen der Insel unter Wahrung der Bevölkerungszahl einer jeden Stadt nicht aufgefüllt werden könnten, wie es seit Menschengedenken nur zweimal durch das Wüten der Pest vorgekommen sein soll, so werden die Lücken durch Rückwanderer aus den Kolonien wieder ergänzt. Sie lassen nämlich lieber die Kolonien zugrundegehen als irgendeine von den Städten der Insel verfallen.

[9. Versorgung der Bevölkerung]
Doch ich kehre zum Zusammenleben der Bürger zurück.
Der Älteste steht, wie ich sagte, an der Spitze der Familie. Die Frauen sind den Männern, die Kinder den Eltern und überhaupt die Jüngeren den Älteren unterstellt. Die ganze Stadt ist in vier gleich große Bezirke eingeteilt; in der Mitte jedes Bezirkes liegt der Markt für Waren aller Art. Dort werden in bestimmte Gebäude die Erzeugnisse aller Familien zusammengebracht, und die einzelnen Warengattungen werden gesondert auf die Speicher verteilt. Aus diesen wieder fordert jeder Familienälteste an, was er selbst und die Seinigen brauchen, und erhält ohne Bezahlung, überhaupt ohne jegliche Gegenleistung, alles, was er verlangt. Warum nämlich sollte man ihm

etwas verweigern, da doch alles im Überfluß vorhanden ist und keinerlei Befürchtung besteht, es könne einer mehr fordern, als er braucht? Denn wie sollte man annehmen, es könne einer Überflüssiges verlangen, der die Gewißheit hat, daß ihm niemals etwas fehlen wird? Begierig und räuberisch macht ja alle Lebewesen nur die Furcht vor Entbehrung oder aber den Menschen allein noch der Hochmut, der es für rühmlich hält, andere durch das Prunken mit überflüssigen Dingen zu übertrumpfen. Diese Untugend hat bei den Einrichtungen der Utopier überhaupt keinen Platz.

An die erwähnten Märkte schließen sich Lebensmittelmärkte an, auf die sie nicht nur Gemüse, Früchte und Brot schaffen, sondern außerdem auch Fische und Fleisch, da es außerhalb der Stadt besondere Plätze gibt, wo man das von Sklavenhänden geschlachtete und ausgenommene Vieh in fließendem Wasser von Blut und Schmutz reinigen kann. Sie dulden nämlich nicht, daß sich die Bürger an das Schlachten von Tieren gewöhnen, weil sie glauben, daß dadurch das Mitleid, die menschlichste Empfindung unserer Natur, sich allmählich verliere; und ferner lassen sie auch nichts Unreines und Schmutziges, durch dessen Fäulnis die Luft verpestet und Krankheiten eingeschleppt werden könnten, in die Stadt bringen.

[10. Die Mahlzeiten]

Jeder Häuserblock besitzt außerdem einige geräumige Hallen in gleichem Abstand voneinander, eine jede unter ihrem besonderen Namen bekannt. Diese unterstehen den Syphogranten. Jeder von ihnen sind dreißig Familien zugeteilt, auf jeder Seite fünfzehn, die dort ihre Mahlzeiten einnehmen. Die Küchenmeister aller Hallen kommen zu einer bestimmten Stunde auf den Markt, geben die Zahl ihrer Tischgäste an und verlangen die entsprechende Menge an Lebensmitteln.

An erster Stelle nun werden dabei die Kranken berücksichtigt, die in den öffentlichen Krankenhäusern gepflegt werden. Es gibt nämlich im Bereich der Stadt vier Krankenhäuser, die etwas außerhalb der Mauern liegen und so geräumig sind, daß sie ebenso vielen kleinen Städten verglichen werden können, einmal um eine beliebig große Zahl von Kranken nicht beengt und darum unbequem unterzubringen, dann um diejenigen, die von einer Krankheit befallen sind, deren Einwirkung von einem auf den anderen überzugehen pflegt, weiter von der Menge der anderen entfernt halten zu können. Diese Krankenhäuser sind so gut eingerichtet und mit allem, was zur Heilung dient, so reichlich versehen, die Pflege wird so rücksichtsvoll und gewissenhaft ausgeübt, die erfahrensten Ärzte sind ständig so eifrig bei der Sache, daß es in der ganzen Stadt kaum jemanden gibt, der es im Falle der Erkrankung nicht vorzöge, dort zu liegen statt zu Hause, obgleich niemand gegen seinen Willen dort eingeliefert wird.

Wenn der Küchenmeister der Kranken seine Lebensmittel nach ärztlicher Vorschrift in Empfang genommen hat, wird dann das Beste gleichmäßig je nach der Kopfzahl auf die Hallen verteilt; lediglich das Staatsoberhaupt, der Oberpriester und die Traniboren werden besonders berücksichtigt, und auch die Gesandten und alle Fremden, sofern solche anwesend sind; es sind aber nur wenige und nur selten welche da. Wenn aber welche da sind, so hält man auch für sie bestimmte, eingerichtete Wohnungen bereit.

In diesen Hallen versammelt sich zu den festgesetzten Stunden der Mittags- und Abendmahlzeit, vom Schall eherner Trompeten gerufen, die gesamte Syphograntie, bis auf die, die in den Krankenhäusern oder zu Hause liegen, obgleich es niemandem verwehrt ist, sich, sobald der Bedarf der Hallen gedeckt ist, vom Markte Lebensmittel mit nach Hause geben zu lassen. Man weiß nämlich, daß das niemand so ohne weiteres tut. Denn wenn es auch keinem verboten ist, zu Hause zu speisen, so tut es doch niemand gern, da es nicht für anständig gilt und zudem töricht wäre, sich die Mühe der Zubereitung eines schlechten Essens zu machen, während ein gutes und reichliches in der so nahen Halle bereitsteht.

In diesen Hallen verrichten Sklaven alle Dienstleistungen, die etwas schmutzig oder mühsam sind. Im übrigen ist das Kochen und Zubereiten der Speisen und überhaupt die Herrichtung der ganzen Mahlzeit ausschließlich Sache der Frauen, natürlich abwechselnd der einer jeden Familie.

Es wird, je nach der Anzahl der Tischgenossen, an drei oder mehr Tafeln gespeist; die Männer sitzen an der Wand, die Frauen an den Außenseiten, um, wenn sie eine plötzliche Übelkeit befallen sollte, wie es bei Schwangeren zuweilen vorkommt, ohne Störung der ganzen Sitzreihe aufstehen und zu den stillenden Müttern gehen zu können. Diese sitzen nämlich mit den Säuglingen getrennt, in einem eigens dazu bestimmten Speiseraum, in dem es nie an einem warmen Ofen und reinem Wasser fehlt, sowie auch nicht an einigen Wiegen, damit sie die Kleinen hineinlegen und, wenn sie wollen, in der Wärme aus den Windeln nehmen und strampeln und spielen lassen können. Jede Mutter stillt ihr Kind selbst, sofern nicht Tod oder Krankheit es verhindert. In diesem Falle suchen die Frauen der Syphogranten schleunigst eine Amme. Das ist nicht schwierig; denn die Frauen, die zu diesem Dienst in der Lage sind, bieten sich zu keinem anderen lieber an, weil alle solche Barmherzigkeit höchlichst loben und das Milchkind die Amme als Mutter ansieht.

In dem Raum der stillenden Mütter sitzen auch alle Kinder, die noch nicht fünf Jahre alt sind. Die übrigen Unmündigen, zu denen alle Angehörigen beider Geschlechter gerechnet werden, die noch nicht heiratsfähig sind, bedienen bei Tische oder, soweit sie das ihrem Alter nach noch nicht können, stehen sie trotzdem dabei, und zwar stillschweigend. Die einen wie die anderen essen, was ihnen von den an den Tischen Sitzenden gereicht wird, und haben keine andere, besondere Tischzeit.

An dem obersten Platz, in der Mitte des ersten Tisches, von dem aus man, weil dieser Tisch im obersten Teil des Speisesaales quer steht, die ganze Tischgesellschaft überblickt, sitzt der Syphogrant mit seiner Frau. Neben ihnen sitzen die zwei Ältesten; man sitzt nämlich an allen Tischen zu viert. Wenn aber in dieser Syphograntie ein Tempel liegt, so nimmt der Priester mit seiner Gattin so Platz bei dem Syphogranten, daß sie zusammen den Vorsitz haben. Auf beiden Seiten sitzen jüngere Leute, dann wieder Greise, und auf diese Weise sind im ganzen Saale die Gleichaltrigen beieinander und dennoch mit Angehörigen anderer Altersstufen gemischt. Diese Einrichtung soll deshalb getroffen worden sein, damit die Ehrfurcht vor der Würde des Alters die Jüngeren an ungehörigem Reden und Benehmen hindert; denn nichts kann bei Tische gesagt oder getan werden, was den Nachbarn ringsum entginge.

Die einzelnen Gänge werden nicht vom ersten Platz an der Reihe nach aufgetragen, sondern zuerst wird jeweils allen Älteren, die auf den bevorzugten Plätzen sitzen, das Beste von jedem Gericht gereicht; darauf werden die übrigen unterschiedslos bedient. Die Greise aber lassen ihre Leckerbissen, deren Menge nicht ausreichte, um sie im ganzen Saale in genügender Menge zu verteilen, nach ihrem Gutdünken den Umsitzenden zukommen. So bleibt die Ehrenstellung der Älteren gewahrt, und dennoch kommen alle in den Genuß derselben Vergünstigung.

Jedes Mittag- und Abendessen eröffnen sie mit der Vorlesung einer moralischen Abhandlung, jedoch einer kurzen, damit kein Überdruß entsteht. Darauf beginnen die Älteren eine anständige, aber nicht grämliche und witzlose Unterhaltung. Sie führen auch nicht die ganze Mahlzeit über in langatmigen Sprüchen das Wort, sondern hören vielmehr auch gern den jungen Leuten zu, ja, veranlassen sie absichtlich zum Reden, um so einen Begriff von der Begabung und Veranlagung eines jeden zu bekommen, da man beim Essen ja gern aus sich herausgeht.

Die Mittagsmahlzeiten sind recht kurz, die Abendmahlzeiten länger, weil auf jene Arbeit, auf diese Schlaf und Nachtruhe folgen, die sie für eine gesunde Verdauung zuträglicher halten. Keine Abendmahlzeit vergeht ohne Musik; und bei diesem zweiten Essen fehlt es auch nie an Nachspeisen. Man zündet Räucherwerk an und sprengt Riechwasser aus und unterläßt nichts, was die Tischgesellschaft erheitern könnte. Sie haben nämlich eine ziemlich starke Vorliebe für derlei, so daß sie keine Art von Vergnügen, aus der kein Nachteil erwächst, für unerlaubt halten.

So leben sie in der Stadt. Auf dem Lande aber, wo man weiter auseinander wohnt, essen alle bei sich zu Hause. Keiner Familie nämlich fehlt dort etwas zu ihrem Lebensunterhalt, da ja von ihnen alles das kommt, wovon die Städter leben.

[11. Der Reiseverkehr]

Hat jemand Lust, Freunde zu besuchen, die in einer anderen Stadt wohnen, oder auch nur diesen Ort selbst kennenzulernen, so bekommt er von den Syphogranten und Tranibören leicht die Erlaubnis, wenn nicht ein besonderer Hinderungsgrund vorliegt. Es wird jeweils eine bestimmte Anzahl zugleich abgeschickt, mit einer Bescheinigung des Präsidenten, die die erteilte Reiseerlaubnis beglaubigt und den Tag der Rückkehr vorschreibt. Es wird ein Wagen mit einem staatlichen Sklaven, der die Ochsen treibt und versorgt, zur Verfügung gestellt; sofern jedoch keine Frauen dabei sind, läßt man den Wagen als lästig und hinderlich zurück. Obwohl sie auf der ganzen Reise nichts mit sich tragen, fehlt ihnen dennoch nichts; denn sie sind überall daheim. Wenn sie an irgendeinem Orte länger als einen Tag verweilen, so übt jeder dort sein Handwerk aus und wird von seinen Zunftgenossen äußerst freundlich behandelt. Wenn jedoch einer auf eigene Faust außerhalb seines Bezirks herumstreift und ohne obrigkeitlichen Erlaubnisschein angetroffen wird, so wird er als Ausreißer betrachtet, schmählich zurückgebracht und hart gezüchtigt; wagt er dasselbe noch einmal, so wird er mit Zwangsarbeit bestraft.

Kommt aber einen die Lust an, durch die Gefilde seines eigenen Stadtgebiets zu wandern, so hindert ihn, wenn der Hausvater und der Ehegatte einverstanden sind, niemand daran. Aber nirgends, wohin auf dem Lande er auch kommt, erhält er etwas zu essen, bevor er nicht soviel Arbeit geleistet hat, wie man dort vor der Mittags- oder vor der Abendmahlzeit gewöhnlich schafft. Unter dieser Bedingung darf er innerhalb des städtischen Bereichs überall hingehen; er wird ja nämlich der Stadt auf diese Weise nicht weniger nützlich sein, als wenn er sich in ihr selber aufhielte.

Ihr seht schon: es gibt dort keinerlei Möglichkeit zum Müßiggang und keinerlei Vorwand, sich vor der Arbeit zu drücken: keine Weinstube, keine Bierschenke, nirgendwo ein Freudenhaus, keine Gelegenheit zur Verführung, keinen Schlupfwinkel, keine Lasterhöhle. Vor aller Augen vielmehr muß man seine gewohnte Arbeit verrichten oder seine Freizeit anständig verbringen.

[12. Handel und Zahlungsausgleich]

Bei solcher Gesittung des Volkes ergibt sich notwendig eine Fülle an allen lebenswichtigen Dingen, und da diese allen gleichmäßig zugeteilt werden, ist es selbstverständlich, daß es keinen Armen oder Bettler geben kann.

Im Senat von Amaurotum, zu dem, wie gesagt, jährlich je drei Vertreter aus jeder Stadt zusammenkommen, wird zunächst einmal festgestellt, was in den einzelnen Bezirken im Überfluß vorhanden ist und was, umgekehrt, irgendwo einen geringeren Ertrag gebracht hat. Sodann gleicht man unverzüglich den Mangel des einen durch den Überschuß des anderen aus. Und zwar geschieht das unentgeltlich, ohne daß die Empfänger diejenigen, die etwas abgeben, entschädigen. Vielmehr erhalten sie, wenn sie von ihren Gütern irgendeiner anderen Stadt etwas abgegeben haben, ohne von ihr etwas zu verlangen, von einer anderen das, was ihnen fehlt, ohne etwas zu bezahlen. So ist die ganze Insel gleichsam eine einzige Familie.

Sobald sie aber genügend für sich selbst gesorgt haben — und das ist wegen der Ungewißheit der nächsten Ernte ihrer Ansicht nach erst geschehen, wenn sie für zwei Jahre mit Vorräten eingedeckt sind —, führen sie von ihren Überschüssen große Mengen Getreide, Honig, Wolle, Leinwand, Holz, Scharlach- und Purpurfarbe, Felle, Wachs, Talg, Leder, ferner auch Vieh in andere Länder aus. Von allen diesen Waren geben sie den siebten Teil den Armen des betreffenden Landes zum Geschenk, das übrige verkaufen sie zu mäßigem Preise. Auf Grund dieses Handels führen sie nicht nur die Waren ein, die ihnen daheim fehlen — das ist jedoch fast nichts außer Eisen —, sondern außerdem noch eine große Menge an Silber und Gold. Davon haben sie, da sie es schon lange so machen, bereits allenthalben einen geradezu unglaublichen Überfluß. Infolgedessen ist es ihnen heutzutage gleichgültig, ob sie gegen bares Geld oder auf Kredit verkaufen und bei weitem das meiste in Schuldscheinen haben; jedoch lassen sie diese niemals von Privatpersonen unterschreiben, sondern verlangen stets ordentlich ausgefertigte Bürgschaften der betreffenden Stadt. Sobald dann der Zahltag kommt, zieht die Stadt von den Privatschuldnern den gestundeten Betrag ein, legt ihn in ihre Kasse und hat die Nutznießung der Zinsen, solange bis er von den Utopiern verlangt wird. Diese fordern aber den größten Teil niemals an. Denn sie halten es für unbillig, etwas, wofür sie keine Verwendung haben, solchen Leuten wegzunehmen, denen es Nutzen bringt. Dann jedoch, wenn die Umstände erfordern, einen Teil dieses Geldes einem anderen Volke zu leihen, verlangen sie es endlich, oder auch wenn ein Krieg geführt werden muß. Einzig und allein zu diesem Zwecke bewahren sie jenen ganzen Schatz, den sie daheim haben: für den Fall äußerster oder plötzlicher Gefahr soll er ihnen Sicherheit bieten, vor allem um ausländische Soldaten, die sie lieber als ihre eigenen Bürger der Gefahr aussetzen, gegen übermäßig hohen Sold anzuwerben. Sie wissen auch wohl, daß mit viel Geld die Feinde selbst meistens zu kaufen und durch Verrat oder sogar durch offene Entzweiung gegeneinander aufzuhetzen sind. Aus diesem Grunde verwahren sie ihren unermeßlichen Staatsschatz, jedoch eigentlich nicht so wie einen Schatz, sondern so, wie zu berichten ich mich tatsächlich scheue, aus Furcht, meine Erzählung werde keinen Glauben finden; diese Furcht ist um so berechtigter, je mehr ich mir bewußt bin, wie schwer ich selbst, wenn ich es nicht selber gesehen hätte, dazu hätte gebracht werden können, es einem anderen Berichterstatter zu glauben. Es ist ja nämlich fast unausbleiblich, daß die Zuhörer einer Tatsache so wenig Glauben schenken, wie sie ihren eigenen Gewohnheiten fern steht, obwohl sich ein kluger Beobachter vielleicht weniger wundern wird, wenn angesichts des großen Unterschiedes zwischen ihren und unseren Einrichtungen auch die Verwendung von Silber und Gold mehr ihren eigenen als unseren Gepflogenheiten entspricht.

[13. Einstellung der Utopier zu Geld und Geldeswert]
Da sie nämlich selber kein Geld brauchen, sondern es für einen Fall aufbewahren, der ebenso eintreten wie niemals vorkommen kann, so schätzen sie derweilen das Gold und das Silber, aus denen es gemacht wird, so, daß kein Mensch auf ihren Besitz größeren Wert legt, als sie es ihrer Natur nach verdienen. Wer sieht nicht, wie weit sie dem Eisen nachstehen! Denn ohne dieses könnten die Menschen doch wahrhaftig genausowenig leben wie ohne Feuer und Wasser, während dem Gold und dem Silber die Natur keinen Zweck zugewiesen hat, den wir nicht leicht entbehren könnten. Nur hat die Torheit der Menschen der Seltenheit einen besonderen Wert beigemessen. Die Natur dagegen hat wie eine gütige Mutter gerade das Beste am zugänglichsten gemacht: die Luft, das Wasser, den Ackerboden selbst, das Nichtige und Unnütze aber am weitesten entrückt.

Wenn nun die Metalle bei ihnen in irgendeinem Turm versteckt würden, könnten Staatsoberhaupt und Senat in den Verdacht kommen — wie es die törichte Gewohnheit der Masse ist —, sie trieben mit dem Volke ein hinterlistiges Spiel und zögen selbst daraus irgendeinen Nutzen. Wenn sie andererseits Schalen und andere derartige Goldschmiedearbeiten daraus herstellen ließen und dann einmal der Fall einträte, daß sie wieder eingeschmolzen werden müßten, um den Soldaten den Sold zu bezahlen, so wäre es ihrer Ansicht nach verständlich, daß die Leute sich nur ungern wieder entreißen ließen, was sie einmal liebgewonnen hätten.

Um dem zu begegnen, haben sie ein Mittel ausgedacht, das ihren sonstigen Einrichtungen ebenso entspricht, wie es uns, die wir das Gold so hoch schätzen und so sorgfältig verwahren, unverständlich und daher nur erfahrenen Leuten glaubhaft erscheint. Während sie nämlich aus zwar sehr geschmackvollen, aber billigen Ton- und Glasgeschirren essen und trinken, stellen sie aus Gold und Silber nicht nur für die Gemeinschaftsräume, sondern auch für die Privathäuser allerorts Nachtgeschirre und lauter Gefäße für schmutzigste Zwecke her. Zudem werden die Ketten und schweren Fußfesseln, in die sie die Sklaven schließen, aus denselben Metallen geschmiedet. Schließlich tragen alle, die irgendein Verbrechen ehrlos gemacht hat, goldene Ringe an den Ohren, Goldringe an den Fingern, Goldketten um den Hals, und sogar um den Kopf haben sie einen goldenen Reif. So sorgen sie auf jede Art und Weise dafür, daß Gold und Silber bei ihnen in Verruf stehen. Und so kommt es denn auch, daß der Verlust dieser Metalle, die sich andere Völker gewöhnlich unter nicht geringeren Schmerzen entreißen lassen als ihre Eingeweide, bei den Utopiern in keinem Menschen die Empfindung erweckt, auch nur einen Heller eingebüßt zu haben, wenn es einmal die Umstände erforderten, sie insgesamt abzuliefern.

Außerdem sammeln sie Perlen an den Küsten, ja auch Diamanten und Granatsteine in gewissen felsigen Gegenden; jedoch suchen sie nicht danach, sondern schleifen nur die, die sie zufällig gefunden haben. Damit behängen sie ihre Kleinsten, die zwar in den ersten Kinderjahren mit solchen Schmuckstücken groß tun und stolz auf sie sind, sobald sie aber ein wenig älter geworden sind und merken, daß nur Kinder solchen Tand tragen, diesen ohne weitere Aufforderung der Eltern, einfach aus eigenem Scham- und Ehrgefühl ablegen, nicht anders als unsere Buben, die, wenn sie größer werden, die Murmeln, Bälle und Puppen wegwerfen.

[14. Die Gesandtschaft der Anemolier]

Ein wie verschiedenes Empfinden aber diese von den übrigen Völkern so abweichenden Einrichtungen hervorgerufen haben, ist mir niemals so klar geworden wie gelegentlich einer Gesandtschaft der Anemolier. Diese erschien in Amaurotum, während ich mich dort aufhielt, und da sie zu wichtigen Verhandlungen kam, waren noch vor ihrer Ankunft jene drei Bürger aus jeder Stadt eingetroffen. Die Gesandten aller benachbarten Völker nun, die früher schon einmal dort gelandet waren und denen die Sitten der Utopier genau bekannt waren, wußten, daß bei diesen prunkhafte Kleidung nicht in Ehren stehe, seidene Gewänder verachtet seien, Gold sogar als schmachvoll gelte, und hatten sich daher daran gewöhnt, in möglichst schlichter Aufmachung zu kommen. Die Anemolier aber, weil sie weiter entfernt wohnten und weniger Umgang mit ihnen gehabt hatten, waren zwar darüber unterrichtet, daß dort alle dieselbe einfache Tracht trügen, jedoch überzeugt, sie besäßen eben das, was sie nicht trügen, nicht. Daher beschlossen sie, mehr überheblich als klug, sich selbst so großartig wie Götter aufzumachen und die Augen der armseligen Utopier durch den Glanz ihres Schmuckes zu blenden. Also zogen die drei Gesandten mit hundert Begleitern ein, alle in bunten, meist seidenen Gewändern, die Gesandten selbst, da sie in ihrer Heimat zum Adel gehörten, in goldstrotzenden Mänteln, mit schweren goldenen Halsketten und Ohrgehängen, dazu mit goldenen Ringen an den Händen, auf den Baretten obendrein noch schaukelnde Kettchen, die von Perlen und Edelsteinen funkelten, kurz mit all den Dingen geschmückt, die bei den Utopiern entweder Strafmittel für die Sklaven, Schandmäler für Ehrlose oder Tand für Kinder waren. Es war also der Mühe wert, zu sehen, wie hoch sie die Köpfe trugen, als sie ihren Putz mit der Kleidung der Utopier, die in Menge auf den Straßen zusammengeströmt waren, verglichen; auf der anderen Seite war es nicht weniger erheiternd, zu beobachten, wie schwer sie sich in ihrer Hoffnung und Erwartung getäuscht hatten und wieweit sie von der Wirkung entfernt waren, die sie zu erreichen gemeint hatten. Denn den Augen der Utopier, abgesehen von den sehr wenigen, die aus irgendeinem entsprechenden Anlaß andere Völker besucht hatten, schien dieser ganze glanzvolle Aufwand schandbar; sie grüßten gerade die Niedrigsten an Stelle der Herren ehrerbietig, und die Gesandten selbst, die sie wegen ihrer goldenen Ketten für Sklaven hielten, ließen sie ohne jegliche Ehrenbezeigung vorüberziehen. Man konnte sogar Knaben, die ihre Perlen und Edelsteine bereits weggeworfen hatten, sehen, die, sobald sie die an den Baretten der Gesandten angebrachten erblickten, ihre Mutter anstießen und riefen: «Schau, Mutter, was für ein alter Kindskopf da Perlen und Steinchen trägt, als wenn er noch ein kleines Kind wäre!» Die Mutter aber sagte: «Still, Bub! Das ist, glaube ich, einer von den Narren der Gesandten!» und das ebenfalls in vollem Ernst. Andere bemängelten die goldenen Ketten, die ja nichts taugten, da sie so dünn seien, daß sie ein Sklave mit Leichtigkeit zerreißen, außerdem so lose, daß er sie nach Belieben abschütteln und frei und ledig davonlaufen könne.

Nachdem sich aber die Gesandten ein paar Tage dort aufgehalten und gesehen hatten, welche Unmenge Gold da sei und wie gering es geschätzt werde, nachdem sie bemerkt hatten, daß es hier ebenso in Mißachtung stehe wie bei ihnen daheim in Ehren, zudem daß in die Ketten und Fußfesseln eines einzigen entlaufenen Sklaven mehr Gold und Silber verarbeitet sei, als die ganze Ausstattung für sie drei gekostet hatte, ließen sie die Flügel hängen und legten den ganzen

Pomp, mit dem sie sich so anmaßend gebrüstet hatten, ab, vor allem nachdem sie sich eingehender mit den Utopiern unterhalten und deren Bräuche und Anschauungen kennengelernt hatten.

[15. Nichtigkeit des Besitzes]

Diese nämlich wundern sich, daß es einen Menschen gibt, den das trübselige Funkeln eines winzigen Splitters oder Steinchens Spaß macht, wo er doch die Sterne oder sogar die Sonne selbst betrachten kann, oder der so unsinnig ist, daß er sich wegen eines feineren Wollfadens für vornehmer dünkt, während doch diese Wolle selbst, wie fein auch der Faden sein mag, einst ein Schaf getragen hat, das dabei doch nichts anderes gewesen ist als ein Schaf. Sie verstehen es genausowenig, daß das von Natur aus so unnütze Gold heutzutage überall in der Welt so hoch geschätzt wird, daß selbst der Mensch, durch den und vor allem für den es diesen Wert erhalten hat, viel weniger gilt als das Gold, ja daß irgendein Bleischädel, der nicht mehr Geist als ein Holzklotz besitzt und ebenso schlecht wie dumm ist, dennoch viele kluge und wackere Männer in seinem Dienst haben kann, nur deshalb, weil ihm ein großer Haufen Goldstücke zugefallen ist. Spielt diesen aber das Schicksal oder die Tücke der Gesetze, die nicht weniger als das Schicksal selber das Unterste zu oberst kehrt, von dem Besitzer dem verworfensten Taugenichts seines ganzen Gesindes zu, so gerät jener natürlich im Handumdrehen wie ein Anhängsel und eine Zugabe zu den Goldstücken in den Dienst seines eigenen Dieners. Noch viel mehr aber wundern und empören sie sich über den Unverstand derer, die jenen Reichen, ohne ihnen etwas zu verdanken oder zu schulden, aus keinem anderen Grunde, als weil sie eben reich sind, geradezu göttliche Ehren erweisen und das, obwohl sie jene genau als so schmutzige Geizhälse kennen, daß sie mit völliger Gewißheit von dem riesigen Haufen Goldes zu ihren Lebzeiten niemals auch nur einen einzigen Groschen bekommen werden.

[16. Unterricht und Wissenschaft]

Diese und ähnliche Ansichten haben die Utopier zum Teil aus ihrer Erziehung gewonnen, da sie in einem Staate aufgewachsen sind, dessen Einrichtungen von derartigen Torheiten meilenweit entfernt sind, teils aus Wissenschaft und Literatur. Denn wenn es auch nicht viele aus jeder Stadt sind, die von den übrigen Aufgaben befreit und allein für das Studium bestimmt sind, nämlich nur die, bei denen man von Kindheit an hervorragende Begabung, außerordentliche Intelligenz und ausgesprochene Neigung zu den schönen Künsten bemerkt, so werden doch alle Kinder in die Wissenschaften eingeweiht, und ein großer Teil des Volkes, Männer wie Frauen, verwendet zeitlebens jene erwähnten Freistunden zu wissenschaftlicher Beschäftigung.

Die einzelnen Fächer lernen sie in ihrer eigenen Sprache. Sie ist nämlich weder arm an Wörtern noch unangenehm anzuhören, und es gibt keine getreuere Gedankenvermittlerin; überall fast gleich, wenn auch hier und da mehr oder weniger abgewandelt, ist sie über einen großen Teil jenes Landstrichs verbreitet.

Von allen den Philosophen, deren Namen in dieser uns bekannten Welt berühmt sind, war vor meiner Ankunft nicht ein einziger auch nur vom Hörensagen bekannt. Und doch haben sie in der Musik, in der Dialektik und in der Wissenschaft des Zählens und Messens ungefähr dasselbe herausgefunden wie unsere alten Denker. Wenn sie indessen den Alten in fast allen Dingen gleichkommen, so stehen sie doch hinter den Erfindungen der modernen Dialektiker weit zurück. Denn sie haben keine einzige der scharfsinnig ausgetüftelten Regeln über die Restriktionen, Amplifikationen und Suppositionen erfunden, die bei uns überall schon die Schulkinder aus den ‹Kleinen Logikalien› auswendig lernen. Ferner sind sie weit davon entfernt, den ‹zweiten Intentionen› einigermaßen auf die Spur zu kommen, so daß keiner von ihnen imstande war, den gemeinhin so genannten ‹Menschen an sich› zu sehen, der doch wahrhaftig überlebensgroß und gewaltiger als jeder Riese ist und zudem von mir ganz deutlich geschildert wurde.

Dagegen sind sie über die Bahn der Gestirne und die Bewegung der Himmelskörper genauestens unterrichtet. Ja, sie haben sogar verschiedenartige Instrumente kunstfertig erdacht, mit denen sie die Bewegungen und die Stellung der Sonne, des Mondes und ebenso der übrigen Gestirne, die über ihrem Horizonte sichtbar sind, aufs genaueste berechnen können. Indessen fällt ihnen nicht einmal im Traume etwas ein von freundlichen und feindlichen Einflüssen der Planeten, sowie überhaupt von jenem ganzen Schwindel der Wahrsagerei aus den Sternen. Regen, Wind und die sonstigen Wetterveränderungen können sie auf Grund langer Erfahrung aus bestimmten Anzeichen voraussagen. Jedoch über die Ursachen aller dieser Erscheinungen, über die Strömung und den Salzgehalt des Meeres, überhaupt über den Ursprung und die Natur des Himmels und der Erde lehren sie zum Teil dasselbe wie unsere alten Philosophen, teils jedoch stimmen sie, genau wie diese voneinander abweichen, auch ihrerseits nicht mit ihnen allen überein, indem sie neue Erklärungen anführen, und sind auch untereinander nicht in jeder Beziehung einig.

[17. Sittenlehre]

In dem Teil der Philosophie, der von der Sittenlehre handelt, streiten sie über dieselben Punkte wie wir. Sie fragen nach den geistigen und körperlichen, sowie nach den äußeren Gütern, ferner ob die Bezeichnung ‹Gut› diesen allen oder nur den Gaben des Geistes zukomme; sie erörtern die Begriffe der Tugend und der Lust. Aber die erste und hauptsächlichste Streitfrage ist, worauf, ob auf einem oder auf mehreren Dingen, das Glück des Menschen beruhe. Dabei scheinen sie aber mehr als billig jener Richtung zuzuneigen, die die Lust vertritt, in der sie das menschliche Glück überhaupt oder doch dessen entscheidendsten Grund sehen. Und worüber man sich noch mehr wundern könnte: auch aus der Religion, die doch sonst etwas Ernstes und Strenges, ja fast Düsteres und Abweisendes an sich hat, holen sie sich noch Unterstützung für ihre sinnenfrohe Lehre. Sie erörtern den Begriff des Glückes nämlich niemals, ohne gewisse der Religion entnommene Grundsätze mit der Philosophie, die sich auf Vernunftgründe stützt, zu verbinden; ohne diese Grundsätze, meinen sie, sei die Vernunft unvollständig und zu schwach, aus eigener Kraft das wahre Glück zu ergründen.

Diese Grundsätze lauten: die Seele ist unsterblich und durch die Güte Gottes zur Glückseligkeit geschaffen; unseren Tugenden und guten Werken sind nach diesem Leben Belohnungen, unseren Missetaten Strafen ausgesetzt. Wenn dies nun auch religiöse Anschauungen sind, so meinen sie doch, man müsse durch die Vernunft dazu kommen, sie zu glauben und anzuerkennen. Bei vollständiger Ablehnung dieser Grundsätze, so lehren sie, werde niemand so dumm sein und meinen, er dürfe nicht im Guten und im Bösen sich jeden Genuß verschaffen, und sich nur davor hüten, ein größeres Vergnügen um eines kleineren willen zu versäumen oder einem solchen nachzujagen, das Schmerzen nach sich zieht. Denn sie halten es für eine große Narrheit, den schweren und harten Pfad der Tugend zu wandeln und nicht nur auf die Freuden des Lebens zu verzichten, sondern auch noch freiwillig Schmerz zu erdulden, von dem man keinen Vorteil erwarten kann. Was kann das nämlich für ein Vorteil sein, wenn man nach dem Tode nichts erreicht, nachdem man dieses ganze Leben freudlos, das heißt also: jämmerlich, zugebracht hat?

[a. Tugend und Glückseligkeit]

Nun meinen sie aber nicht, daß die Glückseligkeit in jeder Art von Vergnügen bestehe, sondern nur im ehrenhaften und sittsamen. Zu diesem als dem höchsten Gute aber werde unsere Natur von der Tugend selbst geleitet, der die entgegengesetzte philosophische Richtung allein das Glück zuschreibt. Die Tugend definieren sie nämlich als naturgemäßes Leben, weil wir ja dazu von Gott geschaffen worden seien. Derjenige aber folge der Weisung der Natur, der in allem, was er begehrt und was er meidet, der Vernunft gehorcht. Ferner entflamme die Vernunft die Menschen vor allem anderen zur Liebe und Verehrung der göttlichen Majestät, der wir verdanken, daß wir sind und daß wir der Glückseligkeit teilhaftig sein können. Sodann mahnt und spornt sie uns dazu an, selbst unser Leben möglichst sorglos und fröhlich zu führen, allen übrigen Menschen aber dazu behilflich zu sein, entsprechend unserer natürlichen Zusammengehörigkeit. Denn noch niemals gab es einen so finsteren und unerbittlichen Anhänger der Tugend und Hasser der Freude, der dir Mühsal, Nachtwachen und Entbehrungen auferlegt hätte, ohne dich zugleich zu heißen, der Not und der Bedrängnis der anderen nach Kräften zu steuern, und der es nicht im Namen der Menschlichkeit für löblich hielte, daß ein Mensch dem anderen Heil und Trost spende. Wenn aber die eigentliche Menschlichkeit, die dem Menschen angemessener als jegliche andere Tugend ist, darin besteht, die Not anderer zu lindern, ihren Kummer zu beheben und dadurch ihrem Leben wieder Freude, das heißt Lust, zu geben, warum sollte dann die Natur nicht einen jeden dazu antreiben, sich selbst den gleichen Dienst zu leisten? Denn entweder ist das angenehme, das heißt also das lustvolle Leben etwas Schlechtes: dann darfst du nicht nur keinem dazu verhelfen, sondern mußt es als etwas Schädliches und Todbringendes nach Kräften von allen fernhalten; oder es ist etwas Gutes: dann darfst du nicht nur, sondern du mußt es anderen verschaffen. Und warum dann nicht vor allem dir selbst, dem du doch nicht weniger gewogen zu sein brauchst als anderen? Denn wenn dich die Natur mahnt, gut gegen andere zu sein, so heißt sie dich doch andererseits nicht, gegen dich selbst grausam und erbarmungslos vorzugehen.

Die Natur selbst also, so meinen sie, schreibe uns ein angenehmes Leben, also die Lust, gleichsam als Zweck aller unserer Unternehmungen vor; nach ihrer Vorschrift zu leben, nennen sie Tugend. Zugleich aber fordert die Natur die Menschen auf, sich gegenseitig zu einem fröhlicheren Leben zu verhelfen. Das tut sie zweifellos mit Recht; denn keiner ist so erhaben über das Los der Menschheit, daß er allein von der Natur verwöhnt wird, die doch alle, die sie durch die Gemeinsamkeit der Gestalt verbindet, in gleicher Liebe umsorgt. Deshalb verlangt sie natürlich von dir auch immer und immer wieder, darauf zu sehen, daß du deinen eigenen Vorteil in einer solchen Weise verfolgst, die anderen keinen Schaden zufügt.

Daher sind sie der Meinung, man müsse nicht nur persönliche Verpflichtungen einhalten, sondern auch die staatlichen Gesetze über die Verteilung der Lebensgüter, das heißt also, der Grundlagen des Wohlergehens, beobachten, die Gesetze nämlich, die entweder ein guter Fürst rechtmäßig erließ oder ein Volk, das weder von Tyrannenmacht gezwungen noch durch List getäuscht ist, in gemeinsamer Vereinbarung festsetzte. Ohne Verstoß gegen diese Gesetze für deinen Vorteil zu sorgen, ist Klugheit, darüber hinaus für das Wohl der Allgemeinheit: Nächstenliebe. Aber anderer Freude zu stören, um die eigene zu erlangen, das ist gewiß Unrecht. Umgekehrt: dir selbst etwas zu versagen, um es anderen zukommen zu lassen, ist schließlich die Pflicht der Menschlichkeit und Güte, die dir nicht so viel von deinem Vorteil nimmt, wie sie dir einbringt. Denn eine Wohltat wird durch die andere aufgewogen, und das bloße Bewußtsein einer guten Tat und der Gedanke an die Liebe und Anhänglichkeit derer, denen du Gutes erwiesen hast, verschafft deinem Herzen mehr Freude, als der Körper von jener gehabt hätte, auf die du verzichtet hast. Schließlich überzeugt die Religion ein gläubiges Herz leicht, daß Gott die vergängliche und geringfügige Lust mit unermeßlicher und nie endender Freude vergilt.

Darum also glauben sie auf Grund reiflicher Prüfung und Überlegung, alle unsere Handlungen und darunter sogar auch die tugendhaften zielten zuletzt auf die Lust als den Endzweck und die eigentliche Glückseligkeit.

[b. Die Lehre von der Lust]

Lust nennen sie jede Regung und jeden Zustand des Leibes und der Seele, die naturgemäß auszukosten Genuß verschafft. Das natürliche Verlangen danach führen sie nicht ohne Grund an. Denn wie alles von Natur aus angenehm ist, was man nicht unrechtmäßig begehrt, wofür man nicht etwas noch Angenehmeres aufgibt und worauf keine Beschwernis folgt, dem nicht nur das sinnliche Verlangen, sondern auch die gesunde Vernunft zustrebt, so trägt ihrer Meinung nach alles das nicht zur Glückseligkeit bei, was die Menschen sich gegen die Natur als angenehm vorspiegeln, auf Grund einer völlig unbegründeten Übereinkunft, als ob es in ihrer Macht liege, mit der Bezeichnung auch die Sache zu ändern. Dies Naturwidrige, glauben sie, stehe dem Glück schon deshalb sehr im Wege, weil der Sinn, in dem es sich einmal eingenistet habe, keinen Platz mehr hat für die wahren und echten Freuden, da er vollständig von der falschen Auffassung der Lust erfüllt ist. Es gibt ja nämlich sehr viele Dinge, die an und für sich nichts Verlockendes an sich haben, ja sogar meistenteils ziemlich viel Widerliches, die aber dann infolge der üblen Verlockungen verwerflicher Begierden nicht nur für die höchste Lust gehalten, sondern sogar unter die wichtigsten Lebenszwecke gezählt werden.

Derart falschen Vergnügungen huldigen ihrer Ansicht nach auch die Leute, die ich bereits erwähnt habe, die sich um so besser dünken, je besser ihre Kleidung ist; dabei irren sie doppelt: sie täuschen sich nämlich nicht weniger, wenn sie ihren Rock, als wenn sie sich selbst für besser halten. Warum sollte nämlich, wenn man an den Zweck der Kleidung denkt, die feinere Wolle besser sein als die gröbere? Und doch tragen sie die Nasen hoch erhoben, als ob sie sich von Natur aus und nicht auf Grund eines Irrtums auszeichneten, glauben tatsächlich, sie erlangten dadurch eine gewisse Bedeutung, und verlangen daher wegen ihres feinen Anzugs, als wäre es ihr gutes Recht, Ehrungen, die sie, wohlfeiler gekleidet, nicht zu erhoffen wagten; läßt man sie unbeachtet vorübergehen, so sind sie empört. Aber beweist nicht die Sucht nach eitlen und sinnlosen Ehrenbezeigungen denselben Unverstand? Denn was an natürlicher und wahrer Freude gewährt der entblößte Scheitel oder das gebeugte Knie eines anderen? Heilt es den Schmerz in deinen Knien, oder mildert es den Wahn deines Hirns? In derselben falschen Einbildung schmeicheln und beklatschen sich die Leute selbst, weil sie zufällig von Eltern abstammen, deren lange Ahnenreihe für reich galt, besonders an Grundbesitz, und etwas anderes bedeutet ja heute ‹Adel› nicht; indessen dünken sie sich um kein Haar weniger vornehm, wenn ihnen die Vorfahren nichts davon übrig gelassen haben oder sie selbst das Erbe verpraßten.

Zu diesen zählen die Utopier auch die Leute, die sich, wie ich schon sagte, von Juwelen und Edelsteinen blenden lassen und sich wie Götter vorkommen, wenn sie einmal ein besonders schönes Stück erwischen, zumal von der Art, die gerade bei ihren Zeitgenossen am meisten geschätzt wird; denn nicht überall und nicht jederzeit gilt ein und dieselbe Art gleich viel. Doch kaufen sie es nur ohne Fassung und allen Goldes entkleidet, und auch dann nur, wenn der Verkäufer schwört und sich verbürgt, daß die Gemme oder der Edelstein echt sei: so besorgt sind sie, ein gefälschter Stein könne an Stelle eines echten ihre Augen täuschen. Warum sollte aber ein künstlicher Stein, den dein Auge von einem echten nicht unterscheidet, dir beim Betrachten weniger Freude machen? Beide sollten dir wahrhaftig genauso wie einem Blinden gleich wert sein!

Haben ferner etwa diejenigen, die überflüssige Schätze aufhäufen, um keines anderen Nutzens willen, als sich an ihrem Anblick zu ergötzen, eine wahre Freude, oder werden sie nicht vielmehr von einem falschen Wahn genarrt? Oder die, die umgekehrt ihr Gold, das sie niemals verwenden wollen, vielleicht sogar nie mehr wiedersehen werden, vergraben und aus Angst, es zu verlieren, verlieren? Denn was ist es denn anderes, wenn man es sich und vielleicht allen Menschen entzieht und der Erde übergibt? Und dennoch freust du dich über den versteckten Schatz und gebärdest dich, als ob du jetzt beruhigt sein könntest. Wenn ihn einer stiehlt und du, ohne von dem Diebstahl etwas zu wissen, zehn Jahre später stirbst: was hat es dir dann die ganzen zehn Jahre lang, die du den Diebstahl deines Geldes überlebt hast, ausgemacht, ob es gestohlen oder unangetastet war? So oder so — in jedem Falle hattest du den gleichen Nutzen davon.

Ebenso törichten Vergnügungen gehen ihrer Meinung nach auch die Würfelspieler, deren Unsinnigkeit sie freilich nur vom Hörensagen, nicht aus Erfahrung kennen, außerdem die Jäger und Vogelsteller nach. Denn was für ein Vergnügen, sagen sie, ist es schon, die Würfel auf ein Brett zu werfen und es so oft zu tun, daß einem das bißchen Spaß, wenn wirklich einer dabei sein sollte, schon durch die dauernde Wiederholung zum Überdruß werden müßte? Und wie kann es Freude und nicht vielmehr Abscheu erregen, das Gebell und Geheul der Hunde anhören zu müssen? Oder wieso macht es mehr Spaß, wenn der Hund den Hasen verfolgt, als wenn ein Hund einem anderen Hunde nachläuft? Es ist doch beidemal dasselbe: es wird gerannt — falls dir das Rennen Spaß macht. Hoffst du aber aufs Töten, wartest du auf das Zerfleischen, das sich vor deinen Augen abspielen soll, dann sollte dich doch lieber das Erbarmen packen, wenn du siehst, wie das Häschen vom Hunde zerrissen wird, der Schwache vom Stärkeren, der Scheue und Ängstliche vom Wilden, der Harmlose endlich vom Grausamen.

Die Utopier haben deshalb die gesamte Ausübung der Jagd als ein freier Menschen unwürdiges Geschäft den Metzgern zugewiesen, deren Gewerbe sie, wie oben gesagt, Sklaven ausüben lassen; sie betrachten nämlich die Jagd als die niedrigste Stufe davon, die übrigen Sparten als nützlicher und anständiger, weil dabei die Tiere viel mehr geschont und um der Notwendigkeit willen geschlachtet werden, während der Jäger beim Morden und Zerfleischen eines armen Tierchens nur sein Vergnügen sucht. Diese Lust, dem Morden zuzuschauen, entspringt ihrer Ansicht nach sogar bei den Raubtieren einer grausamen Regung oder artet mindestens bei ständiger Wiederholung eines so rohen Vergnügens in Grausamkeit aus.

Diese und ähnliche Genüsse, deren es ja unzählige gibt, hält man zwar gemeinhin für Vergnügen, jene jedoch erklären eindeutig, sie hätten, da von Natur nichts Vergnügliches daran sei, mit wahrem Vergnügen nichts zu tun. Denn daß sie gewöhnlich die Sinne angenehm erregen und das für die Wirkung des Vergnügens gilt, bringt sie von ihrer Meinung nicht ab; die Ursache davon ist ja nicht die Natur, sondern die irregeführte Gewohnheit der Menschen, die schuld ist, daß man bitter statt süß wählt, genauso wie schwangere Frauen mit ihrem abwegigen Geschmack Pech und Talg für süßer als Honig halten. Jedoch kann ein durch Krankheit oder Gewohnheit verdorbenes Urteil weder das Wesen anderer Dinge noch das des Vergnügens verändern.

Die Vergnügen, die sie als echt anerkennen, teilen sie in verschiedene Gruppen: die einen weisen sie der Seele, die anderen dem Körper zu. Der Seele sprechen sie die Verstandestätigkeit zu und das Wohlgefühl, das die Betrachtung des Wahren hervorbringt. Dazu kommt das angenehme Bewußtsein eines anständig verbrachten Lebens und die gewisse Hoffnung auf künftiges Heil. Die körperlichen Lustempfindungen teilen sie in zwei Arten: Die erste besteht darin, daß ein deutliches Wohlgefühl die Sinne erfüllt. Das geschieht einmal durch Erneuerung der Stoffe, die die uns innewohnende Wärme verbraucht und die durch Speise und Trank wieder ersetzt werden, ferner durch die Ausscheidung dessen, woran der Körper Überfluß hat: das erfolgt, wenn man den Darm entleert oder ein Kind zeugt oder eine juckende Körperstelle reibt oder kratzt. Manchmal aber entsteht auch ein Genuß, ohne daß dem Körper etwas zugeführt wird, was unsere Glieder verlangen, noch etwas genommen wird, worunter sie leiden, und der dennoch unsere Sinne durch eine zwar geheimnisvolle Gewalt, aber doch deutliche Erregung reizt, erregt und auf sich lenkt, wie er von der Musik hervorgerufen wird. Die zweite Art von körperlicher Lust wollen sie in dem Zustand sehen, der auf einer ruhigen und ausgeglichenen Verfassung des Körpers beruht; das ist natürlich die durch keinerlei Übel beeinträchtigte Gesundheit des Menschen. Wenn sie kein Schmerz behelligt, erzeugt sie schon durch sich allein Wohlbehagen, ohne daß sie durch äußere Reize angenehm erregt wird. Obwohl sie sich nämlich weniger bemerkbar macht und den Sinnen weniger aufdrängt als der kräftige Genuß beim Essen und Trinken, so sehen doch nichtsdestoweniger viele in ihr die größte und fast alle Utopier eine große Lust, und sie nennen sie die Grundlage und Voraussetzung aller Freuden; sie allein nämlich macht uns das Leben angenehm und lebenswert, und wo sie fehlt, bleibt nirgends mehr ein Platz für irgendein Vergnügen. Denn bei fehlender Gesundheit völlig frei von Schmerzen zu sein, nennen sie Gefühllosigkeit, nicht Vergnügen. Schon längst ist bei ihnen die Ansicht derer abgelehnt worden, die meinten (denn auch diese Frage ist bei ihnen häufig erörtert worden), eine beständige und ungestörte Gesundheit sei deshalb nicht als eine Lust anzusehen, weil man, wie sie behaupteten, deren Vorhandensein nur auf Grund eines äußeren Reizes spüren könne. Vielmehr sind sie sich fast alle darüber einig, daß die Gesundheit sogar besonders lustvoll sei. Denn wenn, so sagen sie, zur Krankheit der Schmerz gehört, der ebenso der unversöhnliche Feind der Lust wie die Krankheit der der Gesundheit ist: warum sollte dann nicht umgekehrt zur ungestörten Gesundheit die Lust gehören? Sie halten es dabei für belanglos, ob man die Krankheit als Schmerz oder den Schmerz als Begleiterscheinung der Krankheit bezeichnet: in beiden Fällen sei die Wirkung dieselbe. Ob nämlich die Gesundheit diese

Lust ist oder notwendigerweise Lust hervorruft, wie Hitze vom Feuer erzeugt wird, in jedem Falle ergibt es sich natürlich, daß es denen nicht an Lust gebrechen kann, deren Gesundheit unerschüttert ist. Außerdem sagen sie: was geschieht denn anderes beim Essen, als daß die Gesundheit, die ins Wanken zu geraten begann, mit Hilfe der Nahrung gegen den Hunger kämpft? Indem sie dabei allmählich die Oberhand gewinnt, erzeugt eben dieser Fortschritt zur gewohnten Spannkraft jene Lust, durch die wir erquickt werden. Sollte sich also die Gesundheit, die sich im Kampfe wohl fühlt, nicht erst recht freuen, wenn der Sieg errungen ist? Sollte sie, wenn sie ihre alte Kraft, um die allein sie den ganzen Kampf führte, wiedererlangt hat, sofort erstarren und ihr Glück nicht erkennen und genießen? Denn die Behauptung, man könne die Gesundheit nicht spüren, ist ihrer Ansicht nach weit von der Wahrheit entfernt. Wer nämlich, sagen sie, merkt denn im Wachen nicht, daß er gesund ist, außer dem, der es eben nicht ist? Wen hält solche Starre und Stumpfheit gefangen, daß er nicht zugeben möchte, die Gesundheit sei ihm angenehm und ergötzlich? Was aber ist das Ergötzen anderes als eine andere Bezeichnung für Lust?

Sie schätzen also vor allem die seelischen Freuden. Diese nämlich halten sie für die ersten und vornehmsten von allen und meinen, sie erwüchsen zum größten Teil aus der Übung der Tugenden und dem Bewußtsein eines guten Lebenswandels. Von den Freuden, die der Körper gewährt, sprechen sie der Gesundheit den Siegespreis zu. Denn den Genuß des Essens und Trinkens und alles, was zu derselben Art von Lustbarkeit gehört, betrachten sie zwar für erstrebenswert, aber nur um der Gesundheit willen. Denn derlei sei nicht an und für sich angenehm, sondern nur insoweit es Krankheiten verhüte, die sich heimlich einschleichen könnten. Wie daher jeder vernünftige Mensch lieber Krankheiten abzuwenden suche als um Heilmittel flehe und lieber den Schmerzen vorbeugen als Linderungsmittel beschaffen möchte, so sei es auch besser, man brauchte diese Art von Genüssen gar nicht, als daß man ihnen verfalle. Wenn einer jedoch in dieser Art von Lust sein Glück sehe, so müsse er zwangsläufig zugeben, daß er dann am glücklichsten sei, wenn er sein Leben in beständigem Hunger, Durst und Jucken, mit Essen, Trinken, Kratzen und Reiben verbringe. Wer aber sieht nicht ein, daß ein solches Leben nicht nur scheußlich, sondern auch jämmerlich wäre? Es sind dies also tatsächlich die niedrigsten aller Freuden, weil sie am wenigsten rein sind; denn niemals stellen sie sich ohne die entgegengesetzten Schmerzen ein: mit der Lust am Essen ist der Hunger verbunden, und zwar gewiß nicht im selben Verhältnis. Denn der Schmerz ist nicht nur stärker, sondern dauert auch länger, weil er ja vor dem Genuß entsteht und erst erlischt, wenn die Lust vergeht.

Von derartigen Vergnügen also glauben sie, soweit sie nicht die Notwendigkeit verlangt, nicht viel halten zu müssen. Jedoch freuen sie sich auch an ihnen und anerkennen dankbar die Güte der Mutter Natur, die ihre Kinder mit den gewinnendsten Lockungen sogar zu dem reizt, was nun einmal unvermeidlich regelmäßig geschehen muß. Wie widerlich wäre das Leben, wenn man, ebenso wie die übrigen Beschwerden, die uns seltener befallen, auch diese täglichen An-fälle von Hunger und Durst mit Giften und bitteren Arzneien bekämpfen müßte!

Schönheit, Kraft und Behendigkeit achten sie dagegen als die eigentlichen und erfreulichen Geschenke der Natur. Ja auch jene Genüsse, die durch Ohren, Augen und Nase vermittelt werden und die nach dem Willen der Natur dem Menschen ureigen und eigentümlich sind — denn keine andere Art von Lebewesen erblickt den Bau und die Schönheit der Welt, wird entzückt von dem Hauch der Düfte (es sei denn, um Nahrung zu wittern) oder unterscheidet die Harmonie und Disharmonie der Töne —, auch diese Freuden, sage ich, suchen sie als eine willkommene Würze des Lebens. In allem aber halten sie die Regel ein, daß der größeren Lust nicht eine geringere im Wege stehen und das Vergnügen nicht Unbehagen nach sich ziehen dürfe, wie es ihrer Ansicht nach unvermeidlich ist, sofern es unehrbar ist. Aber freilich: den Schmuck körperlicher Schönheit zu verachten, die Kräfte zu zermürben, Beweglichkeit in Trägheit zu verkehren, den Körper durch Fasten zu entkräften, die Gesundheit willkürlich zu untergraben und überhaupt die natürlichen Freuden zu verschmähen (es sei denn, einer vernachlässige nur deshalb seinen eigenen Vorteil, um desto eifriger dem anderer oder dem des Staates zu dienen, wofür er von Gott noch größere Freude erwartet), keinem zu Nutzen sich selbst zu peinigen, nur um des nichtigen Scheines der Tugend willen oder um künftige Beschwerden leichter ertragen zu können, die vielleicht niemals auftreten werden: das freilich halten sie für den Gipfel der Narrheit, Grausamkeit gegen sich selbst und äußerste Undankbarkeit gegenüber der Natur, deren sämtliche Wohltaten man von sich stößt, als ob man sich für zu gut halte, ihr etwas zu verdanken.

Das ist ihre Auffassung von Tugend und Lust, und sie sind der Ansicht, es lasse sich mit menschlicher Vernunft keine richtigere ergründen, es sei denn, eine himmlische Offenbarung gebe dem Menschen eine erhabenere ein. Ob sie darin recht haben oder nicht, das zu untersuchen fehlt mir die Zeit und ist auch nicht nötig, da ich mir vorgenommen habe, von ihren Einrichtungen zu berichten, nicht aber diese zu rechtfertigen. Im übrigen bin ich fest davon überzeugt, mag es mit diesen Behauptungen stehen, wie es will: nirgends gibt es ein vortrefflicheres Volk und nirgends ein glücklicheres Staatswesen.

Körperlich sind sie beweglich und munter, sowie kräftiger, als ihre Gestalt erwarten läßt, obwohl diese nicht unansehnlich ist. Da ihr Boden nicht überall fruchtbar und das Klima nicht allzu gesund ist, schützen sie sich gegen die Witterung durch eine maßvolle Lebensweise und helfen dem Acker mit solchem Fleiße nach, daß nirgends in der Welt Frucht und Vieh besser gedeihen, nirgends die Menschen länger leben und weniger anfällig gegen Krankheiten sind. Daher sieht man dort nicht nur die üblichen landwirtschaftlichen Arbeiten sorgfältig verrichtet, um den von Natur zu kargen Boden durch künstliche Mittel und mühsame Arbeit zu verbessern, sondern ganze Wälder werden von Menschenhand abgeholzt und an einer anderen Stelle wieder aufgeforstet. Dabei hat man nicht nur den besseren Ertrag im Auge, sondern auch die Transportverhältnisse: das Holz soll mehr in der Nähe des Meeres, der Flüsse oder der Städte selbst wachsen, weil man ja Feldfrüchte auf dem Landwege mit viel geringerer Mühe als Holz über weite Strecken verfrachten kann.

Es ist ein gewandtes, einfallreiches und anstelliges Volk, das seine Freizeit schätzt, körperliche Arbeit, wenn es sein muß, mit der nötigen Ausdauer verrichtet, ohne übrigens sonst übermäßig darauf aus zu sein, dagegen unermüdlich auf geistigem Gebiete.

[19. Aufnahme der humanistischen Wissenschaft, Buchdruck]

Als sie von uns etwas über die Schriften und die Wissenschaft der Griechen vernahmen — denn von den Lateinern, schien es uns, würde ihnen außer den Geschichtschreibern und Dichtern nichts sonderlich gefallen —, stürzten sie sich mit einem erstaunlichen Eifer darauf, um es mit Hilfe unserer Erläuterungen gründlich kennenzulernen. Wir begannen also zu lesen, anfangs mehr, um nicht den Anschein zu erwecken, wir scheuten die Mühe, als weil wir irgendein Ergebnis erhofft hätten. Aber kaum waren wir ein wenig vorangekommen, da ließ uns ihr Eifer merken, daß unsere Mühe nicht vergeblich sein werde; denn sie malten die Buchstaben bald so mühelos nach, sprachen die Wörter so geläufig aus, behielten sie so schnell im Gedächtnis und wiederholten sie so genau, daß es uns wie ein Wunder vorgekommen wäre, wenn nicht der größte Teil von ihnen zu der Zahl der begabtesten Schüler und zu den älteren Jahrgängen gehört hätte, da sie sich ja nicht nur aus freien Stücken, sondern auch auf Anordnung des Senats diesen Studien unterzogen. So gab es denn in weniger als drei Jahren in der Sprache nichts mehr, wonach sie hätten fragen müssen, um gute Schriftsteller anstandslos lesen zu können, sofern nicht Textfehler störten.

Vermutlich machten sie sich diese Literatur auch deswegen leichter zu eigen, weil sie der ihren einigermaßen verwandt ist. Ich mutmaße nämlich, daß dieses Volk von den Griechen abstammt, weil ihre Sprache, die im übrigen fast persisch klingt, noch einige Spuren der griechischen in den Benennungen der Städte und Behörden bewahrt. Sie besitzen von mir — auf meiner vierten Seereise hatte ich nämlich an Stelle von Waren einen ordentlichen Stoß Bücher im Schiff verstaut, da ich fest entschlossen war, lieber gar nicht mehr als rasch zurückzukehren — die meisten Werke Platons, mehrere von Aristoteles, ferner die Abhandlung des Theophrast über die Pflanzen, die aber leider an einigen Stellen Lücken aufweist; denn während der Überfahrt hatte sich, als ich nicht auf das Buch achtete, ein Affe darüber hergemacht und in ausgelassenem Spiel hier und da ein paar Blätter herausgerissen und zerfetzt. Von den Grammatikern haben sie nur den Laskaris; den Theodorus nahm ich nämlich nicht mit, auch kein Wörterbuch außer dem Hesychios und Dioskorides. Die kleinen Schriften des Plutarch lieben sie über alles, und auch Lukian mit seinen feinen und geistreichen Witzen gefällt ihnen. Von den Dichtern besitzen sie den Aristophanes, den Homer und den Euripides, ferner den Sophokles in den kleinen Typen des Aldus, von den Historikern den Thukydides und den Herodot, sowie auch den Herodian. Sogar ein paar medizinische Bücher hatte mein Gefährte Tricius Apinatus mitgeschleppt: einige kleinere Schriften des Hippokrates und die ‹Mikrotechne› des Galenos. Diese Bücher achten sie sehr hoch; denn wenn sie auch unter fast allen Völkern der ärztlichen Kunst am wenigsten bedürfen, so steht sie doch nirgends mehr in Ehren, und zwar deshalb, weil sie ihre Kenntnis zu den schönsten und nützlichsten Teilen der Welt- und Lebensweisheit zählen. Sie glauben, wenn sie mit Hilfe dieser Wissenschaft die Geheimnisse der Natur erforschen, bereite ihnen das nicht nur einen wunderbaren Genuß, sondern bringe ihnen auch bei dem Schöpfer und Baumeister der Natur die größte Anerkennung ein. Denn sie meinen, dieser habe nach Art anderer Künstler den sehenswerten Bau dieses Weltalls den Menschen zur Betrachtung vor Augen gestellt und ihnen allein die Fähigkeit gegeben, ein solches Werk zu erfassen; er habe darum einen wißbegierigen und aufmerksamen Betrachter und Bewunderer seines Werkes lieber als einen, der wie ein vernunftloses Tier ein so erhabenes und so wunderbares Schauspiel stumpf und unbewegt übersieht.

Auf Grund ihrer wissenschaftlichen Schulung sind daher die Utopier erstaunlich begabt für technische Erfindungen, die zur Erleichterung und Bequemlichkeit des Lebens beitragen. Zwei Erfindungen jedoch verdanken sie uns: den Buchdruck und die Papiermacherei, aber freilich wieder nicht nur uns, sondern zum guten Teil auch sich selber. Denn als wir ihnen die auf Papier gedruckten aldinischen

Typen zeigten und über die Papierherstellung und das Druckverfahren mehr etwas erzählten als Erklärungen abgaben — denn keiner von uns verstand sich auf das eine oder das andere —, da stürzten sie sich sofort mit großem Scharfsinn darauf und versuchten, während sie bisher nur auf Häute, Rinde und Bast schrieben, nun auf der Stelle Papier zu machen und Buchstaben darauf zu drucken. Obwohl das anfangs nicht recht gelang, versuchten sie es immer wieder und hatten schließlich in kurzer Zeit auf beiden Gebieten einen solchen Erfolg, daß ihnen Drucke griechischer Schriftsteller nicht fehlten, wenn Texte vorlägen. Sie haben aber nichts weiter als das, was von mir erwähnt worden ist; was sie aber besitzen, das haben sie bereits in vielen tausend Drucken verbreitet.

[20. Fremde und Sklaven]

Wer zur Besichtigung des Landes dorthin kommt, wird mit offenen Armen aufgenommen, zumal wenn ihn irgendeine besondere Begabung oder die auf langen Reisen erworbene Kenntnis vieler Länder empfiehlt; deshalb war ihnen auch unsere Landung willkommen. Denn sie hören gern, was überall in der Welt vorgeht. Übrigens landen des Handels wegen nicht allzu häufig Schiffe bei ihnen. Was sollten sie auch bringen außer Eisen oder Silber und Gold, was doch jeder lieber mitnehmen möchte? Was sie aber selber an Ausfuhrartikeln haben, wollen sie absichtlich lieber selber ausführen als von anderen abholen lassen, um auf diese Weise über die fremden Völker ringsum besser unterrichtet zu sein und die Übung und Erfahrung in der Seefahrt nicht zu verlieren.

Ihre Sklaven sind weder Kriegsgefangene — es sei denn, sie hätten den Krieg selber geführt — noch Kinder von Sklaven, noch überhaupt solche, die sie bei anderen Völkern als Sklaven kaufen könnten, sondern entweder solche Leute, die bei ihnen infolge eines Verbrechens in die Sklaverei fallen oder die in ausländischen Städten wegen einer Untat zum Tode verurteilt wurden; diese letzte Art von Sklaven ist weit zahlreicher, denn sie holen sich viele davon, manchmal für billiges Geld, öfters auch ganz umsonst.

Die verschiedenen Arten von Sklaven halten sie nicht nur beständig an der Arbeit, sondern auch in Fesseln; die eigenen Landsleute behandeln sie aber härter, weil sie diese für nichtswürdiger und für schwererer Strafe würdig halten, da sie trotz einer so hervorragenden Erziehung zur Rechtschaffenheit sich dennoch nicht von Verbrechen zurückhalten ließen.

Es gibt noch eine andere Art von Sklaven. Das sind fleißige und arme Tagelöhner aus einem anderen Volk, die es vorziehen, freiwillig bei ihnen Sklaven zu sein. Diese behandeln sie anständig und nicht viel weniger menschlich als ihre Mitbürger, nur daß ihnen ein wenig mehr Arbeit aufgebürdet wird, da sie ja daran gewöhnt sind. Will einer fortziehen, wie es nicht oft vorkommt, halten sie ihn nicht gegen seinen Willen zurück und lassen ihn auch nicht mit leeren Händen ziehen.

[21. Krankenpflege]

Die Kranken pflegen sie, wie ich sagte, mit großer Hingebung, und sie versäumen nichts, wodurch sie ihre Gesundheit wiederherstellen können, sei es durch Arzneimittel oder durch sorgfältige Diät. Sogar unheilbar Kranken erleichtern sie ihr Los, indem sie sich zu ihnen setzen, ihnen Trost zusprechen und überhaupt alle möglichen Erleichterungen verschaffen. Ist indessen die Krankheit nicht nur unheilbar, sondern dazu noch dauernd qualvoll und schmerzhaft, dann reden Priester und Behörden dem Kranken zu, da er doch allen Anforderungen des Lebens nicht mehr gewachsen, den Mitmenschen zur Last, sich selber unerträglich, seinen eigenen Tod bereits überlebe, solle er nicht darauf bestehen, die unheilvolle Seuche noch länger zu nähren, und nicht zögern zu sterben, zumal das Leben doch nur eine Qual für ihn sei; er solle sich also getrost und hoffnungsvoll aus diesem bitteren Leben wie aus einem Kerker oder aus der Folterkammer befreien oder sich willig von anderen herausreißen lassen; daran werde er klug tun, da ja der Tod keinen Freuden, sondern nur Martern ein Ende mache, und zudem werde er fromm und gottesfürchtig handeln, da er damit dem Rat der Priester, das heißt der Deuter des göttlichen Willens gehorche. Wen sie damit überzeugt haben, der endigt sein Leben entweder freiwillig durch Enthaltung von Nahrung oder wird eingeschläfert und findet Erlösung, ohne vom Tode etwas zu merken. Gegen seinen Willen aber töten sie niemanden, und sie pflegen ihn deshalb auch nicht weniger sorgfältig. Auf einen solchen Rat hin sein Leben zu enden, gilt als ehrenvoll. Sonst aber wird keiner, der sich selbst das Leben nimmt, ohne Billigung des Grundes durch Priester und Senat, der Beerdigung oder der Verbrennung gewürdigt; statt ihn zu begraben, werfen sie ihn schmählich in einen Sumpf.

[22. Geschlechtsmoral und Ehegesetze]

Die Frauen heiraten nicht vor dem achtzehnten Lebensjahr, die Männer noch vier Jahre später. Wird ein Mann oder wird eine Frau vor der Ehe des heimlichen Geschlechtsverkehrs überführt, so geht man streng gegen sie oder ihn vor, und die Ehe wird ihnen gänzlich verboten, wenn nicht die Gnade des Staatspräsidenten die Strafe erläßt. Aber auch der Hausvater und die Hausmutter, in deren Hause die Verfehlung begangen wurde, kommen in üblen Verruf, weil sie ihre Pflicht nicht genau genug wahrgenommen haben. Diese Verfehlung bestrafen sie deshalb so streng, weil sie voraussehen, daß sich selten zwei Menschen in ehelicher Liebe verbinden würden, in der man sein ganzes Leben mit einem Partner verbringen und obendrein die mit dem Ehestand verbundenen Beschwerlichkeiten ertragen muß, wenn man dem freien Zusammenleben nicht sorgsam wehrte.

Bei der Wahl des Ehegatten beobachten sie ferner in vollem Ernst und mit aller Strenge einen, wie uns schien, äußerst unschicklichen und höchst lächerlichen Brauch. Eine würdige und ehrbare Hausfrau nämlich läßt den Bewerber die Frau, ob es nun eine Jungfrau oder eine Witwe ist, nackt sehen, und ebenso stellt auf der anderen Seite ein rechtschaffener Mann dem Mädchen den Freier nackt vor.

Als wir nun lachten und diese Sitte als unschicklich verwarfen, verwunderten sie sich umgekehrt höchlichst über die unerhörte Dummheit aller anderen Völker, die beim Kauf eines elenden Gauls, bei dem es sich nur um ein paar Goldstücke handelt, so vorsichtig sind, daß sie den Kauf verweigern, ehe nicht der Sattel abgeschnallt und alle Decken weggenommen sind, obgleich doch das Tier sowieso fast nackt ist, damit sich ja nicht unter diesen Hüllen irgendein Gebrechen verberge, dagegen bei der Wahl der Ehefrau, einer Entscheidung also, die Freude oder Verdruß für das ganze Leben bedeutet, so leichtfertig zu Werke gehen, daß sie sich über die ganze Frau ein Urteil bilden, von der sie, da ja der übrige Körper von Kleidern verhüllt ist, nur eine Handbreit sehen — denn man sieht ja nichts außer dem Gesicht; diese heirateten also nicht, ohne Gefahr zu laufen, eine schlechte Verbindung einzugehen, falls nachher irgend etwas Anstoß erregte. Denn keineswegs sind alle Männer so vernünftig, daß sie bloß auf den Charakter sehen, und auch in den Ehen der vernünftigen Menschen spielen die körperlichen Vorzüge neben den sittlichen Eigenschaften keine unbedeutende Rolle. Jedenfalls kann unter jenen Hüllen eine so abstoßende Häßlichkeit verborgen sein, daß sie den Mann der Frau völlig zu entfremden vermag, während die körperliche Trennung nicht mehr möglich ist. Tritt eine derartige Verunstaltung erst nach der Eheschließung durch einen Unglücksfall ein, so muß jeder sein Los tragen; daß aber vorher einer hinterlistig getäuscht werden kann, müssen die Gesetze verhüten.

Die Utopier mußten mit um so größerem Eifer dafür sorgen, weil sie sich als einzige in jenen Erdstrichen mit einer Frau begnügen und die Ehe dort selten anders als durch den Tod gelöst wird, es sei denn, daß Ehebruch oder unerträgliches Benehmen Grund zur Trennung geben. Ein auf solche Weise gekränkter Ehepartner erhält vom Senat die Erlaubnis, den Gatten zu wechseln; der andere Partner bleibt auf Lebenszeit ehe- und ehrlos zugleich. Sonst aber dulden sie unter keiner Bedingung, daß einer seine Frau, ohne daß sie etwas begangen hat, gegen ihren Willen verstößt, nur weil sie einen körperlichen

Schaden erlitten hat; denn sie halten es für grausam, jemanden gerade dann im Stiche zu lassen, wenn er am meisten des Trostes bedarf, und ebenso, da das Alter ja Krankheiten mit sich bringt und schon allein eine Krankheit ist, dem alternden Ehepartner gegenüber unzuverlässig und treulos zu werden.

Freilich kommt es zuweilen vor, daß die Charaktere der Eheleute nicht recht zueinander passen und beide einen anderen Menschen gefunden haben, mit dem sie glücklicher zusammenzuleben hoffen; dann dürfen sie sich mit beiderseitigem Einverständnis trennen und eine neue Ehe eingehen, jedoch nicht ohne Einwilligung des Senates, der Scheidungen nicht zuläßt, bevor der Fall nicht von den Senatoren persönlich und ihren Frauen genau untersucht wurde, und nicht einmal dann leicht, weil sie wissen, daß es der Festigung der ehelichen Liebe keineswegs zuträglich ist, wenn die Möglichkeit einer neuen Eheschließung ohne weiteres gegeben ist.

Ehebrecher werden mit der härtesten Zwangsarbeit bestraft. Wenn beide Teile verheiratet waren, können die gekränkten Ehegatten, falls sie es wünschen, die schuldigen Partner verstoßen und sich gegenseitig, oder wen sie sonst wollen, heiraten. Wenn aber einer der beleidigten Gatten gegenüber seinem Partner, obwohl der es so wenig verdient, in Liebe verharrt, so wird ihm der gesetzliche Fortbestand der Ehe nicht verwehrt, falls er dem zur Zwangsarbeit verurteilten Ehepartner folgen will, und gelegentlich kommt es vor, daß die Reue des einen und die dienstwillige Aufopferung des anderen das Mitleid des Staatsoberhauptes erweckten und ihm wieder die Freiheit erwirkten. Einem Rückfälligen jedoch ist der Tod gewiß.

[23. Rechtsprechung]

Für die übrigen Verbrechen hat das Gesetz keine bestimmte Strafe festgesetzt, sondern der Senat setzt das Strafmaß fest, je nachdem ihm die Tat mehr oder weniger schwerwiegend erscheint. Die Ehemänner strafen ihre Frauen, die Eltern ihre Kinder, falls sie nicht etwas so Schlimmes verübt haben, daß eine öffentliche Bestrafung im Hinblick auf die allgemeine Moral geboten erscheint. Aber selbst die schwersten Verbrechen ahnden sie in der Regel mit Zwangsarbeit, weil das ihrer Meinung nach für die Verbrecher nicht weniger hart und für den Staat vorteilhafter ist, als wenn man die Schuldigen eilends abschlachtet und auf der Stelle beseitigt. Denn einmal nützen sie durch ihre Arbeit mehr als durch ihren Tod, und dann schrecken sie durch ihr warnendes Beispiel andere länger vor einer ähnlichen Missetat ab. Wenn sie sich aber bei dieser Behandlung widerspenstig und aufsässig verhalten, dann freilich werden sie wie wilde Tiere, die Käfig und Kette nicht zu bändigen vermögen, totgeschlagen. Den Fügsamen jedoch nimmt man nicht gänzlich alle Hoffnung; denn wenn sie, durch lange Leiden mürbe geworden, jene Reue zeigen, die beweist, daß ihnen ihr Vergehen mehr leid tut als die Buße, wird ihnen zuweilen ihre Zwangsarbeit durch Begnadigung seitens des Staatspräsidenten oder aber durch Volksabstimmung gemildert oder aufgehoben.

Verführung zur Unzucht ist nicht weniger gefährlich als die Tat selbst. Bei jedem Vergehen nämlich setzen sie den bewußten und vorsätzlichen Versuch der Tat gleich, weil sie meinen, das, was dabei zur Tat gefehlt hat, dürfe dem, von dem es nicht abhing, daß es fehlte, nicht zugute kommen.

[24. Narren, Krüppel, natürliche Schönheit]

An Narren haben sie viel Spaß. Ihnen etwas zuleide zu tun, gilt als sehr ungehörig; doch verbieten sie es nicht, sich an ihrer Torheit zu vergnügen, weil sie meinen, dies bringe den Narren selbst den größten Vorteil. Wer so finster und streng ist, daß er über keinen Streich und über keinen Witz lachen kann, dem vertrauen sie keinen Narren an, aus Furcht, er werde ihm keinen Nutzen bringen, ja nicht einmal Vergnügen bereiten, worin doch die einzige Begabung eines Narren besteht.

Einen Mißgestalteten oder Krüppel auszulachen, gilt als schimpflich und häßlich, nicht für den Verspotteten, sondern für den Spötter, der in seiner Torheit einem Menschen etwas als Fehler vorwirft, das zu vermeiden gar nicht in dessen Macht stand.

Wie sie es für träge und nachlässig halten, die natürliche Schönheit nicht zu pflegen, so gilt es andererseits als anstößige Ungehörigkeit, seine Zuflucht zur Schminke zu nehmen. Sie wissen nämlich aus Erfahrung, daß kein körperlicher Reiz die Frauen ihren Männern so empfiehlt wie Rechtschaffenheit und Zurückhaltung. Denn wenn auch manche von der Schönheit allein betört werden, so wird doch ohne Tugendhaftigkeit und Hingabe auf die Dauer keiner gefesselt.

[25. Ehrungen, Umgangsformen]

Sie suchen nicht nur durch Strafen von Untaten abzuschrecken, sondern sie locken auch durch die Aussicht auf Ehrungen zu anständigem Verhalten an. Deshalb stellen sie ausgezeichneten und um das Gemeinwesen hochverdienten Männern Standbilder auf dem Marktplatz auf zur Erinnerung an ihre Großtaten, zugleich auch um ihre Nachfahren durch den Ruhm der Ahnen zur Tüchtigkeit anzureizen und anzuspornen.

Wer einem Amt nachjagt, verscherzt sich damit die Aussicht auf alle.

Die Umgangsformen sind freundlich, denn auch die Beamten sind weder überheblich noch grob; man nennt sie Väter, und sie benehmen sich wie solche. Man erweist ihnen freiwillig die Ehre, die ihnen gebührt, und läßt sie nicht widerwillig erzwingen. Nicht einmal den Staatspräsidenten unterscheidet ein besonderes Gewand oder ein Diadem, sondern lediglich eine Korngarbe wird vor ihm hergetragen, wie das Kennzeichen des Oberpriesters in einer vorangetragenen Wachskerze besteht.

[26. Gesetze und Gerichte]

Gesetze haben sie sehr wenige; denn dank ihrer sonstigen Einrichtungen genügt ihnen eine Mindestzahl. Ja, sie mißbilligen an anderen Völkern vor allem, daß man dort selbst mit zahllosen Bänden von Gesetzen und Gesetzesauslegungen nicht auskommt. Sie selber finden es demgegenüber für höchst ungerecht, Menschen durch Gesetze zu binden, die entweder zu zahlreich sind, als daß man sie alle durchlesen könnte, oder zu unklar, als daß jeder imstande wäre, sie zu verstehen.

Ferner lehnen sie grundsätzlich sämtliche Rechtsanwälte ab, da die ihre Prozesse auf durchtriebene Weise führen und die Gesetze spitzfindig auslegen. Sie halten es vielmehr für zweckmäßig, wenn jeder seine Sache persönlich führt und dem Richter dasselbe sagt, was er seinem Anwalt erzählt hätte; so gebe es weniger Umschweife und die Wahrheit lasse sich leichter herausbekommen. Denn wenn ein Mann redet, ohne daß ihn sein Anwalt Verstellung gelehrt hat, wägt der Richter alles einzelne unbeeinflußt und schützt die einfältigen Leute gegen die Verleumdungen der verschlagenen. Das ist bei anderen Völkern bei der Unmasse höchst verwickelter Gesetze schwer durchzuführen.

Übrigens kennt bei ihnen jeder einzelne die Gesetze, denn es gibt, wie gesagt, nur sehr wenige; und von den Auslegungen halten sie zudem jeweils die einfachste für die richtigste. Da nämlich die Gesetze, so sagen sie, nur deshalb erlassen werden, damit jeder durch sie an seine Pflicht erinnert werde, so gemahnt eine allzu feine Auslegung die wenigsten daran, weil ihr nur wenige folgen können, während indessen eine einfachere und dem Sinn der Gesetze entsprechendere allen begreiflich ist. Was mache es zudem für die breite Masse, die in der Mehrzahl ist und am meisten der Ermahnung bedarf, aus, ob man überhaupt keine Gesetze erlasse oder die erlassenen in einem Sinne auslege, den man nur mit großem Scharfsinn und durch lange Auseinandersetzungen erfassen könne und den zu erforschen weder der schlichte Verstand des einfachen Volkes ausreiche noch das Leben im Kampf um das tägliche Brot Zeit lasse.

[27. Zeitweilige Überlassung von Beamten an Nachbarn]

Auf Grund dieser ihrer hervorragenden Eigenschaften pflegen die Nachbarn, die indessen frei sind und unabhängig — viele haben die Utopier selbst schon vor langer Zeit von Tyrannenherrschaft befreit —, sich ihre Behörden von jenen zu erbitten, manche alljährlich, andere jedes fünfte Jahr. Nach Ablauf der Amtszeit geleiten sie diese mit Lob und Ehre zurück und holen sich wieder neue in ihr Land. Und diese Völker erweisen ihrem Staate tatsächlich den besten und heilsamsten Dienst: da Gedeih und Verderb des Staates von dem Verhalten seiner Obrigkeiten abhängt, könnten sie gar keine gescheitere Wahl treffen. Denn diese Leute lassen sich ja um keinen Preis von der geraden Bahn abbringen, da sie ja doch in Kürze wieder nach Hause zurückkehren, wo ihnen Geld nichts nützt; und da sie den Einwohnern fremd sind, lassen sie sich auch nicht durch schnöde Voreingenommenheit für oder Abneigung gegen jemanden beeinflussen. Wo sich diese beiden Untugenden: Parteilichkeit und Habgier in der Rechtsprechung einnisten, da zersetzen sie alle Gerechtigkeit, den Lebensnerv eines Staatswesens. Diese Völker, die sich ihre Obrigkeiten von ihnen erbitten, nennen die Utopier Bundesgenossen, die übrigen, denen sie gute Dienste erwiesen haben, bezeichnen sie als Freunde.

[28. Bündnisse]

Bündnisse, wie sie die anderen Völker so oft untereinander schließen, brechen und erneuern, gehen sie mit keinem Volke ein. Wozu denn auch ein Bündnis? sagen sie; verbindet nicht die Natur Mensch mit Mensch zur Genüge? Glaubst du etwa, der werde sich um Worte kümmern, der die Natur verachtet? Zu dieser Ansicht werden sie wohl vor allem deshalb gebracht, weil in jenen Weltteilen Bündnisse und Verträge der Fürsten gewöhnlich mit allzu geringer Treue gehalten werden.

In Europa, und zwar besonders in den Ländern, in denen der christliche Glaube herrscht, ist ja überall die Heiligkeit der Verträge unverletzlich und unantastbar, teils dank der Gerechtigkeit und Redlichkeit der Fürsten, teils aus Ehrerbietung und Scheu vor dem Papste, der, ebenso wie er selbst keine Verpflichtung auf sich nimmt, die er nicht aufs gewissenhafteste einhält, auch allen übrigen Fürsten gebietet, ihre Versprechungen auf jede Weise zu erfüllen, Zögernde aber durch strenge oberhirtliche Rüge dazu zwingt. Gewiß urteilen sie mit Recht, daß es höchst schändlich aussehe, wenn den Bündnissen jener Fürsten die Zuverlässigkeit fehle, die sich ureigentlich ‹Gläubige› nennen.

In jenem neuen Weltteil dagegen, den der Äquator so weit von unserem Erdteil trennt, wie Lebensweise und Sitten von den unseren abweichen, ist auf Verträge kein Verlaß. Je zahlreicher und weihevoller die Feierlichkeiten sind, unter denen sie geknüpft werden, desto rascher werden sie wieder aufgelöst; mit Leichtigkeit findet man einen Vorwand im Wortlaut, den sie zuweilen absichtlich so spitzfindig abfassen, daß sie niemals mit so festen Banden umschnürt sind, als daß sie sich nicht irgendwie herauswinden und mit Bündnis und Vertragstreue ihr Spiel treiben könnten. Entdeckten sie eine derartige Verschlagenheit, besser gesagt: solchen Lug und Trug, in einem Privatvertrag, so zögen sie die Stirn in Falten und schrien laut, hier liege ein ruchloser Rechtsbruch vor, der den Galgen verdiene — dieselben Leute, die damit prahlen, wenn sie ihrem Fürsten einen derartigen Rat gegeben haben. So kommt es, daß die ganze Gerechtigkeit entweder nur für eine minderwertige Tugend des kleinen Mannes gilt, die weit unter der Würde eines Königs liegt, oder daß es mindestens zwei Arten davon gibt, deren eine dem Volke ansteht, zu Fuß geht, am Boden kriecht und, ringsum in tausend Fesseln verstrickt, auf keiner Seite ihre Schranken zu überspringen vermag, während die andere eine Fürstentugend ist, weit erhabener als die des Volkes und daher auch bei weitem freier, so daß ihr alles erlaubt ist, was ihr beliebt.

Diese Gewohnheit der dortigen Fürsten, Verträge so wenig zu halten, betrachte ich, wie gesagt, für den Grund, daß die Utopier überhaupt keine schließen; wenn sie hier bei uns lebten, würden sie vielleicht ihre Ansicht ändern.

Indessen scheint es ihnen überhaupt bedauerlich, daß sich die Gewohnheit, Bündnisse einzugehen, eingebürgert hat, selbst wenn sie noch so gewissenhaft gehalten werden. Sie ist nämlich daran schuld, daß die Menschen sich gegenseitig für geborene Feinde und Widersacher halten und glauben, sie müßten bis zur völligen Vernichtung gegeneinander wüten, falls sie nicht Bündnisse daran hindern; gerade als ob keine natürliche Gemeinschaft zwei Völker miteinander verbände, die auf winzigem Raum nur ein Hügel oder ein Bach trennt. Ja, selbst durch Abschluß von Verträgen entsteht noch keine Freundschaft, sondern es bleibt die Möglichkeit zu Raubzügen, falls infolge von Unachtsamkeit beim Festlegen des Wortlauts nicht wohlweislich eine ausdrückliche Bestimmung in den Vertrag aufgenommen worden ist, die das verhindert. Jene dagegen meinen, daß man niemanden als Feind betrachten dürfe, von dem einem kein Unrecht angetan worden ist. Die natürliche Zusammengehörigkeit der Menschen ersetze ein Bündnis, und die Menschen binde Verträglichkeit besser und wirksamer als ein Vertrag, Wohlwollen fester als Worte.

[29. Das Kriegswesen; a. Kriegsgründe]

Den Krieg verabscheuen sie aufs äußerste als etwas einfach Bestialisches, das dennoch bei keiner Gattung von Raubtieren so gang und gäbe ist wie bei den Menschen. Und im Gegensatz zu der Gewohnheit fast aller Völker halten sie nichts für so unrühmlich wie den Ruhm, den man im Kriege zu erreichen sucht. Wenn sie sich daher auch beständig im Kriegshandwerk üben, und zwar nicht nur die Männer, sondern auch die Frauen an bestimmten Tagen, um für den Notfall ausgebildet zu sein, so greifen sie doch nicht leichtfertig zu den Waffen, sondern nur dann, wenn es heißt, die Grenzen zu schützen oder Feinde, die in das Gebiet ihrer Freunde eingedrungen sind, zu vertreiben, oder um aus Mitleid ein von Tyrannei bedrücktes Volk mit ihrer Macht von Tyrannenjoch und Knechtschaft zu befreien; das tun sie aus reiner Menschlichkeit. Indessen gewähren sie ihren Freunden ihre Hilfe nicht immer nur zur Verteidigung, sondern zuweilen auch, um erlittenes Unrecht zu vergelten und zu rächen. Dies tun sie aber nur dann, wenn sie, bevor in der Sache irgend etwas unternommen worden ist, zu Rate gezogen werden und wenn sie nach Prüfung des Kriegsgrundes und geforderter, jedoch nicht geleisteter Genugtuung den Krieg nach eigenem Ermessen beginnen können. Dazu entschließen sie sich nicht nur, wenn durch einen feindlichen Einfall das Hab und Gut ihrer Freunde geraubt wurde, sondern auch mit noch größerer Härte, wenn deren Kaufleute irgendwo mit Berufung auf unbillige Gesetze oder auf Grund böswilliger Auslegung guter Gesetze unter dem Anschein des Rechts ungerecht behandelt werden.

Nichts anderes war die Ursache des Krieges, den sie kurz vor unserer Zeit für die Nephelogeten gegen die Alaopoliten führten, als daß nephelogetischen Kaufleuten bei den Alaopoliten unter dem Vorwand des Rechts nach ihrer Ansicht Unrecht widerfahren war. Jedenfalls wurde das, ob es nun Recht oder Unrecht war, zumal sich zu den eigenen Streitkräften und dem Haß der beiden Parteien noch der Kriegseifer und die Truppen der umliegenden Völker gesellten, durch einen so erbitterten Krieg gerächt, daß einige der blühendsten Länder zerrüttet, andere schwer mitgenommen wurden und ein Übel dem anderen folgte; das Ende war schließlich die Unterwerfung und Knechtung der Alaopoliten, durch die sie in die Gewalt der Nephelogeten gerieten — denn die Utopier kämpften ja nicht für eigene Zwecke —, eines Volkes, das mit den Alaopoliten, solange deren Staat in Blüte stand, in keiner Weise zu vergleichen war.

So unerbittlich verfolgen die Utopier, sogar in Geldangelegenheiten, ein ihren Freunden angetanes Unrecht. Anders verhalten sie sich, wenn es sich um ihre eigenen Leute handelt. Werden diese betrogen und um ihr Geld gebracht, ohne jedoch Schaden an Leib und

Leben zu erleiden, geht ihr Zorn nur so weit, daß sie die Handels-
beziehungen mit dem betreffenden Volke abbrechen, bis ihnen Genugtuung geleistet wird, nicht weil ihnen die Sorge um ihre Mitbürger weniger am Herzen liegt als um ihre Bundesgenossen, sondern
sie nehmen deren Geldverlust deswegen schwerer als eigenen, weil
die Kaufleute ihrer Freunde in ihrem persönlichen Besitz geschädigt
werden und den Verlust als schwere Einbuße empfinden, während
ihren Mitbürgern nur staatliche Gelder verloren gehen, außerdem
solche, die zu Hause reichlich vorhanden, ja sogar überflüssig sind
— denn sonst führte man sie ja nicht aus —, so daß der Verlust
dem einzelnen kaum spürbar ist. Sie halten es daher für viel grau-
samer, sich durch die Vernichtung vieler Menschenleben für eine
Einbuße zu rächen, deren Nachteil keiner von ihnen am Leben oder
in der Lebenshaltung zu spüren bekommt. Wenn jedoch einer ihrer
Staatsbürger irgendwo zu Unrecht mißhandelt oder gar getötet
wird, sei es auf staatliche oder private Veranlassung, so lassen sie
sich, sobald sie durch ihre Gesandten den Tatbestand erfahren haben, nur durch die Auslieferung der Schuldigen zufriedenstellen;
andernfalls erklären sie auf der Stelle den Krieg. Die ausgelieferten
Schuldigen bestrafen sie mit dem Tode oder mit Zwangsarbeit.

[b. Sieg durch geistige Waffen und ‹kalter Krieg›]

Ein blutiger Sieg ist ihnen nicht nur zuwider, sondern sie schämen
sich seiner sogar, in der Erwägung, es sei eine Dummheit, noch so
kostbare Waren zu teuer zu kaufen. Haben sie aber durch List und
Tücke gesiegt und die Feinde durch Einsatz ihrer Geldmittel überwunden, so rühmen sie sich, veranstalten darob auf Staatskosten
einen Triumph und errichten ein Siegesdenkmal wie für eine Heldentat; dann nämlich erst sind sie sich voller Stolz bewußt, männ-
lich und mutvoll gekämpft zu haben, wenn sie so gesiegt haben,
wie es kein Lebewesen außer dem Menschen kann, nämlich mit geistigen Waffen. Mit Körperkräften, sagen sie, kämpfen Bären und
Löwen, Eber und Wölfe, Hunde und andere wilde Tiere, die uns
zum größten Teil an Stärke und Wildheit überlegen, denen wir jedoch an Geist und Verstand überlegen sind.

Ihr einziger Zweck im Kriege ist, das Ziel zu erreichen, das den
Krieg überflüssig gemacht hätte, wenn sie es schon vorher durchge-
setzt hätten, oder, wenn das der Sachlage nach möglich ist, an denen,
welchen sie die Schuld zuschreiben, so strenge Rache zu nehmen, daß
sie der Schrecken hindert, künftig noch einmal dasselbe zu wagen.
Diese Ziele stecken sie ihrem Unternehmen und suchen sie rasch
zu erreichen, jedoch immerhin so, daß es ihnen wichtiger ist, Gefahren zu vermeiden, als Lob und Ruhm zu gewinnen. Deshalb
sorgen sie dafür, daß sofort nach der Kriegserklärung an besonders

auffallenden Stellen des feindlichen Landes heimlich zu gleicher Zeit zahlreiche mit ihrem Staatssiegel versehene Anschläge angebracht werden, auf denen sie dem gewaltige Belohnungen versprechen, der den gegnerischen Fürsten aus dem Wege räumt. Ferner setzen sie geringere, jedoch immer noch erhebliche Summen auf die Köpfe einzelner anderer, die sie in denselben Anschlägen bekanntgeben; das sind die Männer, die sie nach dem Fürsten selbst für die Urheber des gegen sie gerichteten Planes halten. Was sie für den Mörder bestimmt haben, verdoppeln sie für denjenigen, der einen von den Geächteten lebend zu ihnen bringt, und auch die Geächteten selbst hetzen sie durch die gleichen Belohnungen und dazu noch mit der Zusicherung der Straflosigkeit gegen ihre Genossen auf. So kommt es rasch dazu, daß jene alle anderen Menschen beargwöhnen, einander kein Vertrauen mehr schenken und auch selbst keins mehr genießen und daher in größter Furcht und nicht geringerer Gefahr schweben. Denn bekanntermaßen ist es schon oft vorgekommen, daß ein großer Teil von ihnen und vor allem der Fürst selbst gerade von denen verraten wurde, auf die sie die größte Hoffnung gesetzt hatten. So leicht verleitet klingender Lohn zu jedem beliebigen Verbrechen!

Für diesen Lohn setzen sie daher auch kein bestimmtes Maß fest, sondern in dem Bewußtsein, zu welchem Wagnis sie auffordern, geben sie sich Mühe, die Größe der Gefahr durch die Höhe der Belohnung aufzuwiegen. Daher versprechen sie nicht nur ungeheuerliche Mengen an Geld, sondern auch ertragreiche Landgüter in ganz sicheren Gebieten bei ihren Freunden als dauerndes Eigentum, und sie halten ihr Wort mit größter Zuverlässigkeit.

Dieser Brauch, auf den Kopf des Gegners einen Preis zu setzen und ihn zu verhandeln, wird bei anderen Völkern als abscheuliches Verhalten und Zeichen der Entartung mißbilligt. Sie aber betrachten ihn als ebenso löblich wie klug, da sie auf diese Weise mit den größten Kriegen ohne jede Schlacht unverzüglich fertig werden. Ja, sie halten sich sogar für menschlich und barmherzig, da sie mit dem Tode weniger Schuldiger das Leben zahlreicher Unschuldiger erkaufen, die sonst im Kampfe gefallen wären, teils aus den eigenen Reihen, teils von den Feinden, deren einfaches Volk sie nicht weniger bedauern als ihre eigenen Leute, weil sie wissen, daß sie nicht freiwillig den Krieg angefangen haben, sondern durch den Wahnsinn ihrer Führer dazu getrieben wurden.

Kommen sie auf diese Weise nicht vorwärts, so streuen sie den Samen der Zwietracht aus und nähren ihn, indem sie dem Bruder des Fürsten oder einem der Adligen die Hoffnung erwecken, sich der Herrschaft bemächtigen zu können. Wenn aber die Zwietracht im Innern nicht zum Ziele führt, wiegeln sie die Nachbarn der Fein-

de auf und hetzen sie auf diese, indem sie irgendeinen alten Rechts-
anspruch ausgraben, wie sie den Königen niemals fehlen.

[c. Eigene Truppen und Söldner]

Haben sie ihren Beistand in einem Kriege versprochen, so stellen
sie reichlich Geld, aber nur sehr sparsam eigene Leute zur Verfügung; die nämlich sind ihnen so außerordentlich teuer, und sie
schätzen sich gegenseitig so hoch, daß sie keinen ihrer Volksgenos-
sen gern mit dem gegnerischen Fürsten austauschen wollten. Gold
und Silber jedoch, das sie ja nur für diesen einen Zweck aufsparen,
geben sie bedenkenlos aus, zumal sie nicht weniger bequem zu leben hätten, wenn sie es gänzlich aufbrauchten. Sie besitzen ja außer
dem Reichtum im Inland auch im Ausland noch einen unermeßlichen Schatz, weil, wie bereits erwähnt, sehr viele Völker ihre Schuldner sind. So werben sie denn überall Söldner an und schicken sie in
den Krieg, besonders von den Zapoleten.

Dieses Volk wohnt fünfhundert Meilen ostwärts von Utopia, ist
ungesittet, derb und wild und liebt seine rauhen Berge und Wälder,
in denen es aufgewachsen ist, über alles. Es ist ein zäher Menschen-
schlag, unempfindlich gegen Kälte, Hitze und Anstrengung, unbekannt mit allen feineren Genüssen, ohne Neigung zum Ackerbau,
legt weder auf Kleidung noch auf Wohnung besonderen Wert und
verwendet lediglich auf die Viehzucht einige Sorge. In der Hauptsa-
che leben sie von Jagd und Raub. Nur zum Kriege geboren, suchen
sie eifrig nach Gelegenheit, Krieg zu führen; haben sie eine gefunden, stürzen sie sich begierig darauf, rücken in hellen Scharen aus
und bieten sich jedem, der Soldaten sucht, um geringen Sold an.
Nur diese eine Art Leben kennen sie: den Tod zu suchen. Für den,
in dessen Sold sie stehen, kämpfen sie mit Leidenschaft und uner-
schütterlicher Treue. Jedoch verpflichten sie sich nicht für eine bestimmte Zeitspanne, sondern folgen nur unter der Bedingung den
Fahnen, daß sie am nächsten Tage zum Feinde übergehen können,
wenn ihnen von diesem höherer Sold angeboten wird; am übernächsten kehren sie schon wieder zurück, wenn man sie mit einer
Kleinigkeit mehr lockt. Selten gibt es einen Krieg, in dem nicht eine
große Menge von ihnen auf beiden Seiten kämpft. Daher kommt
es jeden Tag vor, daß Blutsverwandte, die eben noch als Söldner
derselben Partei die besten Kameraden waren, kurz darauf zu entgegengesetzten Heeren auseinandergerissen, als Feinde aufeinan-
derstoßen, ihre Verwandtschaft vergessen und ihrer Freundschaft
uneingedenk sich in wilder Wut gegenseitig durchbohren, aus keinem anderen Grunde zu gegenseitiger Vernichtung angestachelt,
als weil sie von verschiedenen Fürsten um geringfügigen Sold an-
geworben wurden. Damit rechnen sie so genau, daß sie durch die

Erhöhung des täglichen Soldes um einen einzigen Heller leicht zum Parteiwechsel veranlaßt werden. So rasch sind sie von der Habsucht betört, die ihnen doch keinerlei Nutzen bringt. Denn was sie mit ihrem Blut erwerben, verprassen und vergeuden sie sofort, und noch dazu auf jämmerliche Weise.

Dieses Volk kämpft für die Utopier gegen jeden Beliebigen, weil seine Dienste von diesen höher bezahlt werden als irgendwo sonst. Denn so gern sich die Utopier die Dienste guter Leute zunutze machen, so gern ziehen sie diese grundschlechten heran, um sie auszunützen. Sie locken sie, wenn es die Lage erfordert, mit großen Versprechungen an und setzen sie den größten Gefahren aus, aus denen meistens ein großer Teil niemals wieder zurückkehrt, um das Versprochene einzufordern. Den Überlebenden zahlen sie den vereinbarten Sold gewissenhaft aus, um sie künftig zu ähnlichen Wagnissen anzufeuern. Es kümmert sie nämlich nicht, wie viele von ihnen sie zugrunde richten; vielmehr sind sie überzeugt, daß sie sich den größten Dank des menschlichen Geschlechtes verdienten, wenn sie den Erdball von diesem Abschaum der Menschheit, von diesem ganzen abscheulichen und verruchten Volke reinigen könnten.

[d. Oberbefehl und Rekrutierung]

Nächst diesen setzen sie die Truppen derer ein, für die sie die Waffen ergreifen, sodann die Hilfstruppen der übrigen Freunde; erst ganz zuletzt ziehen sie ihre eigenen Mitbürger heran, aus deren Mitte sie einen Mann von erprobter Tapferkeit an die Spitze des ganzen Heeres stellen. Ihm unterstellen sie zwei andere in der Weise, daß beide so lange als Privatleute gelten, wie jener unversehrt ist; gerät er aber in Gefangenschaft oder fällt er, so tritt einer der beiden gewissermaßen wie ein Erbe an seine Stelle, und ihm folgt gegebenenfalls der dritte, damit nicht in den Wechselfällen des Krieges das ganze Heer in Verwirrung gerät, sobald der Oberbefehlshaber gefährdet ist. In jeder Stadt werden die ausgehoben, die sich freiwillig melden; denn keiner wird gezwungen, gegen seinen Willen außerhalb des Landes Kriegsdienste zu leisten, weil sie überzeugt sind, ein von Natur Furchtsamer leiste nicht nur selbst nichts Ordentliches, sondern stecke mit seiner Furcht auch noch seine Kameraden an. Wenn allerdings ein Krieg das eigene Land bedroht, dann schicken sie auch derartige Feiglinge, wenn sie nur körperlich tauglich sind, auf die Schiffe an die Seite von Mutigeren oder verteilen sie allenthalben auf die Mauern, wo es keine Möglichkeit gibt wegzulaufen. So wird ihre Furcht durch die Scham vor ihren Kameraden, durch den Ansturm der Feinde und die Aussichtslosigkeit der Flucht verdrängt, und oft macht sie die äußerste Not zu Helden.

[e. Einsatz von Frauen, Kampfmoral]

Wie aber niemand von ihnen gegen seinen Willen in einen auswärtigen Krieg geschleppt wird, so wenig hindern sie die Frauen, die ihre Männer ins Feld begleiten wollen, ja sie fordern sie sogar dazu auf und spornen sie durch Belobigungen dazu an. Die mit ausgezogen sind, stellen sie in der Schlachtreihe neben ihre Männer; außerdem stehen in der Nähe jedes einzelnen seine Kinder, Verwandten und Verschwägerten, damit sich diejenigen zu gegenseitiger Hilfe möglichst nahe sind, die von Natur aus das größte Verlangen tragen, sich gegenseitig Beistand zu leisten. Als größte Schmach gilt es, wenn ein Ehegatte ohne den anderen zurückkehrt oder der Sohn ohne den Vater. So kommt es, daß man, wenn sie erst einmal aneinandergeraten sind und die Feinde standhalten, in langem und verlustreichem Ringen bis zur Vernichtung kämpft. Denn sie tun zwar alles, um nicht selbst kämpfen zu müssen, wofern sie nur den Krieg durch stellvertretende Scharen von Söldnern austragen können, setzen sich aber, wenn es sich nicht vermeiden läßt, daß sie selbst eingreifen, so unerschrocken ein, wie sie sich vorher zurückhielten, solange es möglich war.

Sie stürmen auch nicht beim ersten Angriff los, sondern entfalten ihre Kräfte allmählich und anhaltend, mit so verbissener Zähigkeit, daß sie sich eher niedermachen als zurückwerfen lassen. Denn jenes gesicherte Leben, mit dem ein jeder daheim rechnen kann, und die Gewißheit, daß für die Nachkommen gesorgt ist, Garantien, bei deren Fehlen die Sorge sonst überall die Beherztheit mutiger Krieger lähmt, machen sie todesmutig und lassen sie den Gedanken an eine Niederlage unwürdig finden. Zudem schenkt ihnen die Erfahrung im Kriegshandwerk Zuversicht. Und schließlich verleihen ihnen die vernünftigen Anschauungen, in denen sie dank der Erziehung und den trefflichen Einrichtungen ihres Staates von Kind an aufgewachsen sind, jene Haltung, in der sie das Leben weder so gering schätzen, daß sie es leichtsinnig wegwerfen, noch so maßlos hoch, daß sie sich, wenn die Ehre gebietet, es einzusetzen, in schmählicher Gier daran klammern.

[f. Kampftaktik, Verhalten nach dem Sieg]

Wenn der Kampf an der ganzen Front am heftigsten tobt, setzen sich auserlesene junge Leute, die sich auf Gedeih und Verderb miteinander verschworen haben, das Ziel, des feindlichen Führers habhaft zu werden. Sie gehen offen auf ihn los, sie greifen ihn aus dem Hinterhalt an, sie dringen von weitem und von nahem auf ihn ein, sie stürmen in einem langen und lückenlosen Keil gegen ihn an, wobei immer wieder neue Kämpfer an die Stelle der ermüdeten treten. Nur selten kommt es vor, daß er nicht den Tod findet oder lebend in die Gewalt seiner Feinde gerät, sofern er sich nicht durch die Flucht rettet.

Wenn sie den Sieg errungen haben, machen sie keineswegs alles nieder. Sie nehmen die Fliehenden nämlich lieber gefangen, als daß sie sie töten. Auch verfolgen sie die Flüchtenden niemals so, daß sie nicht noch einen geordneten Verband kampfbereit zurückhalten. Wenn sie zudem, an allen anderen Stellen geschlagen, mit ihrer letzten Abteilung den Sieg errungen haben, lassen sie lieber sämtliche Feinde entrinnen, als daß sie mit ihren ungeordneten Verbänden nach sonstiger Gewohnheit die Verfolgung aufnehmen. Sie denken nämlich daran, wie es ihnen selbst mehr als einmal zugute kam, daß die Feinde nach der völligen Niederlage ihres gesamten Heeres im Taumel des Sieges die hier und da zurückweichenden Scharen verfolgten, während einige wenige der Ihren, die sich im Hinterhalt aufgestellt hatten und auf eine günstige Gelegenheit warteten, die zerstreuten, umherschwärmenden und in voreiliger Sicherheit sorglosen Gegner überraschend angriffen und damit der ganzen Schlacht eine neue Wendung gaben, dem Feinde den schon sicheren und unzweifelhaften Sieg aus den Händen rissen und als Besiegte die Sieger besiegten.

Es ist nicht leicht zu sagen, ob sie schlauer sind, wenn es gilt, einen Hinterhalt zu stellen, oder vorsichtiger, einem zu entgehen. Man könnte meinen, sie schickten sich zur Flucht an, wenn sie nichts weniger im Sinne haben; umgekehrt könnte man glauben, sie dächten nicht daran, wenn sie es gerade planen. Sobald sie nämlich merken, daß sie auf Grund ihrer Anzahl oder des Geländes zu sehr im Nachteil sind, dann rücken sie entweder nachts in aller Stille ab oder täuschen durch irgendeine Kriegslist oder ziehen sich tagsüber in so guter Ordnung allmählich zurück, daß es nicht weniger gefährlich ist, sie auf dem Rückzuge anzugreifen als beim Vormarsch.

[g. Lagerbau und Waffen]

Ihre Lager befestigen sie aufs sorgfältigste mit einem sehr tiefen und breiten Graben, hinter dem sie die ausgehobene Erde aufschütten. Zu dieser Arbeit verwenden sie keine Tagelöhner; sie wird von den Soldaten mit eigener Hand ausgeführt, und das ganze Heer ist dabei am Werke, mit Ausnahme der Posten, die vor dem Walle gegen plötzliche Überfälle unter Waffen stehen. Da so viele zupakken, entstehen in unglaublich kurzer Zeit große und weiträumige Befestigungsanlagen.

Sie führen Waffen, die stark genug sind, Schläge auszuhalten, und doch bei keiner Bewegung und in keiner Stellung hinderlich, ja nicht einmal beim Schwimmen als lästig empfunden werden; denn bewaffnet schwimmen lernen sie schon am Anfang der militärischen

Ausbildung. Im Fernkampf benutzen sie Pfeile, die nicht nur die Fußsoldaten, sondern auch die Reiter ebenso durchschlagend wie treffsicher abschießen; im Nahkampf aber nicht Schwerter, sondern Hellebarden von tödlicher Schärfe und Schwere, sei es, daß sie damit schlagen oder stoßen. Mit größtem Geschick erfinden sie Kriegsmaschinen; die fertigen Stücke verbergen sie sorgfältigst, damit sie nicht früher verraten werden, als die Lage es erfordert, und mehr Spott als Nutzen einbringen. Bei ihrer Herstellung achten sie vor allem darauf, daß sie leicht zu befördern und bequem zu verschieben sind.

[h. Behandlung der Besiegten, Nachkriegspolitik]
Einen mit den Feinden geschlossenen Waffenstillstand halten sie so heilig, daß sie ihn nicht einmal verletzen, wenn sie gereizt werden. Das feindliche Land verwüsten sie nicht, brennen auch nicht die Saaten nieder, sondern sorgen im Gegenteil nach Möglichkeit dafür, daß diese nicht von Menschen und Pferden niedergetreten werden, weil sie sich sagen, das Korn wachse zu ihrem eigenen Nutzen. Einem Wehrlosen tun sie nichts zuleide, es sei denn, es handle sich um einen Spion. Städte, die sich ergeben, verschonen sie; aber auch mit Gewalt eroberte plündern sie nicht, sondern töten diejenigen, die die Übergabe verhinderten, und machen die übrigen Verteidiger zu Sklaven, während die gesamte Zivilbevölkerung ungeschoren bleibt. Erfahren sie, daß einige zur Übergabe geraten haben, so überlassen sie diesen einen Teil von dem Besitz der Verurteilten, den Rest schenken sie den Hilfstruppen; denn von ihren eigenen Leuten will keiner etwas von der Beute.

Nach Beendigung des Krieges bürden sie die Kosten nicht ihren Freunden auf, für die sie sie aufwendeten, sondern den Besiegten und fordern daher teils bares Geld, das sie für ähnliche Kriegsfälle zurücklegen, teils Grundbesitz im Lande jener, der ihnen für immer gehört und nicht geringen Ertrag bringt. Derartige Einkünfte haben sie jetzt bei vielen Völkern. Sie haben sich nach und nach aus verschiedenen Anlässen ergeben und sind auf mehr als 700 000 Dukaten im Jahr angewachsen. Auf solche Besitztümer schicken sie unter dem Titel von Quästoren einige ihrer Mitbürger, die dort ein großartiges Leben führen und als große Herren auftreten. Trotzdem bleibt noch viel übrig, das in den Staatsschatz fließt, wenn sie es nicht dem betreffenden Volke lieber stunden wollen, wie sie es häufig so lange tun, bis sie das Geld selbst brauchen. Es geschieht kaum einmal, daß sie die ganze Summe einfordern. Einen Teil dieser Landgüter überlassen sie denen, die sich auf ihre Veranlassung so großer Gefahr aussetzten, wie ich es vorhin dargelegt habe.

Wenn ein Fürst die Waffen gegen sie ergreift oder sich anschickt, in ihr Hoheitsgebiet einzufallen, treten sie ihm unverzüglich mit starken Kräften außerhalb ihrer Grenzen entgegen. Denn sie führen nicht leicht Krieg im eigenen Land, und keine Notlage ist so groß, daß sie sich gezwungen sähen, fremde Hilfsvölker ihre Insel betreten zu lassen.

[30. Die Religion der Utopier]

Die religiösen Anschauungen sind nicht nur auf der ganzen Insel, sondern auch in den einzelnen Städten verschieden: die einen verehren die Sonne, die anderen den Mond, wieder andere einen anderen Planeten als Gottheit. Es gibt auch welche, denen irgendein Mensch, der sich einst durch Tüchtigkeit oder besonderen Ruhm auszeichnete, nicht nur als ein Gott, sondern sogar als die höchste Gottheit gilt.

[a. Liberaler Deismus]

Der bei weitem größte und der weitaus vernünftigste Teil aber glaubt an nichts davon, sondern an ein einziges unbekanntes, ewiges, unendliches, unbegreifliches göttliches Wesen, das die menschliche Fassungskraft übersteigt und sich als wirkende Kraft, nicht als Stoff, über diese ganze Welt ausdehnt; sie nennen es Vater. Ursprung, Wachstum, Entwicklung, Wechsel und Ende aller Dinge führen sie auf dieses Wesen allein zurück, und keinem anderen außer ihm erweisen sie göttliche Ehren.

Auch alle übrigen stimmen trotz aller Glaubensunterschiede darin mit diesen überein, daß sie an die Existenz eines höchsten Wesens glauben, dem man die Erschaffung des Weltalls und die Vorsehung verdanke; dieses Wesen nennen sie alle übereinstimmend in der Landessprache Mythras. Darin jedoch weichen sie voneinander ab, daß es bei allen anders aufgefaßt wird; wobei ein jeder versichert: was immer es auch sei, was er für das höchste Wesen halte, es sei doch schließlich dieselbe Natur, in deren göttlicher Kraft und Erhabenheit sämtliche Völker übereinstimmend den Inbegriff aller Dinge erblickten.

Jedoch wenden sich allmählich alle von der Vielfalt abergläubischer Vorstellungen ab und schließen sich jener einen Religion an, die die anderen an Vernünftigkeit zu übertreffen scheint. Und zweifellos wären die anderen schon längst verschwunden, wenn nicht jedes Unheil, das einem zufällig widerfährt, während er den Glauben zu wechseln beabsichtigt, von ihm aus Furcht nicht als Zufall, sondern als himmlische Schickung ausgelegt würde, als ob die Gottheit, deren Verehrung man aufgeben wollte, den gegen sie gerichteten gottlosen Vorsatz strafte.

[b. Verhältnis zum Christentum]

Seitdem sie aber von uns den Namen Christi hörten, von seiner Lehre, seinem Wandel, seinen Wundern und der nicht weniger wunderbaren Standhaftigkeit so vieler Märtyrer, deren freiwillig vergossenes Blut so zahlreiche Völker weit und breit in seine Gefolgschaft führte, war es kaum glaublich, mit welcher Bereitwilligkeit auch sie sich ihm anschlossen, sei es nun, daß Gott es ihnen insgeheim eingab, sei es, daß ihnen das Christentum jener heidnischen Lehre am nächsten zu stehen schien, die bei ihnen die vorherrschende ist. Indessen möchte ich annehmen, daß auch der Umstand von nicht geringer Bedeutung war, daß sie gehört hatten, Christus habe den Seinen die gemeinschaftliche [kommunistische] Lebensführung empfohlen, die heute noch in den Kreisen der echtesten Christen üblich sei. Jedenfalls, von welchem Einfluß das auch gewesen sein mag, traten nicht wenige zu unserer Religion über und wurden mit geweihtem Wasser getauft. Da aber unter uns vieren — so viele waren wir nämlich nur noch, denn zwei waren gestorben — leider kein Priester war, so entbehren sie, obwohl im übrigen eingeweiht, die Sakramente, die bei uns nur die Priester spenden. Jedoch verstehen sie ihre Bedeutung und wünschen sich nichts dringlicher. Ja, sie erörtern sogar schon eifrig miteinander die Frage, ob nicht einer von ihnen ohne Auftrag des christlichen Oberpriesters die Priesterwürde erlangen könne; und sie scheinen tatsächlich einen wählen zu wollen, hatten ihn jedoch bei meiner Abreise noch nicht gewählt.

[c. Religiöse Toleranz]

Auch jene, die der christlichen Religion nicht beipflichten, schrecken niemanden davon ab und behelligen keinen der Getauften. Nur ein einziger aus unserer Gemeinschaft wurde während meiner Anwesenheit gemaßregelt. Eben erst getauft, redete er gegen unsere Mahnung mit mehr Eifer als Klugheit über die Verehrung Christi und geriet dabei derart in Feuer, daß er nicht nur unseren Glauben den anderen voranstellte, sondern die übrigen Lehren samt und sonders in Grund und Boden verdammte, sie selbst gottlos, ihre Anhänger verruchte Lästerer, die dem ewigen Feuer verfallen seien, nannte. Als er auf diese Weise immer weiter predigte, verhafteten und verklagten sie ihn und machten ihm den Prozeß, nicht wegen Verachtung der Religion, sondern wegen Erregung öffentlicher Unruhe, verurteilten und bestraften ihn mit Verbannung; denn das gehört zu ihren ältesten Grundsätzen, daß keinem seine Religion zum Nachteil gereichen darf.

Schon gleich zu Beginn ihrer Geschichte nämlich hatte Utopos erfahren, daß die Ureinwohner vor seiner Ankunft beständig untereinander über Religionsfragen gestritten hätten, und er hatte bemerkt, daß sich ihm gerade deswegen, weil sie, im allgemeinen uneinig, in einzelnen Sekten für das Vaterland kämpften, die Gelegenheit geboten hatte, sie allesamt niederzuwerfen. Nach dem Siege verfügte er, daß jeder der Religion anhängen dürfe, die ihm beliebe; andere aber zu seiner Religion zu bekehren, dürfe er nur insoweit versuchen, daß er seine Anschauung ruhig und bescheiden mit Vernunftgründen belege, nicht aber die fremden Meinungen gehässig zerpflükke; wenn er durch Zureden nicht überzeugen könne, dürfe er keine Gewalt anwenden, und Schmähworte solle er unterdrücken. Geht daher einer allzu rücksichtslos vor, so bestrafen sie ihn mit Verbannung oder Zwangsarbeit.

Dies setzte Utopos nicht nur mit Rücksicht auf den Frieden fest, der, wie er sah, durch andauernden Streit und unversöhnlichen Haß vollständig untergraben wird, sondern weil er der Ansicht war, daß eine derartige Bestimmung auch der Religion selbst diene. Er wagte es nicht, über sie leichthin etwas Endgültiges festzusetzen, da er sich nicht sicher war, ob Gott nicht vielleicht gerade eine mannigfache und vielfältige Verehrung wünsche und daher dem einen diese, dem anderen jene Eingebung schenke. Auf jeden Fall hielt er es für anmaßend und töricht, mit Gewalt und Drohungen zu erzwingen, daß das, was einer für wahr hält, allen so erscheine. Wenn aber wirklich nur eine Ansicht wahr, jede andere aber falsch sein sollte, so sah er leichtlich voraus, daß die Gewalt der Wahrheit sich schließlich einmal von selbst durchsetzen und zeigen werde, sofern die Sache vernünftig und maßvoll betrieben werde; wenn man sich aber mit Waffen und Aufruhr streite, so werde, da ja die minderwertigsten Menschen immer die hartnäckigsten seien, die beste und heiligste Religion von dem nichtigsten Aberglauben wie die Saat von Dornen und Gestrüpp überwuchert werden. Daher ließ er diese ganze Frage unentschieden und stellte es jedem einzelnen frei, was er glauben wolle; nur eins verbot er feierlich und streng: so tief unter die Würde der Menschen zu sinken, daß man meine, auch die Seele gehe mit dem Leibe zugrunde oder die Welt nehme ohne jede Vorsehung aufs Geratewohl ihren Lauf.

Deshalb glauben die Utopier, für Verfehlungen seien nach diesem Leben Strafen, für Tugendhaftigkeit Belohnungen festgesetzt; einen, der entgegengesetzter Meinung ist, rechnen sie nicht einmal unter die Menschen, weil er das erhabene Wesen der Seele zur Niedrigkeit eines tierischen Körpers herabwürdige. Genausowenig zählen sie ihn unter die Bürger, deren Grundsätze und Einrichtungen ihm nicht einen Pfifferling gälten, wenn es ihm die Furcht gestattete. Denn wer könnte daran zweifeln, daß der die Staatsgesetze seines Vaterlandes entweder insgeheim mit List und Tücke umgehen oder gewaltsam außer Kraft zu setzen versuchte, sofern es seinen persönlichen Wünschen dienlich wäre, der über die Gesetze hinaus nichts fürchtet und über sein körperliches Dasein hinaus keine weitere Hoffnung hegt? Deshalb wird einem Menschen mit solchen Ansichten keine Ehrung zuteil, kein Amt übertragen, keine leitende Stellung im Staatsdienst anvertraut; so fällt er allmählich in Verachtung wie ein unbrauchbarer und bedeutungsloser Mensch. Im übrigen tun sie ihm nichts, weil sie überzeugt sind, daß es niemand in der Hand hat, zu glauben, was ihm beliebt; sie zwingen ihn aber auch nicht durch irgendwelche Drohungen, seine Gesinnung zu verheimlichen, und lassen auch keine Verstellung und Lüge zu, die ihnen als nächste Verwandte des Betruges ganz außerordentlich verhaßt sind. Dagegen hindern sie ihn, seine Meinung öffentlich zu vertreten, aber auch das nur vor der breiten Masse. Denn anderswo, vor den Priestern und gesetzten Männern in geschlossenem Kreise, gestatten sie es nicht nur, sondern fordern ihn sogar dazu auf, im festen Vertrauen, sein Wahn werde endlich der Vernunft weichen.

Es gibt auch noch andere, und gar nicht so wenige — man läßt sie nämlich unbehelligt, da ihre Ansicht nicht gänzlich unvernünftig ist und sie selbst nicht bösartig sind —, die, in einen ganz und gar verschiedenen Irrtum verfallen, meinen, auch die Tiere hätten unsterbliche Seelen, wenn die auch an Würde mit unseren nicht vergleichbar und auch nicht zu gleicher Glückseligkeit geschaffen seien. Denn sie halten es fast alle für sicher und ausgemacht, daß die Seligkeit der Menschen so unermeßlich groß sein werde, daß sie zwar Krankheitsfälle immer bedauern, den Tod aber niemals, es sei denn, daß sie sehen, wie einer angstvoll und widerwillig aus dem Leben gerissen wird. Dies gilt ihnen nämlich für ein sehr übles Anzeichen dafür, daß eine hoffnungslose und schuldbewußte Seele in dunkler Vorahnung drohender Strafe vor dem Tode zurückschaudere. Zudem glauben sie, Gott werde die Ankunft eines Menschen ganz und gar nicht willkommen sein, der auf seinen Ruf nicht willig herbeieilt, sondern sich ungern und widerstrebend heranschleppen läßt. Sehen sie daher einem solchen Sterben zu, so entsetzen sie sich und tragen den so Verstorbenen bedrückt und in aller Stille zu Grabe, und mit der Bitte, Gott möge der Seele gnädig sein und ihre Schwachheit gnädig verzeihen, verscharren sie den Leichnam in der Erde.

[d. Bestattung der Toten]
Wer dagegen frohgemut und voll guter Hoffnung dahingegangen ist, den betrauert niemand, sondern mit Gesang folgen sie seinem Leichenzug, empfehlen die Seele aus tiefstem Herzen Gott, verbrennen den Leib schließlich mehr voll Ehrfurcht als in Trauer und errichten an der Stelle eine Säule mit den Ehrentiteln des Verstorbenen. Nach Hause zurückgekehrt, gedenken sie seiner Eigenschaften und Taten,

und kein Abschnitt seines Lebens wird öfter und lieber besprochen als sein freudiger Heimgang. In diesem Gedenken der Rechtschaffenheit sehen sie für die Lebenden den wirksamsten Ansporn zur Leistung und für die Toten die erfreulichste Verehrung; sie stellen sich nämlich vor, diese seien bei den Gesprächen über sie zugegen, wenn auch unsichtbar für das matte Auge der Sterblichen. Denn es paßte ja nicht zu dem Lose der Seligen, wenn sie nicht die Freiheit hätten, dahin zu gehen, wohin sie wollen, und sie wären undankbar, wenn sie die Sehnsucht aufgegeben hätten, ihre Freunde zu besuchen, mit denen sie zu Lebzeiten gegenseitige Liebe und Zuneigung verband, Gefühle, die, wie sie vermuten, gleich den anderen guten Eigenschaften sich nach dem Tode eher verstärken als vermindern. Sie glauben aber, die Toten wandelten unter den Lebenden als Zeugen ihrer Worte und Taten, und deshalb greifen sie ihre Aufgaben zuversichtlicher an, gleichsam im Vertrauen auf solche Schutzgeister, und vor heimlicher Schandtat schreckt sie der Glaube an die Gegenwart der Vorfahren ab.

[e. Aberglaube, Wunder, Sekten]

Auf Vorzeichen und sonstige Ahnungen eitlen Aberglaubens, wie sie bei anderen Völkern im Schwange sind, geben sie ganz und gar nichts und lachen darüber. Wunder jedoch, die sich ohne natürliche Veranlassung ereignen, verehren sie als Taten und Zeugnisse der gegenwärtigen Gottheit. Dergleichen soll dort häufig vorkommen, und bei wichtigen und schwerwiegenden Entschlüssen flehen sie durch öffentliche Bittgebete in fester Zuversicht und mit Erfolg darum.

Als eine Gott wohlgefällige Form der Verehrung betrachten sie die Erforschung und die damit verbundene Lobpreisung der Natur. Jedoch gibt es Leute, und zwar nicht wenige, die aus religiösen Gründen wissenschaftliche Arbeit ablehnen, keinerlei Forschung betreiben und sich überhaupt keine Muße gönnen, die behaupten, nur durch Tätigkeit und gute Werke gegenüber den Nächsten sei die Seligkeit nach dem Tode zu gewinnen. Daher pflegen die einen Kranke, die anderen bessern Straßen aus, reinigen Gräben, setzen Brücken instand, jäten Unkraut, schaufeln Sand, brechen Steine, fällen und zersägen Bäume, fahren Holz, Feldfrüchte und anderes in die Städte und erweisen sich nicht nur der Gemeinschaft, sondern auch Privatleuten gegenüber als Diener und als mehr denn Sklaven. Denn was es irgendwo an harter, schwieriger und schmutziger Arbeit gibt, von der die meisten Anstrengung, Widerwille und Aussichtslosigkeit abschrecken, das nehmen jene willig und freudig alles auf sich; den anderen verschaffen sie Muße, sie selbst sind unermüdlich am Werke und an der Arbeit. Und doch tun sie sich nichts darauf zugute, schimpfen nicht auf die Lebensweise der anderen und rühmen sich nicht der eigenen. Je mehr sie sich als Sklaven zeigen, um so höher stehen sie bei allen in Ehren.

Indessen gibt es zwei Sekten dieser Leute: die eine ist die der Ehelosen, die nicht nur völlig auf die Freuden der Liebe verzichten, sondern auch auf den Genuß von Fleisch, einige sogar auf den von allem, was von Tieren stammt. Sie verwerfen alle Freuden des irdischen Lebens als sündhaft und trachten nur nach denen des künftigen, und die Hoffnung, sie durch Nachtwachen und Schweiß demnächst zu erlangen, erhält sie unterdessen munter und frisch. Die Anhänger der anderen Richtung sind zwar nicht weniger arbeitsfreudig, ziehen es aber vor zu heiraten, da sie den Trost des Ehestandes nicht verschmähen und weil sie glauben, der Natur ihren Tribut und dem Vaterlande Kinder zu schulden. Sie meiden kein Vergnügen, das sie nicht in der Arbeit hemmt. Das Fleisch vierfüßiger Tiere schätzen sie gerade deshalb, weil sie durch solche Nahrung zu jeglicher Arbeit besser gestärkt zu werden meinen. Diese Leute gelten bei den Utopiern für klüger, die anderen jedoch für frömmer. Stützten sie sich, wenn sie die Ehelosigkeit der Ehe und ein hartes Leben einem angenehmen vorzögen, auf Vernunftgründe, so würde man sie auslachen; so aber, da sie religiöse Beweggründe anführen, bewundert und verehrt man sie. Denn auf nichts achtet man peinlicher als darauf, nichts Unbedachtes über irgendeine religiöse Überzeugung verlauten zu lassen. Von der Art also sind die Leute, die sie mit einer besonderen Bezeichnung ‹Buthresken› nennen, was man lateinisch etwa mit *religiosi* [deutsch mit ‹Ordensbrüder›] wiedergeben kann.

[f. Die Priester]

Ihre Priester sind ganz ausnehmend fromm, und deshalb gibt es ziemlich wenige. In jeder Stadt sind es nämlich nicht mehr als dreizehn bei der gleichen Zahl von Gotteshäusern — abgesehen von Kriegszeiten. Dann nämlich ziehen sieben von ihnen mit dem Heere aus und werden in der Zwischenzeit durch ebenso viele andere ersetzt; nach der Heimkehr erhält jeder wieder seine Stelle; die Überzähligen dienen so lange, bis sie der Reihe nach an die Stellen Verstorbener treten, als Gehilfen des Oberpriesters. Denn einer steht an der Spitze der übrigen.

Gewählt werden sie vom Volke, und zwar nach demselben Verfahren wie die anderen Amtsträger in geheimer Abstimmung, um Beeinflussungen zu vermeiden. Die Gewählten werden von ihren Amtsgenossen geweiht. Sie überwachen das religiöse Leben, kümmern sich um die Gottesdienste und sind eine Art Sittenrichter; es wird als große Schande angesehen, von ihnen wegen nicht einwandfreien Lebenswandels zur Rede gestellt und gerügt zu werden. Wie es jedoch ihre Aufgabe ist, zu ermahnen und zu warnen, so bleibt doch die Maßregelung und Bestrafung der Übeltäter dem Staatsoberhaupt und den anderen Amtspersonen vorbehalten, nur daß die Priester die ausgemachten Bösewichter vom Gottesdienst ausschließen. Und es gibt keine Strafe, die sie mehr fürchten. Denn die bringt sie in schlimmsten Verruf und quält sie insgeheim mit religiösen Ängsten, und nicht einmal körperlich bleiben sie unangefochten; denn wenn sie nicht schleunigst bei den Priestern Buße tun, werden sie ergriffen und vom Senat wegen Gottlosigkeit bestraft.

Die Kinder und Jugendlichen werden von den Priestern unterrichtet, und deren Sorge gilt ebensosehr der sittlichen Betreuung wie der wissenschaftlichen Ausbildung. Denn sie verwenden den größten Fleiß darauf, den noch zarten und bildsamen Kinderseelen von vornherein gesunde und der Erhaltung des Staatswesens dienliche Anschauungen einzuflößen. Wenn die dem Knaben in Fleisch und Blut übergegangen sind, begleiten sie den Mann durchs ganze Leben und erweisen sich als höchst nützlich zur Sicherung des Gemeinwesens, dessen Verfassung ja nur durch Entgleisungen ins Wanken gerät, die aus verkehrten Anschauungen entspringen.

Die Priester sind, sofern sie nicht selbst Frauen sind — denn auch das weibliche Geschlecht ist von diesem Stande nicht ausgeschlossen, wenn auch Frauen seltener gewählt werden und nur hochbetagte Witwen —, mit den auserlesensten Töchtern des Landes verheiratet. Kein Amt genießt eben bei den Utopiern höhere Ehre. Das geht so weit, daß ein Priester sogar im Falle einer Verfehlung nicht den öffentlichen Gerichten untersteht: allein Gott und sich selbst bleibt er dann überlassen. Sie halten es nämlich nicht für erlaubt, einen Mann, und wäre er der ärgste Frevler, mit Menschenhand zu berühren, der Gott auf so einzigartige Weise wie ein Opfergeschenk geweiht ist. Dieser Brauch läßt sich bei ihnen um so leichter durchführen, weil die Priester so wenig zahlreich sind und mit so großer Sorgfalt ausgewählt werden. Denn es geschieht nicht so leicht, daß einer, der als der Beste von Guten allein mit Rücksicht auf seine Tugendhaftigkeit zu so hoher Würde erhoben wird, in Verderbnis und Laster herabsinkt; und wenn es infolge der Wandelbarkeit der menschlichen Natur wirklich einmal vorkommt, so ist bei der geringen Anzahl der Priester, die außer ihrer ehrenvollen Stellung keinerlei Machtbefugnis besitzen, für die Öffentlichkeit gewiß kein Schaden von großer Bedeutung zu befürchten. Gerade deshalb ist ja ihre Zahl so klein und unbedeutend, damit nicht die Würde des Standes, dem sie jetzt so große Verehrung zollen, eine Einbuße erleide, wenn sich viele in diese Ehre teilten, zumal sie es für schwierig halten, viele Leute von solcher Trefflichkeit zu finden, daß sie einer Würde entsprächen, die zu bekleiden ein Mittelmaß von Tugenden nicht ausreicht.

Übrigens ist die Wertschätzung ihrer Priester bei ihnen nicht größer als bei den auswärtigen Völkern. Das zeigt sich deutlich an einem Vorgang, aus dem ich sie ableite. Wenn nämlich die Truppen in einer Schlacht um die Entscheidung kämpfen, werfen sich die Priester, abgesondert, aber nicht weit entfernt, auf die Knie, angetan mit ihren heiligen Gewändern; sie strecken die Hände zum Himmel und flehen vor allem um Frieden, sodann um den Sieg für ihr Volk, aber nur um einen für keine Partei blutigen. Siegen die Ihrigen, so eilen sie ins Kampfgetümmel und wehren dem Wüten gegen die Geschlagenen. Wer sie nur erblickt und sie anruft, dessen Leben ist gerettet. Wer ihre wallenden Gewänder berührt, sichert damit auch seinen sonstigen Besitz vor jedem kriegerischen Übergriff. Daher erwuchs ihnen bei allen Völkern ringsum eine solche Verehrung, ein solches Maß an wahrer Hoheit, daß sie oft von den Feinden nicht weniger Heil für ihre Landsleute erwirkten, als sie für die Feinde bei ihren Mitbürgern erreicht hätten. Soviel jedenfalls steht fest: Wenn irgend einmal die Reihen der Ihrigen wankten und die Lage verzweifelt war, wenn ihr Heer sich zur Flucht wandte und die Feinde zu Mord und Plünderung hereinbrachen, da traten die Priester dazwischen, boten dem Morden Einhalt, trennten die Kämpfenden und brachten unter billigen Bedingungen einen regelrechten Frieden zustande. Niemals nämlich war ein Volk so wild, so grausam und barbarisch, daß ihm ihr Leben nicht für unantastbar und unverletzlich gegolten hätte.

[g. Feste, Feiern und Gottesdienste]

Als Festtage feiern sie den ersten und den letzten Tag eines jeden Monats und ebenso des Jahres, das sie in Monate einteilen, die durch den Umlauf des Mondes begrenzt sind, wie der Kreislauf der Sonne das Jahr umschließt. Alle ersten Tage nennen sie in ihrer Sprache ‹Cynemernen›, die letzten ‹Trapemernen›, Wörter, die so klingen, als sollten sie ‹Erstfeste› und ‹Schlußfeste› bedeuten.

Man sieht bei ihnen außerordentlich schöne Gotteshäuser, die nicht nur kunstreich, sondern auch ungeheuer geräumig sind, wie es ja bei ihrer geringen Anzahl — dreizehn in jeder Stadt — notwendig ist. Trotzdem sind sie alle etwas dunkel; dies beruht, wie sie sagen, nicht etwa auf architektonischem Unvermögen, sondern auf der ausdrücklichen Weisung der Priester, die der Meinung sind, allzu helle Beleuchtung zerstreue die Gedanken, sparsame und dämmerige diene zur Sammlung des Gemütes und fördere die Andacht.

Da ja dort nicht alle dieselbe Religion haben und trotzdem ihre, wenn auch verschiedenen und mannigfaltigen Formen die Verehrung des göttlichen Wesens gleichsam wie verschiedene Wege ein einziges Ziel anstreben, so sieht und hört man in den Gotteshäusern nichts, was nicht für alle insgemein passend schiene. Was einer jeden **Sekte** eigentümlich ist, das läßt sich ein jeder innerhalb seiner eigenen vier Wände angelegen sein; der öffentliche Gottesdienst vollzieht sich in einer Form, die mit keinem der besonderen unvereinbar ist.

Man erblickt daher in keinem Heiligtum das Bild einer Gottheit, damit es jedermann freistehe, unter welcher Gestalt er sich Gott aus tiefster Überzeugung vorstellen will. Sie rufen Gott unter keinem besonderen Namen an, sondern nur als Mythras, unter welchem Wort sie alle das eine Wesen von göttlicher Majestät verstehen, welcher besonderen Art es auch immer sein mag. Es werden auch keine Gebete gesprochen, die nicht jeder unbeschadet seiner religiösen Richtung nachsagen könnte.

Im Gotteshaus kommen sie also am Abend der Endfeste zusammen, noch nüchtern, um Gott für das glücklich vollbrachte Jahr oder den Monat, dessen letzter Tag dieses Fest ist, Dank zu sagen; am folgenden Tage, der ja ein Erstfest ist, strömt man morgens in die Tempel, um für das kommende Jahr oder den Monat, den sie mit diesem Feste beginnen wollen, Glück und Wohlergehen zu erflehen. Bevor sie aber an den Endfesttagen das Gotteshaus aufsuchen, fallen zu Hause die Frauen ihren Männern, die Kinder ihren Eltern zu Füßen und beichten, wenn sie durch Taten oder durch ungenügende Pflichterfüllung gesündigt haben, und bitten um Verzeihung für ihren Fehltritt. So wird jedes Wölkchen häuslichen Zwistes, das etwa aufgestiegen war, durch solche Abbitte verscheucht, und sie können mit reinem und heiterem Herzen dem Gottesdienst beiwohnen. Denn mit verwirrtem Gemüt dabeizusein, tragen sie Bedenken; und wenn sie sich bewußt sind, Haß oder Zorn gegen jemanden zu hegen, gehen sie daher auch aus Furcht vor schneller und schwerer Strafe nicht zum Gottesdienst, ehe sie sich nicht versöhnt und von ihren Leidenschaften gereinigt haben.

Wenn sie ins Gotteshaus treten, gehen die Männer auf die rechte, die Frauen gesondert auf die linke Seite. Dann setzen sie sich so, daß die männlichen Mitglieder jeder Familie vor dem Hausvater sitzen, die Hausmutter aber die Reihe der weiblichen beschließt. So sorgt man dafür, daß außerhalb des Hauses jede Bewegung aller Familienmitglieder von denen beobachtet wird, unter deren Autorität und Zucht sie auch daheim stehen. Ja, sie achten sogar genau darauf, daß die Jüngeren dort immer neben Älteren sitzen, damit nicht die Kinder Kindern überlassen sind und gerade die Zeit mit albernen Kindereien hinbringen, in der sie am meisten ehrfürchtige Scheu vor den überirdischen Mächten, den stärksten und fast einzigen Ansporn zur Tugend, lernen sollten.

Sie schlachten kein Tier zum Opfer und glauben auch nicht, daß die göttliche Güte an Blut und Mord Gefallen finde, die den Lebewesen gerade deshalb das Leben geschenkt hat, damit sie leben sollen. Sie verbrennen Weihrauch und andere wohlriechende Stoffe; außerdem stecken sie zahlreiche Wachskerzen an, wobei sie wohl wissen, daß dies für das göttliche Wesen nichts bedeutet, genausowenig wie selbst die Gebete der Menschen. Aber ihnen gefällt diese unschuldige Art der Verehrung, und durch diese Düfte und Lichter und sonstigen Feierlichkeiten fühlen sich die Menschen irgendwie hochgestimmt und erheben sich mit freudigerem Gemüte zur Verehrung Gottes.

Das Volk trägt im Gotteshaus weiße Kleider, der Priester bunte Gewänder von wunderbarer Form und Arbeit, aber nicht ebenso kostbarem Material; sie sind nämlich weder mit Gold durchwirkt noch mit seltenen Steinen besetzt, sondern aus Federn verschiedener Vögel so geschickt und kunstvoll hergestellt, daß auch der kostbarste Stoff dem Wert der Arbeit nicht gleichkommen könnte. Dazu sollen in diesen Schwung- und Flaumfedern der Vögel und in der bestimmten Anordnung, in der sie auf dem priesterlichen Gewand zu unterscheiden sind, gewisse geheime Mysterien stecken, deren Auslegung bekannt ist und durch die Priester sorgsam überliefert wird und die an die Wohltaten Gottes und die Dankespflicht der Menschen gegenüber Gott, sowie auch an die gegenseitige Liebespflicht gemahnen sollen.

Sobald der Priester in diesem Ornat aus dem Allerheiligsten hervortritt, werfen sich alle sofort ehrfurchtsvoll zu Boden; dabei herrscht im ganzen Raum eine so tiefe Stille, daß schon der äußere Eindruck dieses Vorgangs einen förmlichen Schauder hervorruft, als ob irgendeine Gottheit zugegen sei. Sie bleiben eine Weile am Boden liegen; dann gibt der Priester ein Zeichen, und sie erheben sich. Darauf stimmen sie Gesänge zum Lobe Gottes an, die sie mit Musikinstrumenten begleiten. Diese haben großenteils eine andere Form als die in unseren Gegenden bekannten; die meisten von ihnen übertreffen zwar die bei uns gebräuchlichen an Klangschönheit bei weitem, doch lassen sich einige mit den unseren gar nicht vergleichen. In einer Beziehung sind sie uns zweifellos überlegen: ihre gesamte Musik, ob sie nun auf Instrumenten gespielt oder von menschlichen Stimmen gesungen wird, ahmt die natürlichen Gefühle so nach, drückt sie so aus und paßt die Töne so dem Inhalt der Gesänge an, mag es sich um ein Bittgebet handeln oder um ein fröhliches, sanftes, stürmisches, trauriges oder zorniges Thema, die Führung der Melodie gibt den Sinn der Worte so deutlich wieder, daß sie die Herzen der Zuhörer wundersam ergreift, durchdringt und begeistert.

Zum Schluß sprechen Priester und Volk gemeinsam feierliche Gebetsformeln, die so abgefaßt sind, daß jeder einzelne auf sich beziehen kann, was alle zugleich hersagen. Jeder bekennt darin Gott als den Schöpfer und Lenker der Welt und als den Spender aller übrigen

Güter, sagt Dank für die Menge der empfangenen Wohltaten, namentlich aber dafür, daß er durch Gottes Gnade in dieses glücklichste aller Gemeinwesen hineingeboren wurde und daß ihm die Religion zuteil wurde, die, wie er hoffe, die wahrste sei. Wenn er sich darin täuschen oder wenn es etwas Besseres und Gott Wohlgefälligeres gebe als diese beiden, so bitte er, Gottes Güte möge ihn das erkennen lassen; er sei bereit zu folgen, wohin er von ihm geführt werde. Wenn aber diese Staatsform die beste und seine Religion die richtigste sei, dann möge Gott ihm selbst Beständigkeit verleihen und die übrigen Menschen alle zu derselben Lebensweise und derselben Gottesanschauung führen, wenn es nicht in seinem unerforschlichen Willen liege, sich an dieser Mannigfaltigkeit der Religionen zu erfreuen. Schließlich bittet er, Gott möge ihn nach einem sanften Tode zu sich aufnehmen; wie früh oder wie spät, das wage er freilich nicht zu bestimmen, obgleich es ihm, sofern es ohne Verletzung der göttlichen Majestät geschehen könne, weit mehr am Herzen liege, durch den schwersten Tod zu Gott zu gelangen als durch den glücklichsten Lebenslauf länger von ihm ferngehalten zu werden. Nach diesem Gebet werfen sie sich nochmals zu Boden, erheben sich kurz darauf und gehen zum Mittagsmahle. Den Rest des Tages verbringen sie mit Spielen und militärischen Übungen.

[31. Lob der utopischen Staatsverfassung]
Ich habe euch so wahrheitsgetreu wie möglich die Verfassung dieses Staatswesens beschrieben, das nach meiner festen Überzeugung nicht nur das beste, sondern auch das einzige ist, das mit Recht den Namen eines ‹Gemeinwesens› für sich beanspruchen kann. Denn wo man sonst von Gemeinwohl spricht, haben es alle nur auf den eigenen Nutzen abgesehen; hier, wo es nichts Eigenes gibt, berücksichtigt man ernstlich die Belange der Allgemeinheit. Hier wie da handelt man mit gutem Grund. Denn wie wenige gibt es anderswo, die nicht wissen, daß sie, falls sie nicht für sich selbst sorgen, trotz noch so großer Blüte des Staates Hungers sterben müßten? Und deshalb drängt jeden die Not, mehr sich selbst als das Volk, das heißt: die anderen, zu berücksichtigen. Hier dagegen, wo allen alles gehört, ist jeder sicher, daß keinem etwas für seine persönlichen Bedürfnisse fehlt, sofern nur dafür gesorgt wird, daß die öffentlichen Speicher gefüllt sind. Es gibt nämlich keine mißgünstige Güterverteilung, es gibt weder Arme noch Bettler dort, und obwohl keiner etwas besitzt, sind doch alle reich. Denn welch größeren Reichtum kann es geben, als wenn man, jeder Sorge ledig, frohen und ruhigen Herzens leben kann, ohne um sein tägliches Brot zu bangen, ohne von der jammernden Ehefrau um Geld geplagt zu werden, ohne die Verarmung des Sohnes fürchten zu müssen und sich um die Mitgift der Tochter zu sor-

gen, sondern des eigenen Auskommens und Glückes genauso sicher zu sein wie dessen aller seiner Angehörigen: Frau, Kinder, Enkel, Urenkel, Ururenkel, kurz wie lang sich die Reihe seiner Nachkommen ein Edelmann vorstellt? Zumal nicht weniger für die gesorgt ist, die jetzt arbeitsunfähig sind, einst aber geschafft haben, als für die, die jetzt arbeiten.

[32. Kritik der bestehenden Staaten]

Da möchte ich den sehen, der es wagte, mit solcher Gleichheit die Gerechtigkeit anderer Völker zu vergleichen! Ich will verloren sein, wenn sich bei diesen auch nur eine Spur von Gerechtigkeit und Gleichheit findet. Denn was ist das für eine Gerechtigkeit, wenn jeder beliebige Adlige oder Goldschmied oder Wucherer oder sonst einer von denen, die überhaupt nichts tun, oder bei denen das, was sie tun, von der Art ist, daß es für das Gemeinwesen nicht dringend nötig ist, ein vornehmes und glänzendes Leben in Muße oder überflüssiger Beschäftigung führt, während sich Tagelöhner, Fuhrleute, Handwerker und Bauern mit ihrer so schweren und unablässigen Arbeit, wie sie kaum das Zugvieh aushält, die aber so nötig ist, daß ohne sie kein Staat auch nur ein Jahr lang bestehen könnte, doch nur einen so kümmerlichen Lebensunterhalt verdienen und ein so erbärmliches Leben führen, daß einem das Los der Zugochsen weit besser erscheinen könnte, die sich weder so andauernd abschinden müssen noch viel schlechtere, dabei sogar für sie noch schmackhaftere Nahrung bekommen und zudem keine Sorge um die Zukunft haben? Diese Menschen jedoch peinigt die ertraglose und vergebliche Arbeit in der Gegenwart und quält der Gedanke an das mitellose Alter; denn da ihr täglicher Lohn zu gering ist, als daß er auch nur für denselben Tag ausreichen könnte, wie soll da etwas herausspringen und übrigbleiben, das man zurücklegen könnte, um im Alter sein Leben zu fristen?

Ist das nicht ein ungerechter und undankbarer Staat, der an sogenannte Edelleute, an Goldschmiede und andere derartige Nichtstuer oder bloße Schmeichler und Verfertiger nutzlosen Tandes so große Vergünstigungen verschwendet, andererseits gegenüber Bauern, Köhlern, Tagelöhnern, Fuhrleuten und Handwerkern, ohne die überhaupt kein Staat bestehen könnte, keinerlei Fürsorge kennt, sondern die Arbeitskraft ihrer besten Jahre ausnützt und sie dann, wenn sie schließlich, durch Alter und Krankheit gebeugt, völlig mittellos sind, mit schnödestem Undank in Jammer und Elend sterben läßt, ohne ihrer so vielen durchwachten Nächte, ihrer so vielen und so schweren Dienstleistungen zu gedenken? Was soll man vollends dazu sagen, wenn die Reichen von dem Tagelohn der Armen nicht nur durch privaten Betrug, sondern sogar auf Grund staatlicher Gesetze etwas abzwacken? Was früher als ungerecht galt: den treuesten Dienern des Staates mit ärgstem Undank zu lohnen, das haben sie auf diese Weise ins Gegenteil verkehrt, ja durch ein öffentlich verkündetes Gesetz als Gerechtigkeit erklärt!

Wenn ich daher alle diese Staaten, die heute irgendwo in Blüte stehen, prüfend an meinem Geiste vorbeiziehen lasse, so finde ich — so wahr mir Gott helfe! — nichts anderes als eine Art von Verschwörung der Reichen, die im Namen und unter dem Rechtstitel des Staates für ihren eigenen Vorteil sorgen. Alle möglichen Schliche und Kniffe ersinnen und erdenken sie, um zunächst einmal das, was sie durch üble Machenschaften zusammengerafft haben, ohne Furcht vor Verlust zusammenzuhalten, dann aber alle Mühe und Arbeit der Armen so billig wie möglich zu erkaufen und ausnützen zu können. Sobald die Reichen erst einmal im Namen der Allgemeinheit, das heißt also auch der Armen, den Beschluß gefaßt haben, diese Methoden anzuwenden, so erhalten sie auch schon Gesetzeskraft. Aber selbst wenn diese üblen Elemente in ihrer unersättlichen Gier alles das untereinander aufgeteilt haben, was für alle ausgereicht hätte: wie weit sind sie trotzdem entfernt von dem glücklichen Zustand der Utopier! Welche Last von Beschwerlichkeiten ist doch diesem Gemeinwesen abgenommen, welche Saat von Verbrechen mit Stumpf und Stiel ausgerottet, seit dort mit dem Gebrauch des Geldes zugleich jede Gier danach aus der Welt geschafft ist! Denn wer weiß denn nicht, daß Betrug, Diebstahl, Raub, Streit, Aufruhr, Zank, Empörung, Mord, Verrat und Giftmischerei, durch die üblichen Strafen mehr nur geahndet als verhütet, mit der Abschaffung des Geldes zugleich abstürben und zudem Furcht, Kummer, Sorge, Mühsal und Schlaflosigkeit im selben Augenblick wie das Geld vergehen würden? Ja, die Armut selbst, die allein des Geldes zu bedürfen scheint, schwände sofort dahin, wenn man überall das Geld völlig abschaffte.

Um das noch deutlicher zu machen, stelle man sich irgendein karges und unfruchtbares Jahr vor, in dem der Hunger viele Tausende von Menschen hinweggerafft hat! Ich behaupte: hätte man am Ende dieser Hungersnot die Speicher der Reichen durchsucht, so wäre so viel Getreide zu finden gewesen, daß niemand von der Ungunst der Witterung und der Ertraglosigkeit des Bodens überhaupt etwas gemerkt hätte, wenn man es nur unter diejenigen verteilt hätte, die Entkräftung und Auszehrung dahinrafften. So leicht könnte der Lebensunterhalt beschafft werden, wenn nicht das liebe Geld, das doch selbstverständlich ganz offenbar erfunden worden ist, um uns die lebensnotwendigen Güter zugänglich zu machen, uns ganz allein den Weg dazu versperrte!

Das merken zweifellos auch die Reichen. Sie wissen sehr wohl, wieviel besser es wäre, nichts Notwendiges zu entbehren, als Überfluß an vielem Überflüssigen zu haben, so zahlreicher Übel enthoben zu sein als von großem Reichtum bedrückt. Und es fällt uns auch gar nicht ein, daran zu zweifeln, daß die vernünftige Erkenntnis des eigenen Vorteils oder das Vorbild unseres Erlösers Jesus Christus, der in seiner so großen Weisheit wohl wissen mußte, was das Beste sei, und in seiner Güte nur raten konnte, was seines Wissens das Beste war, schon längst die ganze Welt mit Leichtigkeit zu den Gesetzen jenes Staates bekehrt hätte, wenn nicht ein einziges Ungeheuer, das Haupt und die Mutter alles Verderbens: die Hoffart, sich dem widersetzte. Diese mißt ihr Glück nicht am eigenen Vorteil, sondern am fremden Nachteil. Nicht einmal eine Göttin wollte sie werden, wenn keine Unglücklichen übrigblieben, die sie beherrschen und verhöhnen könnte, mit deren Elend verglichen ihr eignes Glück erst hervorstrahlte, deren Not sie durch Entfaltung ihrer Macht steigern und verschärfen könnte. Wie eine höllische Schlange bohrt sie sich in die Herzen der Menschen, legt sich wie ein Hemmnis vor sie und hindert sie, einen besseren Lebensweg einzuschlagen. Sie hat sich allzu tief in die Menschen eingefressen, als daß sie leicht herausgerissen werden könnte.

Deshalb freue ich mich, daß wenigstens den Utopiern diese Staatsform, die ich gern allen Menschen gönnte, zuteil geworden ist. Jene haben sich von solchen Grundsätzen leiten lassen, daß sie ihrem Staat nicht nur die glücklichsten, sondern auch solche Grundlagen gaben, die nach menschlicher Voraussicht von ewiger Dauer sein werden. Denn nachdem sie bei sich neben sonstigen Lastern die Ehrsucht und die Zwietracht mit der Wurzel ausgerottet haben, droht keine Gefahr von inneren Zwistigkeiten mehr, wodurch allein schon die wohlgesicherte Macht vieler Städte zugrunde gerichtet wurde. Solange aber im Innern Eintracht herrscht und die heilsame Verfassung gewahrt bleibt, vermag die Mißgunst aller benachbarten Fürsten, die das früher schon öfters, aber immer erfolglos versucht hat, dieses Reich weder zu erschüttern noch zu beunruhigen.»

[33. Beschluß ohne Einwände]

Dies berichtete Raphael.

Mir kam nun zwar manches in den Sinn, was mir an den Sitten und Gesetzen dieses Volkes überaus unsinnig erschienen war, nicht nur an der Art der Kriegführung, am Gottesdienst, an der Religion und noch anderen ihrer Einrichtungen, sondern vor allem auch an dem, was die eigentliche Grundlage ihrer ganzen Verfassung bildet, nämlich an ihrem gemeinschaftlichen [kommunistischen] Leben und der Lebensweise ohne jeden Geldumlauf; denn allein schon dadurch wird aller Adel, alle Erhabenheit, aller Glanz, alle Würde, alles, was nach allgemeiner Ansicht den wahren Schmuck und die wahre Zierde eines Staatswesens ausmacht, vollständig ausgeschaltet.

Ich merkte jedoch, daß er vom Erzählen müde war, und da ich nicht recht wußte, ob er Widerspruch ertragen könne, zumal ich mich erinnerte, daß er gewisse Leute deshalb getadelt hatte, weil sie gewissermaßen fürchteten, für nicht gescheit genug gehalten zu werden, wenn sie nicht etwas fänden, womit sie die Einfälle anderer Leute zerrupfen könnten, lobte ich die Verfassung der Utopier und seine Erzählung, faßte seine Hand und führte ihn ins Speisezimmer; doch bemerkte ich vorher, wir würden wohl noch Zeit finden, über diese Dinge eingehender nachzudenken und ausführlicher mit ihm zu sprechen. Hoffentlich kommt es einmal dazu!

Inzwischen kann ich zwar nicht allem zustimmen, was er gesagt hat, obschon er unstreitig sonst ein ebenso gebildeter wie welterfahrener Mann ist, jedoch gestehe ich gern, daß es im Staate der Utopier sehr vieles gibt, was ich unseren Staaten eher wünschen möchte als erhoffen kann.

ENDE

der nachmittäglichen Erzählung des Raphael Hythlodeus
über die Gesetze und Einrichtungen der utopischen Insel,
die bisher nur wenigen bekannt ist, herausgegeben durch den
hochberühmten und hochgelehrten

HERRN THOMAS MORUS,

Bürger und Vicecomes von London

Tommaso Campanella · Sonnenstaat

GLIEDERUNG

F. THOMÆ CAMPANELLÆ

Appendix Politica

CIVITAS
SOLIS

I D E A
REIPVBLICÆ PHILO-
SOPHICÆ.

FRANCOFVRTI

Typis Egenolphi Emmelii , Impenſis vero Godofredi
Tambachii , Anno Salutis

M. DC. XXIII.

Titelblatt der Civitas solis des Tommaso Campanella innerhalb der von Tobias Adami
1623 in Frankfurt herausgegebenen ‹Realis Philosophiae epilogisticae partes IV›

DER GROSSMEISTER: Wohlan denn, erzähle mir nun endlich, was dir auf deiner Seefahrt begegnet ist!

DER GENUESE: Ich habe dir bereits berichtet, wie ich den ganzen Erdball umfuhr und schließlich nach Taprobana gelangte; hier wurde ich gezwungen, an Land zu gehen, wo ich aus Furcht vor den Einwohnern einen Wald aufsuchte. Endlich wagte ich mich heraus und fand mich auf einer ausgedehnten Ebene genau unter dem Äquator.

DER GROSSMEISTER: Was widerfuhr dir da?

DER GENUESE: Alsbald geriet ich in eine zahlreiche Schar bewaffneter Männer und Frauen, von denen viele unsere Sprache verstanden. Sie führten mich sogleich mit sich in die Sonnenstadt.

DER GROSSMEISTER: Sage mir, wie diese Stadt gebaut ist und wie sie verwaltet wird!

[1. Die Sonnenstadt]

DER GENUESE: In einer weiten Ebene erhebt sich ein gewaltiger Hügel, über den hin der größere Teil der Stadt erbaut ist. Ihre vielfachen Ringe aber erstrecken sich bis in eine beträchtliche Entfernung vom Fuße des Berges. Dessen Ausdehnung ist so groß, daß der Umfang der Stadt, während ihr Durchmesser etwa zwei Meilen beträgt, sieben Meilen mißt. Denn infolge der Wölbung des Hügels umfaßt sie mehr, als wenn sie in der Ebene läge.

Sie ist in sieben riesige Kreise oder Ringe eingeteilt, die nach den sieben Planeten benannt sind. Von einem zum anderen gelangt man auf vier gepflasterten Straßen sowie durch vier Tore, die nach den vier Himmelsrichtungen weisen. Wahrscheinlich ist sie so angelegt, damit ein Gegner, falls er den ersten Ring erobern sollte, mit doppelter Anstrengung den zweiten erkämpfen, mit noch größerer den dritten und so seine Bemühungen und Kräfte jeweils steigern müßte. Deshalb muß, wer die Stadt unterwerfen will, sie siebenmal erobern. Ich glaube jedoch, daß man nicht einmal den ersten Ring einnehmen könnte, so mächtig ist er: mit Erdwällen, Schutzwehren, Türmen, Gräben und Schleudermaschinen bewehrt und befestigt.

Als ich nun durch das nördliche Tor eingetreten war, das mit Eisen beschlagen und so gearbeitet ist, daß es gehoben und gesenkt und leicht und fest verschlossen werden kann, da seine Angeln infolge eines wunderbaren Kunstgriffes in den Ringen starker Pfosten laufen, sah ich einen ebenen Zwischenraum von siebzig Schritten zwischen der ersten und der zweiten Mauer. Dort erblickt man mächtige Paläste, alle durch die Mauer des zweiten Ringes verbun-

117

den, so daß man sie alle für einen einzigen ansehen könnte. In der halben Höhe der Paläste erstrecken sich den ganzen Ring entlang zusammenhängende Bogen, über denen Rundgänge laufen; sie werden von schönen, am Fuße breiteren Säulen getragen, die Innenhöfe gleich Peristylen oder Kreuzgängen der Mönche umsäumen. Von unten haben sie aber keinen Zugang, nur von der inneren, einwärts gewölbten Wand aus; man tritt also ebenen Fußes in die unteren Gemächer. In die oberen dagegen gelangt man über marmorne Stufen, die zu ähnlichen inneren Rundgängen führen, von diesen sodann in die oberen Stockwerke, die prächtig ausgestattet sind, an der einwärts sowie an der auswärts gewölbten Wand Fenster haben und sich durch feines Mauerwerk auszeichnen.

Die konvexe, also die nach außen gewölbte Mauer hat eine Dicke von acht Spannen, die nach innen gewölbte dagegen nur von drei, die Zwischenmauern nur eine solche von einer Spanne oder vielleicht noch von einer halben.

Von hier gelangt man zu der zweiten Ebene, die nur etwa drei Schritte schmaler als die erste ist. Hier nun erblickt man die erste Mauer des zweiten Ringes, die oben und unten mit ähnlichen Wandelgängen geschmückt ist. Weiter nach innen ist eine zweite Mauer, die Paläste umschließt. Die zweite Ebene weist unten ganz ähnliche von Säulen getragene Innenhöfe und Rundgänge auf, oben aber, wo die Zugänge zu den höher gelegenen Gemächern sind, hervorragende Gemälde.

So kommt man weiter durch ähnliche Ringe und doppelte, Paläste einschließende Mauern, die mit von Säulen getragenen Wandelgängen nach außen hin geschmückt sind, bis zum letzten Ring, immerfort auf ebenem Boden. Nur wenn man die Tore durchschreitet, die doppelt sind, das heißt, jeweils an der äußeren und inneren Mauer liegen, steigt man über Treppen, die jedoch so angelegt sind, daß man den Anstieg kaum merkt, da sie schräg ansteigen und die Stufen durch fast unmerkliche Erhöhungen voneinander abgehoben sind.

[2. Der Tempel der Sonnenstadt]

Auf dem Gipfel des Berges ist eine recht geräumige ebene Fläche. In ihrer Mitte erhebt sich ein Tempel, der mit wunderbarer Kunstfertigkeit errichtet ist.

DER GROSSMEISTER: Fahre fort! Rede! ich bitte dich um alles in der Welt.

DER GENUESE: Der Tempel zeichnet sich durch eine vollkommen runde Gestalt aus. Er ist nicht von Mauern umschlossen, sondern ruht auf starken, schön gearbeiteten Säulen. Die große Kuppel, die mit fabelhafter Kunst gewölbt ist, hat in der Mitte oder am Pole ein kleines, noch höher emporragendes Türmchen; in diesem ist eine

118

Öffnung, durch die der Altar herausragt; es ist der einzige, in der Mitte des Tempels, von Säulen umgeben.

Der Tempel mißt 350 Schritte. Außen sitzen auf den Kapitellen der Säulen Bogen, die ungefähr acht Schritte außerhalb errichtet sind; von da steigen andere Säulen auf, die die Gewölbe tragen. Sie stützen sich auf eine starke, drei Schritte dicke Mauer. Zwischen dieser und den vorigen Säulen sind innere, mit schönen Fliesen belegte Wandelgänge, und in der einwärts gewölbten Mauer, die von vielen breiten Türen durchbrochen ist, sind unbewegliche Sitze so angebracht, als ob sie zwischen den inneren Säulen den Tempel trügen; es fehlen auch nicht zahlreiche zierliche tragbare Sessel.

Auf dem Altar sieht man nichts als eine große Kugel, auf der das Firmament abgebildet ist, und eine weitere Kugel, auf die die Erde gemalt ist. Ferner erblickt man in der Wölbung der großen Kuppel alle Sterne des Himmels von der ersten bis zur siebten Größe dargestellt, bezeichnet mit ihrem Namen und mit den Kräften, durch die sie auf die irdischen Dinge einwirken, in jeweils drei Versen. Ferner sind die Pole und die größeren und kleineren Umläufe neben dem eigentlichen Horizont im Tempel angezeigt, jedoch nicht vollständig, da ja die Mauer unten fehlt. Sie scheinen aber durch die Globen, die auf dem Altar stehen, verhältnismäßig vollendet zu sein.

Das Pflaster glänzt von kostbaren Edelsteinen. Sieben goldene Lampen mit ewigen Lichtern hängen herab; sie tragen die Namen der sieben Planeten.

Auf der Kuppel umgeben das Türmchen schöne, kleine Zellen. Auch hinter dem ebenen Zwischenraume über den Kreuzgängen oder Gewölben der inneren und äußeren Säulen gibt es viele solche Zellen, auch große und wohleingerichtete, wo die Priester und Mönche wohnen, etwa 40 an der Zahl.

Auf der kleinen Kuppel ragt eine Art von drehbarer Fahne empor, die die Winde anzeigt, von denen sie bis zu 36 zählen. Sie wissen genau, was für Wetter die einzelnen bringen und welche Veränderungen auf dem Meere und auf dem Lande, aber nur in ihrer eigenen Gegend.

Dort unter der Fahne ist auch ein in goldenen Lettern geschriebenes Buch aufbewahrt.

[3. Die obersten Behörden]
DER GROSSMEISTER: Ich bitte dich, edler Held, setze mir die Art und Weise ihrer Verfassung ausführlich auseinander! Dahin nämlich wollte ich dich bringen.

DER GENUESE: Der oberste Herr bei ihnen ist ein Priester, den sie in ihrer Sprache HOH nennen; in unserer würden wir sagen: Metaphysikus. Dieser ist das Oberhaupt aller in weltlichen und geistlichen Dingen, und alle Geschäfte und Streitigkeiten werden letztlich durch sein Urteil entschieden.

Drei Würdenträger stehen ihm zur Seite: Pon, Sin und Mor, in unserer Sprache: Macht, Weisheit und Liebe.

Die Geschäfte des ‹Macht› betreffen die Angelegenheiten des Krieges und des Friedens, das gesamte Kriegswesen; er ist der oberste Befehlshaber im Kriege, jedoch steht er nicht über dem Sol. Er beaufsichtigt die militärischen Behörden und das Heer; ihm obliegt die Sorge für die Bewaffnung und Befestigung, für die Belagerungen, die Kriegsmaschinen, die Waffenschmieden und für die Handwerker, die derartige Sachen herstellen.

Zum Aufgabenbereich des ‹Weisheit› aber gehören die freien und die mechanischen Künste, sowie alle Wissenschaften, die zuständigen Behörden, die Gelehrten und die verschiedenen Schulen. Ihm unterstehen so viele Beamte, wie man Wissenschaften zählt. So gibt es also einen Beamten, der Astrologe genannt wird, ebenso einen Kosmographen, einen Arithmetiker, Geometer, Historiographen, Poeten, Logiker, Rhetor, Grammatiker, Arzt, Physiologen, Politiker und Moralisten.

Und sie besitzen auch nur ein einziges Buch, das sie ‹Die Weisheit› nennen, in dem alle Wissenschaften bewundernswert leicht und faßlich dargestellt sind; dieses lesen sie dem Volke nach der Art der Pythagoreer vor.

[a. Der Amtsbereich des ‹Sin›: der ‹Orbis pictus›]

Der ‹Weisheit› hat die Mauern der ganzen Stadt von innen und außen, unten und oben mit herrlichen Gemälden schmücken und auf ihnen so alle Wissenschaften in fabelhafter Anordnung wiedergeben lassen.

Auf die äußeren Wände des Tempels und auf die Vorhänge, die herabgelassen werden, wenn der Priester spricht, damit seine Stimme nicht verhallt und den Zuhörern entgeht, sind die Sterne gemalt und ihre Größen, Kräfte und Bewegungen in je drei Versen gekennzeichnet.

Auf der Innenseite der Mauer des ersten Ringes erblickt man alle mathematischen Figuren, und zwar bei weitem mehr, als Archimedes und Euklid erfanden, im richtigen Verhältnis zu der Größe der Wand sauber gezeichnet mit je einer kurzen Erklärung in Versform. Es gibt da auch Definitionen, Lehrsätze usw.

Auf der nach außen gewölbten Außenseite dieser Mauer steht zunächst die genaue und vollständige Beschreibung der ganzen Erde. Darauf folgen besondere Darstellungen jeder einzelnen Gegend. Dabei sind auch die Sitten und Gebräuche, die Gesetze, der Ursprung und die Machtmittel der Einwohner in kurzen Worten auseinandergesetzt; ebenso sieht man die Alphabete aller Völker über dem Alphabet des Sonnenstaates.

Auf der Innenseite der Mauer des zweiten Ringes, also der zweiten Reihe von Wohnhäusern, erblickt man alle Arten von edlen und gewöhnlichen Steinen, Mineralien und Metallen gemalt, ebenso wirkliche Bruchstücke davon als Proben, jedesmal mit einer Erklärung in zwei Versen.

Auf der Außenseite der Mauer sind alle Meere und Flüsse, Seen und Quellen, die es auf der Welt gibt, verzeichnet, sowie auch Weine und Öle und überhaupt alle Flüssigkeiten mit Angabe ihres Herkommens, ihrer Eigenschaften und Kräfte. Dabei stehen in Mauernischen Gefäße mit teilweise 100 bis 300 Jahre alten Flüssigkeiten zur Heilung der verschiedenen Krankheiten. In gleicher Weise sind Hagel, Schnee, Donnerschläge, und was sonst alles in der Luft vor sich geht, in Bildern und Versen dargestellt. Sie kennen sogar die Kunst, innerhalb eines geschlossenen Raumes alle meteorologischen Erscheinungen wie Wind, Regen, Donner, Regenbogen usw. hervorzubringen.

An der Innenseite des dritten Ringes sind alle Arten von Bäumen und Kräutern abgebildet, einige aber stehen lebend in Töpfen auf den Bogen der äußeren Mauer mit Erklärungen, wo sie hauptsächlich zu finden sind und welches ihre Kräfte und Eigenschaften, sowie ihre Beziehungen zu den Himmelserscheinungen, den Metallen, den Teilen des menschlichen Körpers und zu den Meereserzeugnissen sind, ferner über ihren Gebrauch in der Heilkunde usw.

Auf der Außenseite finden sich alle Gattungen der Fische der Flüsse, Seen und Meere, ihre Lebensgewohnheiten und Eigenschaften, die Art und Weise ihrer Fortpflanzung, ihres Lebens und ihrer Entwicklung sowie des Nutzens, den sie für die Welt und für uns haben; ferner auch ihre Beziehungen zu den natürlichen und künstlichen Erscheinungen am Himmel und auf der Erde, so daß ich in Erstaunen geriet, als ich Fische sah, die einen Bischof, eine Kette, einen Panzer, einen Schlüssel, einen Stern, ein männliches Glied und die Abbilder dieser bei uns vorkommenden Dinge im allgemeinen bedeuten. Man sieht da Seeigel, Schaltiere, Muscheln usw. Was an Wissenswertem die Wasserwelt überhaupt aufweist, geht aus der wunderbaren Malerei und aus den Inschriften dort hervor.

Auf der Innenwand des vierten Ringes sieht man alle Arten von Vögeln dargestellt, ihre Eigenschaften, Größen, Farben, ihr Leben, ihre Gewohnheiten usw. Auch der Phönix gilt ihnen für durchaus wirklich.

Auf der Außenseite sind alle Gattungen der Kriechtiere erklärt: Schlangen, Drachen und Würmer, ebenso die Insekten, wie Fliegen, Mücken, Bremsen, Käfer usw. nebst ihren Lebensgewohnheiten, Fähigkeiten, Giften, nützlichen Eigenschaften usw. Und es sind bei weitem mehr, als man glauben möchte.

Auf der fünften Innenmauer findet man die hochentwickelten Landtiere in solcher Anzahl, daß man nur so staunt. Wir kennen nicht den tausendsten Teil davon. Da sie so zahlreich sind und von so gewaltiger Größe, sind sie auch an die Außenseite des Rundgangs gemalt. Meine Güte! wie viele Arten von Pferden gibt es da allein schon! welch prachtvolle Bilder sieht man da, und wie kunstreich wiedergegeben!

Auf der sechsten Innenwand sind alle mechanischen Künste dargestellt, die dazu nötigen Werkzeuge und ihre Handhabung bei den verschiedenen Völkern der Bedeutung entsprechend geordnet und erklärt nebst Angabe ihres Erfinders.

Auf der Außenseite aber sieht man die Bildnisse aller Entdecker und Erfinder wissenschaftlicher und technischer Dinge, ebenso die der Gesetzgeber, unter denen ich Moses sah, Osiris, Jupiter, Merkur, Lykurg, Pompilius, Pythagoras, Zamolxis, Solon, Charondas, Phoroneus und viele andere; sogar Mohammed ist abgebildet; indessen hassen sie diesen als einen lügenhaften und schmutzigen Gesetzgeber. Am würdigsten Platze jedoch sah ich das Bildnis Jesu Christi und die der zwölf Apostel, die sie für besonders ehrwürdig und gleichsam für Übermenschen halten. Ich sah ferner Cäsar, Alexander, Pyrrhus und Hannibal und andere in Krieg und Frieden berühmte Helden, vor allem Römer, auf die unteren Wände unterhalb der Säulengänge gemalt. Und als ich voll Staunen fragte, woher sie sogar unsere Geschichte kennten, erklärten sie mir, daß bei ihnen alle Sprachen bekannt seien und daß sie mit Fleiß dauernd Forscher und Sendlinge über den ganzen Erdball hin ausschickten, um die Sitten und Gebräuche, die Verfassung und die Geschichte der Völker kennenzulernen, das Gute und das Schlechte von allen, und darüber ihrem Staate Bericht zu erstatten; und sie waren stolz und froh darob. Ich erfuhr dabei, daß die Steinschleudern und Schießgewehre bei den Chinesen erfunden seien, ebenso die Druckerkunst, und zwar früher als bei uns.

Sie haben Lehrer, die all diese Bilder erklären, und die Kinder pflegen noch vor dem zehnten Lebensjahre ohne große Mühe, gleichsam spielend und dennoch auf historische Weise [also ‹durch Anschauung› (Voigt)] alle Wissenschaften zu lernen.

[b. Der Amtsbereich des ‹Mor›]

Dem ‹Liebe› obliegt vor allem die Sorge für die Fortpflanzung, damit Männer und Frauen so miteinander verbunden werden, daß sie den besten Nachwuchs hervorbringen. Sie spotten über uns, weil wir der Fortpflanzung der Hunde und Pferde unsere eifrige Sorge widmen, die der Menschen aber vernachlässigen. Ferner untersteht seiner Leitung die Säuglingspflege, die Heilkunde, die Heilmittelzubereitung, die Aussaat und die Ernte der Feldfrüchte und des Obstes, der Ackerbau, die Viehzucht, die Herrichtung der Tische und die Zubereitung der Speisen sowie alles, was zur Ernährung, zur Bekleidung und zur Begattung gehört. Eine Menge männlicher und weiblicher Beamten, die für diese Gebiete zuständig sind, stehen ihm zu Gebote.

Der Metaphysikus aber tut alles im Einvernehmen mit diesen drei Würdenträgern; ohne ihn geschieht nichts; alle Staatsgeschäfte werden von diesen vier gemeinsam durchgeführt. Was dem Metaphysikus gut dünkt, dem stimmen alle einträchtig zu.

DER GROSSMEISTER: Berichte, bitte, weiter von den Beamten, den öffentlichen Diensten, den Amtspflichten, der Erziehung, der Lebensweise; ob sie eine Monarchie haben, eine Aristokratie oder eine Republik!

[4. Gemeinbesitz und Brüderlichkeit]

DER GENUESE: Die Menschen sind von Indien in jenes Land gekommen. Sie flohen vor der Geißel der Zauberer, Räuber und Tyrannen, die dort hausten, und beschlossen, gemeinsam ein philosophisches Leben zu führen.

Wenn es nun auch bei den übrigen Einwohnern des Landes keinen gemeinsamen Besitz der Frauen gibt, so ist er bei ihnen doch gebräuchlich, und zwar aus folgendem Grunde: Alles bei ihnen ist Gemeinbesitz. Die Verteilung aber liegt in den Händen der Behörden. Die Wissenschaften jedoch, die Ehrungen und Vergnügungen sind so Gemeinbesitz, daß sich keiner etwas davon vorbehalten kann.

Sie behaupten, daß der Eigentumsbegriff daher komme, daß wir unsere eigenen Wohnungen und eigene Kinder und Frauen haben. Daraus entsteht die Selbstsucht. Denn um den Sohn zu Reichtum und Würden zu bringen und als Erben eines großen Vermögens zu hinterlassen, werden wir alle zu Räubern an dem Gemeinwesen, insofern wir, infolge unserer Herkunft und durch Reichtum mächtig, jegliche Rücksicht und Scheu ablegen oder aber, gering an Kräften, Vermögen und Herkommen, geizig, hinterhältig und heuchlerisch werden. Wenn wir aber die Selbstsucht aufgeben, so bleibt bloß noch die Liebe zur Gemeinschaft übrig.

DER GROSSMEISTER: Dann will also niemand arbeiten. Jeder erwartet, daß die anderen arbeiten, damit er selbst leben kann. Das bringt bereits Aristoteles gegen Platons Staatsidee vor.

DER GENUESE: Ich habe das Disputieren nicht gelernt. Indessen sage ich dir, daß sie von einer kaum glaublichen Vaterlandsliebe beseelt sind; und genauso, wie es die Geschichte von den Römern erzählt, die freiwillig für ihr Vaterland starben, werfen diese ihr Eigentum von sich. Ich glaube übrigens, daß auch unsere Brüder, Mönche und Kleriker, wenn sie nicht aus Liebe zu ihren Verwandten und Freunden oder aus Eifer, zu höheren Würden aufzusteigen, zu Fall kämen, bei weitem heiligmäßiger, weniger eigensüchtig und mehr von Liebe zu ihren Nächsten beseelt sein könnten, wie es zu Zeiten der Apostel und auch jetzt noch viele Menschen sind.

DER GROSSMEISTER: Der heilige Augustinus scheint mir jedoch der Ansicht zu sein, und auch ich glaube es, daß unter dieser Art von Menschen die Freundschaft nichts gilt, weil sie nichts besitzen, womit sie sich gegenseitig eine Wohltat erweisen könnten.

DER GENUESE: Aber sicher! Es lohnt sich tatsächlich, es zu beobachten: Zwar kann keiner vom anderen Geschenke annehmen, denn was sie benötigen, bekommen sie von der Gemeinschaft, und die Behörden achten streng darauf, daß keiner mehr erhält, als er verdient, jedoch auch keinem etwas Notwendiges vorenthalten wird. Aber die Freundschaft tritt unter ihnen zu Tage im Krieg, in Krankheitsfällen oder auch beim Wettstreit in den Wissenschaften, wo sie sich gegenseitig mit Rat und Belehrung unterstützen. Mitunter erweisen sie sich auch gegenseitig Lob, Ehre, Dienstleistungen und Geschenke aus ihrer eigenen Zuteilung.

Alle Gleichaltrigen nennen sich einander Brüder; die aber älter als 22 Jahre sind, werden von den Jüngeren Väter, die jünger als 22 Jahre sind, von den Älteren Söhne genannt. Und dabei sind die Behörden auch sehr darauf bedacht, daß keiner innerhalb der Bruderschaft dem anderen ein Unrecht tut.

DER GROSSMEISTER: Auf welche Weise?

[5. Die unteren Behörden]

DER GENUESE: Soviele Namen wir für die Tugenden haben, soviele Behörden gibt es bei ihnen; also Großmut, Tapferkeit, Keuschheit, Freigebigkeit, richterliche und bürgerliche Gerechtigkeit, Gewissenhaftigkeit, Wahrheit, Wohltätigkeit, Dankbarkeit, Heiterkeit, Fleiß, Nüchternheit usw. Und zu diesen Ämtern wird jeweils derjenige erwählt, der in der Schule von Kindheit auf zu der entsprechenden Tugend am meisten geneigt erfunden worden ist.

Wenn man daher unter ihnen weder Raub noch Meuchelmord, weder Schändung noch Blutschande, noch Ehebruch oder andere Vergehen bemerkt, derentwegen wir uns gegenseitig anklagen, so beschuldigen sie sich des Undanks und der Böswilligkeit, wenn einer dem anderen die gebührende Genugtuung versagt, der Faulheit, der Traurigkeit, des Jähzorns, der Leichtfertigkeit, der Verleumdung und der Lüge, die sie mehr als die Pest verabscheuen. Zur Strafe werden die Angeklagten von der gemeinsamen Mahlzeit, von dem

Umgang mit Frauen oder von anderen Ehren ausgeschlossen zu einem Zeitpunkt und für eine Zeitspanne, die dem Richter zur Besserung angemessen erscheinen.

DER GROSSMEISTER: Berichte mir über die Art und Weise, wie die Beamten gewählt werden!

DER GENUESE: Das begreift man nicht recht, wenn man nicht vorher ihre Lebensweise kennengelernt hat.

[6. Erziehung und Unterricht]

Zunächst muß man wissen, daß Männer und Frauen fast dieselbe Bekleidung haben, die auch für den Kriegsdienst geeignet ist, wenn auch die Frauen das Gewand bis unter die Knie, die Männer aber nur bis an die Knie tragen. Alle werden gemeinsam in sämtlichen Künsten und Fertigkeiten ausgebildet. Nach Vollendung des ersten und noch vor dem dritten Lebensjahre lernen die Kinder die Sprache und, umherspazierend, das Alphabet an den Mauerwänden, wobei sie vier Abteilungen bilden und die vier bewährtesten von allen alten gelehrten Männern ihre Führer sind. Bald darauf werden sie im Turnen, im Wettlaufen und im Wurfscheibenschleudern geübt, sowie auch in anderen Spielen, durch die alle Gliedmaßen gleichmäßig gekräftigt werden. Dabei sind sie aber stets barfüßig und barhäuptig bis zum siebten Jahre. Zur gleichen Zeit führt man sie auch in die Werkstätten der Handwerker: in die Schusterei, in die Küche, in die Schmiede, in die Schreinerei, zu den Malern usw., damit sich ihre Begabung für ein bestimmtes Handwerk frühzeitig kundtut.

Nach dem siebten Lebensjahre kommen sie nach entsprechender Einweihung in die mathematischen Grundbegriffe mittels der Wandzeichnungen zum Unterricht in allen Naturwissenschaften.

Vier Lehrer gibt es für die vier Abteilungen, und so werden sie alle vier in vier Stunden unterrichtet. Denn während die einen Leibesübungen treiben oder öffentliche Dienste verrichten, obliegen die anderen dem Studium.

Später beschäftigen sie sich mit der höheren Mathematik, der Medizin und den anderen Wissenschaften. Dauernd findet unter ihnen gelehrte Unterhaltung und Disputation statt. Und diejenigen, die sich in jenen Wissenschaften oder mechanischen Künsten besonders hervortun, werden später Beamte des betreffenden Gebietes, und alle anderen folgen ihnen als ihrem Vorbild und Richter.

Sie gehen auch auf das Land hinaus zur Feldarbeit und zur Besichtigung der Viehzucht, um dabei zu lernen.

Jenen aber halten sie für besonders vorzüglich und edel, der mehrere Handwerke erlernt hat und sie verständig auszuüben weiß. Deshalb verlachen sie uns auch, weil wir die Handwerker für niedrig erachten und diejenigen edel nennen, die kein Handwerk erlernen, untätig daherleben und eine Menge Sklaven zu ihrer Muße und zu ihrem Vergnügen halten; daraus gehen dann auch wie aus einer Schule des Lasters Scharen von Taugenichtsen und Übeltätern zum Verderben des Staatswesens hervor.

[7. Die Wahl der Beamten]

Die übrigen Behörden aber werden von den vier Obersten: dem Sol, dem Pon, dem Sin und dem Mor, sowie von den Lehrern des Handwerks, dem sie vorstehen sollen, gewählt; denn die wissen am besten, wer zu der Kunst oder dem Handwerk, für das ein Leiter bestellt werden soll, am geeignetsten ist. Sie werden in einer Versammlung von den Amtspersonen vorgeschlagen und bewerben sich nicht etwa selbst nach Art der Kandidaten; und wer etwas für oder gegen die zur Wahl Vorgesehenen vorzubringen hat, macht seine Einwände.

[8. Der ‹Sol›]

Niemand aber gelangt zur Würde des Sol, der nicht die Geschichte aller Völker kennt, ihre Sitten und Gebräuche, ihre Religionen und ihre Gesetze, die republikanischen und die monarchischen Einrichtungen, ferner die Gesetzgeber und Erfinder der Künste und Gewerbe, die Ursachen und Gründe der Erd- und Himmelserscheinungen. Ebenso verlangen sie von ihm die Kenntnis aller Handwerke — innerhalb von zwei Tagen lernen sie fast eins, wenn auch nicht bis zur vollkommenen Beherrschung; jedoch wird es ihnen durch Übung sowie durch die Wandbilder erleichtert —, außerdem auch der Physik, Mathematik und Astrologie. Nicht so groß dagegen ist ihre Sorge um die Kenntnis der Sprachen, da sie ja viele Dolmetscher haben, die in ihrem Staate Grammatiker heißen. Vor allem aber muß jener Metaphysik und Theologie beherrschen, den Ursprung, die Grundlagen und die Beweise aller Künste und Wissenschaften kennen, die Übereinstimmungen und Verschiedenheiten der Dinge, die Notwendigkeit, das Schicksal und die Harmonie der Welt, die Macht, die Weisheit und die Liebe Gottes und seiner Werke, die Stufenfolge des Seienden, seine Zusammenhänge mit den Erscheinungen des Himmels, der Erde und des Meeres und mit den Gedanken Gottes, soweit dies sterblichen Menschen zu wissen vergönnt ist. Schließlich muß er sich auch mit den Propheten und der Astrologie beschäftigt haben.

Daher wissen sie schon lange voraus, wer der künftige Sol sein wird. Keiner aber wird zu dieser Würde erhoben, wenn er nicht das 35. Lebensjahr erreicht hat.

Das Amt selbst ist lebenslänglich, sofern sich nicht einer findet, der weiser als jener und zur Herrschaft geeigneter ist.

DER GROSSMEISTER: Wer aber kann so viel wissen? Scheint nicht überhaupt, wer sich auf die Wissenschaften verlegt, ungeeignet zum Herrschen zu sein?

DER GENUESE: Gerade das hielt auch ich ihnen entgegen. Sie antworteten darauf: «Tatsächlich sind wir gewisser, daß in einem so gebildeten Menschen die Weisheit zum Herrschen steckt, als ihr, die ihr ungebildete Männer zu Herrschern macht, die ihr lediglich deswegen für geeignet haltet, weil sie von Fürsten abstammen oder von der gerade herrschenden Partei gewählt wurden. Unser Sol jedoch, wenn er auch noch so unerfahren in der Herrschaft ist, wird niemals grausam oder verbrecherisch oder tyrannisch sein, weil er so viel weiß. Indessen kann es euch obendrein nicht verborgen sein, daß dieser selbe Beweisgrund bei euch genauso gilt, da ihr doch auch glaubt, daß der der Gelehrteste ist, der am meisten von der Grammatik oder Logik des Aristoteles oder eines anderen Philosophen weiß. Deshalb aber wird bei euch als Weisheit nur sklavisches Gedächtnis und ebensolche Bemühung angesehen; dadurch aber wird der Mensch träge, da er ja nicht die Dinge selbst betrachtet, sondern die Worte der Bücher und in toten Zeichen das unklare Wesen der Dinge nachbildet. Demnach begreift er auch nicht, auf welche Weise Gott die Welt regiert, ebensowenig die Gesetze und Werte der Natur und der Völker.

Das kann unserem Sol nicht zustoßen. Allerdings kann keiner so viele Künste und Wissenschaften erlernen, wenn er nicht mit einem ganz außerordentlichen, zu allem und jedem befähigten Geiste begabt, also auch zur Herrschaft besonders geeignet ist. Wir sind uns auch durchaus klar darüber, daß einer, der nur *eine* Wissenschaft kennt, weder diese wahrhaft versteht noch andere, und daß der, der nur geeignet ist für eine einzige Wissenschaft, die er aus Büchern schöpft, träge ist und ungebildet bleibt.

Dies aber betrifft solche Geister nicht, die in jeder Art von Wissenschaft bewandert und erfahren sind und eine natürliche Anlage besitzen, das Wesen der Dinge zu erfassen. Ein solcher aber muß notwendig unser Sol sein.

[9. Verbreitung der Kenntnisse]

Außerdem werden in unserem Staate die Wissenschaften mit solcher Leichtigkeit erlernt, wie du siehst, daß die Schüler hier in einem Jahre mehr Fortschritte machen als bei euch in zehn oder fünfzehn Jahren. Mache, bitte, einen Versuch bei diesen Knaben!»

Dabei geriet ich tatsächlich sehr in Erstaunen über ihre treffenden Bemerkungen und über den Versuch mit den Kindern, die sogar meine Sprache gut beherrschten. Denn immer drei von ihnen müssen unsere Sprache kennen, drei die arabische, drei die polnische und drei die einzelnen anderen. Es wird ihnen weder Rast noch Ruhe gelassen, außer einer derartigen, durch die sie noch gelehrter werden. Zu diesem Zwecke aber gehen sie auf das Land, natürlich zum Wettlauf, zum Pfeilschießen und Speerwerfen, zum Schießen mit Hakenbüchsen, zur Tierhetze, zum Pflanzen- und Steinesammeln usw., auch um Ackerbau und Viehzucht zu erlernen; und zwar kommt bald die eine, bald die andere Schar an die Reihe.

Die drei Würdenträger, die dem Sol zur Seite stehen, brauchen nur die zu ihrem Amtsbereich gehörigen Handwerke zu kennen und haben daher von den allen gemeinsamen nur allgemeine Kenntnisse; die eigenen, denen sich jeder natürlich um so mehr widmet, beherrschen sie aber bis ins kleinste.

Der ‹Macht› ist so am besten bewandert in der Reitkunst, in der Taktik und Strategie, im Lagerbau, in der Herstellung von Waffen und Kriegsmaschinen aller Art, in der Erfindung von Kriegslisten und im gesamten Kriegswesen überhaupt. Trotzdem aber müssen diese Würdenträger sich mit Philosophie, Geschichte, Politik und Physik befaßt haben. Dasselbe gilt für die beiden anderen Triumvirn.

DER GROSSMEISTER: Nun nenne mir, bitte, alle öffentlichen Dienste einzeln! Berichte mir auch ausführlicher über die gemeinsame Erziehung!

[10. Wohnungswechsel und Arbeitsverteilung]

DER GENUESE: Wohnungen, Schlafräume, Betten und andere lebensnotwendige Dinge besitzen sie gemeinsam. Aber nach jeweils sechs Monaten wird von den Behörden festgesetzt, wer in diesem und wer in jenem Ring, wer im ersten und wer im zweiten Schlafraum schlafen soll; dies haben sie in alphabetischer Ordnung an den Türpfosten geschrieben.

Auch die Unterweisung in den mechanischen Künsten und in den spekulativen Wissenschaften ist für Männer und Frauen gemeinsam, lediglich mit dem Unterschied, daß die Arbeiten, die anstrengender sind und einen langen Anmarsch erfordern, von den Männern verrichtet werden, wie etwa das Pflügen, Säen, Ernten, Dreschen und wohl auch die Weinlese. Dagegen ist es gewöhnlich die Aufgabe der Frauen, die Schafe zu melken und den Käse herzustellen. Auch gehen diese in die Gärten an der Stadtmauer, um Kräuter zu sammeln und ihrer zu warten. Ferner gehören die Tätigkeiten, die im Sitzen und Stehen verrichtet werden, zum Aufgabenbereich der Frauen, wie etwa Weben, Spinnen, Nähen, Haar- und Bartschneiden, die Zubereitung der Arzneien und die Anfertigung aller Arten von Bekleidungsstücken. Ausgeschlossen sind sie hinwiederum von der Schreinerei und der Waffenschmiede. Wenn jedoch eine für die Malerei begabt ist, wird sie nicht daran gehindert.

Die Musik aber ist allein den Frauen vorbehalten, da sie damit mehr erfreuen, zuweilen aber auch den Knaben; jedoch haben sie weder Pauken noch Trompeten.

[11. Die Mahlzeiten]
Ebenso bereiten die Frauen die Mahlzeiten und decken die Tische. Beim Mahle aufzuwarten ist jedoch die eigentliche Aufgabe der Knaben und Mädchen unter 20 Jahren.

Jeder Kreis verfügt über eigene Küchen, Speicher und Vorratskammern, sowie über Vorräte an Nahrungsmitteln und Getränken.

Über jede Verrichtung wacht ein gesetzter Greis und eine Greisin, die gleichzeitig der Bedienung die Befehle erteilen und die Berechtigung haben, die Nachlässigen und Ungehorsamen zu prügeln oder prügeln zu lassen; sie beobachten und vermerken auch, in welchen Diensten sich die einzelnen Mädchen und Knaben besonders hervortun.

Die gesamte Jugend bedient die Älteren, sofern diese das 40. Lebensjahr überschritten haben. Der Aufseher und die Aufseherin aber sorgen am Abend, wenn sie schlafen gehen, und morgens dafür, daß diejenigen, an die die Reihe kommt, an ihren Dienst oder aber einzeln oder zu zweit in die Schlafkammern gehen.

Die jungen Leute dagegen bedienen sich selbst gegenseitig, und wehe denen, die sich weigern!

Es gibt erste und zweite Tische, und auf beiden Seiten stehen Stühle: hier sitzen die Frauen, dort die Männer. Wie in den Refektorien der Mönche ist keinerlei Geräusch zu hören. Während sie essen, liest auf einer Kanzel ein junger Mann deutlich und wohllautend aus einem Buche vor; und oft besprechen die Beamten eine besonders bemerkenswerte Stelle der Lesung.

Es ist hübsch anzusehen, wie die anmutigen jungen Menschen in geschürzten Kleidern so gewandt bedienen, und zu gleicher Zeit erfreulich, so viele Freunde, Brüder, Söhne, Väter und Mütter mit solcher Ehrbarkeit, Anständigkeit und Liebe miteinander umgehen zu sehen. Jedem wird sein Mundtuch gereicht, seine Schüssel, seine Speise und sein Nachtisch.

Sache der Ärzte ist es, den Köchen anzugeben, was für Speisen sie an jedem Tage zuzubereiten haben, welche für die Greise, welche für die jungen Männer und welche für die Kranken bestimmt sind.

Die Amtsträger erhalten eine größere und besser zubereitete Portion; sie verteilen davon bei Tische stets etwas an die Kinder, die sich am Morgen in den Unterrichtsstunden, in den Redegefechten und Waffengängen besonders hervorgetan haben. Dies aber wird dann für eine der größten Ehrungen gehalten.

An Festtagen lieben sie es, während der Mahlzeit singen zu lassen, aber nur von einigen wenigen oder einstimmig zur Zither usw.

Da sich alle mit gleichem Eifer rühren, fehlt niemals etwas, und alles geht in bester Ordnung. Ehrwürdige Greise überwachen das gesamte Küchenwesen und die Bedienung der Speisesäle und sorgen ganz besonders auch für die Sauberkeit der Tische, der Räumlichkeiten, der Gefäße, der Wäsche, der Arbeitsräume und der Gänge.

[12. Bekleidung und Hygiene]

Auf der Haut tragen sie ein weißes Hemd, darüber ein Kleid, das zugleich Rock und Hose, faltenlos und von den Schultern bis zu den Schienbeinen geschlitzt ist und ebenso vom Nabel um die Hüften bis zum Gesäß; hier wird der Schlitz mit Knöpfen, dort mit Bändern geschlossen. Die Hosenbeine gehen bis zu den Knöcheln hinunter. Die Füße bekleiden sie mit hohen Schnürstiefeln, unter die sie Strümpfe ziehen. Endlich hüllen sie sich, wie gesagt, in einen Umhang. Diese Bekleidung ist so geschickt zugeschnitten, daß man, sobald einmal der Umhang abgelegt ist, die Körperteile in ihrem Verhältnis zueinander genauestens unterscheiden kann.

Viermal im Jahre wechseln sie die Bekleidung, und zwar, wenn die Sonne in das Sternbild des Widders, der Waage, des Krebses und des Steinbocks tritt. Die Anordnung und Notwendigkeit dazu liegt beim Arzt, und Aufgabe des Bekleidungsmeisters der einzelnen Kreise ist die Verteilung. Und es ist erstaunlich, daß sie zur selben Zeit so viele Kleider, wie sie gerade benötigen, grobe und feine, je nach der Jahreszeit, zur Verfügung haben.

Alle tragen weiße Kleider, die jeden Monat einmal mit Lauge oder mit Seife gewaschen werden.

Die unteren Räume sind durchweg Werkstätten, Küchen, Vorratskammern, Speicher und Lager, Zeughäuser, Speisesäle und Waschräume, obwohl sie auch an den Pfeilern der Wandelgänge waschen und das Wasser durch Abflußrinnen in die Abwässerkanäle fließen lassen.

Jeder Kreis hat auf dem Vorplatz seine eigenen Brunnen, die das Wasser, das mit Hilfe eines kunstreichen Pumpwerkes aus der Tiefe des Berges herausgeholt wird, hervorsprudeln. Außerdem gibt es auch Zisternen, in die das Regenwasser von den Dächern der Häuser durch sandige Gänge geleitet wird.

Auch ihre Körper waschen sie oft, je nachdem Arzt und Behörde es anordnen.

Die Handwerke werden sämtlich unter den Gewölben ausgeübt, die wissenschaftlichen Arbeiten aber oben in den Wandel- und Kreuzgängen verrichtet, wo die besseren Gemälde sind; im Tempel aber werden die göttlichen Schriften ausgelegt.

In den Höfen und auf den Zinnen der Ringe sind Sonnenuhren und Fahnen angebracht, an denen die Stunden und die Winde abgelesen werden.

Der Grossmeister: Sprich nun von der Fortpflanzung!

Der Genuese: Keine Frau wird mit einem Manne verbunden, ehe sie das neunzehnte Lebensjahr erreicht hat. Und kein Mann darf zeugen, bevor er das einundzwanzigste Jahr überschritten hat oder darüber hinaus ist, sofern er von kühler Veranlagung ist. Vor dieser Zeit ist es nur einigen erlaubt, mit Frauen umzugehen, jedoch nur mit unfruchtbaren oder schwangeren, damit sie nicht gezwungen werden, unnatürliche Auswege zu suchen. Ältere Frauen und Beamte sorgen für den Liebesgenuß derer, die zu stürmisch sind und allzu sehr bedrängt werden, je nachdem sie es, insgeheim von ihnen angegangen, erfahren haben oder auf den Turnplätzen merken. Jedoch wird die Erlaubnis von dem obersten Beamten der Fortpflanzungsangelegenheiten erteilt, dem Oberarzt, der selbst dem Triumvirn ‹Liebe› untersteht.

Wer bei Sodomie ertappt wird, wird gerügt und muß zur Strafe zwei Tage lang die Schuhe um den Hals gebunden tragen zum Zeichen, daß er die Ordnung verkehrt und den Fuß auf den Kopf gestellt hat. Wenn er aber rückfällig wird, so wird die Strafe verschärft, bis sie zuletzt zur Todesstrafe wird.

Die aber, die sich bis zum einundzwanzigsten Lebensjahre des Beischlafs enthalten, und mehr noch die, die es bis zum siebenundzwanzigsten tun, werden in den öffentlichen Versammlungen durch Ehren und Lieder gefeiert.

Da nach Art der alten Spartaner bei den Übungen auf dem Sportplatze alle, Männer und Frauen, völlig nackt sind, erkennen die Beamten, die die Aufsicht führen, wer zeugungsfähig und wer ungeeignet zum Beischlaf ist und welche Männer und Frauen ihrer körperlichen Veranlagung nach am besten zusammenpassen.

Dann erst weihen sie sich, nach einem Bade, dem Liebeswerk. Große und schöne Frauen werden nur mit großen und tüchtigen Männern verbunden, dicke Frauen mit mageren Männern und schlanke Frauen mit starkleibigen Männern, damit sie sich in erfolgreicher Weise ausgleichen.

Abends kommen die Kinder und bereiten das Schlafgemach. Dann gehen sie selbst nach Anordnung des Aufsehers und der Aufseherin zu Bette. Aber nicht eher schreiten sie zu geschlechtlicher Vereinigung, als bis sie die Speise verdaut und zu Gott gebetet haben.

Im Schlafgemach stehen schöne Bildwerke berühmter Männer, die die Frauen anschauen. Darauf richten sie die Blicke durch das Fenster zum Himmel und bitten Gott, er möge ihnen einen tüchtigen Nachkommen schenken.

Sie schlafen in zwei getrennten Kammern bis zur Stunde des Beilagers. Dann aber erhebt sich die Aufseherin und öffnet beide Türen von außen. Diese Stunde bestimmen der Astrologe und der Arzt, die sich bemühen, die Zeit zu treffen, in der Venus und Merkur östlich der Sonne in einem günstigen Hause stehen, in gutem Aspekt zu Jupiter, sowie zu Saturn und Mars, oder aber in gar keiner Beziehung zu diesen. Besonders werden Sonne und Mond, die sich sehr oft feindlich entgegenstehen, geschätzt. Sie bevorzugen die Jungfrau im Horoskop. Sie hüten sich aber vor Übeltätern im Winkel, da diese ja alle übrigen Aspekte durch ihr Quadrat und ihre Opposition ungünstig beeinflussen. Von ihnen hängt ja der Ursprung der Lebenskraft und von der Harmonie des Ganzen mit den Teilen der des gesamten Schicksals ab. Die Begleitschaft erstreben sie nicht so sehr, sondern vielmehr die guten Aspekte. Die Begleitschaft suchen sie bei der Staatsgründung und Gesetzgebung, deren Herrscher jedoch nicht Mars und Saturn sind, es sei denn in bester Konstellation. Andere Konstellationen beachten sie bei den Fixsternen.

Es wird für ein schweres Vergehen angesehen, wenn sich die Zeugenden nicht drei Tage vor dem Beilager jeder Befleckung und jeder schlechten Tat enthalten oder nicht mit Gott versöhnt und ihm geweiht haben.

Die übrigen, die zum Vergnügen, aus gesundheitlichen Rücksichten oder aus Liebesdrang mit unfruchtbaren oder schwangeren oder feilen Frauen umgehen, beachten diese Vorschriften nicht.

Die Beamten aber, die alle Priester sind, und ebenso die wissenschaftlichen Lehrer, schreiten bei ihnen nicht zur Zeugung, ohne sie mehrere Tage beobachtet zu haben. Diese haben nämlich infolge des vielen Nachdenkens nur schwache Triebe und sind mit ihren geistigen Kräften nicht voll beteiligt; deshalb, weil sie immer über irgend etwas grübeln, bringen sie nur schwächliche Nachkommen hervor. Daher wendet man hier besondere Maßnahmen an: man verbindet diese Gelehrten mit Frauen, die von Natur aus lebhaft, lebenstüchtig und besonders schön sind. Umgekehrt gibt man tatkräftigen, rührigen, raschen und jähzornigen Männern fette Frauen von sanften Sitten.

Sie behaupten, daß eine gute Veranlagung, von der die Tugenden herrühren, nicht durch irgendwelche Bemühung erworben werden könne und daß die von Natur aus schlechten Menschen zwar aus Gesetzes- und Gottesfurcht gut handeln, daß sie aber, wenn diese schwindet, entweder unmerklich oder in aller Öffentlichkeit den Staat zugrunde richten. Deshalb müsse man seine ganze und hauptsächliche Sorgfalt auf die Fortpflanzung verwenden und die natürlichen Eigenschaften müßten erwogen werden, nicht aber die trügerischen Mitgaben und Adelstitel.

Wenn eine von diesen Frauen von einem Manne nicht empfängt, verbinden sie sie mit einem anderen; wenn sie auch dann unfruchtbar bleibt, wird sie zum Gemeinbesitz. Es werden ihr dann jedoch weder in der Versammlung noch im Tempel noch bei Tische die Mutterehren erwiesen. Dies tun sie deshalb, damit keine Frau sich um des Vergnügens willen unfruchtbar macht.

[14. *Kinderpflege und -erziehung*]

Diejenigen aber, die empfangen haben, treiben fünfzehn Tage lang keine Leibesübungen. Danach machen sie leichtere Übungen, um die Frucht zu kräftigen und ihr die Nahrungswege zu öffnen, und allmählich kräftigen sie sich selbst durch immer mehr gesteigerte Bewegung. Sie dürfen nur das essen, was ihnen nach ärztlicher Vorschrift zuträglich ist. Sobald sie geboren haben, stillen sie selbst und ziehen die Säuglinge in dazu bestimmten Häusern gemeinsam auf; zwei Jahre lang geben sie die Muttermilch und darüber hinaus, wenn es der Arzt anordnet.

Der entwöhnte Sprößling wird sodann, wenn es ein Mädchen ist, der Sorge der Lehrerinnen, wenn es ein Junge ist, der der Lehrer anvertraut. Darauf werden die Kinder mit den anderen zusammen kurzweilig unterwiesen, im Lesen und Schreiben, in der Kenntnis der Wandgemälde, im Laufen, Gehen und Ringen, in den an den Wänden dargestellten Geschichten und in den Sprachen. Und sie werden auch mit zierlicher und verschiedenfarbiger Kleidung geschmückt.

Nach dem sechsten Lebensjahre werden sie in die Naturwissenschaften eingeführt, darauf in die übrigen, je nachdem es den Vorgesetzten angebracht erscheint. Weiterhin kommen sie an die Handwerke. Die weniger begabten Kinder werden auf die Landgüter geschickt. Und wenn eins oder das andere sich später als befähigter erweist, wird es wieder in die Stadt aufgenommen.

Da die Gleichaltrigen aber meistens unter derselben Konstellation gezeugt sind, haben sie auch ganz ähnliche Anlagen, Eigenschaften und Merkmale. Daher rührt auch die große und anhaltende Eintracht innerhalb des Staates. In Liebe und Hilfsbereitschaft unterstützen sie sich gegenseitig.

Ihre Namen wählen sie nicht nach Willkür, sondern sie werden vom Metaphysikus bewußt ausgesucht, wie es bei den alten Römern Sitte war. So wird der eine ‹Hübschling› genannt, ein anderer ‹Nase›, ein dritter ‹Dickfuß›, wieder ein anderer ‹Grimm›, ein fünfter ‹Dünn› usw. Und wenn sie sich zu hervorragenden Könnern ihres Faches entwickelt oder sich durch irgendeine Großtat im Krieg oder im Frieden hervorgetan haben, gibt man ihnen einen Beinamen entsprechend ihrer Leistung, wie etwa ‹Hübschling, der große Maler›, der ‹Goldene›, der ‹Hervorragende›, der ‹Tüchtige›, oder nach ihrer Tat: ‹Nase, der Tapfere›, der ‹Schlaue›, der ‹große› oder ‹größte Sieger›, und auch nach dem besiegten Feinde, wie etwa ‹der Afrikaner›, ‹der Asiate›, der

‹Etrusker›; oder, wenn einer einen Manfred oder Tortelius besiegt hat, wird er ‹Dünn Manfred›, ‹Tortelius› usw. genannt. Diese Beinamen aber werden von den Obrigkeiten erteilt und öfters zugleich mit einem Kranz, der der Leistung oder der Heldentat zukommt, und unter Beifall und Musik. Gold nämlich und Silber gilt ihnen nichts, es sei denn als Material zu allen gemeinsamen Gefäßen oder Zierstücken.

DER GROSSMEISTER: Sag, gibt es nicht Eifersucht unter ihnen und Verdruß, wenn einer nicht zu einem Amte gewählt wird oder zu irgend etwas anderem, das er erstrebt?

DER GENUESE: Keineswegs! Keinem nämlich fehlt etwas, was er braucht, auch nicht zu seinem Vergnügen. Die Fortpflanzung aber wird gewissenhaft zum Wohle des Staates und nicht zum Nutzen der Einzelnen geregelt. Und man muß den Behörden unbedingt gehorchen.

[15. Gattenwahl durch den Staat]

Und wenn wir behaupten, daß es das natürliche Recht des Menschen sei, um seine Nachkommen kennenzulernen, sie zu erziehen, eine eigene Frau zu haben, eine eigene Wohnung und eigene Kinder, so leugnen sie das, indem sie sagen, daß die Zeugung, wie der heilige Thomas lehrt, zur Erhaltung der Art und nicht des Individuums da sei; also sei die Erzeugung der Nachkommenschaft Sache des Staates und nicht der Einzelnen, es sei denn, insofern diese Glieder des Staates sind. Da aber diese meistens sinnlos zeugen und ihre Kinder sinnlos zum Verderben des Staates erziehen, deshalb überlassen sie jene der Fürsorge der Behörden gleichsam als erster und heiligster Pflicht des Staates. Und ihre Sicherung ist Gemeinschaftssache, nicht aber Einzelaufgabe. Daher verbinden sie auch Väter und Mütter von bester Veranlagung nach philosophischen Grundsätzen.

Platon ist der Meinung, diese Verbindung müsse durch das Los geschehen, damit nicht diejenigen, die sich um die schönen Frauen betrogen sehen, sich aus Eifersucht und Zorn gegen die Behörden erheben; er glaubt auch, daß man diejenigen, die nicht verdienen, mit schönen Frauen zusammenzukommen, täuschen müsse, indem die Lose von den Beamten mit List so gezogen würden, daß sie immer jenen zufallen, denen sie zukommen, und nicht denen, die sie begehren.

Diese List aber ist bei den Sonnenstaatlern nicht nötig, damit häßliche Männer häßliche Frauen erlosen. Denn unter ihnen findet man keine Entstellung. Durch die regelmäßigen Leibesübungen bekommen die Frauen lebhafte Farben und kräftige, starke und geschmeidige Glieder; in hohem Wuchs und straffem Körperbau besteht bei ihnen die Schönheit. Deshalb soll auch jede Frau mit dem

Tode bestraft werden, die ihr Gesicht schminkt, um schön zu wirken, oder hohe Absätze trägt, um groß zu erscheinen, oder Schleppkleider, um mißförmige Füße zu verbergen. Selbst jedoch wenn sie es wünschten, hätten sie keinerlei Möglichkeit, es zu tun. Denn wer sollte ihnen derlei geben? Sie behaupten auch, daß derartige Mißbräuche bei uns aus dem Müßiggang und der Trägheit der Frauen entstehen; dadurch entfärbten sie sich, würden bleich und kraftlos und verkümmerten. Dann bedürften sie aufgetragener Farben und hoher Absätze und wirkten nicht durch Kraft und Gesundheit, sondern durch weichliche Verzärtelung schön. Deshalb richteten sie außer ihrer eigenen Veranlagung und Natur zugleich auch die ihrer Kinder zugrunde.

Wenn nun einmal einer von einer heißen Liebe zu einer Frau ergriffen wird, so ist ihnen erlaubt, miteinander zu plaudern und zu scherzen, sowie sich Kränze aus Blumen und Laub zu schenken, auch Lieder und Gedichte zu widmen. Sofern aber durch ihre Verbindung die Nachkommenschaft gefährdet ist, wird ihnen die geschlechtliche Vereinigung unter keinen Umständen gestattet, außer wenn die Frau schon schwanger ist — das wünscht der Mann dann natürlich — oder aber unfruchtbar. Im übrigen kennen sie in der Liebe kaum die brennende Begierde, sondern nur freundschaftliche Gefühle.

[16. Ehrungen, Dienst, Gemeinschaftsarbeit]

Vermögen und Vorräte achten sie gering, da ja jedem das geliefert wird, was er braucht, abgesehen von Ehrengaben. Man pflegt nämlich Helden und Heldinnen zu beschenken, das heißt, ihnen kleine Geschenke ehrenhalber bei Festlichkeiten während des Mahles in Form von schönen Kränzen, prächtigen Gewändern oder ausgesuchten Speisen zu überreichen.

Tagsüber und innerhalb der Stadt tragen sie alle weiße Kleider; nachts aber und außerhalb der Stadt ziehen sie rote aus Wolle oder Seide an. Die schwarze Farbe verabscheuen sie als den Auswurf der Dinge und hassen deshalb die Japaner, die Freunde der schwarzen Farbe sind.

Den Hochmut halten sie für das fluchwürdigste Laster, und ein stolzes Gehaben wird durch die tiefste Erniedrigung gestraft.

Darum sieht es auch niemand für eine niedere Betätigung an, bei Tische oder in der Küche oder bei Kranken usw. Dienste zu verrichten. Sie nennen vielmehr jede Beschäftigung ‹Dienst› und meinen, es sei ebenso ehrenhaft, mit den Füßen zu gehen und sich durch den Darm zu entleeren wie mit dem Auge zu sehen und mit der Zunge zu sprechen; denn jenes scheidet Tränen, diese Speichel als Absonderung aus, wenn es nötig ist. Deshalb erfüllt jeder jeden Dienst, zu dem er bestellt wird als einen durchaus ehrenhaften.

Die sittenlose Sklaverei kennen sie nicht. Sie sind sich selbst genug und mehr als genug. Bei uns ist das leider anders! 70 000 Menschen leben in Neapel, und von ihnen arbeiten kaum zehn- oder fünfzehntausend. Diese kommen durch übermäßige, andauernde, tägliche Arbeit herunter und gehen zugrunde. Die restlichen Müßiggänger aber verderben gleichfalls, und zwar durch Faulheit, Geiz, körperliche Gebrechen, Ausschweifung, Wucher usw. Dabei verführen und verderben sie den größten Teil des Volkes, indem sie es in Armut und knechtischer Kriecherei halten und die eigenen Laster auf es übertragen. Somit fehlt die öffentliche Dienstleistung und der gemeinnützige Arbeitseinsatz. Feldarbeit, Kriegsdienst und Handwerk werden nur schlecht und mit größtem Widerwillen von einigen wenigen ausgeübt.

In der Sonnenstadt dagegen werden die öffentlichen Dienste und Arbeiten jedem einzelnen zugeteilt; deshalb genügt es auch, wenn jeder kaum vier Stunden arbeitet. Die übrige Zeit verbringt er auf angenehme Weise mit Lernen, Disputieren, Lesen, Erzählen, Schreiben, Spazierengehen, geistigen und körperlichen Übungen und Vergnügungen. Jedoch ist ihnen kein Spiel erlaubt, das im Sitzen gespielt wird, weder Würfel- noch Schach- noch andere Brett- oder ähnliche Spiele. Sie belustigen sich vielmehr mit Bällen, Ledersäcken, Reifen und Ringen, mit Pfahlwerfen, Pfeil- und Armbrustschießen usw.

Weiterhin behaupten sie, daß die harte Armut die Menschen feil, hinterlistig, verschlagen, diebisch, hinterhältig, landflüchtig, lügnerisch, meineidig usw. mache, der Reichtum aber unmäßig, hochmütig, unwissend, verräterisch, grundlos eingebildet, prahlerisch, gefühllos, streitsüchtig usw. Die echte Gemeinschaft aber mache alle zugleich reich und arm: reich, weil sie alles haben, arm, weil sie nichts besitzen; und dabei dienen sie nicht den Dingen, sondern die Dinge dienen ihnen. Deshalb loben sie auch die christlichen Mönche, besonders aber das Leben der Apostel.

[17. Gemeinbesitz der Frauen]

DER GROSSMEISTER: Dies erscheint mir schön und heiligmäßig. Aber die Gemeinsamkeit der Frauen ist doch zu hart. Der heilige Clemens Romanus sagt zwar auch, daß die Frauen nach dem apostolischen Gesetz gemeinsam sein müßten, und lobt Platon und Sokrates, die dasselbe lehren; aber die Glosse bemerkt, daß die Gemeinsamkeit den Gehorsam, nicht aber das Bett betreffe. Und Tertullian stimmt darin mit der Glosse überein, daß die alten Christen alles gemeinsam gehabt hätten außer die Frauen; diese jedoch waren im Gehorsam gemeinsam.

DER GENUESE: Das weiß ich selbst nicht recht. Jedenfalls sah ich, daß bei den Sonnenstaatlern die Frauen im Gehorsam *und* im Bett gemeinsam sind, jedoch nicht durchweg und nicht nach Art der Tiere, die jedes Weibchen, das ihnen begegnet, annehmen, sondern lediglich der gesunden und leistungsfähigen Nachkommenschaft wegen lassen sie sich, wie ich glaube, dabei täuschen. Und sie selbst verteidigen sich mit dem Gutachten des Sokrates, Catos, Platons und des, freilich, wie du sagst, mißverstandenen, heiligen Clemens. Sie sagen, der heilige Augustinus billige die Gemeinsamkeit ebenso, allerdings nicht die der Frauen im Bett, da dies ja die Ketzerei der Nicolaiten ist. Unsere Kirche habe aber, um größeres Unheil zu verhüten, nicht aber, um größeres Glück zu bringen, das Eigentum zugelassen.

Es könnte möglich sein, daß sie diese Sitte einmal aufgeben; denn in den untergebenen Staaten sind nur die anderen Güter gemeinsam, die Frauen aber keineswegs, außer bezüglich des Gehorsams und der Handwerke. Die Sonnenstaatler schreiben dies aber der Unvollkommenheit der anderen zu, die eben philosophisch nicht genug durchgebildet seien. Nichtsdestoweniger schicken sie Gesandte aus, um die Sitten und Gebräuche der Völker zu erforschen; und die besten davon führen sie dann immer ein.

Immerhin macht die Gewöhnung die Frauen zum Kriegsdienst und anderen Tätigkeiten brauchbar. Daher stimme ich dem Platon bei, aus dem ich dieselbe Ansicht entnehme, auch die Meinungen unseres Cajetanus billige ich, keineswegs aber die des Aristoteles.

[18. Dienst an der Gemeinschaft ohne Ausnahme]
Folgendes aber finde ich im Sonnenstaate hervorragend und der Nachahmung wert: Kein Körperbehinderter geht müßig, ausgenommen, wer durch das Alter geschwächt ist; doch selbst dann wird er noch zur Beratung herangezogen. Wer aber lahm ist, dient als Ausguck auf den Wachtposten, wer blind ist, krempelt Wolle mit seinen Händen oder schleißt Federn, mit denen Betten und Sitzkissen gefüllt werden; wer weder Augen noch Hände hat, dient der Gemeinschaft mit den Ohren oder der Stimme usw. Überhaupt, wenn einer nur *ein* brauchbares Glied hat, so macht er sich damit auf den Landgütern nützlich. Dabei wird jeder gut behandelt. Schließlich haben sie Kundschafter, die der Staatsführung alles melden, was sie hören.

[19. Das Kriegswesen; a. Organisation, Ausbildung, Todesverachtung]
DER GROSSMEISTER: Erzähle mir jetzt, bitte, vom Kriegswesen! Darauf dann von den Handwerken, der Ernährung, den Wissenschaften und zuletzt von ihrer Religion!
DER GENUESE: Dem Triumvir ‹Macht› sind die Waffenmeister, der Meister der Artillerie, der Reiter und des Fußvolks, der Bau-

meister, der Generalstabschef usw. unterstellt, und jedem von diesen unterstehen wieder viele Führer und Bestleute der jeweiligen Gebiete. Darüber hinaus befehligt er die Vorkämpfer, die allen anderen das Kriegshandwerk beibringen; diese sind in vorgeschrittenerem Alter tüchtige Führer. Von ihnen werden die Knaben nach dem zwölften Lebensjahre eingeübt, nachdem sie freilich vorher an Ringkampf, Wettlauf, Steinwurf usw. unter der Leitung untergeordneter Lehrer gewöhnt worden sind. Jetzt aber werden sie unterwiesen, den Feind zu treffen, Pferde und Elefanten anzugreifen, Schwert, Lanze, Pfeil und Schleuder zu gebrauchen, zu reiten, zu verfolgen, zu fliehen, die Schlachtordnung einzuhalten, den Kameraden zu helfen, den Feind an Geschicklichkeit zu übertreffen und zu besiegen. Auch die Frauen werden in diesen Künsten von eigenen Lehrmeistern und Lehrmeisterinnen unterrichtet, damit sie, falls es einmal nötig sein sollte, in einem Kriege in der Nähe der Stadt den Männern zur Seite stehen usw., sowie auch die Mauern verteidigen können, wenn einmal plötzlich ein gewaltsamer Durchbruch gelingt. Deshalb preisen sie die Spartanerinnen und Amazonen. Und daher lernen sie mit der Armbrust brennende Pfeile abzuschießen, diese aus Blei zu gießen, Steine von den Zinnen zu schleudern, dem Angriff die Stirn zu bieten, und gewöhnen sich daran, fast jede Furcht abzulegen. Die jedoch, die Furcht zeigen, werden mit schwerer Strafe belegt.

Den Tod fürchten sie nicht, da alle an die Unsterblichkeit der Seele glauben und überzeugt sind, daß diese sich nach dem Verlassen des Körpers mit guten oder bösen Geistern, je nach den Verdiensten des gegenwärtigen Lebens, vereinige. Obgleich sie selbst Brahmanen nach der Art der Pythagoreer sind, glauben sie doch nicht an die Seelenwanderung, es sei denn zuweilen durch besondere Fügung Gottes. Sie scheuen sich nicht, einen Feind des Staates und der Religion, sofern er Menschlichkeit nicht verdient, zu verletzen.

Jeden zweiten Monat mustern sie das Heer. Die Waffenübungen finden täglich entweder auf der Reitbahn oder innerhalb der Mauern statt. Dabei fehlt niemals der Unterricht in der Kriegskunde. Sie sorgen für die Lektüre der Geschichten von Moses, Josua, David, den Makkabäern, Caesar, Alexander, Scipio, Hannibal usw. Daraufhin sagen die Einzelnen ihre eigene Meinung dazu: dieser habe es gut, dieser schlecht gemacht, dieser vorteilhaft, dieser ehrenhaft gehandelt, und der Lehrer antwortet und entscheidet.

[b. Kriegsgründe]

DER GROSSMEISTER: Mit wem führen sie Krieg? Und warum tun sie es überhaupt, da sie doch glücklich sind?

DER GENUESE: Wenn auch niemals Kriege geführt werden sollten, so üben sie sich nichtsdestoweniger in der Kriegskunst und auf der

Jagd, damit sie nicht verweichlichen und jedem Ereignis gewappnet entgegentreten können. Außerdem gibt es auf der Insel vier Reiche, die sie um ihren Wohlstand beneiden, um so mehr, weil ihre Bevölkerungen nach der Art und Weise der Sonnenstaatler zu leben wünschen und lieber diesen als ihren eigenen Königen untertänig sein möchten. Deshalb gibt es oft Krieg mit diesen unter dem Vorwand, daß sich die Sonnenstaatler angrenzender Gebiete bemächtigt hätten und gottlos lebten, da sie ja keinerlei Idole haben und weder dem Aberglauben der anderen Heiden noch dem der alten Brahmanen anhängen. Wie gegen Abtrünnige erheben sich also gegen sie die anderen Inder, denen sie früher untertan waren, auch die Taprobanenser, die sie anfangs brauchten. Nichtsdestoweniger sind die Sonnenstaatler immer siegreich.

Sobald diese übrigens eine Beleidigung, eine Schmach oder ein Unrecht erfahren oder wenn ihre Freunde bedrängt oder wenn sie von anderen, tyrannisch unterjochten Städten gleichsam als Befreier angerufen werden, beraumen sie sofort eine Versammlung an, um zu beraten. Dort werfen sie sich öffentlich vor Gott auf die Knie, damit er ihnen den besten Entschluß eingebe; dann prüfen sie Recht und Unrecht der Unternehmung. Schließlich wird der Krieg erklärt.

[c. Kriegserklärung und Kriegszustand]

Es wird sogleich ein Priester, den sie ‹Forensis› nennen, ausgesandt. Dieser fordert von den Feinden die Herausgabe der Beute oder die Befreiung ihrer Freunde oder die Abschaffung der Tyrannei. Weigern sich jene, so erklärt er ihnen den Krieg, indem er die Rache Gottes, des Gottes Zebaoth, anruft zur Vernichtung derer, die die ungerechte Sache verteidigen. Wenn die Feinde eine Antwort ablehnen, so gibt ihnen der Priester, sofern es sich um einen König handelt, eine Frist von einer Stunde, wenn es eine Republik ist, eine solche von drei Stunden zur Antwort, damit sie nicht täuschen können. Und so wird dann der Krieg gegen die Verächter des natürlichen und göttlichen Rechtes begonnen.

Nach der Kriegserklärung liegt die gesamte Vollzugsgewalt in den Händen des Stellvertreters des ‹Macht›. Dieser selbst aber handelt in allem wie ein römischer Diktator nach eigenem Gutdünken und eigener Machtvollkommenheit, auf daß schädliche Verzögerungen vermieden werden. Wenn es sich jedoch um eine Angelegenheit von großer Bedeutung handelt, befragt er den Sol, den ‹Weisheit› und den ‹Liebe›. Vorher aber wird in einer großen Ratsversammlung der Anlaß und die Rechtlichkeit der Unternehmung von einem Redner auseinandergesetzt; zu dieser Beratung kommen alle Staatsbürger vom zwanzigsten Lebensjahre an, und so wird das Notwendige festgelegt.

[d. Waffen und Kampfweise]

Man muß wissen, daß bei ihnen alle Arten von Waffen in besonderen Zeughäusern aufgestapelt sind. Sie benutzen sie häufig zur Übung in Scheinkämpfen. Die äußeren Wände der einzelnen Mauerringe sind voll von Schleudermaschinen und kampfbereiten Bedienungsmannschaften. Sie besitzen auch andere Wurfmaschinen dieser Art, die sie Kanonen heißen und die sie auf Wagen in die Schlacht fahren. Das übrige Gepäck und den Proviant aber verladen sie auf Maultiere, Esel und Karren.

Sobald sie auf das freie Feld gelangt sind, nehmen sie die Verpflegung, die Geschütze, die Wagen, Leitern und anderen Kriegsgeräte in die Mitte. Dann kämpfen sie lange und heftig. Bald aber findet sich jeder wieder bei seiner Fahne ein. Die Feinde aber werden getäuscht, da sie glauben, daß sie von der Stelle weichen oder sich zur Flucht anschicken; folglich drängen sie nach. Die Sonnenstaatler aber sammeln, auf beide Flügel verteilt, Atem und Kräfte, lassen die Artillerie brennende Pfeile schießen und kehren sich darauf wieder zum Kampfe gegen die verwirrten Feinde.

Viele Finten dieser Art wenden sie an. In Kriegslisten und Kriegsmaschinen übertreffen sie alle.

Ihre Lager errichten sie nach Art der Römer; sie schlagen Zelte auf und befestigen sie in erstaunlicher Geschwindigkeit mit Wall und Graben. Die Aufseher der Schanzarbeiten und Kriegsmaschinen stehen dabei, und alle Soldaten wissen Beil und Haue zu handhaben.

Es gibt auch fünf, acht oder zehn Berater des Kriegswesens, die in der Aufstellung der Heere und in Finten gut beschlagen sind und ihren Zügen Befehle erteilen, je nachdem sie sich vorher miteinander beraten haben.

[e. Einsatz von Frauen und Kindern, Kampfmoral, Auszeichnungen]

Sie pflegen ferner einen berittenen Zug von bewaffneten Knaben in den Kampf zu führen, damit diese den Krieg kennenlernen und sich an das Kampfgetümmel gewöhnen wie die Jungen der Wölfe und der Löwen an das Blut. Diese bringen sich, wenn es gefährlich wird, in Sicherheit und viele bewaffnete Frauen mit ihnen. Nach der Schlacht aber bejubeln diese Frauen und die Knaben die Kämpfer, helfen den Verwundeten und ermutigen sie mit Schmeicheleien und freundlichen Worten. Und es ist erstaunlich, wieviel das allein schon ausmacht. Mancher Soldat greift, um sich vor Frauen und Kindern tapfer zu zeigen, um so heftiger an. Die Liebe macht Sieger.

Wer im Kampfe als erster die feindlichen Mauern ersteigt, empfängt nach der Schlacht den Graskranz der Ehre unter dem militärischen Beifall der Frauen und Kinder. Wer einem Kameraden hilft, erhält die Bürgerkrone aus Eichenlaub. Wer einen Tyrannen tötet,

weiht die Ehrenbeute im Tempel und bekommt vom Sol einen seiner
Tat entsprechenden Beinamen. Andere empfangen andere Kränze
und Belohnungen.

[f. Die Reiterei und ihr taktischer Einsatz]

Die Reiter führen eine Lanze und zwei mächtige, vom Sattel herab-
hängende Pistolen, deren Lauf sich an der Mündung verbreitert; deshalb durchschlagen sie jede eiserne Rüstung. Außerdem tragen sie
ein Schwert und einen Dolch. Manche haben auch noch eine eiserne
Keule; das sind die schwer bewaffneten Reiter. Wenn nämlich weder
Schwert noch Pistole die eherne Rüstung der Feinde zu durchdringen
vermögen, greifen sie den Feind mit der Keule an, wie Achilles den
Cygnus, und erschlagen und zerschmettern ihn. Zwei sechs Spannen
lange Ketten hängen an der Keule, und an ihren Enden sind eiserne
Kugeln befestigt, so daß sie, auf den Feind geschlagen, seinen Hals
umschlingen, ihn mitreißen, niederwerfen und töten.

Damit sie aber die Keule leichter handhaben können, halten sie
die Zügel des Pferdes nicht in der Hand, sondern mit den Füßen,
indem nämlich die Zügel über dem Sattel gekreuzt sind und ihre
Enden mit Schnallen an den Steigbügeln, nicht aber an den Füßen
befestigt sind. Die Steigbügel haben daher an der Außenseite eine
eiserne Kugel, etwas tiefer einen Triangel. Wenn nun der Fuß über
dem beweglichen Triangel seine Stellung verändert, so werden die
Kugeln in den Ring gezogen, wie sie an den Steigbügelschnallen
hängen; auf diese Weise straffen oder lockern sie die Zügel mit erstaunlicher Geschwindigkeit. Mit dem rechten Fuße wenden sie das
Pferd auf die linke, mit dem linken auf die rechte Seite. Dieses Geheimnis kennen nicht einmal die Tataren; denn wenn diese auch
gleichfalls die Zügel mit den Füßen bedienen, so können sie doch nicht
mit Hilfe der Gleitrolle der Steigbügel wenden, spannen oder lockern.

Die leicht bewaffneten Reiter beginnen die Schlacht mit den Arm-
brüsten, darauf greift die Infanterie mit der Lanze an, dann kommen
die Schleuderer, die in hohem Ansehen stehen und gewöhnlich so
kämpfen, daß sie wie die Fäden in einem Gewebe durcheinanderlau-
fen, indem die einen vorspringen, während sich die anderen zurück-
ziehen.

Sie haben auch Abteilungen, die die Widerstandskraft des Heeres
mit Piken verstärken. Mit dem Schwert aber wird die äußerste Gefahr bestanden.

[g. Verhalten nach dem Sieg]

Nach der Schlacht feiern sie Triumphe nach Sitte der Römer, nur
noch großartiger. Sie danken Gott durch Feiern. Dabei stellt sich der
Führer im Tempel dar. Die guten und schlechten Taten werden durch

den Poeten oder den Historiker vorgetragen, die selbst am Feldzuge teilnahmen. Und der höchste Fürst krönt den Führer mit Lorbeer, während an einzelne Soldaten Geschenke und Ehrenzeichen verteilt werden; diese Soldaten sind dann auch mehrere Tage lang von den öffentlichen Diensten befreit. Das gefällt ihnen aber nicht allzu sehr, da sie nicht gern müßig gehen. Deshalb helfen sie ihren Freunden.

Diejenigen aber, die durch eigene Schuld besiegt wurden oder die Gelegenheit zum Siege aus den Händen gaben, werden getadelt. Und wer als erster die Flucht ergriff, kann auf keine andere Weise dem Tode entgehen, als daß das ganze Heer um sein Leben bittet und jeder Einzelne einen Teil der Strafe auf sich nimmt. Jedoch übt man selten solche Nachsicht, es sei denn, daß viele Gründe dafür sprechen.

Wer aber seinem Kameraden oder Freund die Hilfe in der Not versagte, wird mit Ruten geschlagen. Wer ungehorsam war, wird den wilden Tieren zum Fraße vorgeworfen in einem eigens dazu bestimmten Tale, und man gibt ihm lediglich einen Stock mit; wenn er der Löwen und Bären, die dort hausen, Herr wird — das aber ist fast unmöglich —, wird er wieder in Gnaden aufgenommen.

Die Staaten, die unterworfen wurden oder sich ihnen freiwillig unterstellten, werden alle sofort in die Gemeinschaft aufgenommen. Sie erhalten eine Besatzung und Behörden des Sonnenstaates und gewöhnen sich allmählich an dessen Einrichtungen. So ist dieser der Lehrmeister aller. Sie schicken auch ihre Söhne zur Belehrung in die Sonnenstadt, ohne etwas zu den Unkosten beisteuern zu müssen.

[h. Sicherung im Frieden, Nachkriegspolitik]

Mühevoll wäre es, ausführlich von den Kundschaftern und ihrem Meister zu berichten, von den Wachtposten und von den diesbezüglichen Einrichtungen und Gebräuchen innerhalb und außerhalb der Stadt. Das kannst du dir wohl denken. Sie werden nämlich von Kindheit auf ihrer Anlage und der bei ihrer Zeugung beobachteten Gestirnkonstellation gemäß ausgewählt. Daher sind die einzelnen ihrer natürlichen Neigung entsprechend tätig und verrichten ihren Dienst vortrefflich und gern, weil er ihnen liegt. Dasselbe ist von den militärischen Aufgaben und den sonstigen Dienstleistungen zu sagen.

Tag und Nacht stehen in der Stadt an den vier Toren und an den äußersten Mauern des siebten Ringes auf Vorwerken, Türmen und Innenwällen Wachtposten. Am Tage sind es Frauen, in der Nacht aber Männer. Und damit sie nicht ermüden, sowie auch wegen möglicher Überraschungen, teilen sie die Wachen wie unsere Soldaten in je drei Stunden. Bei Sonnenuntergang werden unter Trommelwirbeln und anderer Musik die Bewaffneten auf die Posten verteilt. Auch das Weidwerk als Spiegelbild des Krieges pflegen sie, ferner an bestimmten Festtagen Kampfspiele zu Pferde und zu Fuß auf den Plätzen der Stadt. Auf diese folgt dann Musik usw.

Ihren Feinden vergeben sie gern Schuld und Beleidigung und erweisen ihnen nach errungenem Siege sogar Wohltaten. Wenn beschlossen worden ist, die Mauern der feindlichen Stadt zu zerstören oder die Anführer der Feinde hinzurichten, so vollziehen sie dies alles noch am Tage des Sieges. Danach aber erweisen sie ihnen unaufhörlich Gutes und sagen, man dürfe nur kämpfen, um die Besiegten zu bessern, nicht aber um sie zu vernichten.

[20. Gerichtswesen]

Wenn es unter ihnen Streitigkeiten infolge von Beleidigungen oder anderen Ursachen gibt — es kommen jedoch bei ihnen kaum andere Reibereien als Ehrenhändel vor —, strafen Ober- und Unterbeamte den Schuldigen insgeheim, falls er sich im ersten Zorn zu Tätlichkeiten hat hinreißen lassen. Handelt es sich nur um Schimpfworte, so wartet man mit dem Urteil bis zu einem Gefecht, indem man meint, der Zorn solle sich gegen den Feind austoben. Wer aber im Kampfe die größeren Heldentaten vollbringt, der hat, wie man glaubt, in dem Streitfalle die bessere Sache und die Wahrheit verteidigt. Der andere aber fügt sich.

Die Strafen sind durchaus angemessen. Zweikämpfe sind jedoch nicht gestattet, da ja einmal damit die richterliche Gewalt aufgehoben wird, ferner dabei auch oft das Unrecht siegt, wenn der, der im Recht ist, fällt. Wer aber sein gutes Recht offenbar zu machen verlangt, kann das im öffentlichen Kriege tun.

DER GROSSMEISTER: Das ist der Mühe wert, damit die Parteibildungen, die das Staatswesen zerrütten, und die Bürgerkriege nicht begünstigt, sondern schon im Keime erstickt werden; denn daraus erstehen dann Tyrannen, wie Rom und Athen es zeigen.

[21. Gewerbe, Handel, Umgang mit Fremden]

Sprich mir, bitte, über das Handwerk usw. bei ihnen!

DER GENUESE: Ich glaube, du hast gehört, daß bei ihnen der Militärdienst, der Ackerbau und die Viehzucht gemeinsam zu leisten sind. Jeder muß diese Dienste, die sie als Betätigungen ersten Ranges feiern, kennen. Wer aber mehrere Berufe versteht, wird für vornehmer angesehen, und wer zu einem besonders geeignet ist, wird angehalten, ihn zu lernen. Die mühsamsten Arbeiten sind für sie die lobenswertesten, wie etwa das Schmiede- und Maurerhandwerk. Und niemand verschmäht es, sie auszuüben, und zwar um so weniger, weil sich ja in ihrer Entwicklung die Neigung und Begabung jeweils zeigt; und infolge der Arbeitsverteilung kommt niemand zu einem gesundheitsschädlichen, sondern immer nur zu einem zuträglichen Beruf. Die weniger anstrengenden Arbeiten sind Sache der Frauen.

Alle werden angehalten, das Schwimmen zu erlernen. Deshalb sind außerhalb sowie auch innerhalb der Stadtmauern in der Nähe der Quellen Schwimmbäder angelegt.

Der Handel steht bei ihnen nur in geringem Ansehen. Sie kennen jedoch den Wert des Geldes und prägen Münzen für die Kundschafter und Gesandten, damit diese ihren Lebensunterhalt mit Geld bestreiten können.

Kaufleute aus den verschiedenen Weltgegenden kommen in ihre Stadt, um die überschüssigen Güter des Staates zu kaufen. Die Sonnenstaatler aber weigern sich, Geld anzunehmen; vielmehr tauschen sie die Waren, die sie selbst brauchen, ein, und oft kaufen sie sie auch für ihr Geld.

Die Kinder der Sonnenstaatler brechen in Lachen aus, wenn sie sehen, was für eine Menge von Dingen die Kaufleute für einen geringen Preis geben. Die Alten freilich lachen nicht so. Sie wollen das Staatswesen nicht durch Fremdlinge und Sklaven und durch schlechte Sitten ins Wanken gebracht sehen. Deshalb wickeln sie die Handelsgeschäfte an den Toren ab und verkaufen die Kriegsgefangenen oder beschäftigen sie außerhalb der Stadt mit Ausheben von Gräben oder anderen schweren Arbeiten.

Ständig werden vier Abteilungen Soldaten zur Bewachung der Felder und zugleich der Arbeiter ausgesandt. Sie ziehen zu den vier Toren hinaus, von denen mit Ziegeln gepflasterte Straßen bis zum Meere führen, damit die Waren leicht herangebracht werden und die Fremden bequem reisen können.

Diesen gegenüber sind sie recht freundlich und gastfrei. Drei Tage lang bewirten sie sie auf Staatskosten, waschen ihnen zunächst die Füße, zeigen ihnen die Stadt und ihre Einrichtungen, würdigen sie der Teilnahme am Rate sowie am öffentlichen Mahle, und es gibt sogar eigens zur Begleitung und zum Schutz der Gäste abgeordnete Leute.

Falls die Fremden Bürger des Sonnenstaates werden wollen, prüfen sie sie einen Monat lang auf dem Lande, einen zweiten in der Stadt. Darauf treffen sie ihre Entscheidung und nehmen sie unter gewissen Zeremonien, Eidesleistungen usw. auf.

[22. Ackerbau und Viehzucht]

Der Ackerbau gilt außerordentlich viel. Keine Spanne Land bleibt unbebaut. Winde und günstige Gestirne beobachten sie sorgfältig. Während nur wenige zurückbleiben, ziehen alle anderen bewaffnet aus der Stadt, um die Äcker zu bebauen, zu säen, zu pflügen, zu hacken, zu mähen, zu ernten und Weinlese zu halten, und zwar mit

Hörnern und Trommeln und Fahnen. In wenigen Stunden erledigen sie alles, da sie die Arbeit kunstgerecht verrichten.

Sie benutzen mit einem Segeltuch überspannte Wagen, die mittels eines erstaunlichen Räderwerkes sogar von Gegenwind getrieben werden. Wenn der Wind ganz aussetzt, zieht ein einziges Zugtier den großen Lastwagen — ein großartiger Anblick!

Die Feldwachen begehen indessen, immer einander abwechselnd, bewaffnet die Fluren.

Sie gebrauchen weder Mist noch Jauche zur Düngung der Äcker, weil sie glauben, daß diese den Saaten schädlich sind und die Exkremente die Lebensfähigkeit der Feldfrüchte schwächen und verkürzen, gleich wie Frauen, die durch Schminke und nicht infolge von Leibesübungen schön sind, schwache Kinder gebären. Daher düngen sie auch die Erde nicht, sondern bearbeiten sie vielmehr tüchtig und gebrauchen geheime Hilfsmittel, damit der Same rasch aufgeht, sich vervielfacht und nicht abstirbt. Zu diesem Zwecke besitzen sie ein Buch, das sie ‹Georgika› nennen.

Ein jeweils ausreichender Teil des Landes wird bebaut; alles übrige verbleibt als Viehweide.

Weiterhin steht die edle Kunst der Zucht und Pflege der Pferde, Rinder, Schafe, Hunde und aller Arten zahmer Haustiere in höchstem Ansehen bei ihnen, wie es zu Zeiten Abrahams war.

Die Zuchttiere werden so zusammengebracht, daß sie eine gute Nachkommenschaft hervorbringen können, und man stellt Bilder von besonders edlen Rindern, Pferden, Schafen usw. neben sie. Die Zuchthengste lassen sie nicht auf der Weide zu den Stuten, sondern man gibt sie zu einem günstigen Zeitpunkte in dem Hof der Feldställe zusammen. Dabei bevorzugt man im Horoskop den Schützen in gutem Aspekt zu Jupiter und Mars, bei den Rindern aber den Stier, bei den Schafen den Widder usw., je nach der Lehre der Astrologie. Die Schar der Hühner halten sie unter den Plejaden. Die Enten und Gänse treiben die Frauen unter Scherzen und Lachen auf die Weide vor der Stadt; denn dort sind die Gehege, in die sie gesperrt werden. Dort bereiten sie auch Käse, Butter und sonstige Milcherzeugnisse. Sie züchten auch viele Kapaunen, Nutztiere usw. Darüber gibt es ein Buch, das sie ‹Bukolika› nennen.

An allen Dingen haben sie Überfluß; denn jeder will der erste in seiner Arbeit sein, die daher leicht und erfolgreich ist. Dabei sind sie sehr gelehrig, und wer immer unter ihnen in dieser Art Verrichtungen Anführer ist, wird ‹König› genannt; denn ihrer Meinung nach gebührt dieser Titel nur solchen Leuten und keineswegs Unwissenden.

Es ist einfach großartig, wie Männer und Frauen truppweise einherkommen und niemals ihrem ‹König› ungehorsam sind oder Wi-

derwillen an den Tag legen; denn sie betrachten ihn wie einen Vater
oder älteren Bruder.

Sie haben Haine und Wälder, in denen sie Jagd auf wilde Tiere
machen.

[23. Schiffahrt, Beziehung zu fremden Völkern]

Die Schiffahrtskunde wird bei ihnen hoch geschätzt. Sie haben
Schiffe und eine besondere Art von Fahrzeugen, die ohne Ruder und
Segel mit Hilfe einer erstaunlich kunstreichen Einrichtung das Meer
befahren, andere wieder mit Segeln und Rudern. Die Gestirne kennen sie genau, ebenso die Gezeiten des Meeres. Sie unternehmen
Seefahrten, um fremde Länder und Gegenden, sowie deren Erzeugnisse kennenzulernen.

Keinem tun sie Unrecht, dulden aber auch nicht, daß ihnen solches
zugefügt wird. In Kämpfe lassen sie sich nicht ein, außer wenn sie
gereizt werden. Sie meinen, der ganze Erdkreis müsse dahin gebracht werden, nach ihrer Art und Weise zu leben; darum durchfor-
schen sie ihn, ob es etwa ein anderes Volk gebe, das besser und
trefflicher lebe. Die christliche Ordnung bewundern sie und arbeiten
auf ein apostolisches Leben hin, bei sich und bei uns. Sie haben Bündnisse mit den Chinesen und mit vielen Insel- und Festlandsvölkern,
mit Siam, Cochinchina und Kalkutta, und welche sie sonst nur erreichen können.

Für Land- und Seeschlachten haben sie ferner ein künstliches Feuer erfunden, sowie viele andere Geheimwaffen. Deshalb sind sie
auch fast immer siegreich.

[24. Astrologischer Glaube, Ernährung]

DER GROSSMEISTER: Es wäre mir sehr angenehm, jetzt zu hören,
mit was für Speisen und Getränken sie sich ernähren und wie und
wie lange ihr Leben währt.

DER GENUESE: Sie sind der Meinung, daß zuerst für das Leben der
Gesamtheit, dann für das der Teile gesorgt werden muß.

Deshalb setzten sie, als sie die Stadt bauten, feste Zeichen in die
vier Himmelsrichtungen. Im Horoskop hatten sie den Löwen und
Jupiter östlich der Sonne, Merkur aber und Venus im Krebs, jedoch
nahe, so daß sie sich begleiteten, Mars im fünften Hause, im Schützen,
in so glücklichem Aspekt, daß er Opposition und Horoskop günstig
beeinflußte, den Mond im Stier in günstigem Aspekt zu Merkur und
Venus, jedoch ohne durch seine Quadratur der Sonne zu schaden.
Saturn suchte das vierte Haus auf, ohne aber Sonne und Mond zu
stören, vielmehr die Grundlagen befestigend. Fortuna war mit Algol
im zehnten Hause, woraus sie auf Stärke und Vortrefflichkeit ihrer
Herrschaft schlossen. Ferner kann auch Merkur in gutem Aspekt zur

Jungfrau und ihrer Bahn, vom Monde bestrahlt, nicht schlecht sein; und sofern er jovialisch ist, täuscht sie ihr Wissen nicht. Wenig kümmern sie sich darum, daß er in der Jungfrau verharrt, wenig um die Konjunktion, beobachten vielmehr die Stellung der einzelnen Sterne, wie gesagt, bei der Empfängnis im Hinblick auf Kraft und Dauer des Lebens. Sie behaupten nämlich, daß Gott die Ursache der Dinge gesetzt habe; der Weise aber müsse sie nutzen, dürfe sie jedoch nicht mißbrauchen.

Ihre Ernährung besteht aus Fleisch, Butter, Honig, Käse, Datteln und Gemüse aller Art. Anfangs wollten sie kein Tier töten, weil es ihnen grausam vorkam. Aber aus der späteren Erwägung, daß es genauso grausam sei, Pflanzen zu vernichten, die doch auch Gefühl haben, und daß es daher nötig wäre, Hungers zu sterben, sahen sie ein, daß die niederen Wesen um der höheren willen geschaffen seien, und deshalb essen sie jetzt alles. Dennoch schlachten sie die nützlichen Tiere wie Rinder und Pferde nur ungern. Sie beachten den Unterschied von nützlichen und schädlichen Speisen und genießen sie nach den Lehren der Medizin.

Ständig wechseln sie dreimal die Nahrung. Am ersten Tage essen sie Fleisch, am nächsten Fisch, am dritten Pflanzen, darauf kehren sie zum Fleisch zurück, damit der Magen weder beschwert noch geschwächt werde.

Die Gesamtheit ißt zweimal, die Kinder aber viermal, je nach Anordnung des Arztes.

Meistens werden sie bis zu hundert Jahre alt, manche sogar bis zu zweihundert.

Im Trinken sind sie äußerst mäßig. Den Jugendlichen bis zum neunzehnten Lebensjahre ist der Weingenuß nicht gestattet, außer wenn es die Rücksicht auf die Gesundheit erfordert. Nach diesem Zeitpunkt trinken sie ihn mit Wasser gemischt; in gleicher Weise die Frauen. Die Männer von fünfzig Jahren ab gießen meistens kein Wasser mehr zu.

Sie essen, was der Jahreszeit entspricht, und stets, wie es von dem Oberarzt, der sich darum kümmert, geraten wird.

Sie halten ferner nichts für schädlich, sobald es Gott wachsen läßt, es sei denn, daß man es mengenmäßig mißbraucht. Daher essen sie im Sommer Früchte, weil sie frisch und saftig und kühlend gegen Hitze und Durst sind, im Winter aber trockene Dinge, im Herbste Trauben, die von Gott gegen Traurigkeit und gallige Schwermut geschenkt werden. Besonders schätzen sie auch die Gerüche.

Sobald sie sich am Morgen erhoben haben, kämmen sie ihr Haar, waschen das Gesicht und die Hände, samt und sonders mit kaltem Wasser. Darauf kauen sie Minze, Petersilie oder Fenchel oder zerreiben es mit den Händen. Die Älteren verbrennen Weihrauch. Sie beten, nach Osten gewendet, kurze Gebete, ähnlich denen, die uns Jesus Christus lehrte.

Darauf gehen die einen an den Dienst bei den Alten, andere zum Chor, wieder andere an die öffentlichen Verrichtungen. Dann begeben sie sich zu den ersten Unterrichtsstunden, darauf in den Tempel, dann zu den Leibesübungen. Darauf ruhen sie eine Weile im Sitzen und gehen dann endlich zum Frühstück.

Es gibt bei ihnen weder Gicht noch Podagra, weder Katarrh noch Ischias, weder Leibschmerzen noch Schwellungen oder Blähungen. Denn diese Krankheiten entstehen aus Trägheit oder Unmäßigkeit. Sie aber vertreiben durch Genügsamkeit und Leibesübungen jede falsche Luft und Feuchtigkeit. Deshalb gilt es auch für sehr unehrenhaft, wenn einer beim Räuspern und Spucken ertappt wird; sie sind nämlich der Ansicht, dies sei ein Zeichen entweder von geringer Bewegung und schändlicher Trägheit oder von Schlemmerei und Gefräßigkeit. Mehr dagegen leiden sie an Entzündungen oder trockenen Krämpfen. Gegen diese versuchen sie sich mit viel saftiger und kräftiger Speise zu helfen. Das zehrende Fieber aber heilen sie mit milden Bädern und Milcherzeugnissen, mit angenehmer Erholung auf den Landgütern und vorsichtigen, erheiternden Leibesübungen. Geschlechtskrankheiten können bei ihnen nicht um sich greifen, da sie ihre Körper häufig in Wein baden, mit wohlriechenden Ölen und durch den Schweiß der Arbeit aber den üblen Dunst lösen, von dem Blut und Mark in Fäulnis geraten. An Lungenschwindsucht leiden sie weniger, da sie nur sehr selten Brustkatarrhe haben, am seltensten aber an Asthma, von dem der befallen wird, dessen Blut dickflüssig ist. Die trockenen Fieber heilen sie mit einem Trunk kalten Wassers, die Eintagsfieber aber mit Wohlgerüchen, fetten Brühen oder Schlaf, Musik und Heiterkeit, das Tertianafieber durch Schröpfungen und Rhabarber oder ähnliche Treibmittel oder mit Wasser, in dem die Wurzeln abführender und bitterer Kräuter gekocht sind. Jedoch nehmen sie Abführmittel nur selten ein. Das Quartanafieber heilen sie leicht, indem sie dem Kranken unvermutet einen plötzlichen Schreck einjagen, ferner durch Kräuter, deren Saft dem Quartanafieber entgegengesetzt ist, sowie durch ähnliche Mittel; sie zeigten mir auch ein Geheimmittel dagegen. Größere Mühe wenden sie an die Bekämpfung der Dauerfieber, die sie mehr fürchten und die sie durch Beobachtung der Gestirne, durch Kräuter, sowie durch Gebete zu Gott angehen. Fünftägliche, sechstägliche, achttägliche usw. Fieber treten bei ihnen fast gar nicht auf, da es ja keine Verdickung der Säfte gibt.

Sie lieben die Bäder. Deshalb haben sie auch Thermen wie die alten Römer und Salbungen; außerdem haben sie noch weit mehr geheime Mittel zur Bewahrung der Frische, Gesundheit und Kraft gefunden. Auf diese und andere Art und Weise bekämpfen sie auch die heilige Krankheit: die Epilepsie, von der sie häufig befallen werden.

DER GROSSMEISTER: Sie ist das Kennzeichen eines außerordentlichen Geistes; auch Herakles, Sokrates, Kallimachos, Scotus und Mohammed litten daran.

DER GENUESE: Sie bekämpfen sie auch mit Gebeten zum Himmel, durch Stärkung des Kopfes und scharfe Mittel, durch besondere Erheiterung und auch mit fetten Brühen, in denen sie Weizenblüten aufkochen.

Groß ist ihre Erfahrung in der Herstellung von schmackhaften Gerichten. Sie verwenden Muskat, Honig und viele starke und stärkende Gewürze dazu. Zu fette Speisen mildern sie durch bittere Essenzen, damit sie sich nicht übergeben müssen. Sie trinken niemals eisgekühlte Getränke, aber auch keine künstlich erwärmten wie die Chinesen; denn sie bedürfen nicht der Hilfe gegen die Säfte, da ihre natürliche Körperwärme genug Widerstand leistet, aber sie stärken diese durch gestoßenen Knoblauch, Essig, Quendel, Minze und Basilienkraut, und zwar besonders bei sommerlicher Schlaffheit.

Sie kennen auch ein geheimes Mittel zur Erneuerung der Lebenskraft nach jeweils sieben Jahren, ohne daß dadurch die Gesundheit gefährdet wird, auf milde und wunderbare Art.

[26. Volksversammlung, Senat und Regierung]

DER GROSSMEISTER: Über die Wissenschaften und ihre Beamten hast du noch nicht gesprochen.

DER GENUESE: Doch, doch! Aber da du so neugierig bist, will ich noch einiges hinzufügen.

Jeweils zu Neu- und Vollmond versammeln sie sich nach dem Opfer zum Rate. Hier kommen alle zusammen, die über zwanzig Jahre alt sind, und jeder einzelne wird aufgefordert, sich darüber auszusprechen, was dem Staatswesen fehlt, welche Behörden ihr Amt gut und welche es schlecht verwalten.

Ebenso versammeln sich alle acht Tage die Behörden selbst, das heißt als erster der Sol und mit ihm ‹Macht›, ‹Weisheit› und ‹Liebe›. Jeder von ihnen hat seinerseits drei Beamte unter sich, so daß sie zusammen dreizehn sind, die die Leitung der ihnen unterstehenden Einrichtungen in der Hand haben: der ‹Macht› des Kriegswesens, der ‹Weisheit› der Wissenschaften, der ‹Liebe› der Ernährung, der Bekleidung, der Fortpflanzung und der Erziehung.

Auch die Führer der Heeresabteilungen werden hinzugezogen: die Rottenmeister, Zugführer und Hauptleute sowohl der Männer als auch der Frauen.

Man bespricht dann alles, was die Staatsgeschäfte betrifft; auch werden die Beamten gewählt, die vorher in der allgemeinen Versammlung vorgeschlagen wurden.

Der Sol und die drei führenden Männer treten außerdem täglich zusammen, um über die laufenden Angelegenheiten zu beraten und die Ergebnisse der Wahlen zu berichtigen, zu bestätigen und zu vollziehen, sowie um alles Erforderliche vorzusehen. Sie greifen niemals zum Los, außer wenn sie ganz unschlüssig sind, wofür sie sich entscheiden sollen.

Diese Behörden wechseln nach dem Willen des Volkes mit Ausnahme der vier Obersten, sofern diese nicht selbst nach vorheriger Beratung untereinander ihre Würde auf einen anderen übertragen, den sie für weiser, als sie selbst sind, für scharfsinniger und würdiger erkannt haben. Denn tatsächlich sind sie so redlich und fortschrittlich gesinnt, daß sie sich gern und freiwillig dem Weiseren fügen und von ihm lernen. Aber das geschieht nur selten.

Die obersten Meister der Wissenschaften unterwerfen sich dem Triumvirn ‹Weisheit›, mit Ausnahme des Metaphysikers, der ja der Sol selbst ist, der gleich einem Baumeister über alle Wissenschaften herrscht; der aber empfindet es als Schande, etwas Menschenmögliches nicht zu wissen.

Dem ‹Weisheit› untersteht also der Grammatiker, der Logiker, der Physiker, der Oberarzt, der Politiker, der Sittenrichter, der Wirtschaftsführer, der Astrologe und der Astronom, der Geometer, der Kosmograph, der Musiker, der Optiker, der Arithmetiker, der Poet und der Rhetor, der Maler und der Bildhauer; dem ‹Liebe› der oberste Fortpflanzungsbeamte, der Erzieher, der Arzt, der Bekleidungsmeister, der Landwirt, der Oberhirt, der Groß- und der Kleintierzüchter, der Großkoch, der Wurstmacher usw.; dem ‹Macht› der Generalstabschef, der Generalquartiermeister, die obersten Waffen-, Münz- und Schatzmeister, der Chef des Informationsbüros, die Kavallerie- und Infanterie-Obersten, der Marschall, der Fechtmeister, die Führer der Artillerie und der Schleuderer und der Justizminister. Und diese alle haben wieder die einzelnen Werkleute unter sich.

[27. Rechtsprechung]

DER GROSSMEISTER: Was gibt es nun über die Richter zu sagen?

DER GENUESE: Das wollte ich dir eben berichten.

Jeder einzelne steht unter der Gerichtsbarkeit des obersten Leiters seines Berufes. Folglich sind alle Obermeister Richter und strafen mit Verbannung, Züchtigung, Tadel und Verweisung vom gemeinsamen

Mahle, Verbot des Tempelbesuchs und des Umgangs mit Frauen. Wenn aber eine Gewalttat vorliegt, so wird mit dem Tode bestraft. Und Auge zahlen sie mit Auge, Nase mit Nase, Zahn mit Zahn usw. nach dem Gesetz der Wiedervergeltung, wenn die Tat aus freiem Willen und nach vorbedachtem Plane geschah. Wenn jedoch ein Streit vorherging und die Tat nicht beabsichtigt war, wird der Rechtsspruch gemildert, jedoch nicht durch den Richter, sondern durch die Triumvirn, von denen die Sache auch dem Sol vorgetragen wird, und nicht auf dem Rechts-, sondern auf dem Gnadenwege. Der Sol allein aber kann vergeben.

Sie haben keine Kerker, außer einem Turm, um Aufständische, Feinde usw. einzusperren.

Es gibt keine Anklageschrift, die wir volkstümlich den ‹Prozeß› nennen. Vielmehr wird die Anklage öffentlich vor dem Richter und den Behörden erhoben; die Zeugen werden vorgeführt, und der Angeklagte bringt seine Verteidigung vor und wird auf der Stelle von dem Richter freigesprochen oder verurteilt. Wenn er an den Triumvirn appelliert, erfolgt seine Verurteilung oder Freisprechung am nächsten Tage. Am dritten Tage aber wird er vom Sol entweder begnadigt, oder der Urteilsspruch erhält unanfechtbare Rechtskraft. Der Angeklagte versöhnt sich sodann mit dem Kläger und den Zeugen als den Ärzten seiner Krankheit durch Umarmung und Kuß. Keiner aber stirbt auf andere Weise, als daß er durch die Hand des Volkes erschlagen oder gesteinigt wird; dabei beginnen jedoch die Ankläger und die Zeugen. Henker und Liktoren haben sie nämlich nicht, damit der Staat dadurch nicht verunreinigt werde.

Manchen aber wird die Todesart freigestellt; sie häufen dann kleine Säcke mit Schießpulver um sich, zünden sie, während die Umstehenden sie ermahnen, anständig zu sterben, selbst an und verbrennen so. Die ganze Bürgerschaft aber beweint den Verbrecher und betet zu Gott, seinen Zorn zu sänftigen. Denn sie beklagen es, wenn sie gezwungen werden, ein räudiges Glied des Staates auszumerzen.

Sie versuchen übrigens, durch triftige Gründe den Angeklagten zu überzeugen, und reden auf ihn ein, bis er selbst die Todesstrafe anerkennt und ihre Vollziehung wünscht; anders stirbt er nicht.

Wenn aber ein Verbrechen gegen die Freiheit des Staates, gegen Gott oder gegen die obersten Behörden begangen worden ist, so erfolgt die Hinrichtung ohne Erbarmen sofort. Solche Verbrecher werden nur mit dem Tode bestraft.

Wer aber sterben soll, wird aus religiösen Gründen gezwungen, vor allem Volke die Gründe anzugeben, aus denen er seiner Meinung nach nicht sterben dürfe, und die Vergehen der anderen, die seiner Ansicht nach auch sterben müßten, sowie die Schuld der Behörden, indem er, sofern er seinem Gewissen zufolge so glaubt, darlegt, daß diese eine weit schlimmere Strafe verdienen. Und wenn er mit seinen Gründen überzeugt, wird er in die Verbannung geschickt, und sie entsühnen die Bürgerschaft mit Gebeten, Opfern und Gelöbnissen der Besserung. Die von dem Angeklagten Benannten werden jedoch nicht zur Verantwortung gezogen, sondern nur ermahnt.

Vergehen aus Schwäche oder aus Unwissenheit werden nur durch Verweise bestraft sowie durch die Verpflichtung zur Selbstbeherrschung oder zur Beschäftigung mit den Wissenschaften und Handwerken, gegen die sie gefehlt haben.

Sie verhalten sich deshalb so zueinander, weil sie ja überhaupt Glieder *eines* Körpers und der eine ein Teil des anderen zu sein glauben.

Du mußt auch noch wissen, daß, wenn ein Sünder, ohne eine Anklage abzuwarten, zu den Behörden geht, sich anklagt und um Sühne bittet, er von der Strafe für das geheime Vergehen losgesprochen und diese in eine andere umgewandelt wird, als es die gewesen wäre, die ihn betroffen hätte, wenn er sich nicht selbst angeklagt hätte.

Sie hüten sich sehr, daß nicht einer den anderen verleumdet; geschieht es jedoch, so verfällt der Verleumder zwangsläufig der Strafe der Wiedervergeltung.

Da sie immer gruppenweise ausgehen und arbeiten, so sind jeweils fünf Zeugen zur Überführung eines Sünders erforderlich; andernfalls wird er nach Ablegung eines Eides unter Verwarnung entlassen. Wird er zum zweiten und dritten Male angeklagt, büßt er, bei zwei oder drei Zeugen, mit der doppelten Strafe.

Ihre Gesetze, gering an Zahl und kurz und klar, sind sämtlich auf einer ehernen Tafel aufgezeichnet, die an den Torpfosten, das heißt also an den Säulen des Tempels angebracht ist.

Ferner sieht man an den einzelnen Säulen die wesentlichen Erkenntnisse in einem metaphysischen und äußerst knappen Stil aufgezeichnet; so etwa: was Gott ist, was ein Engel, die Welt, die Sterne, der Mensch, das Schicksal, die Tugend usw., alles mit großem Scharfsinn. Auch die Begriffsbestimmungen sämtlicher Tugenden sind dort aufgeschrieben. Die Richter aller Tugenden, das heißt also der Gerichtshof, haben dort ihren Sitz, und zwar jeder an der Säule, auf der die Begriffsbestimmung der Tugend steht, deren Richter er ist.

Wenn ein solcher Recht spricht, so setzt er sich dort nieder und spricht: «Mein Sohn, du hast gegen diese heilige Bestimmung der Wohltätigkeit oder der Großmut usw. gesündigt. Lies!» Nach gegenseitiger Aussprache verurteilt er ihn zu einer Buße, je nachdem er der Böswilligkeit, der Verachtung, des Stolzes, des Undanks oder

der Trägheit usw. angeklagt ist. Die Verurteilungen aber sind wahre und sichere Heilmittel und atmen mehr Milde als Strenge.

[28. Die Religion der Sonnenstaatler; a. Beichte und Sühneopfer]

DER GROSSMEISTER: Nun mußt du mir noch von ihren Priestern, ihren Opfern, ihrer Religion und von ihrem Glauben überhaupt erzählen.

DER GENUESE: Der höchste Priester ist der Sol selbst; aber auch alle Beamten, besonders die höheren, sind Priester. Ihre Aufgabe ist, die Gewissen zu reinigen.

Daher beichten alle Bürger im geheimen, genau wie auch wir es zu tun pflegen, ihre Sünden den Vorgesetzten, die so zu gleicher Zeit die Seelen reinigen und erfahren, welche Vergehen im Volke besonders häufig vorkommen. Die geweihten Beamten ihrerseits gestehen darauf ihre eigenen Sünden den drei höchsten Führern und teilen ihnen zugleich die fremden Vergehen mit, ohne jedoch jemanden mit Namen zu nennen, sondern ganz allgemein, zumal die schwereren und staatsgefährlichen Vergehen. Die Triumvirn selbst wieder beichten dieselben Sünden und zugleich ihre eigenen dem Sol selbst, der auf diese Weise erfährt, welche Arten von Vergehen innerhalb des Staates begangen werden, und geeignete Gegenmaßnahmen ergreift. Dann aber opfert er Gott und betet; vorher jedoch beichtet er Gott noch die Sünden des ganzen Volkes öffentlich am Altare des Tempels, sooft eine Entsühnung notwendig ist, ohne jedoch irgendeinen Sünder namentlich zu nennen. Darauf spricht er das Volk los, indem er es ermahnt, sich vor Vergehen dieser Art zu hüten; dann opfert er Gott, damit er der Bürgerschaft verzeihe und sie von den Sünden löse, sie erleuchte und behüte.

Einmal im Jahre beichten auch die höchsten Führer der einzelnen untergebenen Staaten die Sünden der Ihren öffentlich dem Sol. So kennt er auch die Übel der Provinzen und vermag daher allen mit weltlichen und geistlichen Hilfsmitteln Rat zu schaffen.

Das Opfer aber geht folgendermaßen vor sich: Der Sol befragt das Volk, ob einer aus ihm sich Gott als Opfer für alle seine Mitbürger darbringen wolle. Wer nun fromm und unbescholten genug ist, bietet sich selbst an. Er wird dann unter Zeremonien und Gebeten auf eine viereckige Tafel gehoben, die mit Ringen an vier Seilen befestigt ist, die aus vier Luken des kleinen Türmchens herabhängen. Sie bitten Gott um die Gnade, dieses freiwillige Menschenopfer anzunehmen, das kein unfreiwilliges Tieropfer ist, wie es die Heiden darbringen. Dann befiehlt der Sol, die Seile anzuziehen, und das Opfer wird nach oben bis in die Mitte des Türmchens gezogen, wo es sich unter heißen Gebeten dem Höchsten weiht. Speise wird ihm von den Priestern, die ringsherum wohnen, durch ein Fenster gereicht, aber nur sparsam, bis das Volk entsühnt ist. Der Erwählte selbst bittet den Gott des Himmels unter Gebet und Fasten, er möge sein freiwilliges Opfer annehmen, und, wenn nach zwanzig oder dreißig Tagen der Zorn Gottes besänftigt ist, wird er Priester oder kehrt — das aber nur sehr selten — nach unten zurück, jedoch durch den äußeren Aufgang der Priester. Hier wird der Mann dann mit Ehren und Wohltaten überhäuft, weil er sich selbst für das Vaterland dem Tode weihte. Gott aber will den Tod nicht.

[b. Die Beobachter der Gestirne]

Ferner weilen vierundzwanzig Priester oberhalb des Tempels, die um Mitternacht, am Mittag, am Morgen und am Abend, also viermal am Tage, zur Ehre Gottes Psalmen singen und deren Aufgabe es ist, die Gestirne zu beobachten, mit Hilfe von Astrolabien ihre Bewegungen und Wirkungen auf die menschlichen Angelegenheiten zu vermerken und ihre Eigenschaften kennenzulernen. Daher wissen sie auch, in welcher Gegend des Erdkreises eine Veränderung vor sich geht oder eintreten wird und zu welcher Zeit. Sie senden dann Leute aus, um zu erforschen, ob sich die Sache so verhält, und verzeichnen die wahren und falschen Voraussagen, um mittels der Erfahrung ganz einwandfrei voraussagen zu können.

Diese Priester bestimmen die Stunden der Zeugung, den Tag der Aussaat, der Ernte und der Weinlese. Sie sind gleichsam Unterhändler und Vermittler: das Band zwischen Gott und den Menschen. Aus ihrer Mitte wird meistens der Sol gewählt.

Sie verzeichnen die Großtaten und leisten Forschungsarbeit in den Wissenschaften.

Nur zum Frühstück und zur Hauptmahlzeit steigen sie herab — wie der Geist aus dem Haupte in den Magen und in die Leber. Mit Frauen verkehren sie nicht, es sei denn in seltenen Fällen aus Gesundheitsgründen.

Jeden Tag steigt der Sol zu ihnen hinauf und berät sich mit ihnen über die Dinge, die sie neuerlich zum Wohle des Staates und aller Völker der Welt entdeckt haben.

Unten im Tempel ist ständig einer aus dem Volke anwesend, der vor dem Altare betet; ein anderer löst ihn nach einer Stunde ab, wie wir es bei dem feierlichen vierzigstündigen Bittgebet zu tun pflegen; diese Art des Gebetes nennen sie ‹das ewige Opfer›.

[c. Feiern und Feste]

Nach der Mahlzeit danken sie Gott mit Musik. Dabei werden die Taten der christlichen, israelitischen und heidnischen Helden und die aller Völker besungen; und das macht ihnen Freude, denn sie kennen niemandem gegenüber Mißgunst und Neid. Man singt Hymnen auf die Liebe und die Weisheit und auf jede Tugend unter der Leitung ihres jeweiligen ‹Königs›.

Jeder wählt die Frau, die er bevorzugt, und so werden schöne und wohlanständige Reigen unter den Säulengängen aufgeführt.

Die Frauen tragen ihre langen Haare in Flechten, die sie alle auf dieselbe Weise aufgesteckt wie eine Krone um den Kopf legen, herabfallend jedoch in einen einzigen Zopf geflochten haben. Die Männer dagegen haben nur einen einzigen Schopf, während die übrigen Haare ringsum abgeschoren sind; darauf setzen sie ein rundes Käppchen, das die Form des Kopfes nur wenig überragt.

Auf dem Lande tragen sie Kappen, zu Hause aber weiße, rote oder je nach ihrem Dienst oder Beruf verschiedenfarbige Barette; die Beamten aber haben größere und schönere.

Ihre Festlichkeiten sind großartig. Wenn die Sonne die vier Wendepunkte des Himmels erreicht, das heißt den Krebs, die Waage, den Steinbock und den Widder, veranstalten sie schöne und gelehrte, gewissermaßen szenische Vorstellungen. Auch Neumond und Vollmond sind jeweils Festtage, ebenso der Gründungstag der Stadt, bestimmte Siegesgedenktage usw. Dann ertönt Musik und Gesang von Frauen, dann hört man Pauken, Trompeten und Böller. Die Dichter singen das Lob der großen Feldherren und ihrer Siege. Wer jedoch, selbst zum Lobe eines Helden, lügt, wird bestraft. Der kann das Amt eines Dichters nicht versehen, der lügenhaft erfindet. Denn sie glauben, daß diese Art von Freiheit der Menschheit zum Verderben gereiche, deswegen weil sie den wahren Verdiensten das Lob entzieht und es anderen, oft lasterhaften Menschen zuerkennt, sei es aus Furcht oder Liebedienerei, sei es aus Ehrgeiz oder Habsucht.

[d. Helden, Tote, Gebete]

Keinem wird zu seinem Ruhme ein Standbild errichtet, solange er noch lebt. Jedoch wird zu seinen Lebzeiten in das Buch der Helden des Volkes eingetragen, wer nützliche Geheimmittel oder neue Fertigkeiten erfindet oder wer dem Staate in Krieg und Frieden außerordentliche Dienste geleistet hat.

Die Leichen der Verstorbenen werden nicht beerdigt, sondern verbrannt, damit keine Seuche entsteht und damit sie im Feuer aufgehen, das als edles und lebendiges Element von der Sonne kommt und zur Sonne zurückkehrt. Ferner will man dem Götzendienst nicht Vorschub leisten.

Indessen bewahrt man Standbilder und Bildnisse großer Männer. Diese betrachten dann oft die schönen Frauen, die von Staats wegen zur Fortpflanzung bestimmt sind.

Die Gebete werden in die vier Himmelsrichtungen gesandt, und zwar morgens nach Osten, dann nach Westen, darauf nach Süden und schließlich nach Norden, und umgekehrt abends zuerst nach Westen, dann nach Osten, darauf nach Norden und endlich nach Süden. Sie wiederholen dabei immer dasselbe Gebet, in dem sie einen gesunden Körper und einen gesunden Geist sowie Glückseligkeit für sich und für alle Völker erflehen und schließen: «Wie es Gott gefällt». Das öffentliche Gebet dagegen ist lang und richtet sich zum Himmel. Deshalb ist der Altar rund und überkreuz in rechtem Winkel durch Quergänge geteilt, durch die der Sol nach den vier Wiederholungen eintritt und mit dem Blick zum Himmel betet. Diese Sitte wird von ihnen wie ein großes Geheimnis bewahrt.

Die priesterlichen Gewänder sind von besonderer Schönheit und Zeichnung, gleich denen Aarons. Sie ahmen die Natur nach und sind wunderbare Meisterwerke der Kunst.

[e. Zeiteinteilung und Kosmologie]

Die Zeit teilen sie nach dem Sonnenjahr ein, nicht nach dem der Sterne; jedoch verzeichnen sie alljährlich, um wieviel jenes diesem vorauseilt. Sie glauben, daß die Sonne sich beständig nach unten nähert; deshalb gelange sie, indem sie immer kleinere Kreise durchlaufe, in jedem Jahre früher an die Wendekreise und Tag- und Nachtgleichen als im vorausgegangenen oder scheine dorthin zu gelangen, weil sie das Auge, indem es sie schräg von unten niedriger sehe, auch früher anlangen und schräg laufen sehe.

Die Monate messen sie nach der Umlaufzeit des Mondes, das Jahr aber nach der der Sonne. Daher stimmen jene nicht mit diesem überein bis zu jedem neunzehnten Jahre, wenn auch das Haupt des Drachen seinen Lauf beendet. Deshalb haben sie eine neue Astronomie begründet.

Sie preisen den Ptolemäus und bewundern den Kopernikus, wenn sie auch den Aristarch und den Philolaos höher schätzen als jenen. Sie sagen aber, daß der eine die Zahlen der Himmelsbewegungen mit Steinchen, der andere mit Bohnen berechne, keiner aber mit den gezählten und gemessenen Dingen selbst; sie täten also dem Weltall mit scheinbarer und nicht mit wirklicher Münze genug. Deshalb erforschen sie selbst diese Verhältnisse mit höchster Gewissenhaftigkeit; diese ist nämlich zur Erkenntnis des Aufbaus und des Ablaufs der Welt dringend notwendig, ebenso zur Beantwortung der Frage, ob sie untergehen wird oder nicht und, wenn ja, wann.

Sie sind vollständig davon überzeugt, daß die Voraussagen Jesu Christi über die Zeichen an Sonne, Mond und Sternen wahr sind; viele Toren unserer Zeit scheinen das nicht zu glauben; diese freilich wird der Untergang der Welt überraschen wie den Dieb in der Nacht. Also erwarten jene die Fülle der Zeiten und vielleicht auch das Ende.

Sie meinen, es sei äußerst zweifelhaft, ob die Welt aus dem

Nichts geschaffen sei oder aus den Bruchstücken anderer Welten oder aus dem Chaos; aber sie halten es für wahrscheinlich, ja für sicher, daß sie geschaffen ist und nicht von Ewigkeit her besteht. Deshalb und aus vielen anderen Gründen verachten sie auch den Aristoteles, den sie den ‹Logiker› und nicht den ‹Philosophen› nennen. Und aus solchen Abweichungen erbringen sie viele Beweise gegen die Ewigkeit der Welt.

[f. Sonnenverehrung]

Sonne und Sterne verehren sie wie lebende Wesen, wie Standbilder oder Tempel Gottes und lebendige Altäre des Himmels, beten sie aber nicht an. Vor allem aber verehren sie die Sonne.

Kein Geschaffenes aber würdigen sie göttlicher Verehrung; diese ist allein Gott vorbehalten; deshalb dienen sie ihm allein, um nicht, wenn sie Geschaffenem dienen, nach dem Gesetz der Wiedervergeltung in Tyrannei und Elend zu geraten.

Unter dem Bild der Sonne betrachten und verehren sie Gott und nennen sie das Zeichen Gottes, sein Antlitz und seine lebendige Erscheinung, da durch sie Licht, Wärme, Leben, Entwicklung und alles Gute in die niederen Geschöpfe fließt. Deshalb ist der Altar der Sonne ähnlich errichtet, und die Priester beten Gott in der Sonne und in den Sternen gleichwie in Altären und im Himmel gleichwie in einem Tempel an und wenden sich an die guten Engel gleichwie an Vermittler, die auf den Sternen als ihren lebendigen Wohnungen weilen. Denn sie glauben auch, Gott habe seine Herrlichkeit besonders am Himmel und in der Sonne, seinem Feldzeichen und Abbild, erzeigt.

[g. Astronomie]

Sie leugnen die Exzentren und Epizyklen des Ptolemäus und des Kopernikus. Sie behaupten, daß es nur *einen* Himmel gebe und die Planeten sich von allein bewegen und erheben, wenn sie sich der Sonne nähern und mit ihr in Konjunktion treten. Daher bewegten sie sich auch immer langsamer in ständig größeren Kreisen im Vergleich zu den früheren in der Richtung auf das Ziel, wohin alle zu gelangen sich bemühen; sobald sie sich aber der Sonne gesellten, neigten sie sich allmählich, um das Licht von ihr aufzunehmen, und beschrieben einen kleineren Kreis, da sie der Erde näher seien, und bewegten sich daher auch schneller als sonst. Wenn sie in gleicher Geschwindigkeit wie die Fixsterne einherzögen, hießen sie feststehend, wenn aber mit größerer, nach der landläufigen Ansicht der Astronomen ‹rückläufig›, wenn mit geringerer, ‹unmittelbar› wegen des stärkeren Lichtes, das sie dann empfangen, und da sie sich erheben usw.; denn in Quadraturen und Oppositionen erniedrigten sie sich, um sich nicht von der Sonne zu entfernen. Der Mond aber erhebe sich auch in der Opposition, jedoch nicht in der Konjunktion, deshalb, weil er unter der Sonne stehe. Darum schienen alle Sterne, obwohl sie sich vom Aufgang zum Untergang bewegten, eine Gegenbewegung zu vollziehen, da sich ja der ganze Sternenhimmel in vierundzwanzig Stunden rasch umdrehe, sie selbst sich jedoch nicht so schnell bewegten, sondern unterwegs stehen blieben; deshalb würden sie vom Himmel überholt und schienen rückwärts zu gehen. Der Mond jedoch, der uns am nächsten sei, scheine in Opposition und Konjunktion niemals rückwärts zu laufen, sondern sich nur ein wenig langsamer als sonst vorwärts zu bewegen, wenn er von unten oder von oben volles Licht erhalte. Denn das Firmament, dessen Vorwärtsbewegung man nicht feststellen kann, hat eine solche Eigengeschwindigkeit, daß er die dreizehn Grad, die er von ihm abweicht, nicht überschreitet; also bewege er sich nicht rückwärts, sondern verlangsame oder beschleunige nur seinen Lauf nach vorwärts und rückwärts. Daraus ergibt sich, daß die Epizyklen und Exzentren weder Hebung noch Senkung, weder Rückgang noch Verlangsamung hervorrufen.

Sie sind tatsächlich auch der Meinung, daß die Kometen, die in gewissen Gegenden des Weltalls umherirren, in Zusammenhang mit den übernatürlichen Dingen stehen, sich deshalb dort um so lieber aufhalten und sich daher auch in die Sonnenbahn erheben sollen.

Ferner schreiben sie es einer physikalischen Ursache zu, daß die Sonne in der nördlichen Region länger verweilt als in der südlichen; dort nämlich, wo sie selbst zur Erwärmung der Erde mehr Kräfte verbraucht hat, erhebe sie sich, während sie nach Süden wandert, wo sie zugleich mit der Welt ihren Ursprung genommen hat. Deshalb, so behaupten sie, habe auch die Welt der südlichen Region in unserem Herbst und Frühling begonnen; darin stimmen sie mit den alten Chaldäern und Hebräern überein und sind nicht der Ansicht der neueren Astronomen. Daher also verweilt die Sonne, nachdem sie sich erhoben hat, um das, was sie verloren hat, wiederzugewinnen, mehr Tage im Norden als im Süden und scheint in einem Exzenter zu steigen.

Darüber sind sie jedoch noch unsicher, ob die Sonne der Mittelpunkt der irdischen Welt ist oder ob die Fixsterne Mittelpunkte anderer Planetensysteme sind und ob die Planeten von anderen Monden, wie unsere Erde, umkreist werden. Aber sie betreiben die Erforschung dieser Wahrheit mit größtem Eifer.

[h. Physik, Metaphysik, Theologie]
An zwei physikalischen Prinzipien der irdischen Dinge aber halten sie fest: der Sonne als dem Vater und der Erde als der Mutter. Die

Luft sei der unreine Teil des Himmels, und alles Feuer stamme von der Sonne. Das Meer aber sei der Schweiß der Erde oder der Ausfluß der verbrauchten und verströmten Eingeweide der Erde und das Bindemittel zwischen Luft und Erde wie das Blut zwischen Geist und Körper der Tiere.

Die Welt sei ein ungeheures Lebewesen. Wir aber lebten in seinem Innern wie die Würmer in unserem Bauche. Deshalb unterstünden wir nicht der Vorsehung der Sonne, der Sterne und der Erde, sondern unmittelbar derjenigen Gottes, da wir ja hinsichtlich jener, die nichts anderes erstrebten als ihre Vergrößerung, durch Zufall geboren sind und leben, hinsichtlich Gottes aber, dessen Werkzeuge jene sind, mit Vorwissen und Bedacht geschaffen und zu einem großen Zwecke bestimmt sind. Deshalb sind wir allein Gott wie einem Vater verpflichtet und gehalten, ihn als den Schöpfer aller Dinge anzuerkennen.

Sie glauben ohne jeden Zweifel an die Unsterblichkeit der Seele, und daß diese sich nach dem Tode den Engeln geselle, den guten oder den bösen, je nachdem sie sich während des irdischen Daseins diesen oder jenen durch ihre Taten ähnlich erwiesen habe. Alles nämlich suche das ihm Ähnliche.

Bezüglich der Orte der Strafen und Belohnungen unterscheidet sich ihre Ansicht wenig von der unseren.

Sie sind unsicher, ob außer der unseren noch andere Welten bestehen, und glauben, es sei unsinnig zu behaupten, daß das Nichts sei; sie sagen vielmehr: Nichts sei weder innerhalb noch außerhalb der Welt. Gott, das unendliche Wesen, dulde das Nichts nicht neben sich. Daß es jedoch einen unendlichen Körper gebe, leugnen sie.

Zwei metaphysische Grundsätze stellen sie auf: Gott der Herr ist das Sein, und das Nichts ist das Fehlen des Seins, und zwischen diesen Grenzen geht das physikalische Geschehen vor sich. Denn nichts wird, was ist, also war nichts, was wird. Somit entsteht für sie aus dem Nichts und dem Sein metaphysisch das endliche Sein; ferner aus der Neigung zum Nichtsein entsteht das Übel und die Sünde. Die Sünde habe also das Fehlende, nicht aber das Bewirkende zur Ursache. Das Fehlende aber begreifen sie als Mangel an Macht, Weisheit oder Willen. In diesen letzten aber legen sie die Sünde: Wer nämlich weiß und recht tun kann, muß es auch wollen. Der Wille wird also von Wissen und Können hervorgebracht und nicht umgekehrt.

Erstaunlich ist, daß auch sie Gott in der Dreifaltigkeit anbeten, indem sie sagen: Gott sei die höchste Macht, aus dieser gehe die höchste Weisheit hervor, die gleichfalls Gott sei, und aus diesen beiden die Liebe, die sowohl Macht als auch Weisheit sei. Denn das Hervorgehende habe die Natur dessen, aus dem es hervorgehe und in das es nicht zurückkehre. Jedoch kennen sie keine besonders unterschiedenen und benannten Personen wie wir in unserer christlichen Lehre, weil ihnen die Offenbarung fehlt. Sie wissen aber, daß in Gott die Hervorbringung und Beziehung auf sich selbst ist: bei ihm, in ihm und von ihm.

Daher entsteht für sie alles Seiende metaphysisch aus *Macht, Weisheit* und *Liebe*, insofern es Sein hat, und aus Ohnmacht, Unwissenheit und Zwietracht, insofern es am Nichtsein teilhat. Durch jene macht es sich verdient, durch diese aber sündigt es, und zwar entweder durch die natürliche Sünde aus den ersten beiden oder durch moralische und künstliche Sünden aus allen dreien oder allein aus der dritten. Denn auch die besondere Natur sündigt aus Ohnmacht oder Unkenntnis, indem sie Mißgeburten hervorbringt.

Übrigens ist dies alles von Gott, der alles Nichtseins unteilhaftig ist, vorher gewußt und angeordnet, da er ja der Mächtigste, Weiseste und Beste ist. Deshalb sündigt kein Wesen in Gott; außerhalb Gottes aber sündigt es. Außer Gott gerät man aber nur durch uns und hinsichtlich unser, nicht aber durch ihn und hinsichtlich seiner. Denn in uns ist der Mangel, in ihm aber die Wirkung. Daher ist die Sünde zwar eine Tat Gottes, insofern sie Wesen und Wirkung hat, insofern sie aber kein Wesen und keine Wirkung hat, ist sie in uns und von uns, da wir infolge unserer Unordnung zum Nichtsein neigen.

DER GROSSMEISTER: Donnerwetter! Wie scharfsinnig sie sind!

DER GENUESE: Tatsächlich! Wenn ich es im Gedächtnis behalten hätte und wenn die Zeit und die Furcht, die Abfahrt zu versäumen, nicht drängte, könnte ich dir Wunderbares berichten. Aber ich verpasse das Schiff, wenn ich mich nicht schleunigst verabschiede.

[i. Erbsünde]

DER GROSSMEISTER: Ich bitte dich um alles in der Welt! sage mir nur noch das eine: Was halten sie von der Sünde Adams?

DER GENUESE: Sie bekennen offen, daß auf der Welt viel Unrecht geschieht. Die Menschen würden nicht durch wahre und höhere Einsichten geleitet, kreuzigten die Gerechten und hörten nicht auf sie, die Schlechten herrschten, wenn sie auch ihr Unglück ein glückliches Dasein nennten. Denn es ist eine gewisse Ver-Nichtung und der Beweis eines Seins, das nicht ist, wenn sie Könige, Weise, Eiferer und Heilige sind, was sie ja in Wahrheit nicht sind. Daraus schließen sie, daß in den menschlichen Verhältnissen aus irgendeinem zufälligen Ereignis eine große Verwirrung entstanden ist. Zunächst neigten sie nun dazu, mit Platon zu sagen, daß die himmlischen Welten in früheren Zeitaltern aus dem jetzigen Westen dorthin gewälzt worden seien, wo wir heute Osten haben, und später die entgegengesetzte Richtung eingeschlagen hätten. Sie behaupteten auch, es sei möglich, daß die irdischen Dinge von irgendeiner geringeren Gottheit gelenkt würden und daß es so von einer obersten Gottheit zugelassen werde. Aber diese Behauptung halten sie jetzt für töricht, für noch törichter aber, daß am Anfang Saturn gut regiert habe und darauf Jupiter weniger gut, dann schließlich die übrigen Planeten gefolgt seien, wenn sie auch zugeben, daß die Weltzeitalter nach der Reihe der Planeten aufeinander folgen. Sie glauben auch, daß die Dinge sich mit dem Lauf der Sterne nach tausend oder sechzehnhundert Jahren auffallend verändern.

Dieses unser Zeitalter müsse man nun offenbar als das des Merkur bezeichnen, wenn es auch von großen Konjunktionen beeinflußt werde und Einwirkungen von Abweichungen eine schicksalhafte Gewalt ausübten.

Schließlich bekennen sie, daß der Christenmensch glücklich sei, der sich zu glauben begnüge, und daß aus der Sünde Adams eine solche Verwirrung entstanden sei.

Sie glauben auch, daß mehr das Übel der Sündenstrafe als das der Schuld von den Vätern auf die Söhne übergehe. Die Schuld aber kehre von den Söhnen zu den Vätern zurück, insofern sie die Fortpflanzung vernachlässigten und sie ohne Rücksicht auf Zeit, Ort und Wahl der Partner ausübten, oder die Erziehung vernachlässigten oder aber die Kinder schlecht erzögen und unterrichteten. Deshalb wenden sie selbst große Sorgfalt an Fortpflanzung und Erziehung und meinen, daß Schuld und Sühne den Staat sowohl der Söhne als auch der Väter treffe. Daher lebten die Gemeinwesen dieser Zeit allesamt im Elend und nennten — was noch schlimmer sei — dieses Übel Frieden und Glückseligkeit, da sie ja das Gute nicht kennengelernt hätten, und die Welt scheine vom Zufall regiert zu werden.

[k. Religiöse Grundeinstellung]

Wer aber den Aufbau der Welt betrachte und die Anatomie des Menschen, die sie selbst an den zum Tode Verurteilten erlernen, und der Planeten und der Tiere und den Nutzen und Zweck ihrer Teile und Teilchen, wird gezwungen, die Weisheit und Vorsehung Gottes mit lauter Stimme zu preisen. Daher müsse sich der Mensch ganz der Religion hingeben und stets seinen eigenen Schöpfer verehren. Dies aber könne er nicht vollkommen oder nicht so leicht tun, wenn er nicht Gottes Werke erforsche und erkenne, seine Gesetze beobachte und die Lehren der Philosophie in seinen Taten befolge.

«Was du nicht willst, das man dir tu, das füg auch keinem andern zu!» und «Was ihr wollt, das euch die Menschen tun, das tut ihnen!» Daraus folgt, daß wir, wie wir von unseren Söhnen und von den Menschen, denen wir nur wenig geben, Ehrungen und Wohltaten verlangen, um so mehr Gott schulden, von dem wir *alles* empfangen haben, in dem wir ganz und überall sind. Lob ihm in Ewigkeit!

DER GROSSMEISTER: Wahrhaftig! da sie, die nur das Naturgesetz kennen, dem Christentum, das die Naturgesetze lediglich durch die Sakramente erweitert, die bei der Beobachtung jener Hilfe leisten, so nahekommen, entnehme ich diesem Umstand einen starken Beweisgrund, daß die christliche Religion die wahrste von allen ist, und die Gewißheit, daß sie, frei von allen Mißbräuchen, die Herrin des ganzen Erdkreises sein wird, wie die großen Theologen lehren und hoffen. Deshalb sagen sie auch, daß die Spanier die Neue Welt entdeckt hätten — obwohl der erste Entdecker der große Held Columbus, unser genuesischer Landsmann, ist —, damit alle Völker unter *einem* Gesetz versammelt werden.

Also werden diese Philosophen von Gott berufene Zeugen der Wahrheit sein. Daran erkenne ich, daß wir nicht wissen, was wir tun, sondern Werkzeuge Gottes sind. Jene suchen aus Begier nach Gold und Reichtum neue Länder; Gott aber verfolgt einen höheren Zweck. Die Sonne bemüht sich, die Erde auszutrocknen, jedoch keineswegs Pflanzen und Menschen hervorzubringen usw.; Gott aber bedient sich ihrer Wirkung zur Hervorbringung dieser. Ihm Lob und Ruhm!

[29. Astrologie, göttliche Vorsehung und Willensfreiheit]
DER GENUESE: Wenn du wüßtest, was sie auf Grund der Astrologie und auch nach unseren Propheten von dem kommenden Zeitalter sagen und von unserem Jahrhundert, das in hundert Jahren mehr Geschichte erlebt als der ganze Erdkreis in viertausend!, von der Tatsache, daß in diesen hundert Jahren mehr Bücher herausgegeben worden sind als in den vorausgegangenen fünftausend!, von der wunderbaren Erfindung der Buchdruckerkunst, der Schießgewehre, der Magnetnadel — diesen großartigen Zeichen und zugleich Mitteln der Vereinigung aller Erdbewohner in einem Stall!, und auf welche Weise diese wunderbaren Erfindungen gemacht wurden, während gewaltige Begegnungen im Dreieck des Krebses vor sich gingen, indem die Bahn des Merkur den Skorpion durchschnitt, unter dem Einfluß des Mondes und des Mars, die in diesem Dreieck mächtig sind, und alles zur Erneuerung der Seefahrt, Entdeckung neuer Reiche und Erfindung neuer Waffen! Und sobald die Bahn des Saturn in den Steinbock, die des Merkur in den Schützen und die des Mars in die Jungfrau eingetreten sein werden, nach den ersten großen Begegnungen und der Erscheinung eines neuen Sterns in der Kassiopeia, wird sich eine neue Monarchie erheben und wird eine Reformation und Erneuerung der Gesetze, der Künste und der Wissenschaften erfolgen. Und sie sagen, daß von da an dem Christentum eine große Umwälzung bevorstehe; zuerst aber wird vernichtet und vertilgt, dann aber aufgebaut und gepflanzt werden usw.

Beurlaube mich jetzt, da ich noch viel zu erledigen habe! —

Nur eins sollst du rasch noch erfahren: daß sie bereits die Kunst des Fliegens erfunden haben, die allein der Welt noch zu fehlen scheint, und daß sie in Kürze Fernrohre erwarten, mit denen man verborgene Sterne erblicken, sowie auch Hörrohre, mit denen man die Harmonie der Sphären hören kann.

DER GROSSMEISTER: Wie? Oh! das gefällt mir!

Aber der Krebs ist das weibliche Zeichen der Jungfrau und des Mondes! Was kann er in der Luft ausrichten, da er doch dem Wasser zugehört?

⟨Und wie wissen und tun die Sterne das? Alles ist doch von Gott zu seiner Zeit angeordnet? Nein, sie sind mir zu astrologisch!

DER GENUESE: Darauf antworteten sie mir: Die allgemeine Ursache aller Dinge sei unmittelbar Gott — nicht durch die Unmittelbarkeit der besonderen Ursache, sondern des allgemeinen Prinzips und der Kraft. Denn nicht Gott ißt, wenn Peter ißt, nicht er läßt Wasser, nicht er stiehlt; dagegen verleiht er die Kraft zu essen, Wasser zu lassen und zu stehlen, da er die unmittelbare Ursache ist, der keine andere vorausgeht, sondern der jede andere folgt, indem sich die Unermeßlichkeit der göttlichen Tat abwandelt.

DER GROSSMEISTER: Vortrefflich! Dasselbe sagen unsere gelehrten Scholastiker, vor allem der göttliche Thomas gegen die mohammedanischen Philosophen, indem er im siebzigsten Kapitel des dritten Buches seiner ‹Summe gegen die Heiden› und im siebenunddreißigsten des zweiten versichert, daß in der Zufälligkeit die Wirkung der ersten Ursache unmittelbarer sei als die der zweiten, ferner im dritten und fünften Artikel der ersten Frage seiner ‹Streitfragen über die Macht Gottes› und in der achtunddreißigsten Frage der neunten seiner ‹Kleinen Schriften› lehrt, daß das Allgemeine durch die Unmittelbarkeit des Prinzips handle, nicht aber der Zufälligkeit, von welcher Art die besondere Ursache sei.

Fahre nun fort!

DER GENUESE: Sie sagen also: Gott gab allen zukünftigen Wirkungen die allgemeine Ursache, und die besonderen können nur wirken, wenn die allgemeinen wirken. Die Pflanze blüht nämlich nicht, wenn die Sonne sie nicht von nahem erwärmt. Die Zeiten aber kommen von allgemeinen Ursachen, das heißt also von himmlischen. Also tun wir alles, was wir tun, auf himmlischen Antrieb hin. Die freien Ursachen aber bedienen sich der Zeit, sowohl in sich, als auch zuweilen anderen gegenüber. Denn auch durch Feuer veranlaßt der Mensch die Bäume zu blühen, und die Lampe erleuchtet das Haus, wenn die Sonne fehlt. Die natürlichen Ursachen aber werden durch die Zeit hervorgerufen. Daher geschieht dies am Tage, jenes in der Nacht, dieses im Winter, jenes im Sommer, im Frühling oder im Herbst, bald aus freien, bald aus natürlichen Ursachen, das eine in dem einen, das andere in einem anderen Jahrhundert. Und wie man durch eine freie Ursache nicht gezwungen wird zu schlafen, wenn es Nacht wird, oder sich zu erheben, wenn es tagt, sondern nach Belieben handelt, je nach dem Wechsel der Zeiten, so wird man auch nicht gezwungen, Schießgewehr und Druckerkunst zu erfinden, wenn die großen Begegnungen im Krebs, und Monarchien zu gründen, wenn diese im Widder stattfinden, und so in allen übrigen Dingen, wenn man im September sät, im März die Bäume beschneidet usw.

Sie können nicht glauben, daß der oberste Priester der weisen Christen die Astrologie verbietet, es sei denn, um denjenigen das Handwerk zu legen, die Mißbrauch mit ihr treiben, indem sie Handlungen des freien Willens und übernatürliche Ereignisse voraussagen; denn die Gestirne sind ja nur Zeichen des Übernatürlichen, die allgemeinen Ursachen der natürlichen Ereignisse dagegen sind bloß Gelegenheiten, Anreize und Einladungen zu Willenshandlungen. Denn nicht die aufgehende Sonne zwingt uns, uns vom Lager zu erheben, sondern sie lädt uns dazu ein und zeigt uns die Vorteile, während die Nacht ungeeignet zum Aufstehen und geeignet zum Schlafen ist. Da sie also auf den freien Willen nur mittelbar und zufällig wirken, während sie auf den Körper und auf den körperlichen und mit einem körperlichen Organ verbundenen Sinn Einfluß nehmen, wird der Geist durch den Sinn zur Liebe oder zum Haß, zum Zorn oder zu anderen Leidenschaften aufgestachelt. Dann aber kann er der aufgereizten Leidenschaft zustimmen oder sie ablehnen. Ketzerbewegungen also und Kriege und Hungersnöte, die durch die Gestirne angezeigt werden, treten meistens ein, weil sich die Mehrzahl der Menschen mehr von dem sinnlichen Triebe als von der Vernunft leiten läßt; deshalb tun sie dann auch das, was gegen die Vernunft ist. Manchmal freilich stimmen sie auch vernunftmäßig der Leidenschaft zu, wenn sie etwa in gerechtem Zorne einen gerechten Krieg anfangen.

DER GROSSMEISTER: Ausgezeichnet! Dies meinen auch der heilige Thomas und unser Oberpriester. Denn für die Medizin, die Landwirtschaft und die Schiffahrt erlaubt dieser die Astrologie im Einvernehmen mit allen seinen Scholastikern, die auch mutmaßliche Voraussagen über die Willenshandlungen gestatten. Infolge der wachsenden Schlechtigkeit jedoch und des Mißbrauchs der Erlaubnis verbieten sie nicht die Mutmaßungen, sondern die mutmaßlichen Voraussagen, nicht weil sie immer falsch, sondern weil sie meistens oder immer gefährlich sind. Denn die Fürsten und die Völker, die der Astrologie vertrauen, begehen unzählige Übeltaten, wie es sich an Arbakes, Agathokles, Drusus und Archelaos zeigt. Übrigens erwarten wir Ähnliches von einem gewissen finnischen Fürsten infolge der Voraussagen Tychos. Und gegen unsere Priester nehmen sich die

Fürsten viel heraus, da sie sich, von Scharlatanen getäuscht, auf bloße Mutmaßungen verlassen.

DER GENUESE: So sagen auch die Sonnenstaatler, daß das eine als falsch, das andere als gefährlich verboten werden müsse, da es zum Götzendienst oder zur politischen Verwirrung führen könne. Ich sage dir jedoch, daß die Sonnenstaatler bereits ein Mittel gefunden haben, um das Sternenschicksal zu verhüten; denn keine Kunst ist von Gott verliehen, ohne daß ein Nutzen damit verbunden ist. Wenn also eine unheildrohende Eklipsis bevorsteht, wie das der Fall ist, wenn nicht Wohltäter, sondern feindliche Übeltäter regieren oder ein unheilvoller Komet oder eine schlechte Richtung an entgegengesetztem Orte, so schließen sie diejenigen, denen die Gestirne mit Unheil drohen, in weiße Häuser, die mit Wohlgerüchen und Rosenessenz gefeit worden sind; sie zünden sieben Fackeln aus wohlriechendem Wachs an und stimmen eine fröhliche Musik und heitere Reden an, um die verderblichen Keime, die vom Himmel durch die Luft ausgesandt werden, zu ersticken.

DER GROSSMEISTER: Donnerwetter! Das sind alles gute und klug angewandte Gegenmittel! Denn der Himmel wirkt körperhaft ein und wird mit körperlichen Mitteln beeinflußt. Aber die Zahl der Fackeln behagt mir nicht; es ist, als ob in der Zahl die Wirkung liegen solle. Das riecht nach Aberglauben.

DER GENUESE: In der Tat! Aber sie verteidigen sich mit der Lehre des Pythagoras von den Kräften der Zahlen — ich weiß nicht, ob das abergläubisch ist. Aber sie begründen es nicht allein mit der Zahl, sondern mit der Heilkunde *und* der Zahl gemeinsam.

DER GROSSMEISTER: Das ist dann kein Aberglaube. Kein Kanon nämlich und keine Schrift Gottes verurteilt die Macht der Zahlen. Im Gegenteil: die Ärzte bedienen sich ihrer bei der Berechnung des periodischen Verlaufs und der Krisen der Krankheiten. Und es steht auch geschrieben, daß Gott alles nach Zahl, Gewicht und Maß schuf, und in den sieben Schöpfungstagen der Welt, in den sieben Posaune blasenden Engeln, in den sieben Phiolen, den sieben Donnerschlägen, den sieben Leuchtern, den sieben Siegeln, den sieben Sakramenten, den sieben Gaben des Geistes und den sieben Augen im Steine des Zacharias werden die Geheimnisse der Zahlen dargetan. Daher philosophieren auch der heilige Augustinus, der heilige Hilarius und Origines so viel über die Kräfte der Zahlen, vor allem der Siebenzahl. Und ich möchte daher auch die Sonnenstaatler nicht deswegen verurteilen, weil sie sich als Ärzte der himmlischen Kräfte bedienen und als Verteidiger des freien Willens zeigen. Sie ahmen nämlich mit den sieben Fackeln die sieben Planeten des Himmels nach wie Moses mit den sieben Leuchtern. In Rom aber ist entschieden worden, daß es nicht Aberglaube sei, solange man den

Zahlen allein und nicht den gezählten Dingen die Kraft zuschreibe, die man Gott schuldet, ohne den sie weder Nutzen noch Gewalt haben.

So also ist es, wenn einer dem Sternenhimmel oder Kräutern vertraut, als ob sie etwas vermöchten, obwohl sie doch nichts vermögen, ein eitles und nichtiges Unterfangen, wie der Teufel, der Affe Gottes, den Schöpfer nachahmt; er freut sich auch über die ungerade Zahl bei der Jungfrau.

Wenn man also dem agarischen Rhabarber aus Unkenntnis eine natürliche Kraft zuschreibt, so ist das kein Aberglaube; wenn man aber dem Agarikum oder einer Zahl die Kraft Gottes zuschreibt, so ist es Aberglaube. So steht es bei den Theologen.

Jetzt aber fahre da fort, wo wir stehengeblieben sind!⟩

DER GENUESE: Die Sonnenstaatler glauben also, daß die weiblichen Zeichen am Himmel den Gegenden, die sie beherrschen, Fruchtbarkeit verleihen und das schwache Geschlecht auf Erden zur Herrschaft gelangen lassen, indem sie Möglichkeiten und Gelegenheiten geben, den einen Vorteile und Nachteile bieten, den anderen entziehen, wie ich ja bereits sagte.

Daher überwog, wie wir wissen, in diesem Jahrhundert die Herrschaft der Frauen; wie die neuen Amazonen zwischen Nubien und Monopotapa so regierten auch in Europa die Frauen: Rossolane in der Türkei, Bona in Polen, Maria in Ungarn, Elisabeth in England, Katharina in Frankreich, Bianca in Toskana, Margareta in Belgien, Maria in Schottland und Isabella in Spanien, die Entdeckerin der Neuen Welt. Und ein Dichter dieses Zeitalters beginnt folgendermaßen über die Frauen:

«Die Frauen, Ritter, Waffen, Liebesbande...»

Die übelredenden Poeten und Ketzer nehmen überhand infolge des Mars-Dreiecks und der durch die Erdferne hervorgerufenen Nachbarschaft Merkurs; infolge von Venus und Mond reden sie dauernd von unzüchtigen und ehebrecherischen Dingen. Alle Männer möchten in Geschlecht und Stimme zu Weibern werden. Sie lassen sich ‹Euer Hochwohlgeboren› nennen. In Afrika, wo Krebs und Skorpion herrschen, gibt es, abgesehen von den Amazonen, in Fez und Marokko öffentliche Männerbordelle und zahllose andere Schmutzstätten, zu denen die Konstellation der Gestirne zwar einlädt, aber nicht zwingt.

So hat also auch das Dreieck des Krebses, der ja tropisch ist, und die Erhebung Jupiters und die Erdferne der Sonne und die Verdreifachung des Mars, das Dreieck also aus Mond, Mars und Venus, nicht die Entdeckung der neuen Erdhälfte hervorgebracht, genausowenig wie den wunderbaren Weg um den ganzen Erdkreis und die Herrschaft der Frauen; auch haben Merkur und Mars nicht das

Schießpulver und die Druckerkunst erfunden; alles war vielmehr eine Gelegenheit für die Menschen, eine große Veränderung der Verhältnisse eintreten zu lassen, durch die Vorsehung Gottes, die immer auf das Gute zielt, wenn wir nur nicht alles zum Schlechten wenden.

Dies sagten sie mir über den wunderbaren Einklang der himmlischen mit den irdischen und sittlichen Dingen und über die Ausbreitung des christlichen Glaubens über die Neue Welt und über seinen Fortbestand in Italien und Spanien sowie über sein Schwanken im nördlichen Deutschland, in England, Skandinavien und Pannonien. Ihre Voraussagen will ich nicht wiederholen, da es unser sehr weiser Papst aus gerechten Gründen verboten hat. Auch darüber will ich weiter nicht sprechen, daß Xerif und Sophi in Afrika und Persien zur selben Zeit Veränderungen hervorriefen, in der Wiclif, Huß und Luther bei uns die Religion ins Wanken brachten und die Minoriten und Kapuziner sie erläuterten, und wie die einen dieselbe Himmelsbewegung zum Guten benutzten, die anderen aber zum Schlechten mißbrauchten, obwohl die Ketzerei von dem Apostel zu den Werken des Teufels gezählt wird und daher die Leidenschaften von Erde, Saturn und Mars dem Sinne zur Unterwerfung des freien Willens eingeflößt werden.

[Denn in der Neuen Welt und an den Küsten Afrikas und Asiens, zumal an den südlichen, schlug das Christentum Wurzel durch den Einfluß der Sonne und des Jupiter, die in göttlichen und Willens-Angelegenheiten hilfreich sind, freilich auch in menschlichen Änderungen verursachen. In Afrika aber wurde die Sekte des Xerif durch Mond und Mars, in Persien dagegen die Allah-Bewegung des Sophi durch Venus und Jupiter gleichzeitig mit einem Umsturz in diesen Gegenden hervorgerufen. In Deutschland, Frankreich, England und fast im ganzen nördlichen Europa aber herrscht die Ketzerei, die schreckliche Genossin der Begierde und Wildheit, die Vertreiberin des freien Willens des Menschen, unter der dortigen Herrschaft des Mars, der Venus und des Mondes. Spanien aber und Italien blieben infolge des Schützen und des Löwen, ihren Himmelszeichen, bei der Wahrheit des christlichen Glaubens und — hoffentlich! — auch bei der Reinheit der Sitten.]

Ich will dir aber noch berichten, daß die Sonnenstaatler auf Grund der Beschaffenheit des Mondes und des Merkur und mit Hilfe der Sonnenbahn bereits die Kunst des Fliegens sowie andere Künste erfunden haben. Diese Sterne nämlich vermögen in der Luft etwas bezüglich der Kunst des Fliegens. Was in unseren Gegenden mit dem Wasser und dem Schwimmen zusammenhängt, das ist unter dem Äquator auf die Luft und das Fliegen bezüglich infolge der Lage der Erde zum Sonnenhimmel. Daher begründeten sie auch eine neue Astronomie, weil auf der anderen Erdhälfte vom Äquator nach Süden im Haus der Sonne der Wassermann liegt, in dem des Mondes der Steinbock usw. Und so verwandeln sich alle Himmelszeichen und Kräfte ins Gegenteil, und die Zeichen werden unter dem Äquator innerhalb des Wendekreises anders benannt und durch die Planeten anders aufgeteilt als außerhalb und als in den Polargegenden. Und das ist aus natürlichen Gründen so auch notwendig.

Ich übergehe, was ich von ihren Gelehrten über die Veränderungen der Bahnen, der Exzentritäten und der Neigungswinkel, der Tag- und Nachtgleichen, der Sonnenwenden, der Pole und der Himmelsbilder infolge der Schwankungen des Sternensystems innerhalb des unermeßlichen Raumes des Weltalls gehört habe, ferner über die Übereinstimmung unserer irdischen mit den außerweltlichen Dingen, und was für eine Veränderung auf die große Begegnung in Widder und Waage folge, diesen Zeichen der Tag- und Nachtgleiche, in der Wiederherstellung der Gegensätze, die erstaunlicherweise auf die große Konjunktion folgen, und in der Bestärkung ihres Beschlusses, in der Veränderung und Erneuerung der Welt.

Ich bitte dich aber, mich jetzt nicht mehr länger aufzuhalten. Ich habe noch eine Menge zu tun. Und du weißt, was für Sorgen ich habe. Ein andermal also!

Eins will ich allerdings nicht vergessen, daß sie nämlich die Freiheit des Menschen voll und ganz anerkennen und erzählen, daß, als einer ihrer großen Philosophen von Feinden vierzig Stunden lang aufs grausamste gequält wurde, diese ihn doch nicht zwingen konnten, auch nur ein Wörtchen von dem zu verraten, was sie wissen wollten, weil er fest entschlossen war zu schweigen. Also könnten auch die Sterne, die sich weit von uns entfernt und langsam bewegten, uns nicht zwingen, gegen unseren Entschluß zu handeln. Genausowenig würden wir durch den Zwang des göttlichen Gesetzes bestimmt, da der Mensch ja so frei sei, daß er sogar Gott lästere. Gott aber zwingt weder sich selbst noch andere gegen sich. Also ist Gott geteilt?

Da nun aber die Sterne einen unmerklichen und angenehmen Einfluß auf die Sinne ausüben, würden diejenigen, die mehr der Sinnlichkeit als der göttlichen Vernunft folgten, von ihnen unterjocht. Denn dieselbe Konstellation, die aus den verfluchten Gehirnen der Ketzer giftige Dünste preßte, hat zur gleichen Zeit von den Begründern der Gesellschaft Jesu, der Minderbrüder und der Kapuziner segensreiche Kräfte ausstrahlen lassen. Und unter derselben Konstellation haben Columbus und Cortez auf der anderen Erdhälfte die Religion Christi verbreitet. Was aber der Welt alles bevorsteht, will ich dir in einer anderen Unterhaltung ergänzend mitteilen.

[Die Ketzerei wird zwar vom heiligen Paulus unter die Werke der Sinnlichkeit gerechnet, die Sterne aber neigen im Sinnlichen zu ihr je nach der Sinnesart des Geneigten, im Verstandesmäßigen aber zum vernünftigen, wahren und heiligen Gesetz des Ersten Grundes, des Wortes Gottes, der gelobt sei in Ewigkeit. Amen.]

[30. Schiffe ohne Ruder und Segel — Schluß.]

⟨DER GROSSMEISTER: Sage mir wenigstens noch, auf welche Weise sie die Schiffe ohne Wind und Ruder vorwärtsbewegen?

DER GENUESE: Sie haben über dem Heck einen großen Fächer, der in einer Stange endigt; ein an diese gehängtes Gewicht stellt das Gleichgewicht her, so daß ihn ein Knabe mit einer Hand heben und niederdrücken kann. An der Spitze sind große Flügel angebracht. Eine über zwei Gabeln leicht bewegliche Achse trägt das Ganze.

Außerdem bewegen sie eine andere Art von Nachen mit zwei Rädern, die sich mit Hilfe von Tauen drehen, die über ein auf dem Vorderschiff angebrachtes großes Rad und kreuzweise über die Heckräder laufen. Das große Rad bewegen sie mit leichter Hand; es zieht die kleinen, die unter der Wasseroberfläche angebracht sind, wie es an den Werkzeugen geschieht, mit denen die Frauen Calabriens und Frankreichs den Faden aufwickeln, bereiten oder spinnen.⟩

DER GROSSMEISTER: Warte! warte nur noch einen Augenblick!

DER GENUESE: Es geht nicht! es geht nicht!

ENDE

Francis Bacon · Neu-Atlantis

GLIEDERUNG

NOVA
ATLANTIS

Fragmentorum alterum.

PER

Franciscum Baconum,

Baronem de Verulamio,

Vice-Comitem *S. Albani*.

LONDINI,

Typis Ioh. Haviland.

Proſtant ad Inſignia Regia in Cœmeterio *D. Pauli*,
apud *Iocoſam Norton* & *Richardum Whitakerum*.
1638.

Titelblatt der Nova Atlantis des Francis Bacon innerhalb der von William Rawley 1638
in London herausgegebenen ‹Opera moralia et civilia›

Diese Fabel von Neu-Atlantis erfand der Wohledle Verfasser, um in ihr eine Art Muster und die Beschreibung einer zur Erklärung der Natur und der Größe und Macht ihrer Werke gegründeten Gesellschaft zu liefern, die er mit dem Namen des Hauses Salomons oder der Gesellschaft der Werke der sechs Tage bezeichnete. Und so weit spann er auch den Faden der Erzählung, bis er dies vollendete.

Dieses Musterbild ist, wie ich zugebe, nach poetischer Gepflogenheit zu großartig und erhaben, als daß es in jeder Beziehung nachgeahmt werden könnte. Dennoch sollte man bezüglich der meisten Dinge in die Leistungsfähigkeit der Menschen keinen Zweifel setzen.

Der Verfasser hatte übrigens im Sinne, in dieser Fabel ein Buch über die Gesetze oder über die beste Staatsverfassung zu schreiben. Da aber dieses Werk zu lang zu werden drohte, setzte er, um nicht an der Arbeit an seiner Naturgeschichte und der Fortführung der anderen Teile der ‹Großen Unterweisung›, die er für weit wichtiger hielt, gehindert zu werden, hier den Punkt.

Dies war mein Auftrag. Lies, und gehab dich wohl!

William Rawley

NEU-ATLANTIS

[I. Reise und Landung; 1. Eine Insel im Stillen Ozean]

Wir segelten von Peru, wo wir uns ein ganzes Jahr lang aufgehalten hatten, ab und steuerten auf China und Japan zu. Wir hatten Lebensmittel für zwölf Monate bei uns. Fünf Monate lang und länger erfreuten wir uns günstiger Winde von Osten, bald milderer, bald kräftigerer. Dann aber drehte sich der Wind und blies viele Tage lang von Westen her so stark, daß wir nur langsam vorankommen konnten und gelegentlich an Umkehr dachten. Aber bald erhoben sich wieder starke und heftige Südwinde mit geringer Neigung nach Osten. Diese trieben uns, die wir uns so weit wie möglich dagegenstemmten, nach Norden. Zu dieser Zeit gingen unsere Lebensmittel, obwohl wir sie sparsam ausgegeben hatten, fast zu Ende.

Als wir uns daher inmitten der gewaltigsten Wasserwüste des Erdkreises ausgesetzt sahen, ohne Lebensmittel, hielten wir uns für so gut wie verloren und erwarteten den nahen Tod. Dennoch erhoben wir unsere Herzen und Stimmen zu Gott im Himmel, der «seine Wunder in der größten Not erzeigt» (Ps. 106, 24). Ihn baten wir bei seiner Barmherzigkeit, er möge, wie er zu Anfang der Welt «die

Sammlung der Wasser» (Gen. 1, 10) befahl und «das Trockene erscheinen» ließ, so auch uns jetzt Land zeigen, damit wir nicht zugrunde gingen.

Es geschah aber, daß wir am nächsten Tage gegen Abend in mäßiger Entfernung nach Norden zu so etwas wie eine dichte Wolke bemerkten. Diese flößte uns die Hoffnung auf Land ein, da wir gut genug wußten, daß jener Teil der Südsee fast unbekannt sei und Inseln und Kontinente bergen könnte, die bisher noch nicht entdeckt waren.

Daher richteten wir jene ganze Nacht lang den Kurs dahin, wo sich, wie wir annahmen, Land gezeigt hatte. Und am Morgen des nächsten Tages wurde es offenbar, daß das, was wir gesehen hatten, tatsächlich Land gewesen war und zwar flaches und waldreiches; deshalb war es uns so dunkel erschienen.

Und nach anderthalb Stunden Fahrt landeten wir in einem sicheren Hafen, dem Hafen einer zwar nicht großen, aber schön angelegten Stadt, die von der Seeseite einen prächtigen Anblick bot.

Wir aber schätzten kurz die Entfernung bis zum Lande ab, nahmen Kurs auf die Küste und bereiteten alles zur Landung vor. Sogleich aber sahen wir einige Einwohner der Stadt mit Stäben in den Händen, die uns durch Winkzeichen warnten, an Land zu kommen, jedoch ohne Geschrei oder wildes Gebaren. Daher überlegten wir, nicht wenig enttäuscht, was zu machen sei.

[2. Die Botschaft der Insulaner]

Inzwischen steuerte ein nicht allzu großer Kahn auf uns zu mit ungefähr acht Männern an Bord, von denen einer einen Stab aus gelbem Rohr in der Hand hielt, dessen beide Enden in blaue Farbe getaucht waren. Dieser bestieg vertrauensselig unser Schiff. Als er einen von uns auf sich zuschreiten sah, zog er aus dem Busen eine Pergamentrolle — das Pergament war jedoch ein wenig heller als das unsere und glänzend wie die Blätter der Handschreiben, sonst aber recht weich und biegsam. Er gab es dem in die Hand, der ihm als erster von den Unseren entgegengetreten war.

Auf dieser Rolle standen in Althebräisch, ebenso in klassischem Griechisch, sowie in reinem Latein und in Spanisch folgende Worte:

«Steigt nicht an Land! nicht einer von euch! Eilt euch vielmehr, diese Küsten innerhalb von sechzehn Tagen zu verlassen, wenn euch nicht die Erlaubnis, länger zu verweilen, erteilt wird! Indessen verlangt, wenn ihr Trinkwasser braucht oder Lebensmittel oder Heilmittel oder Pflege für Kranke, oder wenn euer Schiff Überholung nötig hat, schriftlich das, dessen ihr bedürft! Wir aber werden es euch gegenüber an Werken der Barmherzigkeit nicht fehlen lassen.»

Diese Rolle war mit einem Siegel versehen, das die Flügel eines

Cherubs, wenig ausgebreitet, vielmehr herabhängend, zeigte. Und neben ihnen war ein Kreuz.

Nach ihrer Übergabe schied jener Gesandte und ließ einen aus seinem Gefolge bei uns zurück, der unsere Antwort bringen sollte.

Als wir nun über die Lage beratschlagten, gerieten wir, angstvoll und furchtsam, in Verlegenheit. Daß man uns an der Landung hinderte und aufforderte, so rasch wieder abzufahren, machte uns sehr niedergeschlagen. Wenn wir dagegen bedachten, daß jenes Volk fremde Sprachen verstand und von solcher Menschlichkeit war, so gereichte uns das zu nicht geringem Troste. Vor allem erfüllte uns das dem Schreiben aufgedrückte Zeichen des Kreuzes als ein offensichtliches Zeichen des Heils mit einzigartiger Freude.

Wir antworteten in spanischer Sprache: Unser Schiff sei noch gut im Stande, da wir ja mehr durch Flauten und Gegenwinde zu leiden gehabt hätten als durch Stürme. Was unsere Kranken betreffe, so gebe es recht viele, darunter sogar Schwerkranke, so daß sie in Lebensgefahr geraten würden, wenn man uns nicht erlaube, sie an Land zu bringen. Alles andere, was uns fehlte, führten wir einzeln an, indem wir hinzufügten, wir hätten einige Waren an Bord, die, falls man sie kaufen wollte, unsere Bedürfnisse aufwiegen könnten, damit wir ihnen nicht zur Last fielen.

Wir boten dem Diener einen geringen Lohn in Dukaten und ein Stück ganzseidenen karmesinroten Tuches, das er seinem Vorgesetzten überreichen sollte. Aber jener nahm es nicht an, ja, er würdigte es kaum eines Blickes. Und so verließ er in einem anderen kleinen Kahn, den man ihm geschickt hatte, wieder das Schiff.

[3. Der Gesandte]

Knapp drei Stunden, nachdem der Diener unsere Antwort erhalten hatte, wurde in einem Kutter ein Mann zu uns gefahren, der offenbar eine Amtsperson war. Er trug ein weites, ärmeliges Gewand aus Kamelhaar von herrlicher blauer Farbe, weit glänzender, als wir sie in Europa haben. Sein Unterkleid dagegen war grün, ebenso seine Kopfbedeckung, die in der Art eines geschmackvoll gebundenen Turbans gearbeitet, jedoch nicht so übergroß war, wie es gewöhnlich die türkischen sind. Die Locken seines Haupthaares quollen unter dem Rande des Turbans hervor. Der Mann bot fürwahr einen würdigen Anblick.

Er fuhr in einem über und über vergoldeten Boote, von nur vier Männern, die in demselben Boote saßen, begleitet. Dahinter folgte jedoch ein weiteres, in dem ungefähr zwanzig Männer saßen.

Sobald er auf Wurfweite herangekommen war, wurden wir vom Boote aus durch Zeichen aufgefordert, einige der Unseren zu ihm zu senden. Dies taten wir unverzüglich, indem wir einen von uns, den wir ausgewählt hatten, in dem Boote unseres Schiffes als Führer und vier andere mit ihm schickten.

Als wir ungefähr sechs Ruten von dem Kutter entfernt waren, befahlen sie uns, zu halten und nicht näher zu kommen. Dies taten wir auch. Dann aber erhob sich der Mann, den ich eben beschrieben habe, und fragte mit lauter Stimme auf spanisch:

«Seid ihr Christen?»

Wir antworteten, daß wir Christen seien, ohne Furcht, da wir ja das Zeichen des Kreuzes auf jener Urkunde gesehen hatten.

Auf diese Antwort hin erhob jener die rechte Hand zum Himmel und legte sie darauf leicht an seinen Mund, eine Gebärde, die bei ihnen gebräuchlich ist, wenn sie Gott Dank sagen. Dann aber fuhr er fort:

«Wenn ihr — ein jeder von euch — bei den Verdiensten des Heilands schwört, daß ihr keine Piraten seid und in den letzten vierzig Tagen weder durch Richtspruch noch durch Gewalttat Menschenblut vergossen habt, so sollt ihr die Erlaubnis erhalten, an Land zu gehen.»

Wir antworteten, daß wir alle bereit seien, jenen Eid zu leisten.

Darauf legte einer seiner Begleiter, der ein Notar zu sein schien, unsere Aussage schriftlich nieder. Danach sagte ein anderer aus der Begleitschaft jenes vornehmen Mannes, der in demselben Kutter saß, nachdem ihm sein Herr etwas ins Ohr geflüstert hatte, mit lauter Stimme:

«Mein Herr will euch Folgendes bekanntmachen: Nicht aus Stolz oder Hochmut geschieht es, daß er euer Schiff nicht besteigt; sondern weil aus eurer Antwort hervorging, daß viele von euch sich schlecht befinden, wurde er von dem Hüter der Gesundheit in der Stadt gemahnt, die Unterredung aus einiger Entfernung zu führen.»

Mit gesenktem Haupte verneigten wir uns und antworteten, wir alle seien seine ergebenen Diener, hielten es für eine große Ehre und schrieben das, was bereits geschehen sei, seiner einzigartigen Menschlichkeit zu. Wir hofften jedoch, daß jene Krankheit, an der unsere Kranken litten, nicht ansteckend sei.

Darauf kehrte jener Edle zurück. Kurz danach war der Notar wieder zur Stelle und bestieg unser Schiff; in seiner Hand hielt er eine Frucht des Landes, nicht unähnlich einer Orange, aber in der Farbe mehr ins Rötliche gehend, die den süßesten Geruch ausströmte. Diese trug er offenbar als Gegengift gegen Ansteckung mit sich.

Er verlangte aber von uns einen Eid «bei Jesus, dem Sohne Gottes, und seinen Verdiensten» und sagte uns darauf, am folgenden Tage vor Sonnenaufgang werde jemand zur Stelle sein, der uns holen und zum Hause der Fremden führen werde, wo alles für uns bereitgestellt sei, was wir für die Kranken sowie auch für die Gesunden nötig hätten. Dann schied er von uns. Und als wir ihm einige Goldstücke anboten, sagte er lächelnd: Einen doppelten Lohn für *eine* Mühe dürfe er nicht annehmen. Der Sinn dieser Worte war meines Erachtens der, daß er für seine Dienstleistung ein staatliches Honorar erhalte. Denn, wie ich später erfuhr, nennen sie einen Beamten, der Belohnungen annimmt, einen Doppelverdiener.

[4. Die Landung]

Am nächsten Morgen in der Dämmerung kam jener Würdenträger zu uns, der als erster mit seinem Stabe bei uns gewesen war, und eröffnete uns: Er sei gekommen, um uns zum Fremdenhause zu führen. Die frühe Stunde aber habe er gewählt, damit wir für unsere Geschäfte den Vorteil eines ganzen Tages hätten. «Wenn ihr aber», so sagte er, «auf mich hören wollt, so schickt zuerst einige von euch mit mir, damit sie sich die Quartiere anschauen und sehen, wie sie am besten für euren Einzug hergerichtet werden können; nachher aber erst holt eure Kranken und dann die übrigen, die ihr an Land schaffen wollt.»

Wir bedankten uns bei ihm und sagten, diese Mühe, die er für arme Fremdlinge auf sich nehme, werde ihm Gott sicherlich vergelten. Darauf begleiteten ihn sechs unserer Leute.

Jener setzte sich an die Spitze, und, auf uns zurückblickend, sagte er mit ausnehmender Höflichkeit: er sei mit Vergnügen unser Diener und Wegführer.

Er führte uns aber durch drei recht schöne Straßen, und überall, wo wir entlangkamen, sammelte sich eine Menge Volk auf beiden Seiten des Weges; die Leute standen in Reih und Glied, jedoch durchaus bürgerlich und nur deshalb so ordentlich, um nicht den Anschein zu erwecken, als seien sie zu müßigem Schauen zusammengekommen, als vielmehr, um uns zu unserer Ankunft Glück zu wünschen. Viele von ihnen aber breiteten, als wir daherkamen, ihre Arme ein wenig aus, eine Geste, die sie ausführen, wenn sie irgend jemandes Ankunft als ihnen willkommen bezeichnen wollen.

[5. Das Fremdenhaus]

Das Fremdenhaus ist ein schönes und geräumiges, aus Ziegelsteinen wie den unseren, nur von ein wenig roterer Farbe, errichtetes Gebäude mit freundlichen Fenstern, einigen aus Glas, anderen aber aus feinem, in Öl getränktem Leinenstoff.

Er führte uns zuerst in einen recht vornehmen, einige Stufen hoch gelegenen Speisesaal. Dann aber fragte er uns, wieviele wir an Zahl und wieviele von uns krank seien. Wir antworteten, die Gesamtzahl, sowohl der Gesunden als auch der Kranken, sei einundfünfzig Mann; von diesen seien siebzehn krank.

Er bat uns, einen Augenblick zu warten, bis er zu uns zurück-

kehre. Das geschah ungefähr nach einer Stunde. Dann aber führte
er uns zur Besichtigung der Schlafräume, die für uns bereitet waren,
an Zahl neunzehn, das heißt also, wie es schien, so berechnet, daß
vier von diesen Schlafräumen, die etwas besser eingerichtet waren
als die übrigen, vier von unseren Führern aufnehmen sollten, damit
diese dort jeder für sich schlafen könnten; die übrigen fünfzehn
sollten für je zwei Mann bestimmt sein.

Die Schlafräume waren geschmackvoll und freundlich, mit saube-
rem Bettzeug ausgestattet.

Dann endlich schritten wir in einen langen Säulengang, wie sie
gewöhnlich an den Schlafräumen der Mönche sind. Dort zeigte er
uns an der einen freien Seite — denn die gegenüberliegende Seite
war nichts anderes als Wand und Fenster — siebzehn saubere Zellen,
die Abteile aus Zedernholz aufwiesen. Dieser Säulengang mit seinen
insgesamt vierzig Zellen — viel mehr also natürlich, als wir nötig
hatten — war für die Kranken eingerichtet. Zugleich mahnte er uns,
sobald einer der Kranken genesen sei, ihn aus der Zelle in den
Schlafraum zu legen. Zu diesem Zweck waren noch zehn andere
Schlafräume bereitet, außer jenen, von denen ich vorher sprach.

Darauf führte er uns in den Speisesaal zurück und, sein Rohr ein
wenig erhebend — wie es bei ihnen Sitte war, sooft sie als Amtsträger
die Aufträge ihrer Vorgesetzten ausrichten —, sprach er folgendermaßen zu uns:

«Ich mache euch bekannt, daß die Sitte dieses Landes fordert, daß
ihr euch nach Ablauf des heutigen und des morgigen Tages, die wir
euch zur Landung der Menschen sowie eurer Sachen einräumen, für
drei Tage innerhalb dieser Mauern zu halten habt. Jedoch möge euch
dies nicht beunruhigen, und glaubt nicht, daß ihr deswegen in einen
Kerker gesteckt seid, sondern daß dies vielmehr angeordnet ist, damit ihr euch von eurer Reise erholt und erfrischt! Ihr werdet nichts
entbehren. Ja, es sind sogar sechs Diener bestimmt, die euch zu Gebote stehen und eure Angelegenheiten besorgen sollen.»

Wir bedankten uns bei ihm mit aller Herzlichkeit und Höflichkeit
und sagten:

«In diesem Lande offenbart sich zweifellos Gott.»

Wir boten ihm auch zwanzig Goldstücke an, aber auch jener
lächelte und sagte nur:

«Was? wollt ihr, daß ich ein Doppelverdiener werde?» Dann ging
er.

Kurz darauf wurde uns unser Frühstück gebracht. Dieses bestand
aus recht verlockenden und gesunden Dingen, sowohl was die Speisen als auch was die Getränke betraf, aus besseren und reichhaltige-
ren jedenfalls als vergleichsweise jeder anderen Genossenschaft, die
ich in Europa kenne. Das Getränk war von dreierlei Art, eine jede

davon gut und heilsam: Wein von Trauben, Gerstensaft, wie es bei uns das Bier ist, jedoch hell und klar, und eine Art von Sorbet aus einer bestimmten Frucht jener Gegend hergestellt, ein außerordentlich angenehmes und wunderbar erfrischendes Getränk. Ferner wurde uns für die Kranken eine große Menge jener roten Orangen gebracht. Sie sagten nämlich, diese seien ein kräftiges und wirksames Heilmittel gegen die auf der Seefahrt zugezogene Krankheit. Außerdem übergab er uns ein Büchschen voll von weißen und aschfarbenen Pillen und riet, unsere Kranken sollten jeden Abend vor dem Zubettgehen eine davon einnehmen, da sie, wie er sagte, ihre Gesundung beschleunigen würden.

[6. Beratung der Ankömmlinge]

Am folgenden Tage, als wir uns von der Mühe und Arbeit der Ausschiffung der Menschen und Gegenstände ausgeruht hatten, schien es mir richtig, alle unsere Gefährten zusammenzurufen. Als sie aber zusammengekommen waren, sprach ich folgendermaßen zu ihnen:

«Meine lieben Freunde! Laßt uns über uns selbst und über unsere Lage zu Rate gehen! Wir sind Männer, die vom Meere ans Land geworfen sind wie Jonas aus dem Bauche des Wals, da wir auf hoher See gleichsam begraben waren. Nun aber, obgleich wir wieder Land unter den Füßen haben, schweben wir trotzdem noch zwischen Leben und Tod. Denn wir haben die Grenzen der alten und neuen Welt umfahren. Und ob es uns vergönnt ist, Europa wieder zu erblicken, weiß Gott allein. Durch ein Wunder sind wir hier gelandet, und es ist einem Wunder ähnlich, wenn wir wieder von hier wegfahren können. Deshalb wollen wir uns, eingedenk des vergangenen Glückes und der gegenwärtigen und zukünftigen Gefahren an Gott wenden, unsere Herzen erheben und ein jeder für sich unseren Wandel bessern.

Außerdem: wir sind hier zu einem christlichen Volke voll von Frömmigkeit und Menschenliebe gekommen. Laßt uns — ich bitte euch! — sorgen, daß wir unser Bild in ihren Augen nicht trüben, indem wir ihnen unsere Fehler oder unsere schlechten Sitten offen vor Augen führen!

Dazu kommt ferner: jene haben uns, wenn auch unter dem Vorwand der Menschlichkeit, für drei Tage in diesem Hause eingesperrt. Wer weiß, ob sie das nicht tun, um unsere Gesittung auf die Probe zu stellen. Werden sie uns, wenn sie uns schlecht erfinden, unverzüglich ausweisen, wenn aber redlich, längere Zeit hier dulden? Werden diese Diener, die sie uns zugeteilt haben, nicht als Spione dienen?

Daher, bei der Liebe Gottes, und wenn euch das Heil unserer Seelen und Leiber lieb ist, laßt uns uns so aufführen, daß wir sowohl Frieden mit Gott haben als auch Gnade vor den Augen dieses Volkes finden!»

Meine Gefährten sagten mir für das, was ich ihnen vorgehalten hatte, einstimmig ihren Dank und versprachen, sich besonnen, bescheiden und ohne das geringste Aufsehen verhalten zu wollen.

Und so verbrachten wir jene drei Tage fröhlich und sorglos und keineswegs beunruhigt betreffs dessen, was uns nach jenen drei Tagen widerfahren könnte. Auch hatten wir im Laufe dieser Tage beständig Freude über die Genesung unserer Kranken. Diese glaubten sich gleichsam in eine von göttlicher Heilkraft erfüllte Heimstätte versetzt. So rasch nämlich genasen sie.

[7. Aufnahme und Verhaltungsmaßregeln]

Am Morgen nach Ablauf der drei Tage kam zu uns ein neuer Mann, den wir vorher noch nicht gesehen hatten, in ein blaues Gewand gehüllt wie der erste, nur daß sein Turban weiß war mit einem kleinen roten Kreuz an der Spitze. Er trug ferner einen Koller aus reinstem Leinen um den Hals.

Bei seinem Eintritt verneigte er sich kurz und breitete seine Arme ein wenig aus. Wir aber grüßten ihn auf ergebene und höfliche Art und Weise wieder, da wir aus seinem Munde den Spruch über Leben oder Tod erwarteten. Er verlangte, mit einigen wenigen unserer Leute zu sprechen. Daher blieben nur sechs zurück, die übrigen entfernten sich. Darauf sprach jener:

«Ich bin von Amts wegen zwar der Vorsteher dieses Fremdenhauses, von Beruf jedoch christlicher Priester. Daher komme ich zwar auch, um euch als Fremdlingen in jeder Beziehung Hilfe zu gewähren, vor allem aber als Christen. Ich habe euch nur weniges zu sagen, was ihr, wie ich glaube, nicht ungern vernehmen werdet.

Die hiesige Verfassung gibt euch die Erlaubnis, noch sechs Wochen lang hier zu verweilen. Beunruhigt euch aber nicht, falls eure Geschäfte einen längeren Zeitraum beanspruchen sollten! Denn das Gesetz unseres Landes ist in diesem Punkte nicht starr. Dann aber zweifle ich auch nicht im geringsten, daß ich selbst euch einen Aufschub, je nachdem eure Angelegenheiten es erfordern, verschaffen könnte. Ja, darüber hinaus versichere ich euch, daß dieses Fremdenhaus zur Zeit reich genug und mit Bargeld genügend ausgestattet ist; es häufte nämlich seine Einkünfte schon siebenunddreißig Jahre lang auf. So viel Zeit ist verflossen, seitdem ein Fremdling an diese Küste verschlagen wurde. Daher habt keine Sorge wegen eurer Ausgaben! Die Unkosten werden, solange ihr hier wohnt, aus öffentlichen Mitteln bestritten. Davon also wird der Zeitpunkt eurer Abreise nicht abhängen. Was aber die Waren angeht, die ihr hergebracht haben wollt, so werden euch keine harten Bedingungen auferlegt werden, sondern ihr sollt sie zu angemessenen Preisen verkaufen, indem ihr ihren Gegenwert entweder in anderen Waren oder in Silber und Gold bekommt. Uns nämlich liegt nichts daran. Wenn es aber etwas gibt, was ihr von der hiesigen Verfassung wissen wollt, so verbergt es uns nicht! Ihr werdet nämlich finden, daß wir euch eine solche Antwort erteilen werden, wie sie euch am wenigsten enttäuscht oder betrübt.

Das eine nur sage ich euch noch: Keiner von euch darf sich weiter als eine Karane — dieses Längenmaß entspricht anderthalb Meilen — ohne besondere Erlaubnis von den Mauern der Stadt entfernen.»

Wir antworteten, nachdem wir uns gegenseitig angeschaut hatten und indem wir die gnädige, gleichsam väterliche Güte bewunderten: wir hätten nichts dazu zu sagen, zumal zum Danken Worte nicht ausreichten und weil er durch seine edle und unerwartete Großzügigkeit alles, was wir wünschen könnten, vorweggenommen habe. Wir würden uns alles wohl überlegen, als ob wir das Bild des ewigen Heiles im Himmel vor Augen hätten, da wir, die wir kurz vorher noch im Rachen des Todes gewesen seien, ja jetzt an einem Orte weilten, wo nichts anderes als ewige Tröstungen unserer warteten. Was den Befehl betreffe, der uns auferlegt sei, so würden wir unbedingten Gehorsam leisten, wenn es auch nicht anders sein könne, als daß unsere Herzen von dem brennenden Verlangen, dieses heilige und glückliche Land länger zu sehen, entflammt seien. Wir fügten hinzu, daß unsere Zungen eher am Gaumen festkleben würden, ehe wir seiner verehrungswürdigen Person sowie dieses ganzen Volkes in unseren Gebeten zu gedenken unterlassen würden. Wir baten ihn auch, uns zu der Zahl seiner mit Fug und Recht wahren und treuen Diener zu zählen, mit nicht geringerem Recht, als durch welches jemals Sterbliche Sterblichen verbunden waren. Daher legten wir uns und alle unsere Habe demütig zu seinen Füßen.

Er sagte, er sei Priester und erwarte den Lohn eines solchen, das heißt unsere brüderliche Liebe und das Heil unserer Seelen und Leiber.

So schied er von uns nicht ohne Tränen, die ihm vor Rührung in die Augen stiegen. Uns aber verließ er als Leute, die vor Freude und Dankbarkeit bestürzt und beglückt waren. Und wir sprachen zueinander: wir seien in ein Land von Engeln gekommen, die uns täglich erschienen und uns mit Tröstungen überschütteten, die wir nicht einmal ausdenken, geschweige denn erwarten könnten.

[II. Belehrung im Fremdenheim von Bensalem; 1. Der Besuch des Vorstehers]

Am nächsten Tage, etwa um die zehnte Stunde des Morgens, besuchte uns der Vorsteher von neuem, und nach beiderseitigen Begrüßungen sprach er freundlich, er sei gekommen, um uns zu besuchen und mit uns die Zeit zu verbringen. Darauf verlangte er einen Sessel und setzte sich.

Wir aber, an Zahl zehn — denn die übrigen waren entweder zu gering oder waren hinausgegangen — setzten uns um ihn herum. Daraufhin aber begann er folgendermaßen:

«Mit uns auf dieser Insel Bensalem — so nämlich nennen wir sie in unserer Sprache — verhält es sich so:

Infolge der Abgelegenheit unserer Insel und dem von uns den Fremden auferlegten Gebot, über dieses Land zu schweigen, sowie infolge der Seltenheit auswärtiger Gesandtschaften in unsere Gegend ist uns zwar der größte Teil des bewohnbaren Erdkreises bekannt, wir selbst jedoch sind den anderen nahezu unbekannt. Da also denen, die weniger wissen, das Fragen besser ansteht, ist es angemessener, daß ihr mich fragt, als daß ich euch frage.»

Wir antworteten, wir seien ihm außerordentlich dankbar, daß er uns diese Erlaubnis gebe. Wir könnten aus dem, was wir bereits gesehen hätten, leicht schließen, daß es auf der Welt nichts Wissenswerteres gebe als die Verhältnisse und die Verfassung dieses glücklichsten aller Länder. Vor allem aber, sagten wir, da wir von den entlegensten Küsten der Erde gekommen seien und, da wir ja beiderseits Christen seien, hofften, dereinst im Himmelreich zusammenzukommen, begehrten wir zu wissen, wer, weil doch dieses Land so weit abliege und durch weite und unbefahrene Meeresflächen von dem Land, in dem unser Heiland, als er Mensch war, weilte, getrennt sei, denn der Apostel dieses Volkes gewesen sei und auf welche Weise es zum Glauben bekehrt worden sei.

Es war leicht an seinem Gesicht zu ersehen, daß ihm diese Frage besondere Freude bereitete.

[2. Die Herkunft des Christentums auf der Insel]

«Ihr habt», so sagte er, «mein Herz wundersam berührt, da ihr diese Frage an erster Stelle ausspracht. Sie verrät nämlich, daß ihr zuerst nach dem Reiche Gottes fragt. Und gern will ich diesem eurem Verlangen in Kürze nachkommen.

Ungefähr zwanzig Jahre nach der Himmelfahrt des Herrn geschah es, daß das Volk von Renfusa, einer im östlichen Teile unseres Landes gelegenen Seestadt, nachts — die Nacht aber war neblig, jedoch still — etwa hundert Schritt vom Gestade eine hohe Lichtsäule erblickte, nicht in Pyramidenform, sondern gleichsam zylindrisch, vom Meer zum Himmel gerichtet, und auf ihrer Spitze ein großes Lichtkreuz, etwas strahlender noch als der Körper der Säule. Bei diesem so wunderbaren Anblick versammelte sich, wie es so geschieht, das Volk der Stadt am Meeresstrande und stand eine Weile starr vor Staunen. Bald darauf aber bestiegen die meisten kleine

Kähne, um diese erstaunliche Erscheinung von nahem zu betrachten. Nachdem aber die Kähne in einer Entfernung von ungefähr sechzig Ruten von der Säule angelangt waren, siehe, da standen sie plötzlich alle fest und vermochten nicht weiterzufahren, so jedoch, daß sie sich im Kreise bewegen, aber nicht näher herankommen konnten; so standen also die Kähne wie im Theater herum, um dieses Licht wie eine himmlische Vorstellung zu betrachten.

Es traf sich aber zufällig so glücklich, daß in einem der Kähne einer von unseren Weisen saß, einer nämlich von der Gesellschaft des Hauses Salomons. Dieses Haus oder diese Genossenschaft, meine lieben Brüder, ist ganz offenbar das Auge dieses Reiches.

Nachdem dieser also eine Zeitlang die Säule mit dem Kreuze aufmerksam und voller Ehrfurcht betrachtet hatte, warf er sich auf sein Antlitz und brach darauf, sich auf die Knie aufrichtend und die Hände zum Himmel erhebend, in folgendes Gebet aus:

«Herr, Gott des Himmels und der Erde! In Deiner besonderen Gnade hast Du die Männer unserer Bruderschaft gewürdigt, die Werke Deiner Schöpfung und ihre Geheimnisse zu erkennen und, soweit es den Geschlechtern der Menschen vergönnt ist, zwischen göttlichen Wundern, Werken der Natur, künstlichen Wirkungen und Vorspiegelungen der Dämonen sowie Täuschungen aller Art zu unterscheiden. Ich erkenne und bezeuge öffentlich vor diesem Volke, daß diese Erscheinung, die wir vor Augen haben, Dein Finger ist und ein wahres Wunder. Da wir aber aus unseren Büchern gelernt haben, daß Wunder von Dir nur zu irgendeinem göttlichen und besonderen Zwecke gewirkt werden — denn auch die Gesetze der Natur sind Deine Gesetze, von denen Du nur aus wichtigem Anlaß im geringsten abweichst —, beschwören wir Dich demütigst, uns dieses große Zeichen zu segnen und uns seine Erklärung und seinen Nutzen barmherzig zu schenken. Denn das ist Deine geheime Versprechung, da Du uns dieses Zeichen schickst.»

Nachdem er so gebetet hatte, fühlte er, wie sich der Kahn, in dem er saß, allmählich löste und bewegte, während die übrigen noch wie festgewurzelt verharrten. Er legte dies als sicheres Zeichen der Erlaubnis, sich zu nähern, aus und ließ den Kahn vorsichtig und schweigend mit dem Ruder auf die Säule zu vortreiben. Bevor er aber noch zu ihr gelangt war, verschwand die Säule mit dem Lichtkreuz und verwandelte sich gleichsam in ein über und über mit Sternen bedecktes Firmament. Auch diese verblaßten bald darauf, und nichts anderes blieb zu sehen als eine kleine Kiste aus Zedernholz, trocken und nirgends vom Wasser benetzt, obwohl sie schwamm. Auf ihrer Oberseite aber, gegen den Weisen zu, wuchs ein kleiner, grüner Palmzweig hervor.

Nachdem jener mit höchster Verehrung die Kiste in seinen Kahn gehoben hatte, sieh, da öffnete sie sich von selber, und in ihr lagen ein Buch und ein Brief, beide auf makellosem Pergament geschrieben und in sidonisches Leinen gebunden. Das Buch enthielt sämtliche kanonischen Schriften des Alten und des Neuen Testamentes, so wie ihr sie habt — denn wir wissen sehr wohl, welche Bücher der Kirche man bei euch besitzt —; sogar die Apokalypse und einige andere Schriften des Neuen Testamentes, die zu dieser Zeit noch nicht herausgegeben waren, waren nichtsdestoweniger in diesem Buche enthalten. Was aber den Brief betrifft, so standen in ihm folgende Worte geschrieben:

«Ich, Bartholomäus, Diener des Höchsten und Apostel Jesu Christi, bin von einem Engel, der mir in glorreicher Vision erschien, aufgefordert worden, diese Kiste den Fluten des Meeres zu übergeben. Und so bezeuge und verkünde ich dem Volke, zu dem Gott diese Kiste zu treiben bestimmt hat: An demselben Tage kommen zu ihm Heil und Frieden und guter Wille von dem Vater und dem Herrn Jesus.»

Außerdem wirkte Gott an diesen beiden Schriftwerken, dem Buch sowohl als dem Briefe, ein unerhörtes Wunder, nicht unähnlich jenem, das er den Aposteln in dem Geschenk der Sprachen erzeigte. Da nämlich zu dieser Zeit außer den Eingeborenen selbst in diesem Lande Hebräer, Perser und Inder wohnten, lasen alle in jenem Buche und in dem Briefe, als wenn sie in der Muttersprache eines jeden von ihnen geschrieben gewesen wären.

Durch dieses Ereignis, meine Brüder, ist dieses Land vor der Ungläubigkeit bewahrt geblieben, genau wie die Reste der alten Welt vor den Wassern durch eine Arche, mittels der apostolischen und wunderbaren Botschaft des heiligen Bartholomäus.»

Damit hörte er auf zu sprechen, weil ein Bote kam, der ihn abholte und somit am Weitererzählen hinderte.

[3. Frage nach dem Ursprung der Weltkenntnis der Insulaner]

Am folgenden Tage kam der Vorsteher sogleich nach dem Frühstück wieder zu uns und entschuldigte sich, indem er sagte, daß er den Tag zuvor plötzlich und unvermutet abberufen worden, jetzt aber zurückgekehrt sei, um es wiedergutzumachen und die Zeit zusammen mit uns zu verbringen, sofern uns seine Gesellschaft oder Unterhaltung angenehm sei. Wir antworteten, diese seien uns so angenehm, daß wir weder des vergangenen Unglücks noch der zukünftigen Gefahren gedächten, solange wir uns seiner Unterhaltung erfreuten. Wir fügten hinzu, daß wir glaubten, eine Stunde im Gespräch mit ihm sei mehr wert als ganze Jahre unseres Lebens. Er verneigte sich ein wenig und, nachdem wir uns gesetzt hatten, sagte er:

«Nun gut! Was habt ihr für Fragen?»

Nach einer kleinen Weile meinte einer von uns, es gebe eine Sache, die zu erfahren wir zwar sehr begierig, nach der zu fragen wir jedoch zu furchtsam seien, um nicht etwa allzu dreist zu erscheinen. Jedoch ermutigt durch seine einzigartige Menschenfreundlichkeit uns gegenüber – da wir, die wir seine ergebensten und untertänigsten Diener seien, uns kaum noch als Fremde fühlten – wollten wir uns die Freiheit nehmen, sie zu stellen. Wir bäten ihn aber ehrerbietigst, diese Frage, sofern er sie keiner Antwort würdigen wolle, immerhin zu verzeihen, wenn er sie auch abweise.

Er sagte weiterhin, wir hätten genug beobachtet und auch noch die von ihm selbst geäußerten Worte im Gedächtnis, daß dieses glückliche Land, in das wir nunmehr den Fuß gesetzt hätten, nur wenigen bekannt sei, jedoch nichtsdestoweniger die meisten Völker des Erdkreises recht gut kenne. Das leuchte uns unmittelbar ein, weil sie die Sprachen Europas verstünden und unsere Einrichtungen zum überwiegenden Teil kennten, während wir in Europa dagegen nach so vielen und so ausgedehnten Entdeckungsreisen, die wir in den letzten Jahrhunderten unternommen hätten, nichts weiter von dieser Insel gehört hätten. Man könne sich nicht genug darüber wundern, da sich doch alle Völker gegenseitig entweder durch Reisen in fremde Länder oder durch Besuche von Ausländern bei sich kennenlernten. Wenn nun auch, wer ein fremdes Volk besuche, mehr Kenntnis und Einsicht durch den Augenschein gewinne als der, der zu Hause bleibe, von einem Reisenden lediglich durch Hörensagen zu lernen imstande sei, so könne man doch allenthalben nur auf diese beiden Arten Kenntnis voneinander haben. Was aber diese Insel betreffe, so sei von ihr niemals Kunde zu uns gedrungen, von keiner Landung eines ihrer Schiffe an unseren Küsten, auch von keiner solchen an den Gestaden Europas, Ost- oder Westindiens, und auch von keinem Schiffe, welchen Volkes auch immer, habe man vernommen, das von diesem Lande zurückgekehrt sei. Darin aber bestehe das, was die Verwunderung hervorrufe, nicht; denn seine Lage, wie Seine Hoheit gesagt habe, in der heimlichen Abgeschlossenheit eines so weiten Ozeans könne der Grund dazu sein. Das aber, daß jene Kenntnis von den Sprachen, Büchern und Einrichtungen der Völker hätten, die doch von ihnen durch so ungeheure Räume getrennt seien, übersteige alle Begriffe, und es wolle uns durchaus nicht in den Kopf gehen, wie das möglich sei. Wir hielten es nämlich zwar für eine Fähigkeit göttlicher Geister und Mächte, nicht aber von Menschen, selbst verborgen und unsichtbar zu bleiben, dabei aber die anderen offen vor den Augen und gleichsam im vollen Lichte der Sonne zu haben.

Bei diesen Worten lächelte der Vorsteher freundlich und sagte: Nicht ohne Grund bäten wir um Verzeihung wegen dieser Frage;

denn sie klinge gerade so, als hielten wir dieses Land für kein anderes als das Land der Zauberer, die Luftgeister nach allen Richtungen
aussendeten, durch deren Hilfe und Dienstbarkeit sie alles, was in
anderen Gegenden geschehe, erführen.

Wir antworteten alle einstimmig, voller Demut, jedoch mit so ru-
higem Gesicht, daß man merken konnte, daß wir seinen Scherz verstanden hatten: gewiß könne man leicht auf den Gedanken kommen,
daß in diesem Volke etwas schier Übernatürliches stecke; wir hielten
es aber eher für engelhaft als für magisch. Aber ganz offen möchten
wir Seiner Hoheit gestehen: der Grund, warum wir uns vor dieser
Frage gescheut hätten, sei nichts dergleichen gewesen, vielmehr er-
innerten wir uns, daß er in der letzten Unterredung angedeutet habe,
dieses Volk habe sich durch Gesetze über das Schweigen gegenüber
Fremden gesichert.

[4. Die Geschichte der Insel Bensalem]

Darauf antwortete er: «Ihr erinnert euch richtig. Deshalb muß ich
auch von dem, was ich euch zu erzählen beabsichtigte, einiges für
mich behalten, was überhaupt nicht zu verraten erlaubt ist; es wird
jedoch noch genug übrig bleiben, das euch große Genugtuung bereiten wird.

Ihr müßt wissen, obwohl es euch vielleicht kaum glaublich erscheinen wird, daß vor nunmehr etwa dreitausend Jahren oder noch mehr
die Seefahrten auf dem Erdkreis, zumal nach abgelegenen Gegenden,
weit eifriger betrieben und viel sorgfältiger durchgeführt wurden
als heutzutage. Glaubt nicht, daß es mir unbekannt ist, wie sehr bei
euch die Seefahrt in den letzten hundertundzwanzig Jahren gefördert
wurde! Dies ist mir durchaus geläufig. Und dennoch, ich wiederhole
es, war sie zu jener Zeit bedeutender als jetzt, sei es, daß die Rettung
der Reste des menschlichen Geschlechtes vor der großen Sintflut
durch die Arche den Menschen dieses Vertrauen zur Schiffahrt ein-
flößte oder daß irgendein anderer Grund vorlag. Wie auch immer
es sei: was ich euch sage, ist wahr. Die Phönizier und vor allem die
Leute von Tyrus hatten große Flotten, ebenso auch Karthago, ihre
Kolonie, wenn auch diese weit im Westen lag. Im Osten aber waren
die Flotten Ägyptens und Palästinas mächtig und zahlreich. China
aber und Groß-Atlantis, das ihr Amerika nennt, die jetzt nur
Dschunken und Kanus haben, hatten in jenen Tagen eine Unzahl
großer Schiffe. Diese unsere Insel besaß damals, wie aus den ge-
treuen Berichten dieser Zeit klar hervorgeht, eintausendundfünfhun-
dert Schiffe und zwar seetüchtige von großer Fassungskraft.

Von dem, was ich euch da erzähle, ist bei euch nur noch geringe
oder überhaupt keine Kenntnis vorhanden; uns aber ist es als sicher
bekannt.

Zu jener Zeit also landeten auch an unserer Insel Schiffe und Flotten aller der Völker, die ich soeben nannte. Und, wie es zu geschehen pflegt, brachten diese Schiffe außer ihren Landsleuten viele Menschen aus anderen Ländern mit, die selbst keine Seefahrer waren, wie Perser, Chaldäer, Araber, wie überhaupt fast alle mächtigen und berühmten Völker dieses Land besuchten. Von diesen haben wir bis zum heutigen Tage einige kleinere Sippen und Familien.

Was aber unsere Schiffe betrifft, so segelten sie fast alle Küsten an und gelangten so auch zu eurer Meerenge, die ihr die ‹Säulen des Herakles› nennt, wie in andere Gegenden sowohl des Mittelmeeres als auch des Atlantischen Ozeans, wie zum Beispiel auch nach Paguinum, der ältesten Stadt Chinas, die identisch ist mit Cambalu, und nach Quinze am östlichen Meere, nicht weit von den Grenzen der östlichen Tatarei gelegen.

Außerdem waren zu derselben Zeit und im ganzen folgenden Jahrhundert oder noch länger die Völker von Groß-Atlantis äußerst mächtig. Denn wenn auch die Erzählung und der Bericht eines bedeutenden Mannes eurer Erdhälfte, ein Nachkomme Neptuns habe dort seinen Wohnsitz aufgeschlagen, ferner von herrlichen Gebäuden: Tempel, Palast, Stadt, Hügel, ja selbst von den zahlreichen Windungen großer und schöner Flüsse, die, wie ebensoviele Kettengewinde jenen Tempel und die Stadt umgürteten, und schließlich von jenen mächtigen Aufgangsstufen, über die man zu jenen gelangte gleichsam wie über die Himmelstreppe — wenn also auch dieser Bericht märchenhaft und dichterisch sein mag, so mischt sich doch auch Wahrheit hinein, da in jener Gegend von Atlantis, sowohl in der Perus, die damals Goya genannt wurde, als auch in jener anderen des mexikanischen Reiches, die damals Tirambel hieß, Reiche bestanden, die an Waffen, Flotten und Machtmitteln reich und stolz waren und so mächtig, sage ich euch, daß sie zur gleichen Zeit, oder wenigstens innerhalb eines Zeitraumes von zehn Jahren, zwei große Seefahrten unternahmen. Die einen nämlich fuhren von Tirambel durch den Atlantischen Ozean bis ins Mittelmeer, die anderen aber von Goya bis zu dieser unserer Insel. Über die erste dieser Fahrten aber scheint euer Schriftsteller etwas von einem ägyptischen Priester, den er zitiert, erfahren zu haben. Ganz sicher jedenfalls fand eine solche Unternehmung statt. Ob es aber die alten Athener waren, die jene Heerscharen zurückwarfen und besiegten, und ob ihnen dieser Ruhm zuzuerkennen ist, kann ich nicht sagen. Das aber steht ohne jeden Zweifel fest, daß weder ein Schiff noch ein Mann von dieser Unternehmung zurückgekehrt ist. Und kein besseres Geschick wäre jener Flotte von Goya, die bei uns eindrang, widerfahren, wenn sie nicht milderen Feinden in die Hände gefallen wäre.

Denn der König dieser Insel namens Altabin, ein kluger Mann und hervorragender Feldherr im Kriege, dem sowohl die eigenen Kräfte wie die der Feinde sattsam bekannt waren, führte die Unternehmung so, daß er ihre Landtruppen, nachdem sie an Land gestiegen waren, von ihrer Flotte abschnitt und beide wie auf einer Treibjagd mit seinem Heere, das größer als das jener war, zu Wasser und zu Lande umzingelte. Auf diese Weise zwang er sie ohne Schlacht zur Ergebung. Als sie aber in seiner Gewalt waren, legte er ihnen keine härteren Bedingungen auf, als daß er einen Eid von ihnen verlangte, in Zukunft niemals wieder gegen ihn die Waffen zu erheben. Darauf ließ er sie alle unbehelligt laufen.

[5. Die Sintflut Amerikas]

Dennoch strafte die Rache Gottes nicht lange danach jene übermütigen Versuche. Denn innerhalb von hundert oder noch weniger Jahren wurde jenes Groß-Atlantis vollständig zerstört und vernichtet, nicht durch ein Erdbeben vom Boden verschlungen, wie jener euer Schriftsteller behauptet — denn jener ganze Erdstrich ist wenig von Erdbeben heimgesucht —, sondern durch eine besondere Sintflut oder Überschwemmung. Jene Gegenden haben ja noch heute größere Flüsse und auch höhere Berge, die ihre Wasser in die Ebenen schicken, als irgendein anderer Teil der Alten Welt. Das aber ist wahr, daß diese Überschwemmung nicht allzu gewaltig gewesen ist, nicht höher vielleicht als vierzig Fuß an einigen Stellen, so daß sie zwar allenthalben Menschen und Tiere verschlang, daß jedoch nichtsdestoweniger einige Waldbewohner in die Berge entkamen. Auch die Vögel waren so gut wie sicher, da sie auf Berge oder auf hohe Bäume fliegen konnten, die Menschen aber nur, wenn sie, an einigen Plätzen, höhere Gebäude hatten, als daß das Wasser sie erreichen konnte. Dennoch war jene Überschwemmung, wenn auch keineswegs hoch, so doch langdauernd. Deshalb gingen diejenigen, die im Tale lebten, aus Mangel an Nahrung und allen anderen notwendigen Dingen, durch Not und Hunger zugrunde. Deshalb wundert euch nicht, wenn Amerika so arm an Einwohnern ist und wenn seine Bevölkerung noch so einfach und barbarisch lebt. Ihr müßt nämlich den Grund einsehen: Das amerikanische Volk ist ganz jung — im Vergleich zu den übrigen Bewohnern des Erdkreises meine ich — und zwar nicht weniger als tausend Jahre jünger; so viel Zeit nämlich war zwischen der allgemeinen Sintflut und jener besonderen amerikanischen verflossen.

Langsam bekamen nun jene geringen und spärlichen Reste des menschlichen Geschlechtes, die in den Bergen geblieben waren, Nachkommenschaft. Da aber die Menschen wild und in jeder Beziehung roh waren — keineswegs dem Noa und seinen Söhnen, die eine von dem gesamten Erdball ausgesuchte Familie waren, ähnlich —, vermochten sie ihren Nachkommen weder Schrifttum noch Kunst noch

Lebensart zu vermitteln. Und da sie sich fernerhin in ihren Berg-wohnungen wegen der außerordentlichen Kälte jener Gebiete mit den Fellen der Bären, der Tiger und der großen struppigen Steinböcke, die in jenen Gegenden zahlreich sind, zu bekleiden gewohnt waren, nachher aber, wenn sie ins Tal herabstiegen, dort die unerträgliche Hitze nicht aushalten konnten, ein Vorrat an leichter Kleidung ihnen jedoch nicht zur Hand war, wurden sie gezwungen, die Sitte des nackt Einherlaufens einzuführen, die bei ihnen bis zum heutigen Tage im Schwange ist. Lediglich Vogelfedern tragen sie mit großer Begeisterung und besonderem Vergnügen, und dies haben sie zwei-fellos aus der Überlieferung und durch das Beispiel ihrer Vorfahren gelernt, die in den Bergen hausten; diese aber sind zu dieser Sitte vielleicht durch die unzähligen Scharen der Vögel verleitet worden, die andere Gegenden aufsuchten, als die tief gelegenen von den Was-sern überschwemmt wurden.

Ihr seht also, meine Brüder, daß durch dieses höhere Eingreifen und durch dieses Wunder, des Schicksals gewissermaßen, unser Handelsverkehr mit den Amerikanern aufhörte, da sie selbst nicht mehr da waren; mit ihnen aber trieben wir ja mehr als mit allen anderen Menschen Handel, weil sie unserem Lande am nächsten wohn-ten.

Was aber die anderen Teile der Erde betrifft, so ist es ganz offen-sichtlich, daß in den folgenden Jahrhunderten, sei es infolge von Kriegsläuften, sei es durch den Lauf und den Wechsel der Zeiten über-haupt, die Seefahrt überall weitgehend ins Stocken geraten ist, besonders aber die überseeische, und zwar deswegen, weil Dreirude-rer und andere derartige Schiffe, die sich für die Überquerung des Ozeans kaum eignen, in Gebrauch gekommen sind.

Daher also begreift ihr wohl, aus welchem Grunde die Kenntnis unseres Landes, die von denen, die über See zu uns kamen, erworben werden konnte, seit vielen Jahrhunderten abhanden gekommen ist, wenn nicht etwa durch Zufall eine solche Landung wie vor wenigen Tagen die eure gelingt.

Noch einen anderen Grund der Einstellung unserer Schiffahrt in andere Gegenden muß ich euch nennen. Ich kann nämlich, wenn ich die Wahrheit gestehen soll, nicht leugnen, daß die Einrichtung und Ausrüstung unserer Flotte, was die Zahl und Stärke der Schiffe, die Menge der Seeleute, die Erfahrenheit der Steuermänner und andere entsprechende Dinge betrifft, heute nicht auf der gleichen Höhe sind, wie sie es einst waren. Daher werde ich euch gesondert erklären, was der eigentliche Grund ist, daß wir jetzt zu Hause sitzen; und das wird zur Aufhellung der Frage, die ihr anfangs gestellt habt, noch geeigneter sein.

Vor neunzehnhundert Jahren regierte auf dieser Insel ein König, dessen Andenken wir mehr als das aller anderen pflegen und verehren, nicht abergläubisch, sondern gleichsam als das eines göttlichen Werkzeuges, wenn auch eines sterblichen Menschen. Sein Name war Solamona. In ihm sehen wir den Gesetzgeber dieses Volkes.

Diesem König schenkte Gott ein großes und im Guten unbeirrbares Herz. Er verlegte sich ganz darauf, sein Reich und sein Volk zu beglücken. Da er deshalb bei sich überlegte, wie selbstgenügsam und sozusagen selbständig dieses Land aus sich selbst gewesen sei, um sich selbst zu erhalten, ohne Hilfe oder Einfuhr aus dem Auslande, da es alles, was es im Umkreis von fünftausendundsechshundert Meilen gab, besaß, größtenteils fruchtbar war und durch Güte des Bodens besonders hervorragte, und da er weiterhin bedachte, daß man die Flotte und die Schiffe des Landes bezüglich ihrer Ausrüstung und Ausbildung nicht vernachlässigen dürfe, sowohl wegen des Handels und des Verkehrs von Hafen zu Hafen wie auch wegen der Fahrten zu bestimmten naheliegenden Inseln, die seiner Herrschaft und seinen Gesetzen unterstanden, da er sich ferner ins Gedächtnis rief, wie glücklich und blühend zu jener Zeit der Zustand seines Reiches gewesen sei, so daß er auf tausenderlei Art zum Schlechteren, aber auf kaum eine zum Besseren gewendet werden könne, glaubte er, daß nichts fehle, wodurch er seine Gebiete berühmt und großartig machen könne, als daß er, soweit menschliche Voraussicht es zu bewirken vermöge, jene Einrichtungen, die zu ihrer Zeit so glücklich begründet und gesichert waren, für alle Zeiten festlege. Deshalb verordnete er unter anderen Grundgesetzen vor allem solche Gesetze, die die Einwanderung von Ausländern unterbinden sollten; sie war zu der Zeit, das heißt nach dem Unglück in Amerika, recht stark. Er fürchtete nämlich Neuerungen und Sittenverwirrung.

Es ist wahr, daß ein ähnliches Verbot der Einwanderung Fremder von alters her bei den Chinesen in Kraft war und auch heute noch gilt. Aber dort war die Sache verächtlich und machte die Chinesen zu einem neugierigen, unerfahrenen, ängstlichen und unfähigen Volke.

Unser Gesetzgeber aber bewies mit seiner Verordnung eine weit andere Gesinnung. Vor allem nämlich hielt er alle Rechte der Menschlichkeit hoch in Ehren bei seinen Gesetzen und Verordnungen zur Rettung und Tröstung unglücklicher Fremder; das habt auch ihr erfahren.»

Bei diesen Worten erhoben wir uns alle und verneigten uns, wie es sich gehörte.

Jener fuhr fort: «Derselbe König schlug in dem Bestreben, mit den Werken der Menschlichkeit politische Absichten zu verbinden, und in dem Glauben, daß es am wenigsten zu der Menschlichkeit stimme, wenn die Fremden gegen ihren Willen festgehalten würden, und noch weniger zu den Staatsgesetzen passe, wenn sie heimkehrten und die Geheimnisse dieser Insel ausplauderten, folgenden Weg ein: Er setzte fest, daß von den Ausländern, denen erlaubt werden sollte, dieses Land zu betreten, diejenigen, die wieder abreisen wollten, nicht daran gehindert werden sollten; die aber zu bleiben wünschten, sollten die Bedingungen und Lebensmöglichkeiten durch die Verfassung vorgeschrieben bekommen. In dieser Beziehung sieht es schon schlimm genug aus, daß wir uns nach Verlauf von so vielen Jahrhunderten zwar an kein einziges Schiff erinnern können, das die Rückkehr vorzog, aber immerhin an dreizehn Männer, die zu verschiedenen Zeiten in unseren Schiffen heimzukehren wünschten. Was aber jene wenigen, die auf diese Weise zurückkehrten, über unser Land verbreiteten, ist uns nicht bekannt. Ihr könnt euch jedoch leicht vorstellen, daß das, was sie berichteten, für nichts anderes als für einen Traum gehalten worden ist.

Unsere eigenen Seefahrten aber in fremde Länder meinte unser Gesetzgeber ganz einschränken zu müssen. In China geschieht das nicht; die Chinesen nämlich segeln, wohin sie wollen und können. Dies beweist zur Genüge, daß ihr Gesetz, die Fremden zu meiden, lediglich von Kleinmütigkeit und Furcht herrührt. Unser Verbot aber enthält nur jene eine und sicherlich bewunderungswürdige Einschränkung: das Gute nämlich, das man aus dem Umgang mit Ausländern gewinnen kann, wahrt es, das Schlechte aber vermeidet es. Dies werde ich euch jetzt auseinandersetzen. Und dabei werde ich scheinbar etwas von dem, worum es eigentlich geht, abweichen; bald aber werdet ihr bemerken, daß auch dies zur Sache gehört.

[7. Das Haus Salomons]

Ihr werdet sehen, meine lieben Freunde, daß unter den Taten jenes Königs eine besonders hervorsticht. Es handelt sich um die Gründung oder Einrichtung eines gewissen Ordens oder einer Gesellschaft, die wir das Haus Salomons nennen. Es ist das, sage ich euch, unserer Meinung nach die großartigste Gründung aller derartigen auf der Erde und eine große Leuchte dieses unseres Landes.

Dieses Haus ist der Erforschung und Betrachtung der Werke und Geschöpfe Gottes geweiht. Einige glauben, daß sein Name, wenn auch ein wenig verändert, von dem Gründer herrühre und man eigentlich ‹Haus Solomonas› sagen müsse, aber selbst die authentischen Archive haben es so geschrieben, wie es jetzt im täglichen Gespräch genannt wird. Daher glaube ich, daß sein Name von jenem König der Israeliten herstammt, der bei euch berühmt, aber auch bei uns nicht unbekannt ist. Wir besitzen nämlich bestimmte Teile seiner Werke, die man bei euch vermißt. Ich meine aber jene Naturgeschichte, die von allen Pflanzen berichtet, von der Zeder des Libanon bis zum

Ysop, der aus der Wand wächst, und von allen Dingen, die Leben und Bewegung besitzen. Deshalb kam mir folgender Gedanke in den Sinn: Unser König, da er sich in vieler Beziehung mit jenem israelitischen König, der viele Jahre vor ihm gelebt hatte, einig sah, habe mit diesem Namen seine Gründung ehren wollen. Zu dieser Ansicht wurde ich vor allem verführt, weil ich in den ganz alten Berichten finde, daß diese Gesellschaft bald ‹Haus Salomons› genannt wird, bald das ‹Kollegium der Werke der sechs Tage›. Deshalb bin ich der Überzeugung, jener unser hervorragender König habe von den Hebräern gelernt, daß Gott diese Welt und alles, was auf ihr lebt, innerhalb von sechs Tagen geschaffen hat, und deshalb, als er jenes Haus zur Erforschung und Erkenntnis des wahren und inneren Wesens aller Dinge begründete, damit Gott als ihr Schöpfer um so größeren Ruhm ob ihres Baues empfange, die Menschen aber in ihrer Auswertung um so reichere Früchte ernteten, ihm auch jenen zweiten Namen des ‹Kollegiums der Werke der sechs Tage› gegeben.

Tatsächlich — um endlich zu dem zurückzukommen, worum es sich jetzt handelt — verordnete der König, nachdem er seinen Untertanen und außerdem den diesem Lande unterstellten Gebieten jegliche Schiffahrt untersagt hatte, nichtsdestoweniger folgende Bestimmung: Alle zwölf Jahre sollen aus diesem Lande zwei Schiffe in die verschiedenen Gegenden des Erdkreises geschickt werden. Mit beiden Schiffen sollen jeweils drei Männer der Bruderschaft des Hauses Salomons ausfahren. Diesen ist aufzutragen, uns von den Einrichtungen und den Verhältnissen jener Länder, in denen sie landen, vor allem aber von den Wissenschaften, Künsten, Handwerken und Erfindungen der gesamten Erde Kunde zu bringen und bei ihrer Rückkehr Bücher, Instrumente und Unterlagen jeder Art mitzuführen. Die Schiffe sollen, nachdem sie die Brüder an Land gesetzt haben, zurückkehren; die Brüder aber sollen bis zur nächsten Fahrt in der Fremde bleiben. Die Schiffe sollen mit keiner anderen Fracht beladen werden als mit einer ausreichenden Menge an Lebensmitteln sowie mit einer angemessenen Summe Geldes, damit die Brüder jene Dinge kaufen und nötigenfalls ihnen gefällige Leute belohnen können.

Euch nun aber noch die Art und Weise, in der die Masse der Seeleute ausgebildet wird, damit sie in den Ländern, in denen sie landen, nicht erkannt werden, auf welche Weise sie sich, sobald sie an Land sind, unter dem Namen anderer Völker verbergen oder in welche Gegenden unsere Fahrten stattgefunden haben oder in welche Länder neue Reisen vorgesehen sind, sowie alle anderen derartigen Umstände, die die praktische Seite der Sache betreffen, zu verraten, bin ich nicht befugt. Dies gehört sicher auch nicht zu eurer Frage.

Ihr seht jedenfalls, daß wir einen Handelsverkehr unterhalten, nicht um des Goldes, des Silbers und der Edelsteine, nicht um Seide und

Gewürze und auch nicht um sonstiger einträglicher und wertvoller Dinge, sondern nur um der ersten Schöpfung Gottes: des Lichtes willen, des Lichtes, sage ich, das ja schließlich an jeder Stelle der Erde hervorbricht und Leben zeugt.»

Als er dies gesagt hatte, schwieg er. Aber auch wir schwiegen eine Weile. Denn wir waren wahrhaftig alle erstaunt, als wir so wunderbare Dinge in einer so lichtvollen Darstellung hörten. Da jener aber bemerkte, daß wir mit allen möglichen Gedanken beschäftigt, jedoch noch zu keiner Äußerung fähig waren, beendete er in entgegenkommender Weise seine Erklärungen und lenkte zu Fragen über unsere Reise und unser Schicksal über. Gegen Ende der Unterhaltung aber sagte er, wir würden gut daran tun wenn wir unter uns über die Dauer des Verweilens und über unsere Absichten beratschlagten. Er empfahl uns, dabei keineswegs schüchtern zu sein; welche Zeit wir auch immer fordern zu müssen glaubten — er würde sie sicherlich für uns durchzusetzen wissen.

Bei diesen Worten erhoben wir uns alle und wollten ehrerbietig die Fransen seines Umhangs küssen. Jener aber winkte ab und schied alsbald von uns.

[III. Das Leben auf der Insel; 1. Umschau]

Nachdem es sich aber unter unseren Leuten herumgesprochen hatte, daß die Verfassung des Landes den Ausländern, die dableiben wollten, günstige Bedingungen einräume, konnten wir kaum noch einen von ihnen dazu überreden, für unser Schiff zu sorgen, noch weniger davon abhalten, den Vorsteher sogleich anzugehen, ihn jener Rechte teilhaftig werden zu lassen. Wir konnten sie jedoch, wenn auch nicht ohne große Mühe, endlich so lange zurückhalten, bis wir gemeinsam festlegten, was zu tun sei.

Indessen hielten wir uns bereits für so gut wie frei, da wir jede Furcht vor dem äußersten Verderben vertrieben sahen. Auch lebten wir aufs angenehmste, indem wir in der Stadt und auch auf jenem Anger, wo es uns gestattet war, umherspazierten. Dabei suchten und beschauten wir alles Sehenswerte und Schöne.

Mittlerweile knüpften wir auch Freundschaft mit den meisten Städtern, und zwar nicht gerade mit denen von geringerem Stande. Unter ihnen fanden wir so viel Menschlichkeit und eine so erfreuliche und freie Lebensart, da sie uns Fremde geradezu hegten und pflegten, daß es kaum ausbleiben konnte, daß wir all derer, die uns früher in der Heimat lieb gewesen waren, vergaßen.

Täglich kamen wir aber auch an Dinge, die der Beachtung und Erwähnung mehr als würdig waren. In der Tat: wenn es irgendwo auf der Welt einen Spiegel gibt, der die Augen der Menschen anlockt und fesseln kann, so bietet ihn dieses Land.

[2. Das Familienfest]

Es geschah eines Tages, daß zwei von uns zu einem sogenannten ‹Familienfest› eingeladen wurden. Die Sitte aber, dieses Fest zu feiern, muß man mit Recht als besonders ehrfurchtsvoll, dem Naturgesetz entsprechend und verehrungswürdig bezeichnen, da sie zeigt, daß dieses Volk zweifelsohne aller Güte voll ist. Sie besteht in folgendem:

Durch die Gesetze des Landes ist es jedem, dem so lange zu leben vergönnt ist, bis er dreißig zu gleicher Zeit lebende leibliche Nachkommen besitzt und diese alle das dritte Lebensjahr überschritten haben, erlaubt, dieses Fest zu feiern. Dies geschieht dann auf öffentliche Kosten. Der Familienvater, den sie Tirsanus nennen, ruft zwei Tage vor dem Fest drei seiner Freunde, die er sich aussuchen kann, zu sich. Darüber hinaus wird er durch die Anwesenheit des Oberhauptes der Stadt oder der Gemeinde, in der das Fest gefeiert wird, geehrt. Alle Familienmitglieder aber beiderlei Geschlechts müssen anwesend sein. Diese zwei Tage lang berät sich der Tirsanus mit jenen seinen Freunden und dem Stadtoberhaupte über das Wohl der Familie. Dabei werden etwaige Mißhelligkeiten oder Streitigkeiten innerhalb der Familie beigelegt und beschwichtigt, für solche Angehörigen der Familie, die etwa in Armut geraten oder sonst auf eine Weise vom Schicksal betroffen sind, wird Rat gefunden, um ihnen zu helfen und den notwendigen Lebensunterhalt zu verschaffen. Ferner werden Familienmitglieder, die etwa in Laster verfallen sind oder ein nichtsnutziges und faules Leben führen, getadelt und unterwerfen sich der Zensur. Ja, auch über Eheschließungen und die dem einen oder dem anderen von ihnen am besten anstehende Lebensart wird dort beratschlagt. Weitere ähnliche Angelegenheiten werden besprochen und beschlossen. Der Vertreter der Behörde aber sitzt deshalb dabei, damit er die Beschlüsse und Anordnungen des Tirsanus, falls etwa einer aus der Familie nicht gehorchen will, durch seine Amtsgewalt unterstützt und ihre Ausführung durchsetzt; jedoch zeichnen sie sich durch einen solchen Gehorsam der natürlichen Ordnung gegenüber aus, daß man nur selten davon hört. Darauf wählt der Tirsanus einen von seinen Söhnen aus, der ständig mit ihm in seinem Hause leben soll und der daraufhin ‹Rebensohn› genannt wird; der Sinn dieses Namens aber wird später klar werden.

Am Festtage selbst schreitet nach einer liturgischen Feier der Tirsanus in eine weite Halle, wo die Festlichkeiten vor sich gehen. Diese Halle hat an der oberen Seite eine einstufige Erhöhung. Hier an der Wand steht in der Mitte ein Armstuhl nebst einem Tisch mit einer Decke darüber. Über dem Stuhl ist ein runder oder ovaler Thronhimmel aus Efeuranken angebracht, von einem Efeu, der weit schöner als der unsrige ist, von weißlicher Farbe, nicht unähnlich den

Blättern der Pappel, die wir Silberpappel nennen, nur noch ein wenig glänzender; er grünt übrigens sogar den Winter über. Der Thronhimmel also aus silbernen Blättern und Batistbändern von verschiedenen Farben, die den Efeu zusammenhalten, wird geschickt geflochten und ist zumeist das Werk einer der Töchter der Familie. An der Spitze wird er von einem zarten Schleier aus Batist und Silber verhüllt. Der eigentliche Werkstoff des Himmels aber ist der Efeu, aus dem nach Beendigung des Festes die Freunde der Familie ein Blatt oder ein Zweiglein zu reißen pflegen.

Der Tirsanus schreitet, umdrängt von seiner gesamten Nachkommenschaft, voran die Männer, hinterdrein die Frauen, einher. Wenn es die Mutter gewesen ist, die der gesamten Nachkommenschaft das Leben geschenkt hat, so wird an die rechte Seite des Armstuhles ein Gestühl gerückt, das mit einer unsichtbaren Öffnung und mit Fenstern versehen ist und in dem sie verborgen sitzt.

Nachdem der Tirsanus eingezogen ist, setzt er sich auf jenen Armstuhl, während sich die gesamte Familie längs der Rückwand und an den Seiten der Halle über die Stufe der Erhöhung dem Alter nach ohne Unterschied des Geschlechtes aufrecht aufstellt.

Sobald er sich niedergelassen und die Halle sich indessen mit einer zahlreichen Menge, jedoch ohne Lärm und Durcheinander gefüllt hat, schreitet nach einer Weile von der unteren Seite der Halle der Taratannus — ein Wort, das bei ihnen den Herold bezeichnet — herein; an seiner Seite gehen zwei Jünglinge, einer von ihnen trägt eine Rolle aus jenem glänzenden gelben Pergament, der andere eine goldene Weintraube an einem langen Stengel oder Stiel. Der Herold und beide Jünglinge sind mit seidenen Mänteln von meergrüner Farbe bekleidet; der Mantel des Herolds aber hat goldene Streifen und fällt so, daß er den Boden etwas streift.

Der Herold verneigt sich dreimal ein wenig, schreitet bis zu der Stufe der Erhöhung und nimmt dort zunächst die Rolle in die Hand. Diese Rolle ist die königliche Charta und enthält Einkünfte, Privilegien, Freistellungen und besondere Ehrungen als Geschenke für den Familienvater; stets aber beginnt sie mit der Formel:

‹Unserem geliebten Freunde und Gläubiger!›,
ein Titel, der nur in diesem Falle vom König zuerkannt wird. Denn sie meinen, der König sei außer um der Fortpflanzung seiner Untertanen willen keines Mannes Schuldner. Das dieser Charta aufgedrückte Siegel stellt das Bild des Königs dar, aus Gold geprägt; und wenn auch Dokumente dieser Art amtlich und gleichsam von Rechts wegen ausgestellt werden, so unterscheiden sie sich doch jeweils nach Ansehen und Anzahl der Familie.

Diese Charta verliest der Herold mit lauter Stimme, und während sie verlesen wird, erhebt sich der Tirsanus, gestützt auf zwei seiner

Söhne, die er eigens dazu auswählt. Dann steigt der Herold die Stufe hinauf und legt die Charta dem Tirsanus in die Hände. Darauf brechen alle Anwesenden in einen lauten Beifallsruf aus, der in unserer Sprache lautet:

‹Glücklich sind die Völker Bensalems!›

Dann empfängt der Herold von dem zweiten Jüngling die Traube, die, wie gesagt, aus Gold ist, sowohl der Stengel als auch die Beeren selbst; diese aber sind fein gefärbt und zwar, wenn die männlichen Mitglieder der Familie die weiblichen an Zahl übertreffen, purpurn mit einer kleinen Sonne, wenn die Frauen zahlreicher sind als die Männer, grün mit einem zunehmenden Mond obenauf. Die Weinbeeren aber entsprechen an Zahl den Nachkommen der Familie.

Diese goldene Traube wird ebenfalls vom Herold dem Tirsanus überreicht, der sie sofort jenem Sohne, den er vorher dazu erwählt hatte, mit ihm im Hause zu bleiben, weitergibt. Der aber trägt sie ständig vor dem Vater einher, sooft dieser in die Öffentlichkeit geht, gleichsam als Ehrenzeichen, und deshalb erhält er, wie gesagt, den Namen ‹Rebensohn›.

Nach Ablauf dieser Feierlichkeit zieht sich der Tirsanus zurück; nach einer Weile schreitet er zur Mahlzeit, bei der er allein unter dem Thronhimmel sitzt und es keinem der Kinder, welchen Rang oder welche Würde es auch bekleiden mag, erlaubt ist, bei ihm zu sitzen, sofern es nicht zufällig dem Hause Salomons angehört. Den Dienst bei Tische versehen die männlichen Mitglieder der Familie, die ihn verrichten, indem sie jedesmal, wenn sie ihm etwas reichen, niederknien. Die Frauen aber stehen nur längs der Wände.

Der Teil der Halle, der unterhalb der Stufe liegt, steht voll von Tischen für die Gäste, denen anständig und in geziemender Ordnung aufgewartet wird. Gegen Ende der Mahlzeit aber, die bei ihnen selbst bei den größten Festlichkeiten niemals länger als anderthalb Stunden dauert, wird eine Hymne gesungen; deren Form ist je nach der Begabung des Verfassers — sie haben allerdings hervorragende Dichter — verschieden, aber ihr Inhalt besteht immer aus Lobsprüchen auf Adam, Noah und Abraham, von denen die beiden ersten als die Stammväter des gesamten Menschengeschlechtes, der dritte als Vater der Gläubigen auftritt. Man schließt jedoch immer mit einer Danksagung für die Geburt unseres Heilands, in der die Menschengeschlechter des ganzen Erdkreises ihr Heil erblicken.

Nach der Mahlzeit zieht sich der Tirsanus wiederum zurück und begibt sich allein in ein inneres Gemach, wo er geheime Gebete verrichtet; darauf erscheint er zum dritten Male, um allen seinen Kindern, die ihn wie vorher umringen, seinen Segen zu erteilen. Da ruft er sie nun einzeln mit Namen zu sich, nach seinem Gutdünken, aber natürlich selten unter Abänderung der Altersfolge. Jeder, der gerufen wird, fällt, da der Tisch vorher weggenommen wurde, unverzüglich vor dem Armsessel in die Knie. Der Vater aber legt die Hände auf sein Haupt und segnet ihn mit den Worten:

«Sohn — oder Tochter — Bensalems! Dein Vater, der, von dem du dein Leben hast, spricht zu dir: Die Segnungen des ewigen Vaters, des Friedensfürsten und der heiligen Taube mögen sich auf dich niedersenken, und die Tage deiner irdischen Pilgerschaft mögen zahlreich und gut sein!»

Diesen Segen erteilt er jedem einzeln. Wenn aber einige von den männlichen Nachkommen an Tüchtigkeit und Verdiensten hervorragen, ruft er sie, sofern ihre Zahl zwei nicht übersteigt, nach dem allgemeinen Segen zu sich, legt die Hände auf ihre Schultern und spricht, während sie aufrecht stehen, folgendermaßen:

«Sohn, es ist gut, daß du geboren bist! Gib Gott den Ruhm und verfolge dein Ziel weiter!»

Zugleich überreicht er ihm eine Nadel in Form einer Ähre, die dieser später immer vorn am Turban oder an der Pelzmütze trägt.

Danach gehen sie für den Rest des Tages zu Musik und Tanz und anderen Vergnügungen über, wie man sie bei ihnen pflegt.

Und das ist die Art und Weise, jenes Fest zu feiern.

[3. Der Jude Joabin]

Innerhalb der nächsten Tage schloß ich mit einem Kaufmann des Landes namens Joabin vertraute Freundschaft. Er war jedoch ein Jude und beschnitten. Es gibt bei ihnen nämlich einige wenige jüdische Familien, denen sie freie Religionsübung einräumen, eine Vergünstigung, die sie um so leichter gewähren können, als sich jene Juden von den Juden in den übrigen Teilen der Erde in ihrer Lebensweise stark unterscheiden. Denn während die anderen Juden den Namen Christi hassen und gegen das Volk, unter dem sie leben, eine heimliche und tief eingewurzelte Abneigung hegen, erweisen diese im Gegensatz dazu unserem Heiland viele und hohe Ehren, das Volk Bensalems aber lieben sie inständigst.

Dieser Mann, von dem ich spreche, pflegte stets ganz offen zu bekennen, daß Christus von einer Jungfrau geboren und größer als ein ganz reiner Mensch gewesen sei; ferner erzählte er mit Vorliebe, daß Gott ihn an die Spitze der Seraphim, die seinen Thron umgeben, gesetzt habe; er nannte ihn zuweilen auch ‹Milchstraße›, manchmal auch den Elias des Messias und bezeichnete ihn mit mehreren anderen großen Namen, die freilich alle im Vergleich zu der göttlichen Majestät Christi viel zu niedrig sind, sich jedoch von der gewöhnlichen Ausdrucksweise der Juden gewaltig unterscheiden.

Das Land Bensalem aber zu loben, fand er kein Ende. Ja, er wollte sogar nach der Überlieferung einiger Juden, die dort leben, glauben machen, daß das Volk Bensalems aus dem Stamme Abrahams von einem weiteren Sohn, den er Nachora nannte, stamme; ja, Moses habe durch eine geheime Kabbala jene Gesetze, die heute im Volke Bensalems gelten, erlassen, und bei der Ankunft des Messias werde, wenn dieser in Jerusalem auf seinem Throne sitzen werde, der König von Bensalem zu seinen Füßen sitzen, während die übrigen Könige in weiter Entfernung stehen müßten.

Wenn man von diesen jüdischen Träumereien absieht, war der Mann recht klug und verständig, von tiefer Weisheit und einer, der die Gesetze und Gebräuche jenes Volkes Bensalems überaus gut kannte.

Unter anderem hatte ich eines Tages zufällig geäußert, daß mir die Schilderung, die ich von einigen der Unseren über den Brauch der Feier des Familienfestes gehört hatte, viel Freude bereitet habe; denn ich glaubte, niemals von einer Festlichkeit gehört zu haben, bei der das natürliche Empfinden eine so entscheidende Rolle spielte. Da ja aber das Wachstum der Familie auf der ehelichen Verbindung beruht, wünschte ich von ihm etwas Näheres zu erfahren, einmal über die Gesetze und Sitten betreffs der Eheschließung, ferner ob sie die Ehe heilig hielten, schließlich aber ob die Mehrehe bei ihnen untersagt sei, weil ja die Völker, die sich um die Vermehrung der Untertanen so bemühten, die Mehrehe meistens gestatteten. Darauf antwortete er:

[4. Ehe und Fortpflanzung auf Bensalem]

«Fürwahr, du lobst nicht ohne Grund jene hervorragende Einrichtung des Familienfestes. Es ist bei uns auch erfahrungsgemäß erwiesen, daß die Familien, die des Segens dieses Festes teilhaftig geworden sind, nachher immer wunderbar blühten. Aber spitze nur deine Ohren! Ich will dir erzählen, was ich weiß. Du wirst sehen, daß man unter der Sonne kaum noch ein so keusches Volk findet wie das von Bensalem und keins, das so rein von jedem Schmutz und jeder Befleckung ist: die ‹Jungfrau der Welt› möchte ich es nennen. Ich erinnere mich, in einem von euren europäischen Büchern von einem eurer heiligen Einsiedler gelesen zu haben, wie dieser den Geist der Unzucht habe sehen wollen und ihm darauf ein kleiner häßlicher und schandbarer Äthiope erschienen sei; wenn er den Geist der Keuschheit Bensalems zu sehen gewünscht hätte, wäre er ihm zweifellos in Gestalt eines schönen und strahlenden Cherubs erschienen. Nichts unter den Menschen nämlich ist schöner oder bewunderungswürdiger als die reine Gesinnung dieses Volkes. Darum will ich dir verraten, daß es bei ihnen keinerlei Freudenhäuser, keine Bordelle, keine bezahlten Buhlerinnen noch etwas anderes dieser Art gibt. Ja, nicht ohne eine gewisse Verachtung wundern sie sich, daß ihr in Europa derlei zulaßt. Sie meinen, ihr hättet die Ehe ihrer eigentlichen Bestimmung beraubt. Denn die Ehe ist als Heilmittel der unerlaubten Begierden eingerichtet worden; der natürliche Trieb aber ist soviel wie ein Anreiz zur Ehe. Da jedoch den Menschen ein Heilmittel erst dann angenehm ist, wenn ihre Begierden bereits verdorben sind, ist die Ehe fast beseitigt. Daher sieht man bei euch unzählige Männer, die keine Frau nehmen, sondern vielmehr ein zucht- und zügelloses Junggesellenleben dem ehrenvollen Joch der Ehe vorziehen. Ferner tun es viele, die eine Frau nehmen, zu spät, wenn Blüte und Kraft der Jugend bereits erloschen sind. Wenn sie aber eine Ehe eingehen, was ist ihnen dann die Ehe anderes als ein bloßes Geschäft? Man fragt dabei nach Verwandtschaft, Mitgift oder Ansehen, mit einem gewissen Interesse an der Nachkommenschaft, jedoch wie an einer gleichgültigen Sache. Keineswegs aber kommt ihnen jene treue eheliche Gemeinschaft zwischen Mann und Frau, die von Anbeginn das Wesen der Ehe ausmacht, in den Sinn. Und es ist ganz undenkbar, daß Leuten, die einen so großen Teil ihres Lebens und ihrer Kräfte so willkürlich vergeudet haben, die Kinder, unser zweites Leben, überhaupt etwas wert sind. Und wendet sich dann etwa während der ehelichen Bindung alles zum Besseren, wie es geschehen müßte, wenn diese Ausschweifungen nur auf Grund der Notwendigkeit geduldet würden? Keineswegs! Es bleiben vielmehr dieselben Begierden auch nach der Eheschließung, zu Schimpf und Schande der Ehe selbst. Denn weder der Besuch der Freudenhäuser noch der Umgang mit Buhlerinnen wird bei Ehemännern härter bestraft als bei Junggesellen. Die Neigung zu neuen Liebschaften aber und die Freude an dem Verkehr mit Buhlerinnen macht, sobald die Sünde zum Handwerk geworden ist, die Ehe zu einer törichten Einrichtung und gewissermaßen zu einer Last oder einer Art von Auflage. Sie hören, daß diese Dinge von euch verteidigt werden, indem ihr sagt, man dulde sie, um größere Übel wie Ehebruch, Schändung von Jungfrauen, widernatürliche Unzucht und Ähnliches zu vermeiden. Diese Klugheit aber halten sie für verkehrt und nennen sie die Verfassung Lots, der, um seine Gäste vor Schande zu bewahren, seine eigenen Töchter anbot. Weiterhin sagen sie, daß damit wenig oder gar nichts gewonnen werde, da dieselben Fehler und die Sucht nach dem Schlechten weiterbestünden und überhandnähmen, weil es sich mit der unerlaubten Liebe wie mit einem Ofen verhält, in dem die Flamme, wenn man sie ganz abschließt, verlöscht, aber wenn man ihr einen Zugang eröffnet, auflodert. Was aber die Männerliebe betrifft, so kennen sie diese nicht einmal vom Hörensagen. Dennoch wird man auf der ganzen Erde keine treueren und unerschütterlicheren Freundschaften finden. Kurz, in einem Wort, wie ich schon vorher sagte: ich habe noch von keinem Lande gelesen, in dem die Keuschheit so in Blüte steht wie hier. Ja, es ist sogar die Rede bei ihnen, daß der Schamlose seine Ehre verliere. Die Ehre aber ist nächst Gott und der Religion der mächtigste Zügel aller Fehler.»

Als jener treffliche Jude dies gesagt hatte, schwieg er eine Weile. Ich aber, natürlich mehr hör- als sprechbegierig, jedoch in der Meinung, daß es höflich sei, meinerseits nicht zu schweigen, während sich jener ein wenig verschnaufte, sagte nur, daß ich mich ihm gegenüber jener Worte bedienen möchte, die die sareptanische Witwe zu Elias gebrauchte: daß er gekommen sei, um uns unsere Sünden ins Gedächtnis zu rufen und daß man offen gestehen müsse, daß die Rechtlichkeit in Bensalem mehr als bei den Europäern gelte. Bei diesen Worten verneigte er sich ein wenig und fuhr in seiner Erzählung auf folgende Weise fort:

«Es bestehen auch mehrere und zwar sehr kluge und anständige Gesetze über die Eheschließung. Die Mehrehe dulden sie nicht. Sie haben festgesetzt, daß weder eine Hochzeit eher gefeiert, noch ein Heiratsvertrag früher geschlossen werden darf als einen Monat, nachdem sich die Verlobten zum ersten Male erblickten. Ohne Einvernehmen der Eltern geschlossene Ehen halten sie zwar nicht für ungültig, strafen sie aber bei der Erbschaft; denn den Kindern solcher Ehen entzieht man zwei Drittel des Erbes.

Ich habe nun zwar in einem Buche irgendeines eurer Schriftsteller über den Staat irgendwelche Vorstellungen gelesen, denen zufolge denjenigen, die die Ehe miteinander eingehen wollen, erlaubt wird, sich gegenseitig nackt zu sehen. Aber dies billigen sie nicht. Sie halten es nämlich für eine Schande, wenn einer nach einer so vertraulichen Kenntnisnahme abgewiesen wird. Dagegen haben sie in Ansehung mehrerer geheimer Fehler an Männern und Frauen, die die Ehe später unglücklich machen könnten, eine weit anständigere Sitte: In der Nähe jeder Stadt gibt es zwei Teiche, die sie die Teiche Adams und Evas nennen, wo es einem von den Freunden des Mannes und ebenso einer von den Freundinnen der Frau erlaubt ist, diese allein im Bade zu betrachten.»

Während wir uns so unterhielten, kam einer, der ein Bote zu sein schien, angetan mit einem bunten und goldbetreßten Gewand; dieser sprach den Juden an. Darauf wandte der sich an mich und sagte:

«Entschuldige mich bitte! Ich werde dringend abberufen.»

[IV. Das Haus Salomons]

Am nächsten Tage aber kam der Jude wieder zu mir, offenbar voller Freude, und sagte:

«Dem Stadtpräfekten ist gestern gemeldet worden, daß innerhalb von sieben Tagen einer von den Vätern des Hauses Salomons hierher komme. Zwölf Jahre sind bereits vergangen, seit wir einen von ihnen hier gesehen haben. Seine Ankunft wird feierlich begangen werden, ihr Grund ist geheim. Ich werde dafür sorgen, daß dir und deinen Kameraden ein günstiger Platz angewiesen wird, von wo aus ihr die Feierlichkeiten des Einzugs sehen könnt.»

Ich bedankte mich bei ihm und sagte, daß mir die Nachricht von diesem Ereignis außerordentlich willkommen sei.

[1. Der Vater des Hauses Salomons]

Am folgenden Tage zog der Ehrwürdige Vater ein. Er war ein Mann von mittlerer Größe und von mittleren Jahren, mit einem schönen Antlitz und einem gleichsam barmherzigen Gesichtsausdruck. Bekleidet war er mit einem Gewand aus glattem schwarzen Tuche mit weiten Ärmeln und einer Kapuze. Die Unterkleidung war von sehr feinem und schneeweißem Leinen und reichte bis zu den Füßen; der Gürtel war gleichfalls aus weißem Leinen. Auch trug er einen Koller aus reinstem Leinen um den Hals. Er hatte kostbare Handschuhe an, die mit Edelsteinen geschmückt waren, und hyazinthfarbene Schuhe aus reiner Seide. Der Hals war bis an die Schultern unbedeckt. Seine Mütze hatte die Form eines Helmes oder einer Montera, wie es die Spanier nennen. Darunter quollen seine Haare hervor, die gekräuselt und fein frisiert waren. Ihre Farbe war schwärzlich wie die seines Bartes, der rund zugeschnitten war. Er saß auf einem prachtvollen Armstuhle ohne Räder nach Art einer Sänfte, die auf beiden Seiten von je zwei Pferden, die herrlich aufgezäumt und mit himmelblauen, golddurchwirkten Decken behängt waren, getragen wurde; auch zwei Läufer in gleichem Schmucke gingen auf beiden Seiten. Der Stuhl selbst war aus Zedernholz, mit Gold beschlagen und mit Bergkristall verziert; ferner wies er an der Vorderseite Vierecke aus Saphiren, die mit Gold versetzt waren, auf, hinten aber ähnliche aus Smaragden von peruanischer Farbe. Auch war mitten auf der Lehne des Stuhles eine goldstrahlende Sonne angebracht und auf ihrer Stirn ein kleiner Cherub mit ausgebreiteten Flügeln, ebenfalls aus Gold. Der Behang des Stuhles bestand aus einer goldbestickten blauseidenen Decke. Dem Stuhl voraus schritten fünfzig Jünglinge in weiten Gewändern aus weißer Seide bis zu den Schienbeinen und Beinbinden, gleichfalls aus weißer Seide, Schuhen aber aus blauer Ganzseide und Kappen aus derselben Seide mit feinen Federn von verschiedenen Farben, die die Kappen in Form einer Leier umgaben. Unmittelbar vor der Sänfte schritten zwei barhäuptige Männer, bis zu den Fersen in weiße Leinwand gekleidet und ebenso gegürtet, gleichfalls in blauseidenen Schuhen. Von diesen trug der eine ein Kreuz, der andere einen Hirtenstab; keiner dieser Gegenstände war aus Metall, sondern das Kreuz aus Balsam-, der Stab aus Zedernholz. Reiter begleiteten ihn nicht, weder vor noch hinter dem Stuhl, und zwar, wie ich glaube, um jeden Lärm und Aufruhr zu vermeiden. Hinter der Sänfte folgten die Behörden und Zünfte der Stadt.

Er saß allein auf einem Kissen aus einer derberen Seide von blauer Farbe. Unter seinen Füßen lag ein Teppich, ebenfalls aus Seide in verschiedenen Farben, einem persischen zwar ähnlich, aber noch feiner. Die Rechte hatte er entblößt und segnete damit schweigend das Volk.

Auf den Straßen herrschte eine solche Ordnung, daß eine breite Bahn frei blieb, die nirgends unterbrochen war. Und ich glaube, niemals war die Schlachtreihe eines Heeres besser ausgerichtet, als es das Volk damals auf den Straßen war. Ja, sogar an den Fenstern standen die Schaulustigen nicht lässig, sondern alle wie in Reih und Glied.

Nach Beendigung der Feierlichkeit sagte der Jude zu mir:

«Ihr seid zu günstiger Zeit hierhergekommen. Denn der Vater des Hauses Salomons ist von eurer Anwesenheit in dieser Stadt verständigt worden. Er trug mir auf, euch zu verkünden, daß er eure ganze Gesellschaft vor seine Augen treten lassen wolle und sich sogar mit einem von euch, den ihr dazu auswählen sollt, unterhalten werde. Dazu hat er den übernächsten Tag bestimmt. Da er euch aber seines Segens teilhaftig werden zu lassen wünscht, setzte er die Vormittagsstunde fest.»

[2. Die Audienz]

Am festgesetzten Tage und zur bestimmten Stunde fanden wir uns ein. Ich aber wurde von meinen Gefährten zu jener persönlichen Unterredung abgeordnet.

Wir trafen ihn in einem prächtigen Raume, der mit herrlichen Vorhängen ausgestattet und mit Teppichen ausgelegt war ohne jede Erhöhung zu dem Armstuhl, auf dem er saß. Es war dies ein niedriger, prächtig geschmückter Lehnsessel. Über seinem Haupte spannte sich ein Thronhimmel von blauer Seide, reich mit Gold durchwirkt. Das Zimmer war menschenleer, außer daß auf beiden Seiten des Lehnstuhles ehrenhalber ein weißgekleideter Diener stand.

Seine Kleidung war ähnlich der, in die wir ihn auf der Straße gekleidet gesehen hatten. Jedoch war er an Stelle des Umhanges in einen Kapuzenmantel aus glattem schwarzem Tuch gehüllt, der über die Schultern zurückgeschlagen war.

Bei unserem Eintritt verbeugten wir uns ehrerbietig, wie man es uns geheißen hatte. Als wir vor dem Lehnsessel angekommen waren, erhob er sich, seine unbehandschuhte Rechte zum Segen erhebend. Wir aber küßten einer nach dem andern ehrfürchtig die Fransen seines Mantels. Darauf gingen die übrigen meiner Gefährten ab;

ich aber blieb allein zurück. Er nickte den beiden Jünglingen zu, auf daß sie sich gleichfalls entfernten, forderte mich auf, Platz zu nehmen, und begann in spanischer Sprache folgendermaßen:

«Gott segne dich, mein Sohn! Die vorzüglichsten Schätze von allen, die ich besitze, will ich dir zuteil werden lassen. Ich werde nämlich nicht anstehen, dir, um der Liebe Gottes und der Menschen willen, die wahre Verfassung des Hauses Salomons zu eröffnen.

[3. Verfassung, Zweck und Einrichtungen des Hauses Salomons]

Damit du aber, mein Sohn, die wahre Verfassung des Hauses Salomons vollständig verstehst, werde ich auf folgende Weise vorgehen: Zunächst werde ich dir den Zweck unserer Gründung erklären, darauf die Einrichtung und die Hilfsmittel, deren wir uns zu unseren Arbeiten bedienen, an dritter Stelle die besonderen Ämter und Dienstleistungen, die unseren Brüdern auferlegt werden, zuletzt die Sitten und Gebräuche, die bei uns im Schwange sind.

Der *Zweck* unserer Gründung ist die Erkenntnis der Ursachen und Bewegungen sowie der verborgenen Kräfte in der Natur und die Erweiterung der menschlichen Herrschaft bis an die Grenzen des überhaupt Möglichen.

[a. Forschungsstätten und Errungenschaften]

Unsere Forschungsstätten und Hilfsmittel aber bestehen in folgendem:

Wir haben große unterirdische Höhlen von verschiedener Tiefe. Die tiefsten von ihnen sind bis zu sechshundert Klafter vorgetrieben. Einige davon sind unter hohen Bergen ausgegraben, so daß, wenn man die Tiefe der Grube mitberechnet, manche von ihnen eine Gesamttiefe von drei Meilen haben. Wir meinen aber, die Höhe des Berges bis zum Meeresspiegel und die Tiefe der Grube vom Meeresspiegel ab sei einerlei, da beide in gleicher Weise von der Sonne, der Himmelsstrahlung und der frischen Luft enfernt sind. Diese Gruben nennen wir die Region der Tiefe. Wir brauchen sie zu allen Vorgängen des Gerinnens, Verhärtens, Abkühlens und Konservierens von Körpern. Wir bedienen uns ihrer auch, um natürliche Minerale nachzubilden, sowie zur Erzeugung neuer künstlicher Metalle aus Stoffen und Steinen, die wir dort herrichten und auf viele Jahre vergraben. Wir brauchen sie auch manchmal — so seltsam es klingt — zur Heilung gewisser Krankheiten, sowie zur Verlängerung des Lebens einiger Einsiedler, die dort leben wollen und die über alle einschlägigen Fragen bestens unterrichtet sind; sie bleiben tatsächlich außerordentlich lebenskräftig, und wir lernen vieles von ihnen.

Wir haben auch noch andere Beerdigungsstätten für natürliche

Stoffe und Körper und zwar nicht in Höhlen, sondern in dem angrenzenden Erdreich selbst, wo wir viele Erdarten zubereiten wie die Chinesen ihr Porzellan. Wir aber besitzen dies in größerer Verschiedenartigkeit, und einiges davon ist feiner als das chinesische Porzellan. Wir verfügen ferner auch über eine große Mannigfaltigkeit an Dünger und Treibstoffen, ferner an weiteren Massen und Mitteln, die die Erde fett und fruchtbar machen.

Wir haben sehr hohe Türme, deren höchste sich bis zu einer Höhe von einer halben Meile in senkrechter Linie erheben. Einige von ihnen aber stehen auf hohen Bergen, so daß, wenn man die Höhe des Berges und die Höhe des Turmes zusammennimmt, die Gesamthöhe bei einigen von ihnen bis zu mindestens drei Meilen beträgt. Diese Stellen aber nennen wir die Region der Höhe. Den Raum aber zwischen der Region der Höhe und der Region der Tiefe bezeichnen wir als mittlere Luftregion.

Die Türme benutzen wir, je nach ihrer verschiedenen Höhe und Lage, zu Bestrahlungen, Abkühlungen, Konservationen und zu Beobachtungen der verschiedenen Wettererscheinungen, wie der Winde, Regen- und Schneefälle, Hagelschläge und einiger Feuererscheinungen. Auch hier gibt es an einigen Stellen auf den Türmen Wohnungen von Einsiedlern, die wir bisweilen besuchen und obendrein anweisen, was sie beobachten sollen.

Wir haben große Seen, sowohl salzige als auch süße. Wir benutzen sie aber, um Fische, ferner Wasser- und Sumpfvögel jeder Art in ausreichender Menge zu züchten. Wir gebrauchen sie auch als Begräbnisstätten für gewisse natürliche Körper. Wir haben nämlich einen Unterschied der Vorgänge in den Stoffen gefunden, die in der Erde vergraben oder der unterirdischen Luft ausgesetzt sind, und in denen, die wir ins Wasser versenken. In einigen der Teiche, die wir angelegt haben, wird süßes Wasser aus salzigem gefiltert, in anderen aber Süßwasser künstlich in salziges verwandelt. Wir haben außerdem Felsen mitten im Meere und bestimmte offene Stellen unmittelbar am Gestade, um Maßnahmen durchführen zu können, durch die wir die Meeresströmungen erforschen. Wir haben auch reißende Strudel und Katarakte zur Erzeugung mannigfacher heftiger Bewegungen; zu ähnlichen Zwecken haben wir mehrere Maschinen, die die Winde auffangen, vervielfältigen und verstärken.

Wir haben auch viele Brunnen und künstliche Quellen zur Nachahmung natürlicher Sprudel und Bäder, durchsetzt mit Vitriol, Schwefel, Stahl, Sauerstoff, Blei, Natron und anderen Mineralien. Außerdem haben wir Brunnen und kleinere Behälter, in denen das Wasser, natürlich das fließende, die Eigenschaften der Körper besser und nachhaltiger als in Gefäßen und Retorten annimmt. Darunter sind solche, in denen das Wasser, das wir ‹Paradieswasser› nennen, hergestellt wird; es wird durch bestimmte Vorkehrungen außerordentlich heilkräftig und wirksam zu Gesundheit und Langlebigkeit gemacht.

Wir haben auch weite und geräumige Gebäude, in denen wir Nachahmungen und Vorführungen der Wettererscheinungen anstellen, so etwa Schneefälle, Hagel, Regen, künstliche Regenfälle aus nicht mit Wasser gemischten Stoffen, Donner, Blitz, Wetterleuchten und fliegende Insekten- und Kleintierschwärme wie zum Beispiel Frösche, Mücken, Heuschrecken und andere.

Wir haben ferner einige Räume, die wir ‹Gemächer der Gesundheit› nennen, wo wir die Luft nach Belieben durchsetzen und erwärmen, je nachdem wir es für die Heilung der einzelnen Krankheiten oder für die Erhaltung der Gesundheit förderlich oder geeignet halten.

Wir haben auch schöne und geräumige Bäder aus verschiedenen Mischungen zur Heilung aller Krankheiten und zur Wiederbelebung des menschlichen Körpers nach Austrocknung, andere wieder zur Kräftigung und Stärkung der Nerven, der lebenswichtigen Organe und des Lebenssaftes und der Substanz des Körpers selbst.

Wir haben auch Baumschulen und verschiedenartige große Gärten, in denen uns nicht so sehr die Schönheit der Spazierwege und ähnlicher Einrichtungen als vielmehr die Verschiedenartigkeit der Erde und des Bodens, wie sie den einzelnen Bäumen und Pflanzen entspricht, am Herzen liegt. Einige von ihnen sind mit Bäumen und Beerensträuchern bepflanzt, deren Früchte zur Herstellung verschiedener Arten von Getränken bestimmt sind — mit Ausnahme von Reben. In diesen Gärten machen wir auch Versuche mit Pfropfungen und Inokulationen sowohl von Wald- als auch von Obstbäumen, die volle und große Erträge bringen. Auch bringen wir es in diesen Obst- und Baumgärten durch künstliche Mittel zuwege, daß Früchte und Blüten früher oder auch später kommen, als es ihre Zeit ist, ebenso daß sie in rascherer Aufeinanderfolge ausschlagen, sprossen und Früchte tragen, als sie es ihrer Natur nach zu tun pflegen. Wir bringen auch größere Bäume und Pflanzen hervor, als natürlich ist, größere und süßere Früchte, von ihrer gewöhnlichen Art unterschieden an Geschmack, Geruch und Farbe. Und viele davon bereiten wir so zu, daß sie zu medizinischen Zwecken geeignet sind. Wir kennen auch Mittel, durch die wir Pflanzen nur durch Erdmischungen ohne Samen aufgehen und wachsen lassen, und auch neue und unbekannte Pflanzen ziehen wir, die sich von den gewöhnlichen unterscheiden, so wie wir auch Pflanzen aus einer Art in eine andere umwandeln.

Wir haben auch Käfige und Gehege für Säugetiere und Vögel aller Art. Diese halten wir nicht so sehr ihrer Sonderlichkeit und Seltenheit wegen als zu Sektionen und anatomischen Versuchen, um dadurch soweit wie möglich auch Einblick in den menschlichen Körper zu gewinnen. Dabei haben wir viele wunderbare Entdeckungen gemacht, so etwa über die Fortdauer des Lebens, nachdem einige Teile, die ihr für lebenswichtig haltet, abgestorben sind oder entfernt wurden, über die Wiederbelebung einiger, die scheintot waren und Ähnliches. Wir machen an diesen Tieren Versuche mit allen Giften, Gegengiften und anderen Heilmitteln, sowohl auf medizinische als auch auf chirurgische Weise, um den menschlichen Körper besser schützen zu können. Wir machen auch die einen künstlich größer und länger, als sie von Natur aus sind, andere wieder umgekehrt zwergenhaft klein und nehmen ihnen ihre natürliche Gestalt. Außerdem machen wir die einen fruchtbarer und mehrbäriger, als sie ihrer Natur nach sind, die anderen umgekehrt unfruchtbar und zeugungsunfähig. Auch in Farbe, Gestalt und Gemütsart verändern wir sie auf vielerlei Art und Weise. Wir sorgen ferner für Kreuzungen und Verbindungen von Tieren verschiedener Arten, die neue Arten hervorbringen, die trotzdem nicht unfruchtbar sind, wie die allgemeine Ansicht ist. Auch züchten wir viele Arten von Schlangen, Würmern, Mücken und Fischen aus verwesenden Stoffen; von diesen reifen einige zu vollkommenen Gattungen wie Vögeln, Vierfüßlern oder anderen Fischen, die auch zweigeschlechtig werden und sich selbständig fortpflanzen. Jedoch tun wir das nicht aufs Geratewohl, sondern wir wissen genau, welches Tier aus welchem Stoff hervorgebracht werden kann.

Wir haben auch besondere Fischteiche, wo wir ähnliche Versuche mit Fischen anstellen, wie ich sie eben von den Säugetieren und Vögeln berichtet habe.

Wir haben auch besondere Plätze zur Fortpflanzung von solchen Würmern und Insekten, die euch unbekannt, aber außerordentlich nützlich sind, wie etwa bei euch die Seidenwürmer und Bienen.

Ich will dich nicht mit der Beschreibung der Häuser aufhalten, die wir haben, um Wein, Sorbet, Bier und andere Getränke herzustellen oder Brot jeder Art zu backen, der Küchen, in denen Suppen und seltene und ungewöhnliche Speisen zu Spezialzwecken bereitet werden.

Wir haben Weine aus Trauben, ebenso Getränke aus anderen Fruchtsäften, aus dem Sud von Kernen und Wurzeln und aus Mischungen von Honig, Zucker und Saft vieler Früchte, die, wie man es mit den Trauben macht, gepreßt werden, auch aus Baumharz und Pflanzenmark. Diese Getränke aber werden verschieden lange, manche bis zu vierzig Jahren aufbewahrt.

Wir haben auch Heiltränke aus Aufgüssen und Mischungen verschiedener Wurzeln, Kräuter und Gewürze. Ja, man fügt ihnen zuweilen Fleisch, Eier, Milcherzeugnisse und anderes Eßbares bei, so daß manche davon gleichzeitig Speise und Trank sind und viele Leute, zumal solche, die vom Alter geschwächt sind, von ihnen allein leben, mit geringer oder gar keiner Zugabe von Speise und Brot. Vor allem aber bemühen wir uns, Getränke von feinster Beschaffenheit herzustellen, damit sie leichter in den Körper eindringen, jedoch ohne jede Schärfe, Ätzung oder Zersetzung, so daß einige davon, auf den Handrücken gegossen, nach einer kleinen Weile fast unmerklich bis zur Handfläche durchdringen, die Zunge oder den Gaumen jedoch nicht brennen.

Wir haben auch Wasser, die wir so herrichten, daß sie offensichtlich nahrhaft werden und sich in hervorragende Getränke verwandeln; es gibt viele, die gar keine anderen Getränke mehr mögen.

Wir haben Brot aus verschiedenen Getreidesorten, Wurzeln, Nüssen und Eicheln, manche Sorten auch aus Fleisch, getrockneten Fischen mit verschiedenen Arten von Bindemitteln und Salzen; von ihnen regen die einen auf wunderbare Art den Appetit an, die anderen aber sind so nahrhaft, daß viele Leute von ihnen allein ohne jede andere Speise leben und trotzdem sehr alt werden.

Wir haben Lebensmittel, die wir so bearbeiten, schütteln und steril machen — jedoch ohne die geringste Verwesungserscheinung —, daß sie die Wärme eines schwachen Magens leicht in einen gesunden Saft verwandelt, genau so wie sie die Hitze eines starken Magens zu gewöhnlichen Speisen machen kann.

Wir haben bestimmte Sorten von Speise, Brot und Trank, die nach ihrem Genuß das Fasten länger erträglich sein lassen als gewöhnlich, andere wiederum, die denen, die sich an sie gewöhnen, festeres und kräftigeres Fleisch verleihen als sonst, sowie auch ihre Kraft zu jeder Bewegung vermehren und spannen.

Wir haben auch Laboratorien oder Offizinen zur Herstellung von Heilmitteln. Es ist leicht zu begreifen, daß dort, da wir euch in Europa an Menge und Mannigfaltigkeit der Pflanzen und Tiere so weit voran sind — wir kennen nämlich auch das, was bei euch erfunden wird —, um so verschiedenartigere und vielfältigere Heilmittel wie auch medizinische Ingredienzien vorhanden sein müssen. Wir haben dort auch Heilmittel verschiedenen Alters und von langer Haltbarkeit. Was aber die Zubereitung der Heilmittel betrifft, so haben wir nicht nur ausgezeichnete Destillations- und Scheideverfahren, vor allem durch langsame Erhitzung und Filtrierung durch verschiedene Leinen- und Wolltücher, Holz und sogar noch festere Stoffe, sondern noch viel großartigere Zusammensetzungsmethoden, durch die wir eine so enge Verbindung der Bestandteile zuwege bringen, daß sie fast wie natürliche Elemente erscheinen.

Wir haben auch verschiedene mechanische Künste, die euch unbekannt sind, und Stoffe, die mit ihrer Hilfe hergestellt werden, wie

Papier, Leinen, Seide, Webwaren aus Federn von feinstem und wunderbarstem Glanz, herrlichsten Farben und Färbungen und vieles andere mehr. Ja, wir besitzen auch Werkstätten der vorgenannten Künste und zwar solche, die nicht zum gemeinsamen Gebrauch, wie auch solche, die sehr wohl dafür bestimmt sind. Man muß nämlich wissen, daß von dem, was ich berichtet habe, vieles über das ganze Land hin verbreitet ist, obwohl wir, wenn es sich um eine eigene Erfindung handelt, jeweils Musterstücke davon, also die am sorgfältigsten gearbeiteten Ersterzeugnisse, in unserem Hause zurückbehalten.

Wir haben auch Öfen verschiedener Art, die verschiedene Grade von Hitze erzeugen und halten, also heftige und schnelle, starke und anhaltende, leichte und mäßige, flackernde, ruhige, feuchte, trockene usw. Vor allem aber erzeugen wir Wärme zur Nachahmung der Sonnen- und Sternenstrahlung; diese durchdringt vielfältige Stoffe unter mannigfachen Veränderungen gleichwie Wellen, Kreisen und periodischen Stößen; dadurch bringen wir die wunderbarsten Erscheinungen hervor. Ebenso haben wir Nachahmungen der Wärme des Mistes, der Eingeweide, des Blutes und des Körpers der Tiere, des Heues und feucht zusammengeworfenen und eingemieteten Grases, der lebenden Kalke und anderer Stoffe. Ferner haben wir Werkzeuge, die die Wärme durch bloße Bewegung erzeugen, außerdem zur Sonnenbestrahlung geeignete Plätze und wiederum unterirdische Stätten, die entweder auf natürliche Weise oder künstlich Wärme hervorbringen. Diese verschiedenen Arten von Wärme erzeugen wir, je nachdem es die Natur des Vorgangs, den wir im Sinne haben, erfordert.

Wir haben auch optische Werkstätten, wo wir Versuche mit sämtlichen Strahlen und Lichtarten sowie mit allen Farben anstellen. Aus durchsichtigen und farblosen Körpern erzeugen wir die einzelnen Farben, nicht bloß in Form eines Regenbogens schillernd, wie es in Brillanten und Prismen geschieht, sondern durch sich selbst, einfach und selbständig. Außerdem bringen wir jede Vielfalt von Strahlen hervor, so daß wir Licht auf große Entfernungen aussenden und ihm eine solche Kraft und Stärke verleihen, daß man bei dieser Art Licht die zartesten Linien und Punkte erkennen kann. Ferner erzeugen wir jede Art von gefärbtem und buntem Licht, sowie alle optischen Täuschungen und Trugbilder in Gestalt, Größe, Bewegung und Farbe, alle Erscheinungen von Schatten und von in der Luft schwebenden Spiegelungen.

Wir haben auch verschiedene, bei euch unbekannte Mittel entdeckt, um aus verschiedenen Stoffen arteigenes Licht hervorzubringen. Weiterhin haben wir Instrumente erfunden, durch die sehr entfernte Gegenstände ganz nahe vor die Augen rücken, wie etwa solche am Himmel und in anderen entfernten Gegenden. Ja, auch die nahen Dinge zeigen wir gleichsam aus der Ferne und die in der Ferne gleichsam nahe, indem wir die scheinbaren Entfernungen beliebig verändern. Außerdem haben wir Hilfsmittel für die Augen, die an Wirkung eure Brillen und Spiegel weit übertreffen. Wir haben auch kunstvolle Sehrohre, durch die wir kleine und kleinste Körperchen vollkommen und genau erblicken, wie etwa die Glieder und Farben der kleinen Mücken und Würmer, die Kerne und Kristalle der Edelsteine, die anders nicht sichtbar sind, die Bestandteile des Blutes und des Harns, die sonst nicht zu erkennen sind usw. Ferner erzeugen wir künstliche Regenbogen, Höfe, Kreise, Schwankungen und Bewegungen des Lichts, schließlich alle Arten der Rückstrahlung, der Brechung und der Verdoppelung der Gegenstände.

Wir haben auch Edelsteine aller Arten und viele darunter, die überaus schön und euch unbekannt sind, ebenso Kristalle und Gläser verschiedener Art, darunter auch solche, die aus Metallen und aus einigen anderen Stoffen hergestellt sind, abgesehen von denen, aus denen bei euch das Glas gemacht wird. Dann haben wir auch noch einige Gesteinsarten, die ihr nicht habt, ferner Magnete von erstaunlicher Kraft sowie auch andere seltene, sowohl natürliche als auch künstliche Steine.

Wir haben auch akustische Werkstätten, wo wir alle Töne und ihre Erzeugungsarten untersuchen und erforschen. Wir kennen Harmonien, die bei euch nicht üblich sind, indem wir nicht nur jenes harte und weiche Beta wie ihr mischen, sondern auch die Viertel der Töne und gewisse sehr zarte Tremolos. Wir besitzen Musikinstrumente, die euch noch nicht bekannt sind; einige davon bringen eine zarte Musik hervor, schöner als die eure. Auch Glocken und Schellen von angenehmstem Klange haben wir. Wir erzeugen dünne Töne so wie starke und volle, volle auf gleiche Weise wie dünne und scharfe. Ferner rufen wir viele Schwankungen aus Tönen hervor, die ursprünglich einfach sind. Wir erzeugen alle artikulierten Laute und Buchstaben und ahmen sie künstlich nach, ebenso alle Stimmen und Laute der Säugetiere und Vögel. Wir haben ferner Hilfsmittel für das Gehör, die, an die Ohren gebracht, den Sinn selbst sowie die lautliche Übertragung unterstützen. Wir haben auch viele wunderbare und kunstvolle Schallreflektoren, die ihr Echo nennt und die die Stimme nicht nur vielfältig zurückwerfen, sondern sie einerseits auch verstärken, andererseits aber schwächen, ferner einige, die den artikulierten Laut anders, als er ursprünglich ist, wiedergeben. Wir haben schließlich Mittel, Töne durch Rohre und andere Hohlräume, sogar auf gewundenen Wegen, zu übertragen.

Wir haben auch Räucherwerk- und Geruchshäuser, wo wir außerdem Versuche mit Geschmäcken anstellen. Dort vervielfältigen wir die Gerüche, eine Tatsache, die vielleicht sonderbar anmutet, und verstärken sie. Wir ahmen die natürlichen Gerüche nach, indem wir es zuwege bringen, daß aller Art Gerüche aus anderen als den natürlichen Mischungen strömen. Auf gleiche Weise ahmen wir auch die Geschmäcke nach, so daß sie den Geschmackssinn, auch den noch so geschärften, einfach täuschen. In diesem Hause befindet sich außerdem eine Bäckerei, wo wir Naschwerk, Kuchen und anderes dergleichen sowohl in feuchtem als in trockenem Zustande bereiten. Und wir stellen dies nebst anderen beliebten süßen Sachen ohne Zucker und Honig her. Auch bereiten wir dort erstklassige Weine, Milchspeisen und Suppen, Salz- und Essiggerichte, alle sehr schmackhaft und bei euch keineswegs gebräuchlich.

Wir haben auch eine Mechanikerwerkstatt, wo es Maschinen und Werkzeuge für jede Art von Triebwerken gibt. Dort versuchen wir raschere Antriebe zu erzeugen, als ihr sie bei euch habt, sei es mit euren kleineren Pulverbüchsen, sei es mit irgendeiner anderen Maschine. Ebenso versuchen wir die Triebwerke leichter und zweckmäßiger zu gestalten, indem wir ihre Kraft durch Räder und andere Mittel vervielfachen. Ferner erzeugen wir stärkere und mächtigere Bewegungen, als ihr sie mit Hilfe eurer größeren Geschütze und Schleudermaschinen hervorruft. Wir fertigen Steinschleudern und Kriegsmaschinen jeder Art an. Wir kennen neuartige Mischungen von Pulver, griechisches Feuer, das im Wasser brennt und unverlöschbar ist, Wurffeuer jeder Art, sowohl zum Vergnügen als auch zur Verwendung im Kriege.

Wir ahmen dort auch den Vogelflug nach und haben gewisse Stufen und Startplätze, um gleich geflügelten Tieren durch die Luft fliegen zu können.

Wir haben Schiffe und Nachen, die unter dem Wasser fahren und so die Stürme des Meeres leichter aushalten können, ferner Schwimmgürtel und Tauchausrüstungen.

Wir haben viele ausgezeichnete Uhren sowie andere Luft- und Wasser-Werke, die im Kreis laufen und umgekehrt wieder zurückkommen.

Wir ahmen die Bewegungen der Lebewesen in Nachbildungen nach, wie etwa in künstlichen Menschen, Vierfüßlern, Vögeln, Fischen und Schlangen.

Schließlich besitzen wir auch noch andere, durch Gleichmaß und Feinheit ausgezeichnete Automaten.

Wir haben auch ein Haus der Mathematik, wo alle Instrumente, sowohl die geometrischen als auch die astronomischen in hervorragender Qualität hergestellt werden.

Wir haben ferner ein Haus der Blendwerke, wo wir alle möglichen Gaukeleien, Trugbilder und Vorspiegelungen und Sinnestäuschungen hervorrufen. Man wird leicht begreifen, daß wir, die wir so viele Naturerzeugnisse besitzen, die Verwunderung hervorrufen, auch den Sinnen der Menschen unendlich viel vortäuschen könnten, wenn wir sie zu Wundern herausputzen und zurichten wollten. Ja, wir haben sogar allen Brüdern unseres Hauses unter Geld- und Ehrenstrafen untersagt, etwas Natürliches durch künstliche Zurüstung wunderbar zu machen; rein und von jedem Schein und jeder falschen Wunderhaftigkeit unberührt, sollen vielmehr die Naturerscheinungen vorgeführt werden.

Und dies, mein Sohn, ist der Reichtum des Hauses Salomons.

[b. Ämter]

Was die Ämter und Dienste unserer Brüder betrifft, so gibt es Zwölf, die unter fremdem Namen — denn den Namen unseres Landes verraten wir nie — in fremde Länder fahren und Bücher und Versuchsmuster zu uns bringen. Diese nennen wir die ‹Lichthändler› *(mercatores Lucis)*.

Drei gibt es, die alle Versuche, die in Büchern zu finden sind, sammeln. Diese nennen wir die ‹Beutesammler› *(depraedatores)*.

Drei gibt es, die Versuche in allen mechanischen Künsten, ferner in allen freien und auch in allen angewandten Wissenschaften, die sich nicht zu einer besonderen Kunst verbunden haben, anstellen. Diese nennen wir die ‹Jäger› *(venatores)*.

Drei gibt es, die sich an neue Versuche machen, sofern sie ihnen ausführbar erscheinen. Diese nennen wir die ‹Gräber-› oder ‹Grubenarbeiter› *(fossores sive operatores in Mineris)*.

Drei gibt es, die die Versuchsergebnisse der genannten anderen in Lehrsätze und Tabellen bringen, damit der Verstand sich besser danach richten kann, um daraus Beobachtungsmöglichkeiten und Grundsätze zu entnehmen. Diese nennen wir die ‹Aufteiler› *(divisores)*.

Drei gibt es, die dazu bestimmt sind, die Versuche ihrer Brüder zu überwachen, Auszüge davon zu machen und betreffs der Ergebnisse zu überlegen, was dem täglichen Gebrauch und der Praxis dient, was den Wissenschaften nicht nur als Tatsache, sondern auch als Ausgangspunkt geläufiger Erklärungen der Ursachen dienlich ist, die ferner den Mitteln nachsinnen, mit denen natürliche Erleuchtungen und die einfache und einleuchtende Unterrichtung, welches die in den einzelnen Körpern verborgenen Teile, welches die Kräfte sind, zustande gebracht werden können. Diese nennen wir die ‹Wohltäter› *(euergetas)*.

Dann aber nach vielen Zusammenkünften und Beratungen der Gesamtheit der Brüder, die die bisherigen Arbeiten und Sammlungen eingehend begutachten und gleichsam wiederkäuen, gibt es drei, deren Aufgabe es ist, auf Grund der bereits vorliegenden Versuchsergebnisse neue, tiefer in das Wesen der Natur dringende Versuche von höherer Bedeutung anzuregen und zu leiten. Diese nennen wir die ‹Leuchter› *(lampadas)*.

Drei gibt es, die die so empfohlenen und aufgetragenen Versuche praktisch ausführen und über ihre Erfolge berichten. Diese nennen wir die ‹Pfropfer› *(insitores)*.

Schließlich gibt es drei, die die bisherigen Erfindungen und Entdeckungen in der Natur durch Versuche zu umfassenderen Beobachtungen, zu Axiomen und Aphorismen ausbauen und zusammenfassen; dies tun sie jedoch nicht ohne vorherige Beratung und Unterredung mit der Gesamtheit der Brüder. Diese nennen wir die ‹Ausleger der Natur› *(interpretes Naturae)*.

Wir haben auch, wie es das Unternehmen erfordert, einige Novizen und Schüler, damit die Kette der zu Versuchen und Forschungen bestimmten Männer nicht abreißt, außerdem zahlreiche männliche und weibliche Diener und Gehilfen.

Auch ist es bei uns üblich, genau zu erwägen, was von unseren Erfindungen und Versuchsergebnissen zu veröffentlichen angebracht ist, was dagegen nicht. Ja, wir verpflichten uns sogar alle durch einen Eid, das geheimzuhalten, was wir geheimzuhalten beschlossen haben. Wenn wir auch einiges davon mit allgemeiner Zustimmung zuweilen dem König oder dem Senat enthüllen, so halten wir anderes doch völlig innerhalb unserer Gemeinschaft.

[c. Lebensweise und Bräuche der Väter]

Was unsere Lebensweise und unsere Bräuche betrifft, so haben wir zwei geräumige und schöne Säulenhallen. In der einen von ihnen stellen wir der Reihe nach Musterstücke aller seltenen und hervorragenden Erfindungen auf, in der anderen aber die Standbilder berühmter Erfinder. Dort ist das Standbild eures Columbus zu sehen, der als erster das westliche Indien entdeckte, ebenso das des ersten Schiffsbauers, ferner das eures Mönches, der als erster das Pulver und die Schießgewehre erfand, dann das des Erfinders der Musik, des Erfinders der Buchstaben, der Druckerkunst, der Astronomie, der Metallbearbeitung, des Glases, des Seidenfadens, des Weines, der Aussaat und des Brotes, des Zuckers usw. Und wir verehren alle diese Erfinder bei uns aus einer gesicherteren und getreueren Überlieferung, als ihr sie habt.

Wir haben ferner Standbilder vieler bedeutender Erfinder aus unseren eigenen Reihen, solcher, die hervorragende Dinge und Werke hervorgebracht haben, die, da ihr sie selbst nicht gesehen habt, zu beschreiben zu langwierig wäre; auch kann man, wenn man sie ohne Augenschein richtig begreifen soll, leicht in Irrtum verfallen. Dem

Erfinder jedweder bedeutenden Sache nämlich errichten wir alsbald ein Standbild und vermehren seinen Ehrensold reichlich und freigebig. Von diesen Standbildern sind die einen aus Erz, aus Marmor und lydischem Gestein, andere aus Zedernholz und anderen kostbaren Holzarten, vergoldet und verziert, andere aus Eisen, wieder andere aus Silber, einige aus Gold.

Wir haben auch bestimmte Hymnen und liturgische Formeln, die wir täglich singen und wiederholen und in denen Lob, Preis und Dank zu Gott wiederklingt, um seiner wunderbaren Werke willen; ferner haben wir bestimmte Gebetsformeln, mit denen wir Gottes Hilfe und seinen Segen erflehen, damit er unsere Arbeit zu lenken und zu leiten, zu erleuchten und zu gutem und heiligem Nutzen zu wenden geruhe.

Schließlich ist es bei uns gebräuchlich, die bedeutendsten Städte des Landes von Zeit zu Zeit zu besuchen; dort veröffentlichen wir, je nach Gelegenheit, die nützlichen Erfindungen nach Gutdünken.

Wir sagen auch — und dies gehört zu den natürlichsten Erleuchtungen! — ansteckende Krankheiten, Seuchen, Schwärme schädlicher Tiere, Hungersnöte, Unwetter und Stürme, Erdbeben, Überschwemmungen, Kometen, die Jahrestemperatur und andere Naturerscheinungen voraus, bevor sie eintreten. Wir geben auch Ratschläge, die diese Ereignisse betreffen: was das Volk am besten tut, um vorzubeugen und gegen das Unheil einzuschreiten.»

Als er dies gesagt hatte, erhob er sich; ich aber fiel, wie man mir gesagt hatte, auf die Knie. Darauf legte er seine Rechte auf mein Haupt und sagte:

«Es segne dich Gott, mein Sohn! Ebenso möge er den Bericht, den ich dir gegeben habe, segnen! Ich gebe dir die Erlaubnis, ihn zum Wohle anderer Völker zu verbreiten, da wir ja hier als ein den Fremden fast unbekanntes Volk im Schoße Gottes leben.»

Nachdem er so gesprochen hatte, entfernte er sich.

Mir und meinen Gefährten hatte er aber ungefähr zweitausend Goldstücke als Geschenk angewiesen; denn die Väter sind, wohin sie auch kommen, äußerst freigebig.

ENDE

ZUM VERSTÄNDNIS DER WERKE

Alles Gescheite ist schon gedacht
worden; man muß nur versuchen, es
noch einmal zu denken.   Goethe

1. DIE LITERARISCHE GATTUNG
DES STAATSROMANS

Die Wissenschaft hat sich mit der literarischen Gattung des ‹Staatsromans› (Mohl): der ‹Utopie›, wie dieser nach dem klassischen
Werke des Staatskanzlers Heinrichs VIII. von England gewöhnlich
genannt wird, eingehender beschäftigt, als es zuweilen den Anschein
haben mag; die am Ende dieses Buches angeführte Literatur gibt
davon hinreichend Zeugnis. Es ist daher erstaunlich, daß außer der
‹Utopia› des THOMAS MORE heute kaum einer der älteren Staatsromane in einer modernen Übersetzung greifbar ist, während doch
seit den Tagen der Renaissance die Staatslehre und Staatsbildung
nicht nur theoretisch, sondern auch vielfach praktisch die Folgerungen aus ihren allgemeinen und besonderen Gedankengängen zu ziehen versuchte.

Wie auf so vielen anderen Gebieten des Denkens, so hat auch auf
dem der Staatsphilosophie der Humanismus in bewußter Anlehnung an die Antike bahnbrechend gewirkt. Der gemeinsame Grundzug seiner und damit auch aller späteren Staatsromane ist daher in
der stolzen und zuversichtlichen Hervorhebung und der selbstsicheren Betonung des seines Eigenwertes gewissen, weil eben erst bewußt gewordenen Geistes, in einem zukunftsfrohen und zukunftsträchtigen Intellektualismus zu sehen.

Der vorliegende Band enthält die drei hervorragendsten Staatsromane des Humanismus:

die ‹Utopia› des THOMAS MORUS, die, wie gesagt, der gesamten
Gattung den Namen gegeben hat und zum typischen Idealbild eines
sozialen Staates geworden ist, das seinerseits gleichzeitig die Fehler
jedes bestehenden kritisiert,

den, in Deutschland noch kaum bekannten ‹Sonnenstaat› des calabresischen Dominikaners TOMMASO CAMPANELLA, dessen fanatischer Kommunismus die gewaltsame Beglückung der Menschen predigt und trotz oder gerade wegen aller scheinbaren Gegensätze
zwangsläufig zu jener Diktatur des geschulten Einzelwillens führt,
die von MACHIAVELLI bis in die politische Gegenwart die Freiheit des
Einzelmenschen bedroht und deren konsequente Darstellung daher
von ebenso erregender wie beklemmender Aktualität ist, und endlich

216

die ‹Neu-Atlantis› des Lordkanzlers FRANCIS BACON, die, leider Fragment geblieben, den großartigen Versuch darstellt, die Menschen nicht durch Verstand und Willen, sondern durch Vernunft zu einer glücklichen Gemeinschaft zusammenzuführen, und die außerdem ein Zukunftsbild wissenschaftlicher Forschung entwirft, wie wir es heute erst etwa erreicht zu haben scheinen.

Alles, was menschlicher Scharfsinn seit dem Altertum, seit PLATON und ARISTOTELES, CICERO und AUGUSTINUS, an sozialen Theorien entworfen hat, ist hier, an der Schwelle der modernen Zeit, in kühnen und doch oft überraschend wirklichkeitsnahen Bildern wiedergegeben. Wie den beiden Briten die geographisch und politisch bedingte Verfassung ihrer eigenen Insel, so schwebt dem Calabresen bei seiner Schilderung des Sonnenstaates der autoritäre Beamtenstaat des Königreichs Sizilien unter dem gigantischen Macht- und Willensmenschen FRIEDRICH II., dem Kaiser aus dem Geschlechte der Staufer, vor, dessen Züge in dem ‹Sol› des Sonnenstaates deutlich zu erkennen sind.

2. DIE WURZELN DES ‹UTOPISCHEN SOZIALISMUS›

Andererseits enthalten die drei Staatsromane der Renaissance ganz unverkennbar die Keime und Wurzeln des gesamten ‹utopischen Sozialismus› der späteren Zeit. Kann man bei der ‹Newen ordnung weltlich standts› in dem Lande ‹Wolfaria› des Franziskaners JOHANN EBERLIN VON GÜNZBURG noch an einer unmittelbaren Beziehung zu Mores ‹Utopia› zweifeln, so ist die ‹Christianopolis› des JOHANN VALENTIN ANDREÄ bereits eine bewußte, der ‹Mundus alter et idem› des JOSEPH HALL eine versteckte, dafür aber um so stümperhaftere Nachahmung des ‹Sonnenstaats›. Von größerer Originalität zeugen noch im selben Jahrhundert die ‹Nova Solyma› SAMUEL GOTTS, das glückliche ‹Sevarambien› des DENIS VAIRASSE und die ‹Oceana› JAMES HARRINGTONS, während der ‹Leviathan› des THOMAS HOBBES dank der Genialität seines Verfassers trotz aller eindrucksvollen Bildhaftigkeit eine neue, weit mehr theoretisch gerichtete Abart der Staatsromane begründet, deren Vertreter in den folgenden Jahrhunderten in ROUSSEAUS ‹Contrat social›, in FICHTES ‹Geschlossenem Handelsstaat› ebenso Rang und Geltung gewonnen haben wie auf der sozialpolitischen Ebene in FOURIERS ‹Nouveau monde industriel et sociétaire› und ROBERT OWENS ‹New moral world›. Dagegen nehmen die legitimen Nachfolger der romanhaften Utopie im 18. Jahrhundert eher spielerischen oder wenigstens sensationshungrigen Charakter an. Man kann das schon an der ‹Basiliade› des sonst so unerbittlich prinzipiellen MORELLY feststellen, noch deutlicher aber bei RÉSTIF DE

LA BRETONNE und VOLTAIRE und selbstverständlich auch in FONTENELLES ‹Histoire des Ajoiens›, ebenso noch in den weit mehr von sozialer Verantwortung getragenen Entwürfen des 19. Jahrhunderts, im ‹Ikarien› ETIENNE CABETS, im ‹Freiland› THEODOR HERTZKAS sowie in den späteren utopischen Zukunftsromanen von EDWARD BELLAMY bis GEORGE ORWELL und ALDOUS HUXLEY, die bezeichnenderweise immer mehr pessimistische Züge annehmen.

So sehr alle diese Utopien «im Grunde die eigene Zeit des Autors schildern», so sehr sind sie eben «Spielarten unseres Wesens und zeichnen dessen Konsequenzen in einem Raume von bedeutenderer Schärfe» (E. Jünger). Somit erweisen sie, gerade durch ihren ‹utopischen› Charakter, die Irrationalität des Menschen, dessen Wesen sich — bisher wenigstens — jeder Berechenbarkeit zu entziehen wußte. Sie liefern daher e contrario den Beweis für die Wesenhaftigkeit der menschlichen Freiheit, die gerade da triumphiert, wo sie überwunden werden soll, und die als unabänderliche Gegebenheit jeder menschlichen Gemeinschaft die ständige Aufgabe stellt, ihr gerecht zu werden.

3. DIE BEDEUTUNG DER UTOPIEN FÜR DIE GEGENWART

Damit ist die Bedeutung der Utopien für die jeweilige lebendige Gegenwart bereits umrissen. Sie ist zentral zu sehen, auf den Kern des menschlichen Wesens gerichtet. Die historische oder gar die philologische Rolle der in Frage stehenden Texte ist bloß insoweit in ein neues oder vielmehr nur maßgerechteres Licht zu setzen, als das zum unmittelbaren Verständnis unerläßlich ist. Darüber hinaus jedoch ist zu versuchen, das Wesentliche ihres Inhalts in seiner Beziehung auf die lebendige Gegenwart, auf uns selbst zu erkennen. Neben der beiläufigen Frage, welche Absicht der ‹poetischen› Darstellung staatswissenschaftlicher Theorien bei den drei Verfassern des 16. und 17. Jahrhunderts zugrunde gelegen haben mag, wird also die nach der Wirklichkeitsnähe ihrer Gedanken in den Mittelpunkt einer kritischen Betrachtung zu stellen sein. In dieser sollte demnach weniger von den mannigfachen philosophischen und literarischen Einflüssen, die sich seit XENOPHON und PLATON, ARISTOTELES und AUGUSTINUS in der Gestaltung und Bewertung eines Idealstaates und insbesondere in der Staatsauffassung der Renaissance ausgewirkt haben, die Rede sein, als von ihrer spezifischen Geschichtlichkeit, sowie von der Art und Weise ihrer theoretischen Darstellung und praktischen Bewährbarkeit in der jeweiligen geschichtlichen Gegenwart, kurz gesagt: inwieweit es sich um historisch wirksame Theorien oder um Utopien von zweifelhafter Unterhaltsamkeit handelt.

Angesichts der modernen Lösungsversuche in Politik und Literatur sind ja die von den drei großen Denkern des Humanismus entworfenen Bilder bis in ihre letzten Einzelheiten von höchstem soziologischem Interesse. Denn die Grundprobleme des menschlichen Zusammenlebens in Familie, Gemeinde und Staat sind eben trotz aller äußeren Veränderungen dieselben ‹innermenschlichen› geblieben.

4. DAS ‹UTOPISCHE› WESEN DES MENSCHEN

Der Mensch ist ein zwiespältiges Wesen. Zwischen den äußersten Gegensätzen der lichtlosen Dumpfheit des Instinktes und der strahlenden Selbstgewißheit des Geistes, zwischen der Göttlichkeit der schöpferischen Freiheit und dem unbewußten Drang der Triebe fühlt er sich unsicher schwankend und zutiefst fragwürdig, von der einen Seite zauberhaft angezogen, der anderen offenbar rettungslos verfallen. Mit allen seinen Kräften strebt er zum Licht und ist doch dem dunklen Schoße der mütterlichen Erde unverbrüchlich verhaftet. So verfällt er immer wieder unversehens in den Zweifel: in jenen Zweiheitsglauben, jenen Dualismus, der Sein und Bewußtsein, Geist und Körper, Leib und Seele sich gegenüber- und entgegenstehen und ihren niemals endenden Kampf führen sieht, einen Kampf, der zudem nirgends anders als eben in ihm, dem Menschen selbst, ausgetragen werden kann.

So schwankt denn der Mensch auch zwischen dem stillen und ruhigen Glück der Geborgenheit in der Gemeinschaft, der scheinbaren Verantwortungslosigkeit der Masse, des tierhaften Herdenlebens *und* dem erregenden Rausche der Macht des Einzelnen, der schrankenlosen Selbstbestimmung, dem Triumphe des Herrschafts- und Herrschergedankens. *Beides* erscheint ihm als Wert, *beides* erstrebt er daher mit dem Einsatz aller seiner seelischen und körperlichen Kräfte und Fähigkeiten, weil das eine wie das andere ihm jeweils die Erhaltung seines eigenen unendlich kostbaren Daseins zu gewährleisten verspricht. Aber beides *zugleich* kann er niemals erreichen, da Macht und Geborgenheit, Verantwortungslosigkeit und Selbstbestimmung, Herrschertum und Herdenleben ewig unvereinbar sind.

Der Gedanke des sinnvollen Ganzen, in dem Tier und Gott so völlig und restlos aufgehen, daß die absolute Harmonie, *das* Glück auf Erden, verwirklicht ist, scheint, obwohl oder gerade weil vom Menschen gefaßt, allein für ihn nicht zu gelten — *scheint*, denn in Wahrheit steht der, der ihn fassen *mußte*, im unmittelbarsten Bezuge zu ihm. Bloß ist das Ganze des Tierreichs und das Ganze der Gottheit weder an sich noch als Summe oder als Produkt das Ganze der Menschheit.

Der Mensch vielmehr ist ein Grenz- oder Mittelwesen, und *seine* Einordnung in das Ganze der *Welt* besteht in der Innehaltung der ihm angemessenen Mittelstellung, in der Achtung und Beachtung also seiner doppelten Bindung an Notwendigkeit *und* Freiheit, an Seele *und* Leib, Körper *und* Geist, Individuum *und* Gemeinschaft.

Das ist der wahre Sinn des goldenen Mittelweges der organischen Welt- und Lebensauffassung, deren unsterblicher Entdecker — für uns wenigstens, denn das chinesische Denken kennt ihn seit LAO-TSE und länger — ARISTOTELES ist, der «die Realität des Staates» eben *nicht* «in einer bestimmten Zahl begrifflicher Elemente» (Dilthey) darstellen wollte, sondern nur die metaphysische Idee gab. Er kennzeichnet damit die Über- oder Unvernünftigkeit des Menschen, seine Irrationalität, und zugleich die seines Weges.

Jede Abirrung von diesem Wege aber ist ein theoretisch erlaubter, praktisch jedoch wahrhaft verhängnisvoller Schritt: eine ‹Utopie› in des Wortes ureigenster Bedeutung. Denn da, wo *nur* der Geist herrscht, ist (noch) ‹kein Ort› für den Menschen, und da, wo *nur* dem Körper sein Recht wird, ist ebenfalls ‹kein Ort› (mehr) für ihn.

Der Theorie jedoch, die das Mögliche schaut, weil es möglich ist — und alles ist möglich, was geschaut werden kann, denn nur das kann geschaut werden, was möglich ist —, bleibt ein weites Feld in der Zusammenschau beider Bereiche, in der Aufgabe, die lebensfähige und fruchtbare Verbindung des Einen mit dem Ganzen zu suchen und zu finden: die Lebensform, die dem notwendigen Gemeinschaftsleben *und* dem freien Einzelleben genugtut.

5. INDIVIDUALISMUS UND KOMMUNISMUS DER RENAISSANCE

Es ist kein Zufall, daß am Anfang und am Ende der Spätzeit des geistesfrohen italienischen Rinascimento, das ja seinen Namen mit einer gewissen Berechtigung von der Wiedergeburt des Menschen als Menschen, als selbstbewußten Trägers einzelmenschlichen Geistes und nicht minder selbstbewußten Verfechters seiner Rechte ableitet, zwei Staatstheorien stehen, deren ‹utopischer› Charakter weder gewollt noch begründet ist, sondern selbst in dem literarischen Gewande der zweiten von ihnen seine theoretische Wesensart zu behaupten und zu erweisen versucht hat. Aber es ist genauso sinngemäß, daß diese beiden Theorien *und* ihre Träger in einem erklärten und zumal bei dem späteren von ihnen nachdrücklichst betonten Gegensatz stehen.

Daß es sich hierbei um den krassen Individualismus NICCOLÒ MACHIAVELLIS einerseits und den nicht weniger radikalen Kommunismus

Tommaso Campanellas andererseits handelt, ist unschwer zu erraten, und es tut wenig zur Sache, daß dieser als getreuer Schüler Platons und Thomas Mores seine kommunistischen Ideale in mönchischer Verzücktheit überspitzt, während jener die Errungenschaften seiner ichbegeisterten Zeit in unbedenklicher, ja zuweilen unbedachter Nüchternheit kühl und sachlich darlegt und auf das staatliche Leben anzuwenden empfiehlt. Und wenn schon die innere, so ist erst recht die äußere (literarische) Form, die beide Denker ihren Gedanken gegeben haben, von zweitrangiger Bedeutung. Denn entscheidend ist hier, wie immer in politischen Angelegenheiten, der Zweck, und zwar der beabsichtigte und der erreichte, der in beiden Fällen deutlich genug auf der Hand liegt, wenn auch die Geschichte zunächst nur dem Florentiner Recht zu geben und das leidenschaftlich erstrebte Ziel des Calabresen in dem Zusammenbruch einer lokal begrenzten Revolution endgültig zu begraben schien. Unter der Oberfläche nämlich schwelten seine Ideen, eben weil sie der einen der beiden Richtungen des menschlichen Selbsterhaltungstriebes entsprechen, weiter, flammten hie und da in Weltverbesserungsversuchen und in den kommunistischen und sozialistischen Utopien der Andreä, Vairasse, Harrington, Morelly, Fontenelle, Réstif de la Bretonne, Voltaire, Fourier, Owen, Cabet, Bellamy und Hertzka auf, um schließlich durch das Kommunistische Manifest und die entsprechende Staatstheorie von Karl Marx und Friedrich Engels zu einem unzweideutigen Weltbrande aufzulodern.

Aber nicht nur diese, vielleicht nur mittelbare und in der Denknotwendigkeit der Gemeinschaftsidee begründete Wirkung, nicht nur der leidenschaftlich verfochtene und mehr oder weniger geschickt verteidigte kommunistische Gedanke verleiht dem ‹Sonnenstaat› Campanellas seine überzeitlich theoretische Bedeutung, sondern vor allem die ihm genau entgegengesetzte und widersprechende, aber besonders das 16. und 17. Jahrhundert beherrschende und daher schlechterdings nicht zu umgehende Berücksichtigung des einzelmenschlichen Machtstrebens, des erkennenden Geistes des zu sich selbst erwachten Individuums.

Es ist daher auch nur allzu verständlich, daß viele Beurteiler der Staatsideen Campanellas (Doren, Gothein, Meinecke) auf seine starke Abhängigkeit gerade von dem von ihm so grimmig befehdeten Machiavelli hinweisen.

Denn im Grunde sind sich beide Italiener in der Frage der radikalen Machtpolitik einig, während andererseits die vernünftige Wohlfahrtspolitik Sache der Engländer, Mores also und Bacons, ist. Während also hier der Erziehung zum Staate das Wort gesprochen wird, steht bei Machiavelli und Campanella mehr der Zwang zum geordneten Zusammenleben im Vordergrund. Aber mögen die Zeitgenossen More und Machiavelli auch «weltanschauliche Gegensätze von unabsehbarer Tragweite» (Oncken) trennen, so eint sie doch der Glaube an den Geist als den Beherrscher der Materie genauso wie ihre Nachfahren Campanella und Bacon.

Denn in dieser Achtung des Intellekts, dieser Hoch-, ja vielleicht sogar Überschätzung der Macht des Wissens, liegt ebenso der gemeinsame Ausgangspunkt des ‹Principe› und der ‹Utopia› wie das verbindende Element des ‹Sonnenstaats› und der leider nur abgebrochen angedeuteten Verfassung der Insel ‹Neu-Atlantis›, so verschieden die Ansichten und Absichten gerade ihrer Verfasser, deren Herkunft entsprechend, auch sonst gewesen sein mögen. Ja, gerade der ungeheure Abstand, der zwischen den Lebensumständen des trotz aller, vielleicht selbstverschuldeten, Anfeindungen und Enttäuschungen hochgeachteten und vor allem völlig unabhängigen englischen Weltmannes und des verfolgten und verfemten, gefolterten und eingekerkerten, niemals in seinem Leben ganz freien italienischen Mönches liegt, gibt hinsichtlich der Gemeinsamkeit ihrer Anschauungen entscheidende Anhaltspunkte. Wenn nicht die Unzufriedenheit mit den bestehenden Verhältnissen, der Gegensatz zur erlebten Wirklichkeit, der Drang, das Bild einer besseren Welt vor die Augen der Zeitgenossen zu stellen, so war es doch bei beiden, wie schon bei Thomas More, die einsame Schau des, freilich eben utopischen, Ideals, die sie zur bewußten Gestaltung zwang.

Gewiß haben also auch die besonderen Lebensverhältnisse ihrer Verfasser zu dem Zustandekommen wie schon zur Konzeption aller drei Utopien ihr Teil beigetragen und lassen daher gewisse Rückschlüsse auf deren Wesen und Inhalt zu.

7. Leben und Werk der Verfasser

Thomas More

Am 7. Februar 1478 als Sohn eines Londoner Richters geboren, eine Zeitlang am Hofe des Erzbischofs John Morton von Canterbury erzogen, besuchte More nach dem Studium in Oxford die Rechtsschulen New Inn und Lincolns Inn in London, wo er, bereits als Fünfundzwanzigjähriger Mitglied des Parlaments, im Jahre 1509 zum Under Sheriff ernannt wurde. Seine ersten Vorlesungen, bezeichnenderweise über den ‹Gottesstaat› des heiligen AUGUSTINUS, hielt er schon mit dreiundzwanzig Jahren. Zehn Jahre später, nach dem Tode seiner ersten Frau, wurde er Reader in Lincolns Inn.

Das ist die erfolgreiche Laufbahn eines begabten Juristen mit akademischen Ambitionen, die ihre besondere Note noch durch seine enge Beziehung zu dem Humanisten ERASMUS VON ROTTERDAM erhielt, der ihm schon im Jahre 1499 unter Anspielung auf seinen Namen das ‹Encomion Moriae› (Lob der Torheit) widmete und dem er 1516 das Manuskript seiner weltberühmten ‹Utopia› übersandte. Es ist nicht ganz unwesentlich, schon hier zu bemerken, daß der zweite Teil dieser ‹Rede über die beste Staatsverfassung› im Jahre 1515 während Mores Aufenthalt in Flandern in enger geistiger Fühlungnahme mit Erasmus, der gerade seine ‹Institutio principis christiani› vollendete, konzipiert, das erste Buch dagegen mit der literarischen Motivierung, der Staats- und Gesellschaftskritik und der bereits von CICERO leidenschaftlich erörterten Frage, ob ein Philosoph Staatsgeschäfte übernehmen solle, erst nachträglich im Jahre 1516 verfaßt wurde, vor allem aber, daß das Gesamtwerk *vor* Mores Ernennung zum Mitglied des Privy Council (1518), *vor* seiner Ernennung zum Under Treasurer (1521), ja, ganze dreizehn Jahre *vor* seiner Erhebung zum Lord High Chancellor am 25. Oktober 1529 vorlag. Diese letzte und höchste Würde sollte ihn ja in die schwersten Konflikte mit seinem Herrn und König, HEINRICH VIII. von England, zuvor aber erst mit sich selbst bringen.

Denn wenn jede Zeile seiner ‹Utopia› den optimistischen Glauben an den möglichen Sieg der Vernunft aussprach, wenn seine Reformideen den staatlichen und kirchlichen Einrichtungen gegenüber im Sinne des Humanismus von durchaus liberalem Geiste getragen waren, so sah er sich an verantwortungsvoller Stelle gezwungen, einer radikalen Lösung zuzustimmen, die mit der Kirche den Staat selbst in Frage stellte.

Von maßlosem Ehrgeiz und sinnlicher Leidenschaft ebenso wie von der Angst um den Bestand seiner Dynastie und den damit verbundenen Thronwirren getrieben, erließ König HEINRICH VIII. ja im Jahre 1534 die ‹Suprematsakte›, durch die der Krone Englands sämtliche Vollmachten über die englische Kirche, also auch und besonders die letzte Entscheidung in Glaubenssachen, übertragen wurden, die bisher der Papst besessen hatte, und mit der sich der König selbst den Titel eines ‹Obersten Hauptes auf Erden der Kirche von England unmittelbar unter Gott› gab.

Man wird nun zwar nicht behaupten können, daß dem am 15. Mai

1532 gestürzten Lordkanzler Thomas More wegen seines in der
‹Utopia› niedergelegten politischen Programms der Hochverratspro-
zeß gemacht wurde, aber man wird doch sagen müssen, daß es ihm,
ebenso wie dereinst dem weisen Berater Kaiser Neros, Seneca, we-
sensmäßig unmöglich war, eine Politik gutzuheißen, die vielleicht
nicht einer machthungrigen Klugheit, aber ganz und gar einer maßvollen und vernunftgeleiteten Einsicht entbehrte. Diese Einsicht aber
gerade hinderte Thomas More, die Suprematsakte anzuerkennen, für
diese Einsicht ist er gestorben. Am 6. Juli 1535 wurde er hingerich-
tet; sein abgeschlagenes Haupt wurde, zur Abschreckung, wie es damals üblich war, auf London Bridge aufgepflanzt.

Mehr noch als sein Name unter den Märtyrern des Geistes ist sein
Werk zum Urbild des Unerreichbaren geworden, obwohl es doch der
Absicht seines Verfassers nach ein Vorbild des Wirklichen sein soll-
te. Aber hierin liegt die Paradoxie alles menschlichen Daseins in
nuce, offenbar jedoch tragischer als bei Mores athenischem Vorbild
Platon.

Tommaso Campanella

Giovanni Domenico Campanella — wie er ursprünglich hieß —
wurde am 15. September 1568 in Stilo im südlichen Calabrien geboren. Schon in seinem fünfzehnten Lebensjahre nahm er unter dem
Eindruck einer mitreißenden Predigt die Kutte der Dominikaner und
durchlief die Schulen des Ordens in San Giorgio und Nicastro, zuletzt aber in Cosenza, wo er unter den erfahrungswissenschaftlichen
Einfluß des greisen Bernardino Telesio geriet, dem er sich freilich
zu dessen Lebzeiten nicht zu nähern wagen durfte, weshalb er ihn
wenigstens auf dem Totenbette besuchte, um sich die Züge seines
verehrten Lehrmeisters einzuprägen. Jedenfalls war der Eindruck der
Lehre Telesios auf Campanella so stark, daß er sich bei seinen Oberen mißliebig machte und in das Kloster Altomonte verwiesen wurde, von wo er jedoch nach Neapel entfliehen konnte. Im Jahre 1591
wegen Ketzerei verhaftet und in Rom ins Gefängnis geworfen, 1592
in Florenz von Großherzog Ferdinand I. de’ Medici, dem früheren
Kardinal, mit seinem Ersuchen um einen Lehrstuhl in Pisa abgewiesen, daraufhin wiederum vor das Inquisitionsgericht in Rom gerufen
und wieder freigelassen, kehrte er 1598 nach Calabrien zurück.

Dort machten ihn seine aufsehenerregenden Schriften ‹De inve-
stigatione rerum› (1586, nicht erhalten), ‹Philosophia sensibus demonstrata› (1589), ‹De monarchia Christianorum› und ‹De regimine
ecclesiae› (1594, beide nicht erhalten), derentwegen er ja bereits
mehrfach angeklagt worden war, sowie seine prophetisch-chiliasti-
sche Reformsucht überhaupt bald zum Mittelpunkt der aufrühreri-

schen Elemente, die sich gegen die nach dem Tode PHILIPPS II. ins Wanken geratene spanische Herrschaft in Süditalien auflehnten. Bereits im August 1599 aber wurde die Gesellschaft der Verschwörer durch Verrat aus den eigenen Reihen und das daraufhin erfolgende energische Durchgreifen CARLO SPINELLIS, des Beauftragten des Vizekönigs, des Grafen VON LEMOS FERNANDO DE CASTRO, gesprengt und landesverräterischer Verbindungen mit den Türken und ihrem allmächtigen Admiral, dem Renegaten SINAN BASSA CICALA, überführt. Ihr weltliches Haupt, MAURIZIO DI RINALDO, wurde nach peinlichem Verhör, in dem er alles gestand und viele bisher nicht Ergriffene namhaft machte, nebst einer Reihe seiner Anhänger auf dem Platze vor dem Castel nuovo von Neapel öffentlich gehängt, Campanella aber samt seinem fanatischen Gefolgsmann Frater DIONISIO PONZIO aus dem Kloster Nicastro in das Castel nuovo selbst gebracht, wo ihm der Prozeß gemacht, seine Verurteilung jedoch wegen «seiner juridischen Hingehörigkeit an die Kurie» (Kvačala) CLEMENS' VIII. hinausgezögert wurde.

In den grauenhaften Kerkerhöhlen des Castel dell' Ovo und in der milderen Haft von St. Elmo entstand, gewissermaßen als Widerruf und doch auch wieder als Gegenstück zu den vorausgegangenen ‹Discorsi politici ai principi d'Italia› (1595) und der berühmten, bereits 1623 ins Deutsche übertragenen Schrift ‹Della Monarchia di Spagna› (1598—1600), die aus politischer Berechnung und innerer Überzeugung zugleich die Vereinigung ganz Europas unter der Herrschaft Spaniens und der geistlichen Führung des Papstes befürwortet, im Jahre 1602 zunächst in italienischer Fassung die Schilderung des Sonnenstaates: ‹La Città del Sole›, die 1612 und 1620 umgearbeitet und ins Lateinische übertragen, zum ersten Male im dritten Teile der ‹Realis Philosophiae epilogisticae› Campanellas von TOBIAS ADAMI, Frankfurt 1623, herausgegeben und 1636 noch einmal überarbeitet wurde. Ihr Inhalt geht also, trotz des antiken Vorbildes in PLATONS ‹Staat› und vielleicht auch in dem ‹Sonnenstaat› des JAMBULOS (Pöhlmann), auf ebenso zeitgemäße wie ernstgemeinte Gedankengänge zurück; sie enthält nicht mehr und nicht weniger als das politische Programm, das Campanella sein ganzes Leben hindurch leidenschaftlich verfolgte und zu dessen Verwirklichung er sich selbst berufen glaubte.

Freilich wurde ihm zunächst zu weiterer politischer Betätigung wenig Gelegenheit gegeben. Er mußte zufrieden sein, daß man ihm während seiner insgesamt siebenundzwanzig Jahre währenden Haft und nach wiederholter — vielleicht sieben-, mindestens aber dreimaliger — fürchterlicher Folterung, die er jedoch heldenhaft, wenn auch in wirklichem oder simuliertem Delirium, durchstand, überhaupt gestattete, die Überfülle seiner Gedanken niederzuschreiben. Diese Vergünstigung verdankte er der Aufmerksamkeit, die der vierte Nachfolger des Grafen von Lemos, der Vizekönig Pedro Téllez-Giron, Herzog von Osuna, seiner publizistischen Tätigkeit schenkte.

Erst am 15. Mai 1626 aber wurde Campanella durch den Barberini-Papst Urban VIII. zum Zwecke seiner endlichen Befreiung angeblich für die Inquisition angefordert, auf Veranlassung König Philipps IV. von dem neuen spanischen Statthalter, dem Herzog von Alba, vom Hochverrat freigesprochen und nach Rom ausgeliefert. Obwohl mißtrauisch bewacht, entkam er doch mit Hilfe des französischen Gesandten bei der Kurie, des Grafen François de Noailles, glücklich nach Frankreich, wo er, anfangs in Aix als Gast des Numismatikers Nicolas Peiresc und im vertrauten Umgang mit dem Naturforscher Petrus Gassendi, später in Paris, bis zu seinem Tode am 21. Mai 1639 im Kloster St. Jacob an der Ruè St. Honoré unter dem Schutze des Kardinals Richelieu lebte. In seinem Schwanengesang, der ‹Ecloga in portentosam Delphini nativitatem› (1638) gab er, der an jener Stätte hauste, die den späteren Jakobinern den Namen verleihen sollte, einen schwachen Nachklang der unvergänglichen vierten Ekloge Vergils zur Geburt des nachmaligen ‹Sonnenkönigs› Ludwig XIV., dessen Regierung freilich in einem höchst merkwürdigen Verhältnis zu den Ideen des ‹Sonnenstaats› stehen sollte.

Francis Bacon

Bacon stammte aus einer alten englischen Adelsfamilie und wurde als jüngster Sohn des Großsiegelbewahrers der Königin Elisabeth I., Sir Nicolas Bacon, am 22. Januar 1561 im York-Haus, dem alten Palatium Eboracense, am Strand bei London geboren.

Die glänzende, wenn auch nicht immer reibungslose und durch dauernde Geldknappheit gehemmte Staatslaufbahn des ebenso begabten wie ehrgeizigen und rücksichtslosen jungen Juristen wurde trotz der Unterstützung durch die Verwandten seiner Mutter aus der Familie Cecil, insbesondere durch seinen Onkel, den Lord-Schatzmeister Burghley, erst unter König Jakob I., dem Sohne der Maria Stuart, durch das Amt des Lordsiegelbewahrers 1617 und durch die Lordkanzlerwürde 1618 gekrönt; im gleichen Jahre wurde er vom König zum Baron von Verulam, 1620 zum Viscount von St. Albans erhoben.

Indessen trug ihm weder seine selbstbewußte und aufklärerische Art noch seine Amtsführung viel Freundschaft und Anerkennung ein. Aus böswillig erfundenen, teilweise jedoch auch berechtigten Anklagen entwickelte sich schon im Jahre 1620 ein Korruptionsskandal, der zur Absetzung Bacons und zu seinem endgültigen Ausscheiden aus dem Staatsdienst führte. Die unzweideutige Ironie, mit der Bacon wiederholt die ‹Doppelverdiener› *(homines bini salarii)* bedenkt, läßt Rückschlüsse auf seine persönliche Einstellung zu der vielfach erörterten Rechtsfrage seiner Amtsführung, Absetzung, Bestrafung und Begnadigung durch König JAKOB I. zu.

Der verhinderte Politiker warf sich fortan ganz in die Arme der Wissenschaft, der gleichen im Grunde wie der revolutionäre italienische Mönch Campanella. In der Ruhe und Abgeschiedenheit seines feudalen Landsitzes bei Gorhambury entstand nicht nur die grundlegende ‹Instauratio magna› (1621), deren zweiter Teil, das ‹Novum Organum scientiarum›, nach der ausdrücklichen Absicht seines Verfassers die aristotelische Logik ersetzen sollte und die geradezu zur Bibel der neuzeitlichen Erfahrungswissenschaft erhoben wurde, sondern auch 1624 der leider unvollendet gebliebene Versuch der Darstellung eines vollkommenen Staatswesens auf der platonischen Trauminsel Neu-Atlantis, eines Staatswesens, dessen Bestand und Zukunft durch die Unerschütterlichkeit und Unfehlbarkeit der induktiven und experimentellen Methode der Wissenschaft und die wachsende Fülle ihrer Ergebnisse gesichert sein sollte.

Der unbedingte Glaube an die Macht des Wissens, das den Menschen die Natur beherrschen läßt, mit dessen Hilfe der Mensch «die Dinge zwingen und sie seinem Herrscherwillen gefügig machen» (Cassirer), somit zum wahren Herrn der Welt werden kann, malt hier ein Zukunftsbild des *Regnum hominis,* dessen Einzelheiten von der modernen Technik zwar zum größten Teil verwirklicht, jedoch nicht zu dem harmonischen Ganzen der optimistischen Vorausschau Bacons zusammengefügt werden konnten.

Um so mehr ist es zu bedauern, daß der ehemalige Lordkanzler Seiner Majestät des Königs von England zu einer Ausbreitung seiner politischen und vor allem auch seiner sozialen Reformideen nicht mehr gekommen ist, da aus ihnen nicht nur zu ersehen gewesen wäre, wie er es, wäre er im Amt geblieben, gemacht hätte, sondern gerade auch, welche Folgerungen der praktische Sinn des Engländers nach den so entscheidenden hundert Jahren, die seit dem Erscheinen der ‹Utopia› seines großen Vorgängers in Politik und Literatur vergangen waren, aus der «öffentlichen Unterweisung in den Wissenschaften» durch das Haus Salomons von Neu-Atlantis gezogen hätte. «Aber unglücklicherweise zog er es vor, an seiner Naturgeschichte zu arbeiten, so daß man nichts über die sozialen Einrichtungen des Volkes erfährt, obwohl er viel von dessen würdigen Sitten und großartigen Gebräuchen erzählt.» (Sorley)

Vielleicht aber hinderte Bacon auch sein Tod am 9. April 1626 in Highgate an der Vollendung des Werkes, oder — so läßt sich freilich nur vermuten — er konnte und wollte es, da er die Ansichten und

Absichten des jungen Königs KARL I. noch nicht kannte, nicht wagen, die angedeuteten Umrisse seines, der Anlage nach offenbar doch platonischen, Staatswesens auszufüllen.

8. FORM UND AUFBAU DER DREI UTOPIEN

Aus der Entstehungsgeschichte der ‹Utopia›, des ‹Sonnenstaats› und der ‹Neu-Atlantis› geht bereits hinlänglich klar hervor, daß alle drei Werke, wie wohl jedes ernstgemeinte und ernstzunehmende politische Reformprogramm, aus natürlicher Opposition gegen herrschende Zustände und bewußtem Besserungswillen erwachsen und daher keineswegs etwa zur Unterhaltung oder gar zur Belustigung eines sensationsgierigen Leserkreises bestimmt waren, wie.es kurze Zeit später ihre enge bibliographische Verbindung mit dem «haarsträubenden Blödsinn» (Kleinwächter) der wohlweislich anonymen satirischen Beschreibung des zeitgenössischen London durch den englischen Seneca ‹Mercurius Britannicus›, den Bischof JOSEPH HALL von Exeter, vermuten lassen könnte. Vielmehr scheint ihre, übrigens dürftige, dialogische oder erzählerische Einkleidung sowie ihre literarische Form überhaupt nur dem doppelten Zwecke der politischen Verharmlosung und der Verbreitung sozialrevolutionärer Reformgedanken in einer möglichst breiten Öffentlichkeit dienen zu sollen. Das entspricht der Publikationspraxis des Humanismus, das entspräche auch der vornehmen, wenngleich mehr oder weniger erzwungenen Zurückhaltung des weisen Kanzlers Heinrichs VIII., ebenso aber dem notdürftig gezügelten ungestümen Tatendrang des ekstatischen Mönchs und endlich sogar der hochmütigen Verbitterung des abgedankten Lordkanzlers Jakobs I.

Neu-Atlantis

Indessen wird es sich nicht leugnen lassen, daß gerade in der ‹Neu-Atlantis› Form und Aufbau der Darstellung einen vergleichsweise sehr hohen Rang einnehmen. Das jedoch dürfte wohl nicht nur auf die geruhsamere Lebensweise, sondern auch auf die schriftstellerische Gewandtheit ihres Verfassers zurückzuführen sein. Jedenfalls zeigt sich noch im Torso die Größe und Harmonie, der ausgewogene Plan des Gesamtwerkes.

Rein äußerlich stellt die ‹Neu-Atlantis› einen romanhaften Reisebericht dar, wie sie im 17. Jahrhundert besonders beliebt und verbreitet waren und in SWIFTS ‹Gulliver› ihre Krönung fanden.

Aus dem Vorwort des Herausgebers WILLIAM RAWLEY erfährt man, daß BACON beabsichtigte, «ein Buch über die Gesetze oder über die beste Staatsverfassung» zu schreiben, also unmittelbar in die Fußtapfen MORES zu treten, diesen womöglich zu übertreffen oder wenigstens zu verbessern. Das Fragment freilich beschränkt sich auf die Schilderung der Begründung und der Aufgaben jenes ‹Hauses Salomons› auf der Insel Bensalem, dessen Mitglieder, wie die Philosophen in Platons Idealstaat, wie die Langohrigen bei den Inka, die Jesuiten in Paraguay, die ‹Besten› der Megapatagonen bei Réstif de la Bretonne, wie schließlich auch die Syphogranten und Traniboren Utopiens oder die Behörden des Sonnenstaates, ja, noch in ganz besonderer Weise die Mauretanier in der ‹Heliopolis› ERNST JÜNGERS, die absolute Verantwortung für den «objektiven Geist», für das Wohlergehen und für den Fortschritt aller Staatsangehörigen tragen, also tatsächlich jene unentbehrliche Elite bilden, die die Möglichkeit hat, «auf die Bedingungen des materiellen Lebens der Gesellschaft einzuwirken und die Entwicklung dieser Bedingungen zu beschleunigen» (Gesch. d. Komm. Partei).

Dieses Haus Salomons wird in eindrucksvoller Weise durch die doppelte Beziehung auf den legendären Begründer des Staatswesens Solamona und den biblischen König Salomon mit einem gleichzeitig religiösen und historischen Nimbus umgeben und seine Würde und Wirkung an einem gegenwärtigen und einem früheren Vertreter erwiesen. Während dieser der Auffindung und Öffnung des Bartholomäus-Schreins gewürdigt wurde, umgibt sich jener mit dem ganzen Zauber und der geheimnisvollen Hoheit, die der ungehobene Schatz des Wissens auszustrahlen vermag. Tatsächlich umreißt Bacon hier, ohne im geringsten in phantastische Utopismen zu verfallen, den weiten Kreis der wissenschaftlichen Möglichkeiten, deren Verwirklichung ihm als erprobtem Experimentator erfahrungsgemäß bei entsprechender staatlicher Unterstützung keineswegs außer Reichweite zu liegen schien.

Die Berichte von dem Auftreten der beiden Väter des Hauses Salomons werden eingeleitet und getrennt durch Schilderungen von Erlebnissen und unmittelbaren Erfahrungen der segensreichen Einrichtungen, die diesem Hause zu verdanken sind. Da ist zunächst einmal schon die weise Wahrung der Abgeschlossenheit der Insel und ferner die Aufnahme der fremden Gäste in dem ebenso behaglich wie fortschrittlich eingerichteten Fremdenheim, dann genauso die Pflege des Sippengefühls bei dem ausführlich geschilderten Familienfeste. Vielleicht ist dabei die chiastische Aufeinanderfolge von unmittelbarem Erlebnis und mittelbarer Schilderung nicht zufällig, sondern lag im Plane des Verfassers.

Das erscheint um so glaubhafter, als auch der einleitende Bericht von der Landung durch die aufeinanderfolgenden Besuche der beiden Gesandten an und auf dem Schiff der Fremden und die Schilderung ihrer jeweiligen Wirkung auf diese höchst eindrucksvoll gegliedert ist, wie ebenso die Erzählung des Vorstehers des Fremdenhauses, der ein christlicher Priester ist, durch die Fragen nach der Herkunft des Christentums auf der Insel und nach der Ursache der weltweiten Kenntnisse der Insulaner trotz der Abgeschlossenheit ihres Landes.

So gewinnt die Darstellung durch den Wechsel von Erlebnis und Bericht Leben und Bewegung und gelangt offensichtlich gerade bis an die Schwelle ihres Höhepunktes, wo sie jäh abbricht.

Es ist als ziemlich sicher anzusehen, daß auf den Bericht über die ‹Gesetze› des Landes als zweiten Teil, in ähnlicher Gliederung wie im ersten Teil des Werkes, ein dritter folgen sollte, bis zum Abschied der Ankömmlinge, oder auch nur eines von ihnen, der in ähnlicher Weise wie Raphael Hythlodeus bei THOMAS MORE oder der Genuese bei CAMPANELLA seinen Bericht in der Heimat erstatten konnte. Derartige Seefahrerberichte lagen ja seit den Zeiten VASCO DA GAMAS, um nicht zu sagen, seit denen des ODYSSEUS, sozusagen in der Luft.

Der Sonnenstaat

Im Vergleich zu der kunstvollen Form der ‹Neu-Atlantis› erweist sich CAMPANELLAS ‹Sonnenstaat› als die formal wenig überzeugende Nachahmung eines platonischen Dialogs. Die Fragen und Ermunterungen des als ‹Unterredner› eingeführten Großmeisters der Hospitaliter machen fast durchweg einen gekünstelten Eindruck, und weit entfernt, das Ganze sinnvoll zu gliedern, stellen sie lediglich den nicht immer gelungenen Versuch dar, Einzelheiten oder auch ganze Sachgebiete, die dem Verfasser offenbar besonders am Herzen lagen, der gesteigerten Aufmerksamkeit des Lesers zu empfehlen. Ohne weitere Einleitung erfährt dieser aus der ersten Frage des Großmeisters, daß der genuesische Admiral, mit dem er sich offenbar schon längere Zeit unterhalten hat, von einer größeren Seereise zurückgekehrt ist, über die er nunmehr Näheres berichten soll. Der Admiral kommt ohne große Umschweife zu dem eigentlichen Thema: dem Sonnenstaat.

Dessen geographische Lokalisation ist weit genauer als die der Insel Bensalem, die irgendwo im Stillen Ozean zu suchen ist. Denn es wird ausdrücklich Tapobrane, also die Insel Ceylon, genannt, auf der die Sonnenstadt liegen soll.

Es ist doch wohl kein Zufall, daß es ausgerechnet die Insel Tapobrane ist, auf die ja nach der Auskunft des Petrus Ägidius im ersten Buch der ‹Utopia› Raphael Hythlodeus verschlagen worden ist, so daß man nicht nur auf eine genaue Kenntnis der ‹Utopia›, sondern sogar auf eine unmittelbare Bezugnahme schließen kann.

Auf den Aufbau seines Dialogs hat Campanella anscheinend weder Wert gelegt noch besondere Mühe gewandt. Der Stoff, der Inhalt steht im Vordergrund, er beherrscht den Verfasser, er überwältigt, ja, vergewaltigt ihn. Und offensichtlich sind es immer wieder ganz bestimmte Sachgebiete, die ihn so beschäftigen, daß er sie wieder aufnimmt, wiederholt, oft mit denselben oder ähnlichen Worten, und so in einem anderen Zusammenhang erneut betrachtet. Diese Sachgebiete sind eindeutig: die Fortpflanzung, die Erziehung und die Astrologie. Man hat manchmal die Empfindung, daß alle anderen Gebiete nur deshalb erwähnt werden, um diese drei von allen Seiten gebührend zu beleuchten; dabei werden sie aber auch untereinander in immer neue Beziehungen gesetzt.

Dem Eindruck, daß die überhitzte ‹Mönchsphantasie› (Oncken) Campanellas das Problem der menschlichen Fortpflanzung mit besonderem Interesse behandelt, hat sich noch keiner seiner Leser entziehen können. Es taucht zum ersten Male da auf, wo er den Aufgabenkreis des Ministers ‹Mor›, das heißt also der Liebe *(amor)*, beschreibt, beansprucht mit der eingehenden Schilderung der ‹Rationalisierung des Geschlechtsverkehrs› (Oncken) und der Gattenwahl, die durch die Beschreibung der Kleinkindererziehung kurz unterbrochen wird, einen breiten Raum und wird in der Weibergemeinschaft, für die PLATON als Kronzeuge angerufen wird, wieder aufgenommen.

Das besondere Anliegen der wissenschaftlichen Ausbildung der Kinder und Erwachsenen, das zum Aufgabenkreis des Ministers ‹Sin›, der Weisheit also, gehört, klingt zum erstenmal in der ausführlichen Beschreibung der Wandbilder an den sieben Mauerringen der Stadt an, wird unter Hinweis auf diese noch einmal aufgegriffen und erreicht mit der Aufzählung der Forderungen, die an den geradezu allwissenden ‹Sol› gestellt werden, seinen Höhepunkt.

Die Astrologie schließlich macht sich vor allem im zweiten Teil der Abhandlung oft allzu breit. Es geht ja nicht nur um die Übermittlung astrologischer Zusammenhänge, sondern stellenweise um eine regelrechte Apologie dieser suspekten, verfemten und ja auch von MORUS, den Campanella, wie gesagt, gekannt haben muß, ausdrücklich abgelehnten Afterwissenschaft. Der Hauptwert ist dabei anscheinend darauf gelegt, die Astrologie von dem Vorwurf des Determinismus zu befreien. Freilich muß dahingestellt bleiben, ob die Abweichungen und Zusätze der verschiedenen Ausgaben des Werkes dem besonderen Eifer des Verfassers oder aber Herausgebern und Kommentatoren zuzuschreiben sind.

Trotz aller Wiederholungen und Unregelmäßigkeiten läßt sich bei näherem Zusehen ein Grundplan erkennen, der, sicher nicht zufällig, mit dem der ‹Utopia› weitgehende Ähnlichkeit aufweist. Es zeichnet sich nämlich, gewissermaßen hinter den scheinbar wahllos aneinandergereihten Einzelheiten, eine Einteilung des gewaltigen Stoffes in sechs Abschnitte ab: das äußere Bild der Stadt, die Behörden und ihre Aufgaben, die gesellschaftliche Ordnung der Bewohner der Stadt, die Innenpolitik, zu der die Rechtsprechung, und die Außenpolitik, zu der das Kriegswesen gehört, und schließlich die Religion.

Utopia

Dieselbe stoffliche Aufgliederung ist im zweiten Buch der ‹Utopia› viel deutlicher zu erkennen.

Auch der Gewährsmann Mores, Raphael Hythlodeus, der, wie sein Name sagt, jeder Aufschneiderei abhold ist, berichtet zuerst von der Lage der Insel Utopia, ihren vierundfünfzig Städten und deren ländlicher Umgebung und dann ausführlich von der Hauptstadt Amaurotum, deren Ähnlichkeit mit London ebenso in die Augen springt wie die des Anydrus mit der Themse. Darauf wendet er sich den Obrigkeiten der Stadt und der Insel zu, sodann der Sozialordnung, den Einrichtungen im Innern, dem Verkehr mit dem Ausland und dem Kriegswesen und schließlich der Religion. In verschiedenen älteren Drucken des Werkes sind sogar noch die Überschriften der einzelnen Abschnitte angegeben, bei denen allerdings infolge der Ergänzungen und Überarbeitungen des Verfassers Ungenauigkeiten auftreten, wie etwa der ungefüge Exkurs über die Tugend- und Lustlehre unter den Titel ‹Vom Reiseverkehr der Utopier› *(De peregrinatione Utopiensium)* fällt.

Gerade bei dieser umfangreichen Abschweifung aber handelt es sich wohl eindeutig um eine spätere Einfügung, die sich bei genauerer Überprüfung mit den religiösen Anschauungen der Utopier nicht immer vereinbaren läßt. Es macht beinahe den Eindruck, als ob hier eine philosophische Schularbeit oder wenigstens Spezialabhandlung untergebracht werden sollte; Anklänge an Platon, die Stoa und Cicero sind zahlreich. Dabei kommt es zu Weitschweifigkeiten, Wiederholungen und gesuchten Bezugnahmen auf den voraufgegangenen Text; bezeichnend dafür sind die eigentlichen Nahtstellen, an denen der Exkurs in das auseinandergesprengte Kapitel über den Reiseverkehr durch künstliche Überbrückungen, wie: «Diese und ähnliche Ansichten haben die Utopier aus ihrer Erziehung gewonnen», oder am Ende ganz unvermittelt: «Wer zur Besichtigung des Landes dorthin kommt, wird mit offenen Armen aufgenommen», fast gewaltsam eingefügt wird.

So läßt sich selbst der geschulte und feinsinnige Humanist von seiner Begeisterung für den Inhalt zur Vernachlässigung der Form verleiten; freilich schlägt ihm deutlich das Gewissen, denn in dem Briefe an seinen Freund Petrus Ägidius, der dem Gesamtwerk vorangestellt ist, entschuldigt er sich ja ausdrücklich bei seinem Leser mit Zeitmangel und Überbeanspruchung.

Im übrigen ist dieser Einleitungsbrief wie auch die nachträgliche Motivierung der ganzen Erzählung ‹von der besten Staatsverfassung› in einem vorangeschickten ersten Buche für den Plan des ganzen Werkes ebenso aufschlußreich wie für die tieferen Absichten des Verfassers. Daß das erste Buch später abgefaßt ist als das zweite, bedarf kaum eines Beweises, ebenso daß es eine Begründung der Abfassung des zweiten, gewissermaßen die ‹Legende›, die Unterschrift unter das Bild vom Idealstaate, darstellt. Im Gegensatz zu diesem aber ist es keine indirekte, sondern eine sehr direkte Kritik herrschender, wenn auch aus naheliegenden Gründen in die Zeiten Heinrichs VII. zurückverlegter Zustände, deutlich greifbar in dem Angriff auf die grausame englische Strafrechtspflege gegenüber Dieben und Räubern, der im zweiten Buch seine Entsprechung hat. Genauso wie hier die Probleme als im Grunde soziale von allen nur möglichen Gesichtspunkten aus, vor allem jedoch vom wirtschaftlichen her betrachtet werden, so wird die sie umschließende, stark persönlich gefärbte Frage, ob ein Philosoph Staatsmann werden solle, durch zeitgeschichtliche Anspielungen aktualisiert und mit diplomatischer Gewandtheit, indem als Beispiel Frankreich, das feindliche Ausland, angeführt wird, zu einem ‹Fürstenspiegel› für den jungen König Heinrich VIII. erweitert.

So ist das Bild des ersten Buches der ‹Utopia› formal leicht zu überschauen: dem erzählenden Rahmen von der Gesandtschaft nach Flandern und der Begegnung mit dem Kronzeugen Utopiens, Raphael Hythlodeus, folgt die Aufforderung des Petrus Ägidius an diesen, sein Wissen in den Dienst der Könige zu stellen, deren Beantwortung die Sozialkritik einschließt, um zu dem äußeren Rahmen, den drei Freunden auf der Rasenbank, zurückzuführen.

Inhaltlich aber findet es seine Entsprechung im zweiten Buch in den beiden Hauptmerkmalen der Verfassung von Utopia: der ‹philosophischen› Leitung des Staates und der sozialen, ja kommunistischen Gesellschaftsordnung und Lebenshaltung seiner Bürger.

9. Der Mythos vom goldenen Zeitalter

Den entscheidenden Gehalt gibt der Darstellung aller drei Utopien die visionäre Kraft ihrer Verfasser.

Die Staatsphilosophie ist ihrem Wesen nach auf die schöpferische Entwicklung von Werten angewiesen. Und als Ersatz für die fehlende Erfahrung lieferte die spekulative Geschichtsphilosophie der rationellen Theorie seit PLATON und AUGUSTINUS die teils mythologische, teils rein begriffliche Konstruktion eines Ur- oder Naturzustandes der Menschheit. Dabei setzte jedoch jede derartige Theorie ‹menschlich› und ‹vernünftig› gleich, ein Irrtum, der sogar noch bei FICHTE begegnet und erst von HEGEL überwunden wurde.

Keine Zeit aber mußte dem schönen Wahn von der angeblichen Konstanz der Vernunft leichter verfallen als die Renaissance. Ihre Vorstellungen vom Naturzustand der Menschheit und von dem in ihm und für ihn geltenden Gesetze, der *lex naturalis*, mögen noch so verschiedenartig sein: in der Feststellung der vernunftbedingten Sonderstellung des Menschen sind sie sich alle einig.

Dichter und Philosophen aller Zeiten haben die erfahrungsgesetzliche Berechtigung ihrer Theorien und Vorstellungen, ihrer Bilder und Träume von einer schöneren Zukunft des menschlichen Geschlechtes seit dem frühesten Altertum aus der allgemeinen Überlieferung und der darauf gegründeten Wahrscheinlichkeit eines längst vergangenen ‹goldenen› Zeitalters, wie es etwa OVID preist, gezogen, dem das waffenklirrende, also zwieträchtige ‹eiserne› folgte; ob nun die Kunde davon auf irgendwelchen unklaren Erinnerungen an klimatische Optima und verhältnismäßig friedliche Zeitläufe, in denen jedes Land die noch geringe Anzahl seiner Leute ernähren konnte, oder auf mythischen Verherrlichungen der Vergangenheit beruht, ob sie der Geschwätzigkeit des Alters, das nur seine Verdienste preist und seine Niederlagen verschweigt, oder dem allgemein menschlichen Mißtrauen gegenüber dem, was nachkommt, der Traditionsgebundenheit als der «Trägheitskraft der Geschichte» (Engels) entspricht — eines ist klar: sie ist der Ausdruck der dumpfen Ahnung, daß auch der Mensch einmal in einer tierischen oder göttlichen Übereinstimmung mit seiner Umgebung gelebt haben und daß dies die ‹gute alte Zeit› gewesen sein muß.

Diese Übereinstimmung kann nun aber einerseits in der paradiesischen Unschuld, dem wahren Frieden, der ursprünglichen glückhaften Einheit aller späteren Gegensätze gesehen werden — und das ist die optimistische Ansicht —, andererseits in dem naturgesetzlichen Zustande des Krieges aller gegen alle, in dem, eben wie in dem Reiche der gesamten außermenschlichen Natur, die Macht des Stärkeren triumphiert — und das ist der pessimistische Standpunkt. Und dabei ist es noch nicht einmal klar, welcher von beiden Ursprünglichkeiten das Attribut des Göttlichen, das doch zweifellos auch Macht und Kraft, Kampf und Herrschaft bedeutet, welcher das des Tierischen, das doch auch unschuldig friedliche Entwicklung ausdrückt, zuzuschreiben ist.

Der Optimismus nun, da ja gerade er ohne einen Gegenstand der Erfahrung übermenschlich genannt zu werden verdiente, betrachtet den gedachten Urzustand als das goldene Zeitalter, das durch die Schuld des Menschen: die Unvernunft oder die Erbsünde, die Schuld des Daseins oder die Erkenntnis, von dem eisernen abgelöst wurde. Jenes goldene wieder auf Erden herzustellen, ist die große, heilige und unabdingbare Pflicht, die Daseinsaufgabe des vernünftigen Menschen, der die Kräfte seines Geistes dafür einzusetzen hat, das — wie es FICHTE später nannte — Zeitalter «der vollendeten Rechtfertigung und Heiligung» heraufzuführen.

Diese Ideen beseelten, wenn auch nicht immer in letzter Klarheit, verbunden mit astrologischen Phantasien und chiliastischen Wahnvorstellungen, bereits CAMPANELLA, ja, sie lagen recht eigentlich seinem ganzen auf Weltverbesserung gerichteten Sinnen und Trachten zugrunde. Und man darf dabei, wie gesagt, eines nicht übersehen: daß nämlich für eine aufbauende, in die Zukunft weisende Theorie der Optimismus seiner Anschauung mindestens genausoviel, eher aber noch weit mehr an visionärer Kraft bedurfte als der Pessimismus der Aufklärungsphilosophie etwa bei THOMAS HOBBES; es ist jedoch von höchstem Reiz, zu beobachten, wie beide, im Grunde genommen, streng demokratischen Staatslehren zuletzt zu der Forderung nach einem mit diktatorischer Gewalt ausgestatteten Staatsoberhaupt gelangen, nachdem sie von jedem Staatsbürger verlangt haben, daß er seinen Einzelwillen dem Gesamtwillen der staatlichen Gemeinschaft bedingungslos unterstellen, ja womöglich ganz aufopfern müsse. Das ist der Zwang der Freiheit, die von ihren erbittertsten Gegnern ein Höchstmaß von Freiheitswillen verlangt. Denn die Annahme einer allgemein waltenden Vernunft setzt eben nun einmal den erkennenden und handelnden Geist des Einzelmenschen und damit aber auch die Notwendigkeit der persönlichen Freiheit und den leidenschaftlichen Drang nach ihr voraus. Es muß also mindestens *einer* übrigbleiben, der frei erkennt und frei handelt.

10. DER PLATONISCHE STAAT

PLATON hat in seinem ‹Staat› die Folgerung aus der richtigen Erkenntnis der Tatsache, daß die Menschen weder insgesamt Götter noch insgesamt Tiere sind und daß auch die Vernunft, wenn sie überhaupt schon vorhanden ist, höchst ungleich unter ihnen verteilt ist, gezogen, indem er in einer ebenso merkwürdigen wie naheliegenden und einleuchtenden Analogie mit der «Dreigliederung der Seelenfunktionen» (Stein) des Einzelmenschen sein Staatswesen in die drei Stände der Herrscher (Geist), der Wächter (Mut) und der

Arbeiter (Begierde) teilte; so sind Haupt, Brust und Unterleib der ‹Staatsperson› unterschieden. Insofern er hier *de iure* undemokratisch ist, beruht seine Anschauung wie jede echte Theorie *de facto* auf einer wirklichen Erfahrung. Und wenn sein ‹Staat› trotzdem eine kommunistische Utopie genannt werden muß, mindestens soweit er das Gemeinwesen der Wächter betrifft, «weil ihm die historisch-psychologische Denkart damals noch fern lag» und weil «er nicht nur ein Wissender war, sondern ein Fordernder» (Spranger), so ist das Buch doch immerhin eine «Staatspädagogik» (Stein) und die weniger radikale Fassung der ‹Gesetze› sicher eine soziale Theorie, also eine *philosophia civilior* im Sinne Mores.

Diese «weltläufigere», dem wirklichen Leben und den Eigenschaften der Menschen angepaßte, also «praktische» Philosophie muß zunächst einmal von der Schein-Erfahrung des goldenen Zeitalters absehen, das schon deshalb nicht zur Grundlage einer Staatstheorie gemacht werden kann, weil keine Entwicklungsstufe des Menschen alle Möglichkeiten der früheren umfaßt, sondern mit dem Gewinn einer neuen jeweils ein Teil der alten aufgegeben wird, und dies noch nicht einmal von allen Menschen gleichzeitig.

Der Perfektionismus, der mit der «Spiraltendenz der Dialektik» bewiesen werden soll, erweist sich hier einmal mehr als «arithmetischer Irrtum».

Ferner wird eine «praktische» Philosophie, um dem Menschen als Subjekt und Objekt des Staates gerecht werden zu können, auf die Ergebnisse der Psychologie nicht verzichten dürfen, deren Grenzsituation haargenau der des Menschen selbst entspricht und die, zumal in den modernen Disziplinen der Struktur- und Typenpsychologie, den Beweis erbracht hat, daß Wissen und Handeln zweierlei Geschäft ist und daß die tieferen Beweggründe des Weltgeschehens letztlich doch (noch) im Irrationalen liegen.

Nur der psychologisch erforschte Naturzustand der jeweiligen geschichtlichen Gegenwart kann eine empirische Grundlage für eine brauchbare Staatstheorie liefern. Das hat, wie oben angedeutet, bereits Platon erkannt, indem er in seinen ‹Gesetzen› eben jenen zum Rechtszustand zu erheben trachtete und nur den Wissenden zur Herrschaft bestimmte; denn die von einem Idealzustand, wie ihn der ‹Staat› schilderte, verlangten Eigenschaften waren ja bei den Menschen seiner Zeit auch nicht zu finden, sondern höchstens bei den Bewohnern der sagenhaften Atlantis des ‹Kritias›. Vielleicht erweist sich schon damit der Glaube, daß der Staat überhaupt jemals etwas anderes war oder ist als «ein Herrschaftsverhältnis» und die Freiheit jemals in etwas anderem bestand oder bestehen kann als «in dem Anteil an dieser Herrschaft» (Dilthey), als ein bloßer, wenn auch schöner Wahn. Jedenfalls ist damit zugleich auch gesagt, daß,

wie jeder einzelne schließlich nur das werden kann, was als naturge-
gebenes Formprinzip (Entelechie) in ihm steckt, auch aus einem Vol-
ke jeweils nur *der* Staat gebildet werden kann, zu dem es sich eignet.
Sowenig aber der einzelne das «Gesetz, wonach er angetreten»
(Goethe) kennt und wie er nur durch die Selbsterkenntnis eine Ah-
nung davon gewinnen kann, so wenig, ja noch weniger weiß der
Staat (oder der Staatsmann) ursprünglich von den Formgesetzen der
Gemeinschaft.

11. DIE ANPASSUNG DER UTOPIE
AN DIE ZEITVERHÄLTNISSE

Nicht nur die Geschichte aller Völker und Zeiten, sondern in ganz
besonders aufschlußreicher Weise die lebendige Gegenwart bietet Beweise genug für die alte Behauptung, daß man aus keinem Ding etwas machen könne, was nicht schon in ihm steckt, und darüber hinaus dafür, daß selbst die radikalste Theorie, ohne deshalb zur leeren
Ideologie herabsinken zu müssen, sich jeweils den gegebenen Verhältnissen anpaßt. HERMANN ONCKEN hat das in seiner Analyse
von MORES ‹Utopia› so formuliert, daß er die Umbildung des ursprünglichen Entwurfs «als das unbewußte Reagieren englischer
Mentalität gegen allgemein gerichtetes Denken» bezeichnet. «Dieser
Denker», so sagt er, «der sich für eine Philosophie entschied, *quae
novit suam scaenam*, und die Wirklichkeit zugrunde zu legen suchte,
dieser Denker, der auszog, um ein Idealbild der Gesellschaft nach
dem Muster Platos zu zeichnen, schrieb dann doch ein Buch, das gerade nach englischem Urteil ‹wundervoll englisch› ist — ebensosehr
wie der ‹Principe› echt italienisch.»
Und so könnte man auch gerade im Hinblick auf den dialekti-
schen Materialismus KARL MARX', für den «das Ideelle nichts anderes
als das im Menschenkopf umgesetzte und übersetzte Materielle» ist,
darauf hinweisen, daß es, genaugenommen, gar keinen Kommunismus an sich, sondern lediglich einen russischen oder noch genauer
einen bolschewistischen Kommunismus gibt, andererseits aber auch
keine Demokratie als solche, sondern nur eine englische, eine amerikanische, eine französische und — eine deutsche. Das hängt selbstverständlich mit dem Auseinandergehen von Theorie und Praxis
überhaupt eng zusammen, und da der Staat selbst ja immer eine Er-
scheinungsform der sozialen Wirklichkeit ist, müßte sich jede Staatstheorie mit dem zwar begrenzten, aber immerhin doch außerordentlich fruchtbaren Felde einer platten ‹Verhältnismäßigkeit›, also des
Relativismus begnügen, wenn sich nicht auch und gerade für das
Gemeinschaftsleben allgemeine *Werte* auffinden ließen, die die je-

weilige Richtung der *Forderung* an die Menschheit bestimmten. Von ihnen wird noch die Rede sein müssen.

Zunächst sei nur darauf hingewiesen, daß die angeborene Möglichkeit genauso wie für den Einzelnen, so auch für die Gemeinschaft eine Aufgabe und Verpflichtung ist. Sie ist das *wahre* Naturgesetz, das zum geltenden Recht, das eben «kein einfaches, sondern ein sehr zusammengesetztes geistiges Phänomen» (Spranger) ist, gemacht werden muß. Und der so gewonnene oder noch zu gewinnende Rechtszustand erst kann Gegenstand einer Theorie werden, die also nicht wie eine Utopie einfach in die Luft gebaut werden darf. Insoweit sie, wie das mehr oder weniger immer der Fall ist und sein wird, reformatorischen Charakter trägt, muß sie also die zugrundeliegenden Ursachen der Nicht-Übereinstimmung mit ihrem Ideal oder aber auch nur mit den berechtigten Forderungen des Einzelnen und der Gemeinschaft aufzudecken suchen. Und zweifellos sind auch diese sehr häufig, da es sich ja um Menschen handelt, auf psychologischem Gebiet zu suchen, weil es tatsächlich auf der Hand liegt, daß oft «ein großer Teil des Volkes neurotischen Störungen unterworfen ist» (Alexander), die Abweichungen von der normalen Linie der Entwicklung und des Zusammenlebens überhaupt hervorrufen.

Dieser Tatsache trägt schon der Entwurf für die ‹Ordnung› des Landes ‹Wolfaria› Rechnung, den der reformationsbegeisterte Franziskaner JOHANN EBERLIN VON GÜNZBURG in seinem elften ‹*Bundsgenoß*›, einer reformatorischen Flugschrift des Jahres 1521, vorlegt, wo es, übrigens echt demokratisch, heißt: «Jetliche vogty soll ir selbs aigne recht, die in nutz sind, ordnen vnd sölich recht söllen ir bestätigung nemen von allem volck der vogty, so man sy vorhin darum personlich erfragt hat.»

Weit bewußter und systematischer aber sind die Voraussetzungen, von denen THOMAS MORE die Wirklichkeit seines Staatsideals abhängig macht. Die Insel Utopia wird ausdrücklich aus den geschichtlichen und politischen Zusammenhängen «herausgelöst» (Oncken). An der Spitze ihrer grundsätzlich ackerbautreibenden Bewohner aber, deren ganzes Leben rationalisiert und auf das «Glück» in Form «vernünftigen Genusses und geistiger Entfaltung, unter möglichster Befreiung von körperlicher Fron» ausgerichtet ist, steht der wahre Philosoph, «der folgerichtig in diesem Staate alle traditionellen und unproduktiven Herrschaftsgruppen abgelöst hat».

Man wird immer wieder mit einem gewissen Staunen feststellen müssen, daß die Utopie selbst in der Negierung keineswegs etwa eine Vogel-Strauß-Politik betreibt, ebensowenig aber umgekehrt das Bild eines Wolkenkuckucksheims entwirft, sondern mit Realitäten, die als solche natürlich historisch begründet sind, arbeitet und Forderungen aufstellt, die ‹vernünftigerweise› müßten erfüllt werden können.

So finden sich in dem Bilde des Sonnenstaates bezeichnenderweise gänzlich unplatonische, also «demokratische» Ansätze zu einer in Wahrheit organischen Staatsauffassung, die bei CAMPANELLA eben auf den Grundgedanken der totalen Einheit von Macht, Liebe und Weisheit zurückgehen. Dieser Gedanke steht in diametralem Gegensatz zu dem «mittelalterlich-modernen Januskopf» (Meinecke) Campanellas, der die «Idee eines wirklichen Gemeinschaftsstaates der Idee des Machtstaates entgegenstellt», der die absolute Gewalt über Leib und Seele der Untergebenen mit der Vernunft, dem *senno senza forza* verbindet. Und dennoch ist gerade er es, der allen Schriften, also dem gesamten Denken und Philosophieren Campanellas zugrundeliegt und der sich, wenigstens andeutungsweise, ja auch in der Institution des Hauses Salomons von Neu-Atlantis erkennen läßt. Daß er ausgesprochen intellektualistisch ist, wurde bereits erwähnt; daß «der Intellektualist... politisch immer zum *Radikalismus*» neigt, «weil er bloße Denkbestimmungen allgemeiner Art sogleich der Wirklichkeit und ihrem vielverschlungenen Leben unterschiebt», kann man mit Spranger ergänzend hinzufügen. Aber man darf nicht übersehen, daß der Radikalismus bei Campanella eben auf Grund des Einheitsgedankens tatsächlich eine theoretische Berechtigung gewinnt.

Es kann nach allem bisher Gesagten nicht mehr überraschen, daß die Einheit, die sich im Sonnenstaat in der Person des Metaphysikus verkörpert, eine religiös-theokratische Färbung zeigt. Es ist also die Form der Theokratie, auf die, wie in den anderen politischen Schriften Campanellas, besonders aber in der über die ‹*Spanische Monarchie*›, die Verfassung des Sonnenstaates hinausläuft, eine Art des Reiches Gottes auf Erden also, wie schon der an die ‹*Civitas Dei*› des heiligen AUGUSTINUS anklingende Titel vermuten läßt, freilich unter auffallender Veränderung der jüdisch-christlichen und erst recht der augustinischen Grundgedanken. Denn, abgesehen von dem heidnisch-astrologischen Aufbau der kultischen und allgemein religiösen Einrichtungen der Sonnenstadt, ist es wahrhaftig kein Ausdruck von echter, geschweige denn von christlicher Liebe, wenn sogar die heiligen Bande der Familie gesprengt werden, kein Zeichen von wahrer oder gar christlicher Weisheit, wenn der Gang der Gestirne letztlich für entscheidender gehalten wird als die Gnade Gottes oder die vernünftige Entscheidung des Menschen, und erst recht kein Zeugnis von wahrer oder auch nur christlicher Freiheit, wenn die Behörden nicht nur Ort und Stunde, sondern sogar die Partner der Zeugung bestimmen. Gerade hier geht die (theoretische) Unterdrückung der individuellen Selbstbestimmung, wahrscheinlich infolge einer haftbedingten Sexualpsychose des leidenschaftlichen Mönches, über die Grenzen des Erträglichen hinaus, insbesondere mit der Bestimmung, daß in dem seltenen Falle einer selbständigen Wahl oder aber individueller Liebe der weibliche Teil entweder bereits schwanger oder unfruchtbar sein müsse.

In diesen Dingen zeigt sich der welterfahrene THOMAS MORUS doch weit humaner, sowohl wenn er den Ehebruch verurteilt und das freie Zusammenleben von Mann und Frau verpönt, als auch ganz besonders wenn er die eheliche Liebe und Treue preist und zu ihrer Stärkung und Sicherung jenen der Entdeckung des nackten Körpers in der Kunst der Renaissance so verwandten Brauch der Utopier bei der Gattenwahl ernsthaft empfiehlt, demzufolge das Mädchen dem Freier, dieser der Braut vor der endgültigen Bindung nackend vorgestellt wird, eine Sitte, die FRANCIS BACON in der ‹Neu-Atlantis› ausdrücklich ablehnen zu müssen glaubt. Aber immerhin bleiben solche Vorschläge noch «auf dem Boden der christlichen Ethik» (Oncken), dienen der Festigung der Monogamie und der Familie als «der eigentlichen Trägerin der privatwirtschaftlichen Instinkte der Menschen», wenn sie auch, gerade durch ihre Ernsthaftigkeit, lächerlich wirken mögen.

Mit der theokratischen Einrichtung der obersten Behörden jedoch, wie mit dem «besonderen Monismus» (Voigt) der Gleichsetzung von Wirtschaft und Wissenschaft, von Kunst und Religion, von Sexus und Ratio hatte Campanella in der Tat «den Saint-Simonismus vorbereitet» (Reybaud) und lehrte wahrhaftig, besonders auch in seiner ‹Monarchia Messiae› (1605) das «Princip der Hierarchie der Capacitäten» (Sudre).

Indessen würde eine genaue Zerlegung der Herrschaftselemente des Sonnenstaates ergeben, daß sich die Obliegenheiten der drei Minister ‹Macht›, ‹Weisheit› und ‹Liebe› ebensogut auf die platonische Dreiteilung des Staates in Kopf, Brust und Bauch wie auf die freilich unausgesprochene Gliederung der einzel- und gesamtmenschlichen ‹Natur› in sozial-religiöse, politisch-ökonomische und theoretisch-ästhetische Sinnrichtungen zurückführen lassen.

13. SOZIALTRIEB, FREIHEITSDRANG UND DIKTATUR

Der soziale Trieb ist genauso tief wie der politische im Menschen verwurzelt; wie jener dem Optimismus, so bietet dieser dem Pessimismus bei der Betrachtung des ursprünglichen Naturzustandes den Ansatz- und Ausgangspunkt. Mutterliebe und Herdentrieb, Herrschgier und Machtwille sind ihr äußerer Ausdruck. Ihre jeweilige Bevorzugung hängt vielleicht auch mit dem ursprünglichen Vorherrschen des Matriarchats, dessen Auswirkungen in den südlichen Ländern des jungsteinzeitlichen ‹westischen› Kulturkreises und besonders in Italien heute noch deutlich spürbar sind, oder des Patriarchats in den nördlichen Ländern zusammen. Spuren davon sind jedenfalls deutlich bei MORE und ebenso, trotz des Fehlens der politisch-sozialen Teile der ‹Neu-Atlantis›, bei BACON zu erkennen, während CAMPANELLA offensichtlich zunächst und zuerst von sozial-kommunistischem Empfinden geleitet wird. «Die rein soziale Geistesart» aber «treibt immer zum Kommunismus» (Spranger) als politischer Lebensform. Da es aber auch «einen Kommunismus der Begehrlichkeit oder des Machtwillens oder des theoretischen Radikalismus» (Spranger) gibt, wird der ‹Sonnenstaat› in etwa vor der Einseitigkeit der Utopie bewahrt; er übernimmt, wie sich bereits zeigte, aus dem Denkbezirk seines geistigen Widerspiels MACHIAVELLI die Idee der Macht. Damit aber nähert er sich theoretisch dem organischen Rechtszustand, insofern dieser einem «Regelwillen» entspringt, zu dem «1. die überindividuelle Anerkennung dieses Willens als eines die Machtansprüche des Einzelnen bindenden, und 2. der *Inhalt* dieses bisher rein formal gefaßten Rechts, nämlich eine aus einem bestimmten Grade sozialer Gesinnung hervorgehende Verteilung der Rechtsansprüche und Rechtspflichten» (Spranger) treten. Und daraus ist der allgemeine Schluß zu ziehen, daß sich auch der lauterste Kommunismus sozialer oder theoretischer Prägung bei der Entwicklung eines staatlichen Gemeinwesens nicht der Erkenntnis entziehen kann, daß die Machtseite «des Lebens in der organisierten *Kollektiv*macht des Staates» (Spranger) von ausschlaggebender Bedeutung ist.

Diese Tatsache drückt sich in der Gestalt des Metaphysikus, dieses «geistigen Ungeheuers» (Mohl), in dem man noch deutlich die Züge des Stauferkaisers FRIEDRICH II., des «Verwandlers der Welt», des «Wunders» an Wissen und Macht in seiner Zeit, zu erkennen glaubt, genauso deutlich aus wie in den Syphogranten und Traniboren MORES oder in der doch nur scheinbar anonymen Gewalt der Väter des Hauses Salomons, wobei lediglich der Ausgangspunkt — für BACON die (patriarchalische) Freiheit des Wollens und Handelns, für MORE die (humanistische) Unabhängigkeit des Intellekts, für CAMPANELLA die (matriarchalische) Liebe zur Gemeinschaft — verschieden ist. In jedem Falle nämlich muß jemand da sein, der die Macht trägt und anwendet. Daß dieser ‹Sol› oder ‹Princeps› für seine Person aus Selbstzucht, Einsicht oder väterlicher Liebe — wie der ‹gute Herrscher› CICEROS — oder aber aus der Fülle der Macht, von der er gesättigt ist, selbst auf ihre zweckwidrige oder gar selbstsüchtige Anwendung verzichten wird oder kann, mag immerhin zugestanden werden; daß er jedoch das gleiche Recht allen anderen versagt oder, wie Campanella es wünscht, erst überhaupt nicht zum Bewußtsein kommen lassen will, ist in letzter Konsequenz machtpolitisch und weder kommunistisch noch sozial. Hier also liegt der alte, offenbar nicht zu umgehende Zwiespalt der menschlichen Natur offen zutage. Entweder gibt es eine menschliche Freiheit – dann müssen *alle* daran Anteil haben; oder es gibt keine – dann hat auch *keiner* ein Recht auf sie.

14. DER METAPHYSISCHE BEGRIFF DER EINHEIT

Der Einheitlichkeit des (theoretischen) Gesichtspunktes liegt jedoch nicht nur der Gedanke eines organischen Rechtszustandes als natürlicher oder künstlicher Folge eines ebensolchen Naturzustandes zugrunde, sondern – wenigstens in aller Deutlichkeit bei CAMPANELLA – der metaphysische Begriff der Einheit selbst, wie ihn ARISTOTELES im Gegensatz zum platonischen Dualismus formal begründet hat. Das «Ziel alles menschlichen Geschehens kann daher nur sein: Verwirklichung des göttlichen Gedankens in der Welt durch Ausscheidung alles Zufälligen und Irrationalen und Rückkehr in jenes reine göttliche Sein, von dem die paradiesischen Anfänge der Welt erfüllt waren...: damit ist zunächst die Kategorie der *Einheit* als Ziel alles menschlichen Geschehens erwiesen» (Doren).

Es ist das ‹Ein und Alles› (ἕν καὶ πᾶν) der griechischen Philosophie, des XENOPHANES von Kolophon wie des PLOTINOS, in der christlichen Interpretation des Neuplatonismus, die Einheit und Gemeinsamkeit der überfließenden Gottheit, die in allem Geschaffenen enthalten ist wie der Zeugende in dem Gezeugten.

Diese Einheit tut sich daher auch am offenbarsten in jenem Grundtrieb der Selbsterhaltung alles Lebens kund, in dem, ob unter dem Namen der *superbia* (More), des *amor proprius* (Campanella), des *amour de soi* (Rousseau) oder welchem auch immer, schließlich doch das bewegende Moment der Welt überhaupt zu sehen ist. Sein ‹Grund› wird auf der Tafel der Werte einen besonderen Platz einnehmen müssen.

Der Lebenswille der Kreatur, in dem sich der Selbsterhaltungstrieb ständig dartut, «ist das allgemeine und höchste Gut. Dieses Gut kann der Mensch nicht für sich allein erreichen; durch seine Bedürftigkeit ist er auf andere angewiesen; Vereinigung mit anderen ist also ein natürliches Gesetz für den Menschen, und er will sie von Natur, weil sie ein Gut ist» (Sigwart).

Daher bezeichnet schon CICERO als die «erste Ursache der Vereinigung einen gewissen natürlichen Geselligkeitstrieb der Menschen» *(naturalis quaedam hominum quasi congregatio)*, und später lehrte THOMAS VON AQUINO, gleichfalls im Anschluß an ARISTOTELES: «Da der Mensch von Natur aus ein geselliges Wesen ist, bedarf er zur Verfolgung seines eigenen Zweckes der Hilfe der anderen Menschen.» Es hängt demzufolge nur von dem jeweiligen Gesichtspunkt ab, ob man das irdische Heil in der Verneinung jenes Geselligkeitstriebes und einer völligen Loslösung von der Gemeinschaft sucht oder aber von einer totalen Bindung an diese erwartet.

Der Sozialismus — wie man seit REYBAUD die Lehre von der «ökonomischen Gleichheit» (Stein) nennt — hat sich, sofern er nicht nur «von der Gesamtheit, der Masse, ausgeht», sondern «die Seele der Masse an die Stelle der Seele des Einzelnen» (Baudin) setzt, für die zweite Möglichkeit entschieden. Er sieht damit im Sinne MORES und vor allem CAMPANELLAS in der Gemeinschaft die einzige Möglichkeit für den Menschen, das Leben zu bestehen, also ‹glücklich› zu sein. Es erhebt sich nur immer wieder die leidige Frage, bis zu welchem Grade von Bewußtsein man dem Menschen zumuten darf, mit diesem «Glück der Mücke» (Rilke) zufrieden zu sein, das dem Begriff der metaphysischen Einheit entspricht.

15. DAS PROBLEM DER GEISTIGEN FÜHRUNG

Denn selbst unter der Voraussetzung, daß sie den Wertgesichtspunkt SCHILLERS, der die «Verbesserung des physischen Zustandes» nur als die unerläßliche «Bedingung, unter welcher allein der Mensch zur Mündigkeit seines Geistes erwachsen kann», der «Achtung und Aufmerksamkeit» wert hält, als ‹idealistisch› ablehnen, wäre es eine reizvolle Aufgabe, die verschiedenen sozialistischen Theorien daraufhin zu untersuchen, inwieweit es ihnen gelingt, das notwendige Übel, den ‹Leviathan› Staat, zu Ehren zu bringen oder ihn auch nur zu verteidigen.

Im allgemeinen wird die Lösung darauf hinauslaufen, daß die Menschen zu ihrem Glück eben gezwungen werden müssen. Um diese gemeinsame Glückseligkeit aber nicht als Wunsch- oder Traumgebilde von schemenhafter Fragwürdigkeit erscheinen zu lassen, wird die ‹Erfahrung› eines, wenigstens die ökonomischen Elementarbedürfnisse in ausreichendem oder gar vollkommenem Maße befriedigenden Anfangs- oder Endzustandes zu Hilfe gerufen, das heißt mit anderen Worten: religiöse oder magische Kräfte (der Propaganda, der Demagogie oder der Massenpsychose überhaupt) atavistischer oder chiliastischer Richtung werden eingespannt.

Der älteste bekannte Sozialist, der chinesische Philosoph MO-TI (oder Mê-ti) lehrte in diesem Sinne das «Vorbild des Himmels» nach dem klassischen Beispiel des ‹Tao› des LAO-TSE und des ‹Li› des KHUNG-TSE, aber unter ausdrücklicher Beschränkung des Glückselig-

keitsbegriffes auf rein körperliches und wirtschaftliches Wohlergehen, zu dem allein der Staat mit Hilfe einer sozialistischen Gesetzgebung führen kann. Diese aber soll «im Sinne eines mechanischen
Ausgleichs der sozialen Ungleichheiten wirken»; der Staat hat also
«die Aufgabe, für die Ernährung des Volkes Fürsorgen zu treffen,
alle Quellen des wirtschaftlichen Notstandes zu verstopfen, jedes
Übermaß zu beseitigen, in den Fragen der Wohnung, Bekleidung,
Ernährung usw. auf Einfachheit, Beschränkung auf das Notwendige und rationelle Ausnützung der Kräfte und Mittel, kurzum auf
eine ‹Planwirtschaft› zu dringen und jeden Luxus zu verbieten»
(Zenker).

Obwohl diese Forderungen zweitausend Jahre zurückliegen, glaubt
man Morus oder Campanella zu hören und stellt unwillkürlich wieder nur die Frage, *wer* den Staat darstellt, der diese Forderungen erfüllen soll. Die klassische Definition Ciceros, der die *res publica* als
res populi bezeichnet, reicht hier offenbar nicht aus, eher schon seine
Verteidigung der Aristokratie: «Wenn aber ein freies Volk wählt,
wem es sich anvertrauen will, und, sofern es wohlberaten sein will,
gerade die Besten wählt, so liegt sicher in der aristokratischen Regierung das Heil der Gemeinwesen, zumal die Natur es so eingerichtet hat, daß die sittlich und geistig Überlegenen nicht nur die Schwächeren beherrschen sollen, sondern daß diese jenen sogar gehorchen
wollen.»

In dieser Überlegenheit aber, die eben nicht immer sittlich und
geistig zugleich ist, liegt die Stärke und die Gefahr der Demagogie.
Die Einzelnen sollen in Rat und Tat die Gesamtheit vertreten, sie
sollen die Pläne machen, die der Gemeinschaft zu Glück und Wohlstand verhelfen. Sofern sie dazu des Verstandes und des individuellen Willens bedürfen, müssen sie sich zwangsläufig aus der natürlichen Gebundenheit, also dem Organismus der Gemeinschaft, heraus-
lösen. Der Grad ihrer von magischen und religiösen Kräften hervorgerufenen oder von kommunistischen und sozialen Werten gelenkten Gemeinschaftsverbundenheit allein kann ihnen die Berechtigung
dazu geben. Daraus erklärt sich die historische Lebensdauer des Ge-
burtsadels, dessen lange Erhaltung sonst, da seine Existenz rational
nicht verteidigt werden kann, ganz unverständlich wäre, und ebenso
die historische Volkstümlichkeit des ‹guten› Herrschers.

Die Staatstheorie Campanellas unterscheidet sich nun von vornherein von allen übrigen dadurch, daß seine Vorstellungen, von weit
stärkerer Leidenschaftlichkeit getragen als etwa die Mo-tis oder
Mores, aus der Tiefe der angedeuteten metaphysischen Einheitsidee
in Richtung auf den gottgewollten Endzustand der Welt ausgemalt
werden. Daher sollte bei ihm «der rationale Machtstaat» lediglich
«den Kulturstaat», freilich einen solchen von höchst eigenwilliger

Prägung, vorbereiten. Denn «sein höchstes Ideal war schließlich doch... der reine, auf sozialer Gemeinschaft und Gerechtigkeit beruhende Kulturstaat mit der Herrschaft der Philosophen und der idealen Interessen» (Meinecke).

Deshalb kommt auch bei ihm, entsprechend der intellektuellen Entwicklung und der besonderen Geistesart der Spätrenaissance, *noch* mehr als bei dem Chinesen jene Einstellung des Sozialismus zum Ausdruck, die einfach verlangt, daß sich die Gemeinschaft beglücken lassen *müsse*, ohne daran zu denken, «daß sie ihr Glück selbst begründen *könne*» (Zenker).

BACON dagegen, der die Macht des Wissens zum Wohle der Menschheit einsetzen will, glaubt auch die Frage des besten Staates allein mit der Wissenschaft lösen zu können, so daß sich für ihn Staats- und Bildungsideal praktisch decken. In dieser Beziehung denkt er, wie, wenn auch in weit geringerem und immer wieder korrigiertem Maße, schon MORE und überhaupt alle Utopisten, ausgesprochen ungeschichtlich. Man kann jedoch im Hinblick auf die später von HOBBES verlangte Schaffung des «künstlichen» Menschen mit Recht fragen, ob ein «wahrer» Staat überhaupt ein geschichtliches Gebilde sein kann.

Der wirkliche «künstliche» Staat im Gegensatz zum wahren «natürlichen» jedenfalls ist «ausgesprochenermaßen *gegründet* und überschichtet überall, wo er zu Großformen gelangt, die Partikularität der organisch gewordenen lokalen Mächte» (Rothacker). Der ideale Staat aber ist offensichtlich in einem Kompromiß zwischen «natürlicher Unordnung» und «künstlicher Ordnung» zu suchen, in dessen Verfolg man freilich genauso leicht zu «künstlicher Unordnung» wie zu «natürlicher Ordnung» gelangen kann, wobei noch zweifelhaft ist, welchen von beiden Zuständen man mit «Anarchismus», welchen mit «Archismus» (Voigt) bezeichnen müßte.

Immer aber läuft es, wie die angeführten Beispiele: MO-TI, CAMPANELLA, BACON, MORE und HOBBES, in ihrer charakteristischen Staffelung klar genug zeigten, darauf hinaus, daß eine geistige Führung gefordert oder vorausgesetzt wird, die die Masse zu Staatsgesinnung und Ordnung und damit zu Wohlfahrt und Glückseligkeit zu führen vermag. Und diese grundsätzliche Forderung besteht auch heute noch in gleicher Stärke, wie es die modernen Utopien beweisen.

Geistigkeit aber ist das Kennzeichen des Einzelmenschen und widerstrebt wesensgemäß jeder Art von Sozialisierung.

16. Die Aufgliederung der Massen

Das klassische Rezept zur Verwirklichung sozial-kommunistischer Ideen auf Erden ist ebenso alt wie einfach; man könnte es — mutatis mutandis — mit dem sprichwörtlichen Imperativ: Teile und herrsche! umschreiben. Es besteht in nichts anderem als der Teilung der Massen und der Verhinderung des übermäßigen Anwachsens der Teile.

Zwar verbietet schon der erwähnte chinesische Sozialreformer Mo-ti das Halten von «Hunderten oder gar Tausenden von Haremsfrauen» (Witte) einzig und allein aus dem Grunde, «weil dadurch das Wachstum der Bevölkerung nachteilig beeinflußt werden könnte» (Zenker). Zwar ersinnt Platon zur Fortpflanzung der Wächter ein ausgeklügeltes System, dessen Zuständigkeit Campanella bis zur Beleidigung jeglichen persönlichen Gefühls durch die behördliche Regelung im Sinne einer biologischen Zuchtwahl ohne jede Rücksicht auf sittliches, geschweige denn individuelles Empfinden und menschliche Würde überhaupt erweitert. Jedoch steht einer solchen ‹gelenkten› Fortpflanzung hier wie dort eine vertikale oder horizontale ständische Gliederung gegenüber, die jeden neuen Staatsbürger nach Eignung und Begabung in leicht übersehbare Gruppen, Zellen und Blöcke einordnet. Denn gerade vom organisatorischen Standpunkte aus weisen die verschiedenen Sozialtheorien auf die Notwendigkeit möglichst begrenzter Gemeinwesen hin, wenn sie sich die Frage auch häufig durch den Hinweis auf den möglichen Abschub der überschüssigen Bevölkerung in Kolonien und sonstige unbesiedelte Ländereien leicht machen.

So verlangt Thomas Morus einen geregelten Ausgleich der Bevölkerung, damit der Staat nicht mehr als vierundfünfzig Städte, jede dieser Städte nicht mehr als sechstausend Familien, eine Familie nicht weniger als zehn und nicht mehr als sechzehn erwachsene Personen umfasse; bei Übervölkerung der Insel sieht er die staatliche, nötigenfalls mit Gewalt durchzuführende Kolonisation und Ansiedlung auf dem benachbarten Kontinent vor. Etwa gleichzeitig empfiehlt Johann Eberlin von Günzburg: «So vyl dörfflein das sie zwey hundert hoffstet machen, söllen ein ritter zuo eim vogt haben» und «jetlich castel, stat, fürstenthuom, soll für sich selbs nützlich gebot vnd recht machen vnd do by bliben.» Und, um nur noch ein besonders aufschlußreiches Beispiel anzuführen, das ‹Wirtschaftsgesetz› *(Loix distributives ou économiques)* des berüchtigten ‹Code de la nature› Morellys verfügt in seinen ersten drei Artikeln: «1. Zur Aufrechterhaltung der Ordnung und zur Vermeidung aller Störungen und Unruhen wird jede Nation in Familien, Tribus und Stadtbezirke, und wenn sie besonders zahlreich ist, in Provinzen unterteilt. 2. Jede Tribus wird in eine gleiche Anzahl von Familien, jeder

Stadtbezirk in eine gleiche Anzahl von Tribus usw. aufgeteilt. 3. In dem Maße, wie die Nation wächst, werden die Tribus und Stadtbezirke entsprechend vermehrt, jedoch nur, soweit man neue, ebenso zahlreiche Stadtbezirke bilden kann.» Das ‹Ehegesetz› *(Loix conjugales qui préviendroient toute débauche)* des gleichen Entwurfes kommt in seinem zwölften und dreizehnten Artikel zu folgendem Schluß: «Man soll, soweit es möglich ist, die Anzahl der Familien, die die Tribus bilden, ausgleichen; man soll neue bilden, und, wenn es notwendig ist, neue Stadtbezirke, wenn es so viele überzählige Tribus geben sollte, daß sie ausreichen, oder man soll die Tribus und Stadtbezirke, die durch irgendwelche Zufälle Einbuße an Bevölkerung erlitten haben, ausfüllen. Wenn die Nation an den Punkt des Wachstums gelangt ist, an dem die Zahl der Geburten ungefähr der Zahl der Todesfälle gleichkommt, so werden die Tribus, Stadtbezirke usw. ungefähr gleich gehalten werden.» Über die letzte Bestimmung macht sich KLEINWÄCHTER, dessen Kritik der Utopien sonst oft unberechtigt geringschätzig klingt, offenbar mit einigem Recht lustig.

In ihrer Gesamtheit weichen diese Anordnungen kaum von denen ab, die DENIS VAIRASSE fast hundert Jahre vor Morelly schon für die etwa tausend Personen zählenden Osmasien seines glücklichen Sevarambien gibt, und diese Osmasien selbst scheinen wiederum das Muster für die berühmten ‹Phalangen› FOURIERS abgegeben zu haben, die etwa dreizehnhundert bis achtzehnhundert Personen stark sind und deren Wohnbezirke, die nicht minder berühmten ‹Phalanstères›, durchaus den Wohnungen der Osmasien entsprechen.

Auch in Utopien, wo bereits wie später bei Fourier die Wohnhäuser regelmäßig, und zwar alle zehn Jahre durch Auslosung, ausgetauscht werden, sowie im Sonnenstaat CAMPANELLAS, wo die Schlafräume sogar alle sechs Monate gewechselt werden müssen, und selbstverständlich auch in ANDREÄS ‹Christianopolis› wohnen die Bürger in Stadtvierteln oder besser Häuserblöcken *(vici)* zusammen; in FONTENELLES ‹Histoire des Ajoiens› sind je zwanzig Familien zu kleinsten Gemeinschaften zusammengefaßt, von denen sechshundert bis achthundert einen Stadtteil Ajaos bilden, und die Megapatagonen bei RÉSTIF DE LA BRETONNE wohnen zu achtzig bis hundert Familien in einem Hause, während je fünfundzwanzig Häuser ein Quartier ausmachen.

Man kann ganz allgemein sagen, daß «nur bei einer solchen Form des Wohnens eine mechanisch gleichförmige Regelung der Bevölkerung überhaupt möglich ist» (Gothein) und man «demokratische Verfassungen andauernd nur bey sehr kleinen Staaten» findet, zumal es überhaupt «besser seyn» wird, «wenn wenigere gut zusammen leben, als wenn noch so viele sich schlecht zusammen behelfen müssen» (Fries).

Eine derartige Dezentralisierung größerer und größter Gemein-

schaften, deren Vorbild natürlich wieder bei PLATON, dessen Egoismus
FOURIER allerdings hart tadelt, und zwar in den ‹Gesetzen›, wo die
Höchstzahl der Bürger eines Staates auf fünftausendundvierzig erwachsene Männer festgelegt ist, gesucht werden muß, geht aber von
der falschen Voraussetzung aus, daß ein sozialistischer Staat und
eine sozialistische Vereinigung gleich welcher Art denselben Bedingungen unterliegen. Man darf nämlich zwischen ihnen nicht einmal einen «Vergleich anstellen, genausowenig wie zwischen einem
Staat und einer Familie. Die seelischen Grundlagen dieser beiden
Ordnungen sind sehr verschieden» (Baudin).

17. Die Abschaffung des Privateigentums

Alle den Interessen der staatlichen Gemeinschaft und ihrer Gliede-
rungen entgegengesetzten Strebungen, seien sie nun gefühlsmäßiger
oder intellektueller Herkunft, müssen aber beschnitten oder sogar
vollständig ausgemerzt werden.

Eine große Anzahl radikal-kommunistischer Staatswesen, unter
ihnen der Sonnenstaat CAMPANELLAS, sieht daher in der Ausschaltung der Familie als des Hortes aller Eigen- und Sonderinteressen
das erste Gebot für die Errichtung eines vollkommenen Staates und
die Entwicklung einer echten Gemeinschaft. Denn die Bindungen der
Familienmitglieder untereinander sind stärker und andersgeartet als
die der Staatsbürger. Allein auch das würde auf lange Sicht nicht genügen, da darüber hinaus auch innerhalb jeder Sondergemeinschaft
andere, und zwar hauptsächlich gefühls- und willensbestimmte, also
individuelle Bindungen bestehen oder sich entwickeln, wie es zweifellos unter den Angehörigen der verschiedenen Berufe und Stände
und so natürlich auch unter den Vätern des Hauses Salomons von
Neu-Atlantis und innerhalb von allen ähnlichen Vereinen und Ver-
einigungen, Zünften und Genossenschaften, somit auch der ‹Familien› des Sonnenstaates der Fall sein muß.

Solche Entwicklungen im Keime zu ersticken, ist die Aufgabe der,
in diesem Falle rein diktatorischen, Gewalt der Staatsführung, also
der schließliche Triumph des Machiavellismus oder aber des *ragione
di stato* BOTEROS, ein Beweis mehr, wie eng sich die Extreme berühren.

Es wird immerhin lehrreich sein, die Methoden dieser Unterdrük-
kung jeder Sonderentwicklung kurz zu beleuchten. Es erübrigt sich
dabei, auf so äußerliche Maßnahmen wie die Verlosung der landwirtschaftlichen Parzellen in PLATONS ‹Gesetzen›, die stets offenste-
henden, zweiflügeligen Verbindungstüren der Gärten in Utopien,
den dort und im Sonnenstaat, sowie in anderen Idealstaaten üblichen Wohnungswechsel hinzuweisen. Das sind schließlich nur Aus-

wirkungen der mehr oder weniger schroffen Ablehnung des Privateigentums überhaupt.

Es ist ja aber gerade das gemeinsame Kennzeichen fast aller Utopien, daß kein Staatsangehöriger über eigenen Besitz verfügen darf. Mit dem Eigentum glaubt man alle Übel und Verbrechen, die aus Neid und Mißgunst entstehen, vermeiden zu können. Raphael Hythlodeus erklärt es dem skeptischen THOMAS MORUS rund heraus, daß er fest überzeugt sei, «daß der Besitz nur dann auf gleichmäßige und gerechte Weise verteilt oder die Geschicke der Menschen nur dann glücklich gestaltet werden können, wenn das Privateigentum aufgehoben worden ist»; und CAMPANELLA geht, wie immer, noch weiter, wenn er seinen Genuesen von den Sonnenstaatlern sagen läßt: «Sie behaupten, daß der Eigentumsbegriff daher komme, daß wir unsere eigenen Wohnungen und eigene Kinder und Frauen haben.»

Die Theoretiker vergessen dabei jedoch immer, daß mit dem Besitz auch die Ehrfurcht vor jedem Sachwert überhaupt zusammenhängt. Denn selbst noch derjenige, der das Eigentum eines anderen hochachtet, vergreift sich, wenn er selbst nichts besitzt, leicht und bedenkenlos am Eigentum der Gemeinschaft; wenn er es nicht einfach stiehlt, so behandelt er es nachlässig oder mindestens gleichgültiger, als wenn es ihm selbst gehörte. Diese Erfahrung macht jede Gemeinschaft, machten die Jesuiten in Paraguay und wahrscheinlich auch die Inka von Peru.

Deshalb aber ist in den Utopien, und ganz besonders im Sonnenstaat, aus dem Menschen als Feind seines Nächsten allgemein der Polizist des Nachbarn geworden, sofern die Beamtenschaft zur Überwachung nicht ausreicht; und aus dem Polizisten wird bekanntlich sehr leicht der Spitzel und Denunziant.

Nicht einmal in dem glücklichen Sevarambien des DENIS VAIRASSE gibt es ein persönliches Eigentum, das allein die Achtung vor dem Sachwert gewährleistet, da ja die eigentlichen Ursachen aller Mißhelligkeiten unter den Menschen: der Geiz, der Müßiggang und der Stolz, der ja schon in Utopien und im Sonnenstaat als *das* Kapitalverbrechen gilt, nach der Meinung des Severias einzig und allein auf den Besitz und die durch ihn hervorgerufenen Standesunterschiede und Ungleichheiten zurückgehen. Und im Grunde genommen ist das eine uralte Erkenntnis, die nicht zuletzt der römische Historiker SALLUST in seinen grundsätzlichen Erwägungen über den Niedergang der Sitten im republikanischen Rom in wahrhaft klassischen Sätzen ausführt: «Zuerst jedoch wuchs die Begierde nach Geld, dann die nach Herrschaft; beide aber waren gleichsam der Urstoff aller Übel. Denn die Habsucht zerstörte Treue, Verläßlichkeit und andere gute Eigenschaften; an Stelle dieser lehrte sie Hoffart, Grausamkeit, Gottlosigkeit und Käuflichkeit in allem und jedem.»

Indessen wird schon der bloße Gedanke an solches Verhalten bereits im ersten Buch der ‹Utopia› mit sonst ungewöhnlicher Leidenschaftlichkeit abgelehnt: in Utopien, wo eben der Hochmut als Ursache alles Übels unter den Menschen auf Grund der Gesamtheit ihrer Einrichtungen vollständig ausgeschaltet ist, gibt es weder Eigennutz noch Begehrlichkeit. «Denn wie könnte jemand etwas Überflüssiges verlangen, der die Gewißheit hat, daß ihm niemals etwas fehlen wird?»

Nicht anders steht es im Sonnenstaat. «Alles ist Gemeinbesitz. Die Verteilung liegt in den Händen der Behörden», und die «achten streng darauf, daß keiner mehr erhält, als er verdient, jedoch auch keinem etwas Notwendiges vorenthalten wird.»

Gleichmäßiger Eifer und Fleiß, Neidlosigkeit und uneigennützige Brüderlichkeit werden also vorausgesetzt.

18. DIE ARBEITSVERTEILUNG

Soweit die genannten häßlichen Regungen des Menschen: Neid, Mißgunst und Geiz, Müßiggang und Stolz, Hoffart und Egoismus nicht in den engeren Bereich der Ethik oder Moral gehören, ist es zweifellos richtiger, ihren Ursprung in der verschiedenen Leistung als in dem doch erst darauf beruhenden Besitz der Menschen zu suchen. Denn tatsächlich ist das Minderwertigkeitsgefühl im Hinblick auf die Mehrleistung des Nächsten der hauptsächlichste und nur zu oft der einzige Anlaß zu allem Streit und Unheil auf der Welt; darauf weist schon der biblische Mythos von Kain und Abel.

Gerade deshalb sieht sich der Sozialismus in Theorie und Praxis immer wieder vor die Aufgabe einer «gerechten» Verteilung der Arbeit gestellt. Er versucht sie auf zweierlei Art zu bewerkstelligen: einmal indem nicht nur «alle Menschen arbeiten sollen» (Saint-Simon), sondern alle Arbeiten von allen verrichtet werden müssen, dann aber auch, indem jeder die ihm und seiner Leistungsfähigkeit und Begabung entsprechende Arbeit zugewiesen bekommt.

In beiden Fällen bedarf der Staat einer ausgesprochen rationalistischen, also individualistischen Führung, die den richtigen Grundgedanken CAMPANELLAS von der Arbeit als «Grundlage der Gesellschaftsverfassung» (Gothein) durchführt.

Im ersten Falle nun werden die Zwangsmaßnahmen zu ungenügenden, den Bestand des Staates gefährdenden Leistungen führen, im zweiten braucht jener einen unverhältnismäßig großen Beamtenapparat und eine komplizierte Organisation, die wiederum nur durch strengste Überwachung jedes durch jeden sowie durch eine Art von *Loix des études qui empêcheroient des égaremens de l'esprit humain et toute rêverie transcendante* (Morelly) verwirklicht werden kann.

Die radikale Lösung ist, wie immer, die einfachste. Sie ist bei CAMPANELLA, wo die Beichte den Behörden das letzte und entscheidende Mittel, das bei den Jesuiten Paraguays zum Selbstzweck erhoben wurde, zur Beherrschung der Seelen in die Hand gibt, wie auch noch oder wieder bei MORELLY bis zum Äußersten getrieben und, mindestens bezüglich der landwirtschaftlichen Arbeiten, zum unabdingbaren Staatsgesetz der Dienstpflicht erhoben; dieser Zwang besteht sogar schon bei den Utopiern, bei denen die Landarbeit «offenbar schon das Ansehen und die Anziehungskraft verloren hatte, welche Plato ihr zuschrieb» (Voigt).

Die Pflicht zur Arbeit besteht hier wie da für jeden, und selbst der ihr aus irgendeinem Grunde Enthobene erfüllt sie dennoch, um, wie die Syphogranten Utopiens, durch sein Beispiel «die übrigen um so mehr zur Arbeit anzuspornen». Auch die Frauen müssen arbeiten, im Sonnenstaat wie in Utopien, wenn auch ihren Kräften entsprechend, ja sogar die Körperbehinderten werden, je nach Maß und Möglichkeit, zur Gemeinschaftsarbeit herangezogen. So ergänzt diese praktisch und theoretisch den Gemeinbesitz.

Der marxistische Kommunismus hat die Auswirkung eines derartigen kompromißlosen Radikalismus' infolge der «Enthüllung des Mehrwerts» (Engels) und ihrer Folgen durch MARX grundsätzlich dadurch abgeschwächt, daß er lediglich Gemeinsamkeit der Produktionsmittel, die für die Wächter Platons wegen ihrer Beschränkung auf das Kriegshandwerk nicht in Frage kam, nicht aber ihres Verbrauchs und auch nicht im Sinne einer Verteilung unter die Einzelnen, sondern im Sinne einer Planwirtschaft fordert; diese fand ihren historischen Ausdruck in der Aufstellung des ersten Fünfjahresplans, der auf der 16. Parteiversammlung der bolschewistischen Partei im April 1929 in der «optimalen Variante» angenommen wurde und von dem STALIN selbst sagte: «Die grundlegende Aufgabe des Fünfjahresplans bestand darin, in unserem Lande eine Industrie zu schaffen, die imstande sein würde, nicht allein die ganze Industrie, sondern auch das Verkehrswesen und die Landwirtschaft auf der Grundlage des Sozialismus neu auszurüsten und zu reorganisieren.»

Neben der mehr äußerlichen, organisatorischen Frage der Arbeitsverteilung, die im Sonnenstaat problematisch genug erscheint, während sie in Utopien in liberalerer Weise durchgeführt wird, ist die nach der grundsätzlichen Einstellung zur Arbeit natürlich von besonderer, ja ausschlaggebender Bedeutung. Denn «der Reichtum liegt in der Arbeit, und zwar einzig und allein in ihr. Er ist kein festes, ein für allemal erworbenes Gut, sondern ein bewegliches, veränderliches, den Anstrengungen des Menschen entsprechendes.» Die

Verfassung muß also der Arbeit «einen kräftigen und unmittelbaren Anreiz» geben. Diesen aber gewährleistet allein das «persönliche Eigentum und niemals der Gemeinbesitz» (Reybaud), geschweige denn der Zwang.

19. DAS ARBEITSETHOS

Da somit der Individualismus, und mit ihm natürlich auch der Kapitalismus, behauptet, daß der Mensch nur in seinem Eigeninteresse, also zu seinem eigenen Nutzen, etwas zu leisten gewillt sei, kommt es für den Sozialismus wesentlich darauf an, ein neues Ethos der Arbeit zu schaffen, um sie aus Zwang und Fron «in eine Sache der Ehre und Würde, des Ruhmes und Heldentums» (Stalin) zu verwandeln.

Gewiß greifen Theorie und Propaganda hier dem Urteil und noch mehr der Empfindung und Neigung des durchschnittlichen Einzelmenschen, der nach allgemeiner Ansicht von Natur aus faul und gefräßig ist, vor, auch in der ‹Utopia› und im ‹Sonnenstaat›, wo die vaterländische Gesinnung und Opferfreudigkeit der Staatsbürger rühmend ins Feld geführt werden. Aber, abgesehen von der Einschränkung der Arbeitszeit auf sechs Stunden in jener und auf vier Stunden in diesem, abgesehen selbst von der Arbeitskraft und Arbeitslust anfeuernden Liebe zur Gemeinschaft, ist, jedenfalls bei CAMPANELLA, der Ansatz zu einer völligen Ausrottung jeglicher Eigenwertung überhaupt weit früher getroffen, also zu einer Grundfrage der Erziehung gemacht.

Genauso nämlich wie bei der Fortpflanzung — und die Ausschreitungen des Geschlechtstriebes gelten ja nicht nur für den sagenhaften Gesetzgeber Severias als gleich schädlich und unheilvoll wie Stolz und Neid — ist der Selbsterhaltungstrieb des Einzelnen auch hinsichtlich der Arbeitsleistung von vornherein nicht so sehr für dessen persönliche Erhaltung oder auch nur für die seiner Familie, sondern vielmehr einzig und allein für die Erhaltung und Sicherung des Bestandes der Gesamtheit der Gemeinschaft in Anspruch genommen und eingespannt. Genau wie beim Fortpflanzungstrieb ist das allen Gemeinsame, «was ... alle bändigt, das Gemeine» (Goethe), unter Ausschaltung aller eigensinnigen und eigenwilligen Neigungen und Bestrebungen, unter Zurückdrängung des Besonderen jedes Einzelnen und Betonung des allen und für alle Gleichen auf ein gemeinsames Ziel gerichtet. «Formen eines Lebensgefühls» werden hier herausgebildet, «das, kurz gesagt, ‹sich›, das heißt seinen selbstanerkannten Persönlichkeitskern, mit *anderen* Schichten der Gesamtpersönlichkeit *identifiziert* als mit der ... Ichschicht des individualisierten Willens und des prometheisch selbstvertrauenden Intellekts» (Rothacker).

Nachdem also mit der vollständigen Auflösung der Familienbande, wenigstens bei PLATON und CAMPANELLA sowie in MORELLYS ‹Basiliade›, und des Privateigentums jegliches Eigeninteresse gegenstandslos geworden ist, kommt es darauf an, dem menschlichen Streben einen neuen Sinn zu geben. Dieser Sinn kann aber nur dem Leben und Erleben der Gemeinschaftsseele entnommen werden, wenngleich er doch wieder von einem Einzelnen gefunden und formuliert werden muß; er wird in dem Wohlergehen und in der Glückseligkeit der Gemeinschaft, also «durchaus im Diesseitigen» (Oncken) erblickt.

Man kann nicht leugnen, daß alle beide im Christentum, insofern es erlaubt ist, dessen Gemeinden in ihrer in der Apostelgeschichte (4, 33 – 37) beschriebenen Urform als Verwirklichung einer sozialistischen Lehre religiöser, also nicht etwa ökonomischer Prägung in asketischer Observanz anzuführen, am vollkommensten erstrebt und erlebt wurden, obwohl oder gerade weil Christi Reich «nicht von dieser Welt» (Joh. 18, 36) und im letzten gleichgültig gegen irdische Verhältnisse ist. Deshalb weist ja auch der Gewährsmann MORES mit besonderer Genugtuung daraufhin, daß Christus «den Seinen die gemeinschaftliche Lebensführung *(communem suorum victum)* empfohlen habe, die heute noch in den Kreisen der echtesten Christen *(apud germanissimos Christianorum conventus)* üblich sei». Andererseits muß man aber gerade diesem Beispiel entnehmen, daß ein derartiger Sinn des Lebens und Strebens überhaupt nur mit Hilfe gesamtmenschlicher Sinnrichtungen einigermaßen begrifflich und begreiflich gemacht werden kann, also schlechterdings – irrational ist.

Es ist daher kein Wunder, wenn alle sozialen Reformer in den fragwürdigen Ruf von Schwärmern und Ideologen, Phantasten und Ekstatikern gekommen sind. Dieser Gefahr ist am wenigsten TOMMASO CAMPANELLA trotz all seiner notgeborenen Klugheit und Wendigkeit, mit der er sich nacheinander den politischen Forderungen der Spanier, der Kurie, Kaiser FERDINANDS II. und schließlich seines mächtigen Beschützers RICHELIEU anzupassen versuchte, weder zu seinen Lebzeiten noch nach seinem Tode, entgangen.

20. DER VERNUNFTANSPRUCH DER UTOPIEN

Es ist nunmehr zu untersuchen, inwieweit die verschiedenen sozialistischen und kommunistischen Theorien die natürlichen Grenzen der Werterkenntnis beachten, inwieweit sie also ‹vernünftige› Theorien bleiben, um daraus auf die Möglichkeit einer maßgerechten ‹organischen› Theorie überhaupt schließen zu können.

FRIEDRICH ENGELS bezeichnet FRANCIS BACON mit einigem Recht als den «Stammvater des englischen Materialismus». In diesem Lichte zeigt ihn auch der zukunftsfreudige Fortschrittsglaube der ‹Neu-Atlantis›, der sich auf die unabsehbar ausbaufähigen Errungenschaften der Naturwissenschaften stützt und mit «programmatischer Phantasie» (Windelband) die Umrisse einer idealen Lebenstechnik entwirft. Insofern hier die Erkenntnis zur Grundbedingung aller Wohlfahrt gemacht wird, ist die Einstellung durchaus intellektualistisch, also im Sinne der lebensgesetzlichen Werttypen EDUARD SPRANGERS theoretisch.

Die Vernunft, auch als überindividueller, aber freilich nur Auserwählten zugänglicher Besitz, verleiht soziale Vorrechte, nicht etwa nur im Innern des Staates, sondern vor allem auch im Verkehr mit Fremden. Außer an der Hervorhebung des Präfekten des Fremdenheims, des Juden Joabin und vor allen anderen des Vaters des Hauses Salomons zeigt sich das am deutlichsten in den Reisen und Auslandsaufenthalten der Angehörigen dieses Hauses; sie sind Vergünstigung und Verpflichtung zugleich, da sie «zum Besten der Menschheit und des Staates» unternommen werden, wie es PLATON, MORUS und VAIRASSE empfehlen und, in bemerkenswerter Übereinstimmung, später wieder FICHTE, welcher Gelehrte und Künstler, und zwar *nur* diese, auf öffentliche Kosten auf Reisen geschickt sehen will. Im übrigen ist die strenge Abgeschlossenheit oder gesetzliche Abschließung des Staates von der Außenwelt ein besonderes Kennzeichen aller utopischen Staatswesen.

Die einer derartigen Einstellung entsprechende Individualisierung drückt sich, wie mehrfach betont, am deutlichsten in der Einrichtung des Hauses Salomons aus, das mit seiner Aufgabe, Staat und Volk von Bensalem durch die Forschung und Wissenschaft zu beglücken und zu leiten, ebenso dem Stande der Herrscher oder Philosophen in PLATONS ‹Staat› ähnelt, wie der Societas Jesu in Paraguay oder der humanitären Vereinigung der Freimaurer, deren «Vorgeschichte», die Schrift BACONS denn auch zugerechnet worden ist (Walden).

Das Haus Salomons bekennt sich, soweit der bruchstückhafte Charakter der ‹Neu-Atlantis› diese Feststellung zuläßt, somit zu dem individualistischen Wert der Erkenntnis, der den politischen der Macht und den ethischen des Guten voraussetzt, um gegebenenfalls unter dem Gesichtspunkt des ästhetischen der Vollkommenheit den kommunistischen des Gleichsinns zum Zwecke des sozialen des Gemeinwohls befürworten und verwirklichen zu können. Hier ist man jedoch weithin auf bloße Vermutungen angewiesen.

Die Theorie als solche geht von bisher noch nicht gegebenen und sehr optimistischen Voraussetzungen aus: denn erst müßte es so weit kommen, daß tatsächlich eine Auslese von sittlich einwandfreien Theoretikern die Macht in die Hände bekäme, um über eine Gemeinschaft von ebenso guten sowie auch bis zu einem gewissen Grade einsichtigen, also vernünftigen Menschen, die den Wert der Erkenntnis anerkennen, zu herrschen. In dem Maße, in dem man eine solche Möglichkeit grundsätzlich leugnet, wird die Theorie BACONS daher genauso utopisch wie die Utopien MORES und CAMPANELLAS.

21. DIE NOTWENDIGKEIT DER ERZIEHUNG

Dieser Einwand ist natürlich nicht neu. Die Utopisten suchen ihn für gewöhnlich durch den Hinweis zu widerlegen, daß die Änderung der Daseinsbedingungen die Menschen von selbst verwandeln werde. Die Besserung der Menschen *und* der Verhältnisse ist also auch hier eine Frage der Erziehung, und zwar der Erziehung des Einzelnen zur Vernunft und durch die Vernunft. BACON löst sie, soweit es sich erkennen läßt, auf Grund der leitenden Überzeugung der Renaissance, daß der Staat ein «Kunstwerk», also eine «bewußte, von der Reflexion abhängige, auf genau berechneten sichtbaren Grundlagen ruhende Schöpfung» (Burckhardt) sei, indem er Macht und Wissen zu vereinigen sucht, «eins durch das andere stärkt, die Gesellschaft in den Dienst der Wissenschaft stellt und aus der Wissenschaft ein Werkzeug der sozialen Ordnung macht» (Bastide).

Man kann diese Haltung als radikalen sozialen Idealismus (Voigt) bezeichnen; sie behält trotzdem oder gerade dann ihre theoretische Berechtigung, zumal der nüchterne Sinn des Engländers das Maß des Möglichen gar nicht überschreiten zu wollen scheint und in der technischen Wunderschau auch keineswegs überschritten hat, wie wir heute wissen.

Weit anders freilich steht es mit TOMMASO CAMPANELLA, dessen Werk allerdings auch einen ungleich reicheren Stoff zur Beurteilung bietet.

Zwar ist nun im ‹Sonnenstaate› in dem Gedanken der *gemeinsamen* Selbsterhaltung der Theorie eine viel breitere Grundlage gegeben; aber die radikale und kompromißlose Geistesart des Mönchs entgeht an kaum einer Stelle der Gefahr, daß der, hier freilich eingebildete und erträumte, «Besitz der Gewalt das freye Urtheil der Vernunft unvermeidlich verdirbt» (Kant). Denn in keinem anderen Menschen seiner Zeit als sich selbst sah Campanella den geborenen Metaphysikus des kommenden Sonnenreiches und erinnert damit wohl nicht ganz zufällig an sein großes Vorbild THOMAS MORUS, der dem ERASMUS VON ROTTERDAM am 3. September 1516 scherzend ausmalte, «wie groß er selber sich schon vorkomme als Fürst der Utopier, mit der Getreidekrone und im schlichten Franziskanermantel fremde pomphafte Gesandtschaften empfangend» (Oncken).

Zur Selbstherrschaft und Verwirklichung des Gemeinsinns ist es also in jedem Falle notwendig, die gleich starke und mit gleichem Geltungsanspruch auftretende (politische) Strebung nach persönlicher Macht und Freiheit im Keime zu ersticken und damit innerhalb der Gesellschaft möglichst vollständig auszurotten. Das aber ist nur durch eine verwandte Kraft möglich, deren Inhaber im höchsten Bewußtsein ihrer Sendung eine unbeschränkte Erziehungs-Diktatur ausüben. Insofern nun die Harmonie des gemeinsamen Lebens zu einem guten Teil auf unbewußter Übereinstimmung aller Einzelnen beruht, also auf vorvernünftiger Bereitschaft gegründet sein muß, ist die Erziehung zu dieser Haltung eine Rückbildung und nur unter gewaltsamen Eingriffen: der Vernichtung natürlicher (individualistischer) Strebungen und Neigungen, wie unter anderem der Eltern- und Gattenliebe, möglich, genauso wie sie PLATON für den freilich von vornherein als ‹unvernünftig› angesehenen Stand der Wächter vorsieht. Die Absicht ist dabei, dem Menschen «seine gesamte Struktur von der Gemeinschaft» zukommen zu lassen, damit er niemals «herausbegehrt». «Alle Kräfte, die jetzt und seit ehedem zur Konstituierung seiner Gemeinschaft notwendig und genügend» waren, sollen «in ihn hineingebildet» werden, «und außer ihnen wirken keine anderen auf ihn ein. So wächst er in den objektiven Geist Utopiens hinein, wie das Lebewesen in den biologischen Typus seiner Art hineinwächst» (Freyer), dem es «geopfert» (Reybaud) wird.

Der Erziehung ist daher in den Utopien ein wichtiger Platz eingeräumt, der wichtigste wohl im ‹Sonnenstaat›. Hier dienen ihr von dem mathematisch klaren Aufbau der *urbs Heliaca* (Meinecke) bis zu dem musealen *Orbis pictus* der Ringmauern, den JOHANN AMOS COMENIUS, dessen Abhängigkeit von Campanella auch sonst bewiesen zu sein scheint (Kvačala, Wuttge), fünfzig Jahre später in Buchform zu verwirklichen bestrebt war, von den Tiergärten, die der Calabrese offensichtlich aus der noch lebendigen Erinnerung des süditalienischen Volkes an die prachtvollen ‹Bestiarien› König ROGERS II. und seines Enkels, Kaiser FRIEDRICH II., holte, bis zu den gemeinsamen Lehrstunden, von der Arbeit und Arbeitsverteilung bis zur Feier und Festgestaltung alle Einrichtungen der gesamten Staatspyramide.

Der Unterricht selbst stimmt im Sonnenstaat mit dem auf der Insel Utopia ziemlich genau überein. Wenn dort auch die Kinder schon vor dem dritten Lebensjahre das Alphabet an den Mauerwänden lernen und bereits in frühem Alter erstaunliche Sprachkenntnisse aufweisen, so werden sie doch hier wie da zum praktischen Unterricht aufs Land geführt, um den allen gemeinsamen Ackerbau von Grund auf zu erlernen. Ebenso wird neben der eigentlichen Berufsausbildung in einem bestimmten Handwerk in beiden Staaten die Allgemeinbildung der Erwachsenen eifrigst gepflegt; während in Utopien diese fleißig an den Vormittagsvorlesungen der ‹Studenten› teilnehmen, gibt es im Sonnenstaat eine für Männer und Frauen aller Altersstufen gemeinsame «Unterweisung in den mechanischen Künsten und in den spekulativen Wissenschaften».

Es wäre aufschlußreich, zu erfahren, wie sich FRANCIS BACON den Unterricht und die Ausbildung der ‹Novizen und Schüler› des Hauses Salomons zu hochqualifizierten Spezialwissenschaftlern und Forschern vorgestellt hat.

Immerhin ist der Unterschied, in dem alle derartigen Vorhaben zu den bescheidenen Wünschen und Ansätzen des 19. Jahrhunderts stehen, auffällig und vielsagend. So begnügt sich etwa ROBERT OWEN zweihundert Jahre nach Campanella damit, zu empfehlen, «die Kinder von der frühesten Jugend zum rechten *Denken* und *Handeln* zu erziehen, zu welchem Zweck sie davor bewahrt werden müssen, sich Falschheit und Heuchelei anzueignen und, einem Mitmenschen Unrecht zu tun, auch nur zu wünschen; auch müssen sie von dem lebhaften und brennenden Wunsche erfüllt sein, das Glück jedes Einzelnen zu fördern, und zwar ohne die *geringste Ausnahme* bezüglich von Sekten, Parteien, Völkern oder Rassen.»

Da gerade die individualistischen Strebungen im Haushalt der Natur zur Erhaltung der Art entwickelt sind, bedeuten die erzieherischen Maßnahmen der Behörden Utopiens und des Sonnenstaates, wie angedeutet, folgenschwere Eingriffe in die menschliche Grundstruktur, deren Erfolg am allerwenigsten durch die wissenschaftliche Ausbildung gewährleistet wird und nur durch den ungeheuerlichen Überwachungsapparat der ‹Magistrate› gesichert werden kann. Von diesen selbst wird gleichzeitig ein Höchstmaß an sittlicher Vollkommenheit, die ihrerseits nur auf unbedingter Anerkennung ethischer, also individualistischer Werte beruhen kann, verlangt. Sowohl ihre als auch der Beherrschten Wohlfahrt ist dabei eine weitere Voraussetzung, zu der wahrscheinlich der ideale «Bund von Wissenschaft und Arbeit» (Meinecke) verhelfen soll und die wiederum nur innerhalb verhältnismäßig kleiner und somit übersehbarer Gemeinschaften möglich erscheint, wie sie schon JAMBULOS in seinen ‹Systemata› zum Zwecke einer «vollkommen kommunistischen Regelung des gesamten wirtschaftlichen und sozialen Lebens» (Pöhlmann) empfahl.

Das Problem der Vereinigung von Individualismus und Sozialismus kann aber allein durch den Intellekt nicht gelöst werden, zumal auch die religiösen Gefühle weder völlig rationalisiert noch restlos in ‹vaterländische› aufgelöst werden können. Die Unvereinbarkeit der sozialen und individuellen Werte unter einem beliebigen aus einer der beiden gleichwertigen Ordnungen — hier der Vernunfterkenntnis — führt also bei BACON und MORUS, wie ganz besonders bei CAMPANELLA, trotz oder gerade wegen der strengen Folgerichtigkeit und Geschlossenheit der ‹Theorie› zu jener eigenartigen Doppelgleisigkeit, die wohl keine sozialistische Theorie vermeiden kann; vielmehr bedarf jede zu jeder Zeit des schöpferischen Optimismus' eines mit visionärer Kraft begabten Menschen und wird somit zur — Utopie.

22. Das Kriegswesen

Die Erziehung zu Uneigennützigkeit und Bescheidenheit, zu restlosem Aufgehen in der Gemeinschaft führt in den Utopien zu Wohlstand und Zufriedenheit. Und doch fehlt diesen vollkommenen Staatswesen, abgesehen von der Insel der Seligen Bensalem, das Glück des Friedens.

Als der vielgeprüfte Odysseus, von Schmutz und Salz des Meeres entstellt, am Strande der Insel Scheria aus dem schützenden Gebüsch hervortritt, ruft die Königstochter Nausikaa ihren ängstlichen Gespielinnen zu:

«... Wo fliehet ihr hin vor dem Manne?
Meinet ihr etwa, er komme zu uns in feindlicher Absicht?
Wahrlich, der lebt noch nicht und niemals wird er geboren,
Der uns käm' in das Land der phäakischen Männer, mit Feindschaft
Unsere Ruhe zu stören; denn sehr geliebt von den Göttern
Wohnen wir abgesondert im wogenrauschenden Meere,
An dem Ende der Welt, und haben mit keinem Gemeinschaft.»

Das ist die wahre Insel der Seligen! Auf der Insel Utopia aber weist schon die Anlage des Hafens, im Sonnenstaat die gewaltige Befestigungsanlage auf den kriegerischen Sinn der Bewohner hin. Daß man dabei nicht nur an Verteidigung denkt, zeigen die eingehenden Erörterungen sowohl der militärischen Ausbildung aller Bürger einschließlich der Frauen, als auch der kriegerischen Maßnahmen gegenüber dem Feind.

Die Utopier verachten den Krieg. Die Reihe der Gründe, die sie dennoch bewegen können, zu den Waffen zu greifen, reicht von der Verteidigung des eigenen Staatsgebietes über die Befreiung und Unterstüzung der Bundesgenossen und Freunde bis zur Vergeltung erlittenen Unrechts und — zur Erwerbung von Kolonien, «eine Liste von Fiktionen zur Begründung des gerechten Krieges..., mit der auch jede politische Theorie, die den Krieg unbedenklich als ultima ratio regum in Anspruch nimmt, zufrieden sein könnte» (Oncken).

Den idealen Erziehungsgrundsätzen entsprechen noch weniger die Maßnahmen, die zur Niederwerfung des Gegners auf ‹kaltem› Wege angewandt werden, bei denen das Geld, mit dem Mörder, Attentäter und Landesverräter erkauft werden sollen, die entscheidende Rolle spielt.

Es dient auch zur Bezahlung fremder Söldner, der Zapoleten, in denen man die schweizerischen Reisläufer des 16. Jahrhunderts wiedererkannt hat und die eingesetzt werden, um das Blut der eigenen Mitbürger zu sparen. Denn diese werden erst in den Kampf geschickt, wenn Söldner und Bundesgenossen nicht ausreichen.

Außerhalb des Landes kämpfen nur Freiwillige, zur Verteidigung werden alle, sogar Frauen und Kinder herangezogen. Ihr Mut, der zum guten Teil auch auf der durch ihre gute Ausbildung bedingten Sicherheit beruht, sowie ihre vernünftige Besonnenheit werden hervorgehoben.

Unter den taktischen Maßnahmen erregt jene bereits im Alten Testament (2 Kön. 3, 26) und bei XENOPHON geschilderte Sitte Aufmerksamkeit, derzufolge eine auserlesene Schar die besondere Aufgabe hat, sich des feindlichen Führers zu bemächtigen.

Ähnliche Anweisungen kennen die Sonnenstaatler, deren Kriegswesen dem der Utopier überhaupt sehr verwandt ist. Neben den Frauen, die hier wie da als Kämpfer und Zeugen der Tapferkeit der Männer, wie sie schon TACITUS bei den Germanen erwähnt, mit in die Schlacht ziehen, führen sie die Knaben in die Gefechte, «damit sie den Krieg kennenlernen und sich an das Kampfgetümmel gewöhnen wie die Jungen der Wölfe und Löwen an das Blut», dieselben Knaben, die schon vom zwölften Lebensjahre ab in den Waffen ausgebildet werden, wie es PLATON verlangt.

Das Kriegswesen ist, wie die Fortpflanzung und die Erziehung, im Sonnenstaat hervorragend organisiert und untersteht dem Minister ‹Pon›, also der ‹Macht›. Die einzelnen Abteilungen: Generalstab, Infanterie, Kavallerie, Artillerie und Quartiermeisterei, sind genau voneinander unterschieden, und an der Spitze des gesamten Ausbildungswesens steht der Minister selbst.

Demgegenüber erscheint die Insel Bensalem tatsächlich recht friedlich. Man kann sich kaum vorstellen, daß einer der Väter des Hauses Salomons sich mit derlei abgeben könnte, wenn auch in der «Mechanikerwerkstatt» Steinschleudern und «Kriegsmaschinen jeder Art, neuartige Mischungen von Pulver, griechisches Feuer, das im Wasser brennt und unverlöschbar ist, und Wurffeuer jeder Art» hergestellt werden. Es besteht jedoch hier bemerkenswerterweise eine strenge Geheimhaltungspflicht der Väter bezüglich dessen, was sie geheimzuhalten beschlossen haben. Und andererseits ist die Freude an der Erfindung von Maschinen ein Zeichen der Zeit: ihre Vollkommenheit bei den Utopiern wird von MORUS genauso hervorgehoben wie von CAMPANELLA bei den Sonnenstaatlern. Dieser erwähnt neben anderen mechanischen Spielereien, wie dem automatischen Steigbügel und einer Art von Rotorschiff, an zwei Stellen, daß die Sonnenstaatler bereits die Kunst des Fliegens beherrschen, worin ihnen freilich die Väter des Hauses Salomons nicht nachstehen.

259

23. Die Religion

Dem Ansehen, in dem bei den Bewohnern der Insel Bensalem die Väter des Hauses Salomons stehen, entspricht in gewisser Weise das der Behörden im Sonnenstaat und das der Priester in Utopien, nur daß gerade deren weltliche Macht auf ein Minimum beschränkt ist. Dagegen besitzen sie noch magische Gewalt, die sich insbesondere bei den sieben Priestern, die jeweils mit in Kriege und Schlachten ziehen, zeigt. Sie flehen nicht nur um Sieg für ihr Volk; sie schützen auch die Besiegten: ein Anruf genügt, um sich das Leben, eine Berührung, um sich mit Sicherheit sein Hab und Gut zu retten.

Auch bei den Sonnenstaatlern wird ein Priester in den Krieg geschickt, der ‹Forensis›, jedoch lediglich, um den Feinden eine letzte Mahnung, ein Ultimatum, zu übermitteln, wie ja auch in der ‹Neu-Atlantis› der christliche Priester, allerdings in seiner speziellen Eigenschaft als Vorsteher des Fremdenhauses, die Rolle des Unterhändlers spielt. Man hat den Eindruck, als ob sich die Stellung der Priester bei CAMPANELLA und BACON im Zuge einer gewissen Aufklärung ‹vermenschlicht› hätte. Aber das ist doch wohl nur bei Bacon der Fall. Denn bei Campanella ist aus den Priestern als Trägern magischer Gewalt eine Art von Übermenschen geworden, die auf Grund ihres umfassenden Wissens eine unbeschränkte Gewalt über die Seelen der Menschen ausüben; das gilt vor allem für den ‹Sol›. An die Stelle der äußersten Toleranz bei den beiden Engländern ist bei dem Italiener eine Unduldsamkeit getreten, die nicht einmal die Möglichkeit einer anderen Meinung in Betracht zieht.

Dabei deuten die religiösen Anschauungen der Sonnenstaatler auf einen metaphysischen Monismus, dessen Züge jedoch durch den astrologisch begründeten Determinismus einen gewissen rigorosen Charakter erhalten und somit zu dem liberalen Deismus THOMAS MORES in stärkstem Gegensatz stehen.

Religionsgeschichtlich gesehen ist also doch der «typische universale Theismus der Humanisten» (Oncken), zu denen man in dieser Beziehung sicherlich auch getrost FRANCIS BACON rechnen kann, reformfreudig in die Zukunft gerichtet, während der ketzerische Mönch auch auf religiösem Gebiete den starren Autoritätsglauben predigt, wie er ja auch in Form eines absoluten Cäsaropapismus' die hierarchische Lösung, im Gegensatz etwa zu der streng esoterischen der alten Christengemeinden, an Stelle einer demokratischen oder kommunistischen setzt. Der Kanzler HEINRICHS VIII. wäre davor wahrscheinlich genauso zurückgeschaudert wie vor der Suprematsakte.

Es ist interessant, zu beobachten, wie alle drei Utopisten mit dem Verhältnis ihrer Idealstaaten zum Christentum fertigzuwerden versuchen. Da diese auf fernen, von der Umwelt abgeschlossenen Inseln liegen, bedarf es jedesmal einer Fiktion, um eine etwaige Bekehrung glaubhaft zu machen. Am vorsichtigsten geht BACON vor, am bedenkenlosesten CAMPANELLA, der wohl überhaupt die Schilderung der Religion eines utopischen Volkes als willkommene Gelegenheit benutzt, seine eigenen ketzerischen Ideen ohne neuerliche oder weitere Gefährdung von Leib und Leben zu verbreiten. Die Mitte hält in weiser Bescheidung MORE, der, an den Grundlehren des Christentums, das «jener heidnischen Lehre, die bei den Utopiern die vorherrschende ist, am nächsten zu stehen» scheint, festhaltend, die Notwendigkeit der Reform auf die Lebensführung im allgemeinen beschränkt. So ist der utopische Charakter der Werke für alle drei Verfasser, genau wie auf dem politischen Gebiete, Schutz- und Trutzwaffe zugleich.

24. Versuch einer Klassifikation

Es wäre verfehlt, auf eine Zusammenfassung der Ergebnisse dieser kritischen Übersicht zu verzichten. Sie würde dann dem Vorwurf der Unvollständigkeit oder gar Unklarheit schwerlich entgehen. Denn einmal verlangt man auch heute noch mit Fug und Recht von jeder wissenschaftlichen Bemühung wenigstens die Andeutung einer, wenn auch noch so fragwürdigen, Klassifikation, dann aber erfordert auch der Gang der Untersuchung eine abschließende Gegenüberstellung. Indessen ist die Bemerkung am Platze, daß selbst die endgültigste begriffliche Formulierung der lebendigen Wirklichkeit deren letztes Wesen niemals zu erschöpfen vermag und nur Anhaltspunkte zu ihrer Einordnung oder aber Gesichtspunkte zu ihrer Betrachtung geben kann.

Unter diesem Vorbehalt kann man den ‹Sonnenstaat› CAMPANELLAS eine *utopische Theorie*, die ‹Utopia› des THOMAS MORUS eine *theoretische Utopie*, die ‹Neu-Atlantis› FRANCIS BACONS aber eine *programmatische Utopie* nennen.

Diese Bestimmungen sind noch kurz zu begründen:

Der Wurzelboden des ‹Sonnenstaats› ist die matriarchalische *Einheit* der kollektiven Macht, der politischen Weisheit und der materiellen Liebe. Von ihr geht die Betrachtung des Lebens der Menschen aus, und zu ihr kehrt sie immer wieder zurück. Sie nimmt dabei notgedrungen den Umweg über den begreifenden und darstellenden Gedanken, verläßt aber auf weite Strecken den Boden der Wirklichkeit, die ihr fremd und feindlich erscheint und der deshalb an Stelle von maßvollen Besserungsvorschlägen scharfe Kontrastspiegel vor Augen gehalten werden. So nimmt die Theorie utopischen Charakter an. Der Leser kann sich des Gefühls nicht erwehren, daß die menschliche

Natur im Sonnenstaat vergewaltigt wird, das heißt, daß ein solcher Staat ‹theoretisch› zwar möglich ist, aber praktisch nicht erträglich.

Im Gegensatz dazu steht die ‹*Utopia*›, die als *die* Utopie schlechthin nicht etwa nur systematisch politische, sondern geradezu realistische Wesenzüge aufweist, so daß man sie im streng wissenschaftlichen Sinne ‹theoretisch› nennen kann. Eben in diesem Sinne ist sie ein Reformprogramm, das schon deshalb jedes Extrem vermeidet, weil sein Verfasser aus dem tätigen Leben des Politikers heraus schrieb und nicht aus der ohnmächtigen Auflehnung des Entrechteten wie CAMPANELLA oder der resignierten Kritik des Ausgeschalteten wie BACON. Es ist deshalb beinahe tragisch zu nennen, daß auch MORE die Spannung zwischen Illusion und Kalkül nicht zu überbrücken vermochte, daß der realpolitische Reformer an der Irrationalität der Wirklichkeit scheiterte, nicht etwa nur, weil seine Zeit oder sein König ihn nicht verstehen wollten, sondern einfach deshalb, weil die Vernunft nur ein seltener Gast auf dieser Erde ist, der sich zudem immer dann flüchtet, wenn es zu laut und zu gewaltsam hergeht — auch in England.

Wie bei CAMPANELLA am Anfang und Ende jeder Überlegung die ideale Gemeinschaft, so steht bei BACON als Ursprung und Ziel aller möglichen Vollendung das vollkommene Individuum, dessen körperliche Integrität die Voraussetzung für seine geistige Leistung ist und daher mit Vorsicht und Sorgfalt gesichert wird. In der patriarchalischen Kraft des Wissens, das Überlegenheit und Macht über Menschen und Dinge verleiht, beruht die Gewißheit, daß das Programm, das zwar im Augenblick noch utopisch ist und sich daher in das äußere Gewand einer Utopie hüllt, ohne Vergewaltigung der menschlichen Natur allein durch die überzeugende Gewalt der Erkenntnis tatsächlicher Möglichkeiten verwirklicht werden kann. So ergibt sich die merkwürdig paradoxe Tatsache, daß diejenige der drei Utopien, die sich in das märchenhafteste Gewand gehüllt hat und zudem nicht einmal vollendet ist, die stärkste Überzeugungskraft besitzt.

Der Theorie ist der leidenschaftliche Drang nach geistiger Beherrschung der geschaffenen Dinge und Wesen eigen, während die Utopie das scheinbar phantastische Bild des Unwirklichen als möglich darstellen will.

25. UTOPIE UND ERFAHRUNG

Utopisch heißt also keineswegs unmöglich, sondern eben nur unwirklich, also noch nicht oder — nicht mehr möglich. Als Lebenshaltung ließe sich der ‹Utopismus› vielleicht am treffendsten mit dem fichteschen Ausdruck der vernünftigen Triebhaftigkeit, «der unbedingten Herrschaft der Vernunft durch den Instinkt» bezeichnen, schon deshalb, weil Vernunft und Instinkt im Menschen in dauerndem Streit liegen und ihre Gleichsetzung oder bewußte Gleichschaltung ‹utopisch› ist. Aber gerade deshalb kommt man bei genauerer Betrachtung des praktischen Lebens mit den skeptischen Augen des Raphael Hythlodeus zu dem paradoxen Schluß, daß die Utopie eben darum einen verhältnismäßigen Wirklichkeitsvorrang vor der Theorie hat, weil die Leidenschaften, wie es sich sogar in der ‹Utopia› zeigt, stärker sind als die Vernunft. Insofern geht jede Utopie von der Erfahrung aus, daß es nicht so ist, wie es sein könnte.

Von Natur aus hat aber jedes Wesen das Bestreben, so zu sein, wie es sein kann. In dieser angeborenen ‹Richtung› liegt, theoretisch *und* praktisch, das Maß und der Maßstab, das Recht und die Gerechtigkeit: das *Gewissen* als dauernde Berichtigung, als Richtmaß und Richtschnur jedes Verhaltens.

Wenn man überhaupt an eine vorgesetzte Form, ein Formprinzip, eine Bestimmung des Menschen glaubt – und es hält schwer, eine andere Ansicht zu vertreten, wenn man die menschlich erkennbare Gesetzmäßigkeit der Natur überschaut –, so muß man auch die Existenz eines gemeinmenschlichen und somit auch die eines staatlichen Formprinzips als organischer Zweckursache annehmen. Dieses kann vernünftigerweise nicht das gleiche sein wie das der Ameisen- und Bienenvölker (Hobbes), da jedem einzelnen Menschen ja die Möglichkeit gegeben ist, sich für oder gegen den Instinkt zu entscheiden. Es kann daher nur unter Anerkennung dieser Entscheidungsfreiheit, die Vernunft und Willen zu gleichen Teilen enthält, und nicht nur mit dem Verstand allein, sondern auch mit den Kräften der Seele angegangen werden.

Die Theorie aber, aus der Leidenschaft des abstrakten Verstandes geboren, kann tatsächlich nur, wie Antäus in Verbindung mit der mütterlichen Erde, im Zusammenhang mit der Erfahrung ihre organische Berechtigung erweisen – hierin ist der unermüdliche Experimentator BACON ein echter Theoretiker, der unbedenkliche Forderer CAMPANELLA ein phantastischer Utopist –, die Utopie nur in Verbindung mit dem Leben der Gemeinschaft, «mit ihrer Mutter, mit dem Volke» (Stalin).

Das heißt nun nicht, daß die praktische Anwendbarkeit einer Theorie allein über ihren endlichen Wert entscheidet, sondern daß sie von wirklichen Möglichkeiten ausgehen muß, um nicht utopisch zu werden, während die Utopie eben nach möglichen Wirklichkeiten sucht.

Wenn es schon nicht ohne eine klassifizierende Begriffsbildung abgeht, so könnte man die geistige Grundlage der Theorie als kritischen Realismus, die der Utopie als sozialen Idealismus bezeichnen und hätte damit gleichzeitig Gradmesser für ihre Echtheit; es wäre aufschlußreich, dabei zu beobachten, wie die Theorie CAMPANELLAS in dieser Sicht tatsächlich ‹utopisch›, die Utopie MORES tatsächlich ‹theoretisch› erscheint.

Man wird unter solchen Gesichtspunkten aber auch beiden, der Utopie wie der Theorie, auch ohne die (individuelle) Vernunft als eine immer und unter jeder Bedingung segensreiche «Erfindung» der Griechen, als «Retterin» oder «Tyrannin» der Menschheit (Nietzsche) abzulehnen oder zu verherrlichen, die Berechtigung zugestehen müssen, weitab von überheblicher Besserwisserei, auch und besonders insofern es sich um Kritik von Zuständen oder fremden Reformplänen handelt, vernünftige Vorschläge zu einer vorteilhafteren Gestaltung des Zusammenlebens der Menschen zu machen. Allerdings: «man kann auf den Sinai steigen und dort in den Wolken weilen, um auf eine Eingebung zu warten; aber man muß dann auch mit Gesetzestafeln in der Hand herunterkommen». (Reybaud) Das bedeutet nichts anderes, als daß die Welt eine Leistung sehen will.

Eine solche Leistung in literarischem Gewande eines ‹Staatsromans› kann mehr sein als der Ausdruck einer Welt- und Lebensanschauung, mehr als Illustration oder Bildschmuck inmitten eines schier undurchdringlichen Gewirrs trockener Lehrmeinungen — mehr und weniger, nämlich der unzweideutige Hinweis darauf, wie es sein könnte, wenn...

Solcher Hinweise aber finden sich nicht nur in den Bildern der ‹Utopia›, sondern auch der ‹Neu-Atlantis› und sogar des ‹Sonnenstaats› genug und übergenug. Dabei sind es trotz mancher Mängel immer wieder Bilder von Format: die einen voll südlicher Farbenpracht, die andern von nordischer Klarheit. Wie diese der Ausdruck kühler Überlegung sind, die das Wissen als *den* Weg zur Wahrheit erkannt hat, so jene der Ausbruch der leidenschaftlichen Erregung, die angesichts der natürlichen Gegensätze der menschlichen Strebungen Partei ergreift und in CAMPANELLAS Sonett ihren Ausdruck findet:

> Drei Übel zu bestehn, bin ich geboren:
> Tyrannenmacht, Verdrehung, Heuchelei.
> Ich habe mir zum Beistand frank und frei
> die Liebe, Macht und Weisheit auserkoren.
>
> Sie hab' ich aus der Nacht hervorbeschworen,
> die Pfeiler aller Leistung, diese drei
> Heilmittel gegen jede Lügnerei,
> darin die Erde knirschend sich verloren.

Krieg, Pest und Neid und Lüge, Teuerungen,
Verschwendung, Trägheit, Ungerechtigkeit
sind den drei Übeln allerorts entsprungen;

die Eigenliebe zeugt sie allezeit,
sie, die geboren aus Unwissenheit
und die zu zwingen mir allein gelungen.

Klaus J. Heinisch

BIBLIOGRAPHIE

Die Bibliographie enthält die Literatur zu der Gattung der Staatsromane, zu FRANCIS BACON, TOMMASO CAMPANELLA und THOMAS MORE. Die hinter den Seitenzahlen der Zitate in Klammern gesetzten Zahlen geben die Seite des vorliegenden Textes an.

ADAMI, TOBIAS, Praefatio zu: Tommaso Campanella, Realis Philosophiae epilogisticae partes IV. Frankfurt 1623

ADLER, GEORG, Geschichte des Sozialismus und Kommunismus von Plato bis zur Gegenwart, 1. Teil, Leipzig 1899, Buch 4, Kap. 4, S. 276 ff (Hand- und Lehrbuch der Staatswissenschaften in selbständigen Bänden I. Abt. 3. Bd.

—, Idealstaaten der Renaissance. More — Rabelais — Campanella. In: Annalen des Deutschen Reiches, Jg. 32, München 1899, Nr. 6, S. 409 — 444

AHLEFELD, HEINRICH VON, Disputatio philosophica de fictis rebus publicis, quam Divina Favente Gratia Praeside Georgio Paschio, Artis rationis, Philosophiae Primae ac Moralis Prof. Ord. d. Decembr. Anno MDCCIV in Auditorio Majori publice defendet Henricus ab Ahlefeld, Eques Holsatus. Kiloni, Typis Bartholdi Reutheri, Acad. Typogr.

ALEXANDER, FRANZ, Our age of unreason. Philadelphia and New York (1942); deutsch: Irrationale Kräfte unserer Zeit, Stuttgart (1946), S. 123 (238)

AMABILE, LUIGI, Fra Tommaso Campanella, la sua congiura, i suoi processi e la sua pazzia, 3 vol. Napoli 1882

—, Fra Tommaso Campanella nei castelli di Napoli, a Roma e a Parigi. Con 10 opusculi del C. inediti, 2 vol. Napoli 1887

—, Del carattere di Fra Tommaso Campanella. Memoria letta all'Accademia Ponteniana 1890. Napoli 1890

AMERIO, ROMANO, L'opera teologica di Tommaso Campanella. In: Rivista di filosofia neo-scolastica 21, Milano 1929, p. 431 — 443

ANDREAE, JOHANN VALENTIN, Reipublicae christianopolitanae Descriptio. Straßburg 1619; deutsch: J. V. A. Reise nach der Insel Caphar Salama, und Beschreibung der darauf gelegenen Christiansburg, nebst einer Zugabe von moralischen Gedanken in gebundener und ungebundener Rede. Hrsg. von B. S. G., Esslingen 1741

ARISTOTELES, Opera omnia graece et latine, 6 Bde. Paris 1850/74

—, Naturalis auscultatio VIII, 1 (157)

—, Ethica Nicomachea I, 7, 6 (242); II, 7, 11 (220); IX, 9, 3 (242)

—, Logica (127, 227)

—, Metaphysica IV, 6 (242)

—, Moralia magna I, 34, 10 (123)

—, Politica II, 6, 3 — 4 (137); II, 7 (123)

AUGUSTINUS, AURELIUS, De Civitate Dei contra paganos libri XXII. Ed. with introd. and append. by James Edw. Cowell Welldon, vol. I—II, London 1924

—, Sermones 83, 6 (Migne, Patr. Lat. 38, 518); 95, 2 (P. L. 38, 581); 248, 5 (P. L. 38, 1161); vgl. auch Index gen. s. v. ‹Septenarius› (P. L. 46, 602) (165)

BACON, FRANCIS, Nova Atlantis. Fragmentorum alterum. In: Operum moralium et civilium Tom., cura et fide Guilielmi Rawley, London 1638, p. 351 — 386

—, Nova Atlantis. In: Mundus alter et idem, Utrecht 1643

—, Novus Atlas. Opus imperfectum. In: Opera omnia quae extant, Frankfurt 1665, p. 967—994

—, Nova Atlantis. In: Utopia and Nova Atlantis. Ed. by James August Saint-John, London 1850

—, New Atlantis. In: The works of Bacon. Ed. by R. L. Ellis, J. Spedding and D. D. Heath, vol. III. New ed. 1887, p. 119 — 166
—, New Atlantis. In: The World's Classic series. Intr. by T. Case, 1906
—, New Atlantis. Ed. by A. B. Gough, 1915
—, New Atlantis. Ed. with More's Utopia. With an introd. by H. Gotein, 1925
—, Neu-Atlantis. Übers. v. R. Walden, Berlin 1890 (Beiträge zur Vorge-schichte der Freimaurerei, 4. Heft)
—, Neu-Atlantis. Reclams Univ.-Bibl. Nr. 6645
—, Die technologische Utopie des Francis Bacon. Ein Stück aus der ‹Neuen Atlantis›. In: Bernstein, Eduard, Dokumente des Sozialismus, 4. Bd., S. 543 ff
—, Nova Atlantis. Von Helene Minkowski, 1934 (?)
—, Instauratio magna. In: Opera omnia quae extant, Frankfurt 1665, p. 1—484 (227)
—, Sylva Sylvarum sive Historia naturalis, ib., p. 749 — 966 (227)
BALDACCHINI, MICHELE, Vita e filosofia di Tommaso Campanella. Napoli 1840/3 (2. ed. Napoli 1857)
BASTIDE, GEORGES, Les grands Thèmes moraux de la civilisation occiden-tale, Grenoble (1943), S. 169 (255)
BAUDIN, LOUIS, Les Incas du Pérou, Paris (1942); deutsch: Die Inka von Peru. Übers. v. Jos. Niederehe, Essen 1947, S. 25 (dt. Ausg. S. 19) (243); S. 26 (d. A. S. 19) (243); S. 159 (d. A. S. 114) (248)
BEGLEY, WALTER, Bibliography of romance from the renaissance to the end of the seventeenth century. App. z. Ausg. d. ‹Nova Solyma› des John Milton, II, London 1902, S. 355—400
BELLAMY, EDWARD, Looking backward 2000: 1887. London 1888; deutsch: Ein Rückblick aus dem Jahre 2000 auf 1887. Übers. v. Gg. v. Gizycki, Leipzig (1890), Reclams Univ.-Bibl. 2661/62a
BERNARD, JACQUES, Nouvelles de la République des Lettres, Novembre 1705, Amsterdam 1705, p. 502 — 505
BERNSTEIN, EDUARD, Die kommunistischen und demokratisch-sozialisti-schen Bewegungen in England während des 17. Jahrhunderts. Stuttgart 1895
—, Geschichte des Sozialismus in Einzeldarstellungen I, 2, 5, S. 507 — 718
BERTI, DOMENICO, Tommaso Campanella. In: Nuova Antologia XIV und XVI, 1878
—, Nuovi Documenti su Tommaso Campanella tratti del carteggio di Giov. Fabbri, Roma 1881. Scritti varii, vol. II
—, Lettere inediti di Tommaso Campanella e Catalogo dei suoi scritti. In: Atti della Reale Accademia de' Lincei 1878, Scienze moral., vol. II, p. 409 — 507
—, La vita e le opere di Tommaso Campanella. Roma 1878
BLANCHET, LÉON, Campanella. Paris 1920
BOECLER, JOHANN HEINRICH, In C. Corneli Taciti XV Capita priora libri I. Annal. Commentarius, Straßburg 1643, p. 57
—, Elogium Forstneri. In: Opera IV, p. 476 ff
BOHLEN, JANN-LÜCKEN, Die Abhängigkeit des Pädagogen Johann Amos Comenius von seinen Vorgängern, Diss. Erlangen 1906, S. 20
BOTERO, GIOVANNI, Della ragione di stato libri X mutati ed accresciuti di diversi discorsi e nel fine tre libri della grandezza della città di med. autore. Torino 1596
BRANCHEDORO, CESARIUS, Monita politica ad S. Imperii Romani principes de immensa curiae Romanae potentia moderanda, Frankfurt 1609, p. 218

Brasch, Moritz, Sozialistische Phantasiestaaten. Ein hist.-polit. Essay. Leipzig 1885 (Ges. Essays u. Charakterköpfe z. neueren Philosophie u. Literatur Bd. 1)

Burckhardt, Jacob, Die Kultur der Renaissance in Italien, 1860 (15. Aufl. 1925), 1. Abschn. ‹Der Staat als Kunstwerk› (255)

Cabet, Etienne, Voyage en Icarie, Paris 1840; deutsch von Wendel Hippler 1847, Neue Ausg. Magdeburg 1894

—, Colonie Icarienne aux Etats Unis d'Amérique, sa constitution, ses lois, sa situation matérielle et morale après le premier sémestre de 1855. Paris 1856

Calendo, A., Tommaso Campanella. Roma 1895

Campanella, Tommaso, Civitas solis. In: Realis Philosophiae epilogisticae partes IV, Hoc est de rerum natura, hominum moribus, politica (cui civitas solis innata est) et Oeconomica, cum adnotationibus physiologicis a Thobia Adami nunc primum editae, quibus accedunt Quaestionum partes totidem eiusdem Campanellae contra omnes Sectas veteres, nouasque, ad Naturalem ac Christianam Philosophiam hisce libris contentam confirmandam. Frankfurt 1623 (Die Abweichungen dieses Textes sind in spitze Klammern gesetzt)

—, Civitas solis, Paris 1637. In: Opera, vol. II: Disputationum in IV partes suae philosophiae realis libri IV et Civitas solis

—, Civitas solis poetica. Idea Reipublicae Philosophicae, Utrecht 1643. In: Mundus alter et idem (vgl. Hall) (Die Abweichungen dieses Textes sind in eckige Klammern gesetzt)

—, La Città del sole. In: Opera di T. Campanella. A cura di A. d'Ancona, 2 vol. Torino 1854

—, La Città del sole e le questioni sull' ottima repubblica di T. Campanella; e la Storia del reame degli orsi per Gaspare Gozzi; coi ritratti di Moro e Campanella; e con proemio. Milano 1863 (Biblioteca rara publ. da G. Daelli, vol. XI)

—, La Città del sole. In: Opere. Ed. Dom. Berti, Roma 1875

—, La Città del Sole di T. Campanella edita per la prima volta nel testo originale. Con introd. e comm. di Edm. Solmi. Modena 1904

—, La Città del sole. Ed. A. Castaldo. Roma 1910

—, La Città del sole. Testo italiano e testo latino a cura di N. Bobbio, Torino 1941 (Nuova raccolta di classici ital. annotati)

—, La Cité de soleil. In: Œuvres choisies avec une préface de Mme. L. Colet. Paris 1844

—, Die Sonnenstadt oder Idee einer philosophischen Republik. Altenburg 1789

—, Der Sonnenstaat des Dominikaners Thomas Campanella. Übers. v. Christ. Gottlob Tröbst. Progr. d. Realschule zu Weimar, Ostern 1860

—, Der Sonnenstaat. Übers. u. m. einer biogr. Skizze sowie m. sachl. Anm. vers. v. Ignaz Emanuel Wessely. München 1900 (Sammlung gesellschaftswiss. Aufsätze, 14. — 15. Heft)

—, Der Sonnenstaat. Ausw. übers. v. Paul Oestreich. Leipzig 1919 (Dokumente der Menschlichkeit Bd. 6)

—, Civitas solis. Von Helene Minkowski, 1934 (?)

—, Discorsi politici ai principi d'Italia, 1595

—, Ecloga in portentosam Delphini nativitatem, 1638. In: Poesie a cura di Giov. Gentile, Bari 1915 (Scrittori d'Italia, vol. 70, p. 193 — 207)

—, De Libris propriis et recta ratione studendi syntagma. Paris 1642, Amsterdam 1645, Leiden 1697

—, De Monarchia hispanica. Amsterdam 1641 u. 1653

—, Von der Spannischen Monarchy. Übers. v. G. Besold, 1623

—, Philosophia sensibus demonstrata cum vera defensione Telesii. Neapel 1590
—, Poesie a cura di Giov. Gentile. Bari 1915 (Scrittori d'Italia, vol. 70, p. 18)
—, Lettere a cura di Vincenzo Spampanato. Bari 1927 (Scrittori d'Italia, vol. 103)
CAPIALBI, TITO, Documenti inediti circa la voluta ribellione di Tommaso Campanella. Napoli 1845
CARMIGNANI, GIOVANNI, Scritti inediti, vol. IV, Lucca 1851, Cap. II: Sistemi socialisti, p. 105 — 132 (§ 2 Campanella, p. 116 — 126, § 3 Bacon, p. 126 — 132)
CARRIERE, MORIZ, Die philosophische Weltanschauung der Reformationszeit in ihren Beziehungen zur Gegenwart, 2. Aufl. Leipzig 1887, 2. Bd., S. 215 — 296
CASSIRER, ERNST, Das Erkenntnisproblem in der Philosophie und Wissenschaft der neueren Zeit, I. Bd. Berlin 1906, S. 218 — 231, II. Bd. Berlin 1907, S. 116 (227)
CATALANO, Il concetto pedagogico di Tommaso Campanella. Catania 1894
CENTOFANTI, SILVIO, Tommaso Campanella e alcune sue lettere inediti. In: Archivio Storico Italiano, Ser. III, Tom. IV (1866), parte 1, p. 3 — 40, parte 2, p. 58 — 103
COMENIUS, JOHANN AMOS, Orbis sensualium pictus. Hoc est omnium fundamentalium in Mundo rerum et in Vita actionum Pictura et Nomenclatura. Nürnberg 1658 (Neudr. Leipzig 1910)
—, Physicae Synopsis. Amsterdam 1603
CONDORCET, MARIE JEAN-ANTOINE NICOLAS, Esquisse d'un tableau historique des progrès de l'esprit humain, 1797, p. 160 u. 174
CONRING, HERMANN, De civili Prudentia, Helmstedt 1662, cap. XIV, p. 300 und 358
CROCE, BENEDETTO, Intorno al communismo di Tommaso Campanella. In: Arch. stor. per le provincie napolitane, vol. 20, 1895
—, Materialismo storico ed economica marxistica, Bari 1918, p. 191
CUNSOLO, LUIGI, Tommaso Campanella nella storia e nel pensiero moderno; la sua congiura giudicati dagli storici Pietro Giannone e Carlo Botta. Prato 1906
CYPRIANUS, ERNESTUS SALOMON, Vita Th. Campanellae. 2. ed. Amsterdam 1722
DARESTE DE LA CHAVANNE, ANTOINE-ELIS.-CLÉOPHAS, Analyse de la cité du soleil. In: Oeuvres choisies de Th. Campanella par L. Colet. Paris 1844
—, Thomas Morus et Campanella, ou essay sur les utopies contemp. de la renaissance et de la réforme. Paris 1843
DEJOB, CHARLES, Est-il vrai que Campanella fût simplement déiste? In: Annales de la Faculté des Lettres de Bordeaux et des Universités du Midi, IVième série, 33e Année, Bulletin italien, Tome XI, Bordeaux 1911, p. 124 — 140, 232 — 245, 277 — 286
DENTICE DI ACCADIA, CECILIA, Tommaso Campanella. Firenze 1921
DIETZEL, HEINRICH, Beiträge zur Geschichte des Sozialismus und Kommunismus, 3. Art. Morus Utopien und Campanellas Sonnenstaat. In: Vierteljahrsschrift für Staats- und Volkswirtschaft, für Lit. und Gesch. d. Staatswissenschaften aller Länder, 5. Bd., Leipzig 1897, 217 f
DILTHEY, WILHELM, Einleitung in die Geisteswissenschaften. Versuch einer Grundlegung für das Studium der Gesellschaft u. d. Geschichte, 1. Bd., Leipzig u. Berlin 1921 (Gesammelte Schriften I, 2, 2, 7) S. 217 (236); S. 229 (220)
DIODORUS, SICULUS, Bibliotheca historica ed. Ludw. Dindorf und Friedr. Vogel, Leipzig 1888, Bd. I, S. 257 — 266; II, S. 55 — 60

Döll, Emil, Das Schicksal aller Utopien oder socialen Charlatanerien und das verstandesgemäß Reformatorische. Leipzig 1897

Doren, Alfred, Campanella als Chiliast und Utopist. In: Kultur- u. Universalgeschichte, Festschr. f. W. Goetz, Leipzig 1927, S. 245 (221, 242)

—, Wunschräume und Wunschzeiten. In: Vorträge der Bibliothek Warburg 1924/1925, Leipzig 1927, S. 158 — 205

Dunlop, John, The History of fiction, London 1814, 3. Bd. , S. 109 ff

Eberlin von Günzburg OFM, Johann, Der XI. bundtgnoß: Ein newe ordnung weltlich standts des Psitacus Huldrich Sittich aus Gutenzell anzeigt hat in Wolfaria beschriben um 1521. In: Ausgew. Schriften, hrsg. v. Ludw. Enders, Bd. 1, Halle 1896 (Neudrucke dt. Litt.-Werke ds. 16. u. 17. Jhs. Nr. 139 — 141. Flugschriften a. d. Ref.-Zeit XI)

Echard, Jacques, Vita Campanellae. In: Echard u. Quétif, Scriptores Ordinis Praedicatorum, tom. II, Paris 1719, p. 505, und in: Cyprianus a. a. O., App. III, p. 190 — 195

Elster, Ludwig, Bacon. In: Handwörterbuch der Staatswissenschaften, 2. Bd., Jena 1891, S. 7

Engels, Friedrich, Die Entwicklung des Sozialismus von der Utopie zur Wissenschaft, 1882 (Neudruck Berlin 1946), S. 8 (253); S. 23 (234); S. 40 (251)

Erdmann, Johann Eduard, Grundriß der Geschichte der Philosophie, 4. Aufl. I. Bd., Berlin 1896, § 246, S. 589 ff, § 249/50, S. 616 — 631

Erythraeus, Janus Nicius (Giovanni Vittorio Rossi), Pinacotheca imaginum illustrium doctrinae vel ingenii laude virorum, qui, Auctore superstite, diem suum obierunt. Ed. nova, Leipzig 1692, I, p. 41 — 43

Faber, Ernst, Die Grundgedanken des alten chinesischen Sozialismus oder die Lehren des Philosophen Micius. Zum 1. Male vollst. a. d. Quellen dargelegt. Elberfeld 1877

Falletti, Pio Carlo, Del carattere di Fra Tommaso Campanella. In: Rivista storica italiana, Torino 1889, vol. VI, p. 209 — 290

Felici, Giovanni Sante, Die religionsphilosophischen Grundanschauungen des Thomas Campanella. Diss. Halle 1887

—, Le dottrine filosofico-religiose di Tommaso Campanella con particolare riguardo alla filosofia della rinascenza italiana. Lanciano 1895

—, Le origine e le cause della riforma secondo T. Campanella. In: Rendiconti della R. Acc. dei Linci, Cl. di Scienze morali, storiche e filol., Ser. V, vol. 6, Roma 1897, p. 109 — 131, 166 — 191

Ferrari, Guiseppe, Corso sugli scrittori politici italiani. Milano 1862

Fichte, Johann Gottlieb, Die Grundzüge des gegenwärtigen Zeitalters, Berlin 1806, S. 18 (262); S. 19 (235)

—, Der geschlossene Handelsstaat, Tübingen 1800 (Neudruck Jena 1920 in: Sammlung sozialwissenschaftlicher Muster Bd. 21), S. 124 (254)

Fiorentino, Francesco, La riforma religiosa giudicata dal Campanella secondo un manuscritto inedito. In: Giornale Neapolitana di filosofia e lettere I, 1875, p. 69 — 93

Flögel, Carl Friedrich, Geschichte der komischen Literatur, II. Bd., Liegnitz und Leipzig 1785, S. 333 — 339

Fontenelle, Bernard le Bovier de, Entretiens sur la pluralité des mondes habités (1686). In: Oeuvres, nouv. éd., tom. II, Amsterdam 1764

—, La république des philosophes ou Histoire des Ajoiens. Ouvrage posthume de M. de Fontenelle. On y a joint une lettre sur la nudité des sauvages. Genf 1768

Forke, Alfred, Me-Ti, des Sozialethikers, und seiner Schüler philosophische Werke. Berlin 1922

Forstner, Christoph, Ad libros Annalium XI, XII, XIII C. Cornelii Taciti

Notae politicae quae sunt Continuatio Notarum politicarum ejusdem Authoris ad sex libros priores, Straßburg 1653, p. 6, 14, 54 etc.

FOURIER, FRANÇOIS-MARIE-CHARLES, Le nouveau Monde industriel et sociétaire ou invention du procédé d'industrie attrayante et naturelle distribuée en séries passionnées (1829). In: Oeuvres complètes, vol. VI, 21ième éd., Paris 1845, p. 99 et 106 (cf. Tabelle p. 110/111); S. 105 (248)

—, Théorie des quatre mouvements et des destinées générales (1808). In: Oeuvres complètes, vol. I, 2ième éd., Paris 1841

—, Théorie de l'unité universelle. In: Oeuvres complètes, vol. II—V, 2ième éd., Paris 1841

FRANCK, ADOLPHE, Réformateurs et Publicistes de l'Europe XVIIe siècle. Paris 1864

FREYER, HANS, Das Problem der Utopie. In: Deutsche Rundschau, Bd. 183, Berlin 1920, S. 332 (256)

FRIES, JAKOB FRIEDRICH, Philosophische Rechtslehre und Kritik aller positiven Gesetzgebung mit Beleuchtung der gewöhnlichen Fehler in der Bearbeitung des Naturrechts, Jena 1803, S. 117 (247)

FRIESENHAHN, J., Worin stimmen die pädagogischen Anforderungen des Comenius mit den Anschauungen der Baconschen Philosophie überein? Progr. Euskirchen 1892, S. 14

GABELENTZ, HANS GEORG CONON VON DER, Über den chinesischen Philosophen Meh-Tih. In: Berichte üb. d. Verhandl. d. kgl. sächs. Ges. d. Wiss. zu Leipzig, Phil.-hist. Kl. 40. Bd., 1888, S. 62 — 141

GAFFARELLI, JAKOB, Curiositez inouyes hoc est Curiositates inauditae de figuris Persarum talismannicis horoscopo Patriarcharum et characteribus coelestibus Jacobi Gaffarelli latine cum notis quibusdam ac figuris editae opera Gregorii Michaelis, Hamburg und Amsterdam 1676, Dedicatio et p. 167

GASSENDI, PETRUS, Viri illustris Nicolai Claudii Fabricii de Peiresc senatoris Aquisextiensis Vita, Quedlinburg 1706, lib. V, p. 306

GEHRKE, A., Communistische Idealstaaten. Bremen 1878

GENTILE, GIOVANNI, Bruno e il pensiero del rinascimento. Firence 1920

GERLICH, FRITZ, Der Kommunismus als Lehre vom Tausendjährigen Reich. München 1920

Geschichte der Kommunistischen Partei (Bolschewiki). Kurzer Lehrgang. Unter Redaktion einer Kommission des Zentralkomitees der KPdSU (B), Moskau 1939, S. 140 (229)

GIANNONE, PIETRO, Istoria civile di Regno di Napoli, 2. ed., vol. IV, La Haye 1753, cf. p. 309 — 314; französ.: Histoire civile du Royaume de Naples, vol. IV, La Haye 1753, p. 407 — 494

GILSON, ETIENNE, Notes sur Campanella. In: Annales de la philosophie chrétienne XV, 1913

GOETHE, JOHANN WOLFGANG VON, Epilog zu Schillers ‹Glocke› (252)

—, Maximen und Reflexionen 29 (216)

—, Urworte. Orphisch (237)

GOTHEIN, EBERHARD, Der christlich-sociale Staat der Jesuiten in Paraguay, Leipzig 1883 (Staats- u. socialwiss. Forschungen IV, 4) S. 5 (247); S. 6 (250)

—, Platos Staatslehre in der Renaissance. In: Sitzungsberichte d. Heidelb. Akad. d. Wiss. Phil.-hist. Kl. III. 5 (1912)

—, Thomas Campanella, ein Dichterphilosoph der italienischen Renaissance. In: Zeitschr. f. Kulturgesch. I, Berlin 1894, S. 82 (221)

GOZDEK, ADOLF, T. Campanellas Metaphysik. Diss. Freiburg (Schw.) 1910 bis 1911 (2. verb. Aufl. Freiburg/Schw. 1911)

HALL, JOSEPH, Mundus alter et idem sive Terra Australis antehac semper incognita, longis itineribus peregrini Academici nuperrime lustrata Authore Mercurio Britannico. Accessit propter affinitatem materiae Thomae Campanellae Civitas Solis et Nova Atlantis Franc. Baconis, Bar. de Verulamio. Utrecht 1643

HARRINGTON, JAMES, The Oceana and other Works. London 1700

HEGEL, GEORG FRIEDRICH WILHELM, Vorlesungen über die Philosophie der Geschichte. In: Sämtl. Werke, 11. Bd., 2. Aufl. Stuttgart 1939

HERTZKA, THEODOR, Freiland. Ein sociales Zukunftsbild. Leipzig 1890

HILARIUS, Tractatus Psalmi CXVIII, Litt. XXI, 5 (Migne, Patr. Lat. 9, 637)

HIPPEL, ERNST VON, Bacon und das Staatsdenken des Materialismus. Halle 1939 (Schr. d. Königsb. Gelehrten Ges. Geisteswiss. Klasse, Jahr 15/16, Heft 3)

HOBBES, THOMAS, De cive libri. In: Opera philosophica, quae latine scripsit, omnia, Amsterdam 1668, I, 12 (235)

—, Leviathan sive de Materia, Forma et Potestate Civitatis ecclesiasticae et civilis. In: Opera philosophica, Amsterdam 1668, II, 13 (235); II, 17 (245, 263); II, 31 (217)

JÜNGER, ERNST, Heliopolis. Rückblick auf eine Stadt. Tübingen 1949

—, Strahlungen, Stuttgart o. J., S. 287 (218)

KANT, IMMANUEL, Zum ewigen Frieden. Ein philosophischer Entwurf. Neue Aufl. Königsberg 1796 (Reclams Univ.-Bibl. Nr. 1501, S. 52) (255)

KAUFMANN, L. TH., Campanella's City of the sun; Utopias, or schemes of social improvement, London 1879, p. 15 ff

KIRCHENHEIM, ARTHUR VON, Schlaraffia politica. Geschichte der Dichtungen vom besten Staate. Leipzig 1892

KLEINWÄCHTER, FRIEDRICH, Die Staatsromane. Ein Beitrag zur Lehre vom Communismus und Socialismus, Wien 1891, S. 50, Anm. 13 (228); S. 81 (247)

KLIX, Bacon von Verulam. In: Encyklopädie des gesamten Erziehungs- und Unterrichtswesens. Hrsg. v. K. A. Schmid, I. Bd., Gotha 1859, S. 369 bis 382

KOWALEWSKIJ, MAKSIM MAKSIMOWITSCH, Campanella und Botero, 1896 (russisch)

KOZLOWSKI, FELIX VON, Die Erkenntnislehre Thomas Campanellas. Diss. Leipzig 1897

KRAUSE, KARL CHRISTIAN FRIEDRICH, Entwurf eines europäischen Staatenbundes als Basis des allgemeinen Friedens und als rechtliches Mittel gegen jeden Angriff wider die innere und äußere Freiheit Europas, 1814. Neu hrsg. u. eingel. v. H. Reichel, Leizpig 1920 (Philos. Bibl. Bd. 98)

—, Der Erdrechtsbund an sich selbst und in seinen Verhältnissen zu allen Einzelheiten des Menschheitslebens. Aus dem Nachlaß hrsg. von Gg. Mollat. Leipzig 1893

KVAČALA, JOHANNES, Über die Genese der Schriften Campanellas. Jurjew 1911

—, Thomas Campanella. Ein Reformer der ausgehenden Renaissance, Berlin 1909 (Neue Studien z. Gesch. d. Theologie u. d. Kirche, 6. Stück), S. 30 (225)

—, Thomas Campanella und Ferdinand II. In: Sitzungsber. d. phil.-hist. Kl. d. kaiserl. Akad. d. Wiss. Bd. 159, Wien 1908, 5. Abhdlg.

—, Thomas Campanella und die Pädagogik. In: Die deutsche Schule, Leipzig 1905, Heft 10, S. 621 — 639, Heft 11, S. 677 — 688 (256)

LAFARGUE, PAUL. Thomas Campanella. Stuttgart 1895. In: Die Gesch. ds. Sozialismus in Einzeldarst. Bd. I, Teil 2, 4. Abschn., S. 469 — 570

—, Der Jesuitenstaat in Paraguay, ebd. 6. Abschn.

—, Vorläufer des neueren Sozialismus, Bd. III. Berlin 1921

272

LEIBNIZ, GOTTFRIED WILHELM, Opera omnia ed. Ludw. Dutens, vol. VI, Genf 1768, I, p. 303

LEWIS, GEORGE CORNEWALL, A Treatise on the methods of observation an reasoning in politics, vol. II. London 1852

LEXIS, WILHELM, Campanella. In: Handwörterb. d. Staatswissensch. Bd. II, 1. Aufl. Jena 1891, S. 803 — 806

LICHTENBERGER, ANDRÉ, Le socialisme utopique. Etude sur quelques précurseurs inconnues de socialisme. Paris 1898

LIPPERT, P., Campanella. In: Handwörterb. d. Staatswissensch. 3. Bd., 2. Aufl., Jena 1900, S. 3 — 5

MABLY, GABRIEL BONNOT DE, Doutes proposés aux philosophes économistes sur l'ordre naturel et essentiel des sociétés politiques, 1768

—, De la législation ou Principes des lois, 1776; deutsch: Über die Gesetzgebung oder die Grundsätze der Gesetze. München 1779

MACHIAVELLI, NICCOLÒ, Tutte le opere, 1550

—, Le opere. Per cura di P. Fanfari, L. Passerino, G. Milanesi, 11 Bde. Firenze e Roma 1873 — 1877

—, Sämtl. Werke. Übers. v. J. Ziegler, 8 Bde. Karlsruhe 1832

—, Discorsi. Übers. v. Fr. v. Oppeln-Bronikowski. Berlin 1921 (Klassiker der Politik Bd. 2)

—, Der Fürst und kleinere Schriften. Übers. v. E. Merian-Genast. Einl. v. Friedr. Meinecke. Berlin 1923 (Klass. d. Politik Bd. 8)

MAMIANI DELLA ROVERE, TERENZIO, Dialoghi di scienza prima. Paris 1846

MANNDORF, RUDOLF VON, Staatsromane und Gesellschaftsideale. In: Monatsschrift f. Christl. Social-Reform, Gesellschafts-Wiss., volkswirtsch. u. verw. Fragen, 19. Jg. Wien u. Leipzig 1897

MARX, KARL, Das Kapital, 1. Bd., 2. Aufl., 1872 (zit. n. Gesch. d. Kommun. Partei, S. 126) (237)

MATTEI, R., La politica di Campanella. Roma 1928

MEINECKE, FRIEDRICH, Die Idee der Staatsräson in der neueren Geschichte, München u. Berlin 1924, S. 119 (256); S. 121 (239); S. 122 (221); S. 128 (239, 257); S. 134 (245)

MEITZEL, O., Bacon. In: Handwörterb. d. Staatswiss. 2. Bd., 4. Aufl., Jena 1924, S. 121 f

—, Campanella. In: Handwörterbuch d. Staatswiss. 3. Bd., 4. Aufl., Jena 1926, S. 131 f

MEULEN, JACOB TER, Der Gedanke der Internationalen Organisation 1300 bis 1800, den Haag 1917, I. S. 20 f, 62 u. 78

MOHL, ROBERT VON, Die Geschichte und Literatur der Staatswissenschaften, Bd. I, Erlangen 1855, 3. Teil, S. 167 — 214; S. 187 (241)

—, Die Staats-Romane. Ein Beitrag zur Literatur-Geschichte der Staatswissenschaften. In: Zeitschr. f. d. ges. Staatswiss. Jg. 1845, Tübingen (1845), S. 24 — 74; S. 43 (241)

MORE (MORUS), THOMAS, De optimo reipublicae statu, deque noua insula Vtopia, libellus uere aureus, nec minus salutaris quam festiuus (1515). Löwen 1516, Paris 1517, Basel 1518

—, Utopia and Nova Atlantis. Ed. by James Aug. Saint-John. London 1850

—, Utopia in Latin from the ed. of march 1518 and in English from the 1. ed. of Robysons transl. 1551 with notes by J. H. Lupton. Oxford 1895

—, Utopia. Hrsg. v. Victor Michels u. Theobald Ziegler. Berlin 1895 (Lat. Litteraturdenkmäler ds. XV. u. XVI. Jhs., 11. Bd.)

—, Utopia. Übers. v. Gerh. Ritter. Mit einer Einl. v. Herm. Oncken. Berlin 1922 (Klassiker der Politik Bd. 1)

—, Utopia. Übertr. v. Hub. Schiel. Köln 1947 (Am Lebensstrom Bd. 2)

—, Utopia. Übers. v. A. Hartmann. Basel 1947 (Samml. Birkhäuser 2)

MORELLY, Naufrage des Isles flottantes, ou Basiliade du célebre Bilpai. Poème héroique, trad. de l'Indien par M. M., 2 Bde. Messina i. e. Paris 1753
—, Code de la Nature, ou le véritable esprit des ses loix, de tout tems négligé ou méconnu. Par-tout chez le vrai sage, 1760
—, Code de la nature. Publ. par Edouard Dolléans. Paris 1910 (Collection des économistes et des réformateurs sociaux de la France 4)
MORHOF, DANIEL GEORG, Polyhistor sive de notitia auctorum et rerum Commentarii. Ed. II, Lübeck 1695, I, 226
MORLEY, HENRY, Ideal common wealths. London 1885
MUCKLE, FRIEDRICH, Die großen Sozialisten, 1. — 2. Bd., 4. Aufl. Leipzig 1920 (Aus Natur und Geisteswelt Bd. 269/70)
MÜLLER, J. Campanella. In: Staatslexikon, hrsg. v. Herm. Sacher, 5. Aufl., Freiburg 1926, I, Sp. 1167/8
MUMFORD, LEWIS, The History of Utopies, 1922
NAUDAEUS (NAUDÉ), GABRIEL, Bibliographia politica et Casparis Scioppii Paedia politica ut et ejusdem argum. alia. Nova ed. Reliqu. omn. emend. cura Herm. Conringii, Frankfurt 1673, p. 16 u. 37
—, Epistola ad Campanellam quae est XXXI. Epistola ejus Genevae anno 1667 ed. In: Cyprianus a. a. O., App. II, p. 83 — 89
—, Epigrammatum liber I, p. 15. In: Cyprianus a. a. O., App. IV, p. 196
—, Panegyricus dictus Urbano VIII. ob beneficia ab ipso in Thom. Campanellam collata
NICÉRON, JEAN PIERRE, Mémoires pour servir à l'histoire des hommes illustres de la république des lettres, Bd. VII, Paris 1729, p. 67 — 86
NIETZSCHE, FRIEDRICH, Götzendämmerung. In: Werke. Ausgew. u. eingel. v. Aug. Messer, Leipzig 1930, 2. Bd., S. 169 (264)
NYS, ERNEST, Thomas Campanella, sa vie et ses théories politiques. In: Revue de droit internat. et de politique, Bd. XXI, Brüssel 1889, p. 261 bis 290
ONCKEN, AUGUST, Geschichte der Nationalökonomie, Teil I. Leipzig 1902 (Hand- u. Lehrbuch d. Staatswiss. I, 2, 1, S. 239 f. u. 506)
ONCKEN, HERMANN, Einl. z. More, Th., Utopia, übers. v. G. Ritter S. 12 f (238); S. 22 (255); S. 28 (253); S. 29 (240); S. 32 (231); S. 35 (258); S. 38 (222); S. 39 (237); S. 41 (260)
OWEN, ROBERT, The book of the new moral World, 1836
—, A new view of society, or Essays on the principle of the formation of the human character and the application of the principle to practice, London 1816, S. 19 (257)
PALADINO, GIUSEPPE, Per l'edizione critica della ‹Città del Sole› di Tommaso Campanella. In: Rivista di Filosofia Jg. 4, S. 347 ff
PASCH, GEORG s. Ahlefeld, Heinrich von
PAUST, A., Das 1000jährige Reich in Geschichte und neuester Literatur. In: Alere flammam. Festschrift für Georg Minde-Pouet, Leipzig 1921, S. 60 — 78
PLATON, Georgias (Rowohlts Klassiker 1) 494 ff (232)
—, Kritias (Rowohlts Klassiker 47) 108 f (189); 110 (43); 113 ff (189, 227); 116 ff (225)
—, Nomoi (Rowohlts Klassiker 54) 728 d (236); 737 e (248); 740 e (248); 745 c/e (248); 771 (248); 804 ff (137); 950 ff (254)
—, Philebos (Rowohlts Klassiker 47) passim (232)
—, Politeia (Rowohlts Klassiker 27) 347 (221, 224); 369 ff (234, 237, 251); 374 f (251); 376 (256); 395 (256); 397 (251); 416 f (43, [44], 221, 224, 232); 423 (136 f, 231, 246, 248); 428 f (229); 435 ff (235); 440 f (235); 452 ff (137); 456 f (137); 457 ff (136, 231, 246, 253); 460 (134); 464 (43);

274

466 (137); 467 (259); 471 (137); 473 (36); 474 ff (229); 484 ff (229); 495 (239); 496 (44); 499 (36); 501 (36); 503 (229); 504 (235); 535 (229); 537 (259); 540 (36, 229); 541 (221, 224 f); 554 (123, 242); 584 (232)

—, Timaios (Rowohlts Klassiker 47) 18 (43, 134); 24 f (189, 227); 64 f (232); 69 f (235); 89 f (235)

PÖHLMANN, ROBERT, Geschichte des antiken Kommunismus und Sozialismus, 2. Bd., München 1901, S. 73 Anm. 1 (225); 74 (257)

PRYS, JOSEPH, Der Staatsroman des 16. und 17. Jahrhunderts und sein Erziehungsideal. Würzburg 1913

PUST, RUDOLF, Thomas Campanella. In: Monatshefte der Comenius-Gesellschaft XIX, 33 ff

QUABBE, GEORG, Das letzte Reich. Wandel u. Wesen der Utopie. Leipzig 1933

REINER, JULIUS, Berühmte Utopisten und ihr Staatsideal. Plato — Morus — Campanella — Cabet. Jena 1906

RÉSTIF DE LA BRETONNE, NICOLAS EDME, La découverte australe par un homme volant, ou le Dédale français. Nouvelle très philosophique. Suivie de la lettre d'un singe etc. Impr. à Leipsick et on trouve à Paris. 4 vol. s. a. [1780 — 90]

REYBAUD, MARIE-ROCH-LOUIS, Etudes sur les réformateurs ou socialistes modernes, vol. 1, 4ième éd., Paris 1844, vol. 2, 1843, II, p. 81

—, Des Idées et Sectes Communistes. In: Revue des Deux Mondes, IVième Série, tom. XXXI, Paris 1842, p. 8 (240, 256); 39 (264); 44 (252)

RINIERI, ILARIO, Clemente VIII e Sinan Bassà Cicala. Roma 1898

RITTER, GERHARD, Machtstaat und Utopie. 3. Aufl. München 1940

RITTER, HEINRICH, Geschichte der christl. Philosophie, 6. Teil, Hamburg 1851 (Geschichte der Philosophie, 10. Teil), S. 3 — 62

RIXNER, THADDÄ ANSELM, u. SIBER, THADDÄ, Leben und Lehrmeinungen berühmter Physiker am Ende des 16. u. am Anf. ds. 17. Jhs., 6. Heft. Sulzbach 1826 (mit Bildnis Campanellas)

ROMAGNOSI, GIOVANNI DOMENICO, Scritti inediti, vol. IV, s. a.

ROSSI, MARIO, Tommaso Campanella metafisico. Firenze 1921

ROTHACKER, ERICH, Die Schichten der Persönlichkeit, 5. Aufl. Bonn 1952, S. 19 (245); 81 (252)

ROUSSEAU, JEAN JACQUES, Contrat social ou principes du droit politique. Nouv. éd., Paris s. a.; deutsch: Der gesellschaftliche Vertrag. Nach d. Franz. mit Geigers Anm., Marburg 1763

SAINT-PIERRE, CHARLES-IRÉNÉE CASTEL DIT L'ABBÉ DE, Projet pour rendre la paix perpétuelle en Europe, 2 vol., Utrecht 1703; dt.: Der Traktat v. ewigen Frieden, hrsg. v. Wolfg. Michael, bearb. v. Fr. v. Oppeln-Bronikowski, Berlin 1922 (Klass. d. Politik 4)

SAINT-SIMON, CLAUDE HENRI DE, Oeuvres, vol. 1 — 47. Paris 1865

—, Lettres d'un habitant de Genève à ses contemporains, 1803 (zit. nach Engels a. a. O. S. 30) (250)

—, Réorganisation de la société européenne, 1814

—, De l'industrie, 1817

—, Le nouveau Christianisme, 1825

SAUPPE, HERMANN, Festrede im Namen der Georg-August-Univ. etc. 4. Juni 1878. Göttingen 1878

SAWICKI, FRANZ, Bacon. In: Staatslexikon, hrsg. v. Herm. Sacher, 5. Aufl., Freiburg i. Br. 1926, I, Sp. 547 — 549

SCHÄFFLE, ALBERT EBERHARD FRIEDRICH, Die Quintessenz des Socialismus. 7. Aufl. Gotha 1879

SCHILLER, FRIEDRICH VON, Briefe hrsg. v. Fritz Jonas, III. Bd., Stuttgart o. J., Nr. 692, S. 371 f (243)

Schlaraffia politica s. Kirchenheim, Arthur von

Schmitt, Eugen Heinrich, Der Idealstaat. Berlin 1904 (Kulturprobleme der Gegenwart 8)

Schomann, Emilie, Französische Utopisten und ihr Frauenideal. Berlin 1911 (Normannia, Germ.-Roman. Bücherei 7. Bd.)

Sigwart, Christoph, Thomas Campanella und seine politischen Ideen. In: Preuß. Jahrbücher 18 (1885), S. 510—596; später in: Kleine Schriften, 2. Aufl., Freiburg i. Br. 1889, S. 125—181; S. 151 f (242)

Sorley, William Ritchie, Hobbes and contemporary philosophy. In: The Cambridge History of English Literature ed. by A. W. Ward and A. R. Waller, vol. VII, Cambridge 1911, chapt. 12, p. 299 (227)

Spaventa, Beltrando, Carattere e sviluppo della filosofia Italiana dal secolo XVI. sino al nostro tempo. Modena 1860

—, Prolusione e introduzione alle lezioni di filosofia nel' università di Napoli. Napoli 1862

—, Saggi di critica filosofia, politica e religiosa, vol. I. Napoli 1867

Spranger, Eduard, Lebensformen. Geisteswissenschaftliche Psychologie und Ethik der Persönlichkeit, 6. Aufl. Halle 1927, S. 133 (236, 239); S. 197 (241); S. 213 (241); S. 215 (238); S. 230 (241)

Stalin, Josef Vissarionovič, Voprovij Leninizma (Fragen des Leninismus), Leningrad 1930 (russisch), S. 667 (251, 252)

—, Über die Grundlagen des Leninismus. Zu den Fragen des Leninismus, Berlin 1946, S. 93

—, Über die Mängel der Parteiarbeit, Moskau 1937, S. 45 (263)

Stammler, Rudolf, Utopien. In: Deutsche Rundschau Bd. 70, Berlin 1892, S. 281—296

Stein, Ludwig, Die soziale Frage im Lichte der Philosophie. Vorlesungen über Soziologie u. ihre Geschichte, 3. u. 4. Aufl., Stuttgart 1923, S. 161 (235 f); S. 2 Anm. 1 (243)

Sträter, Theodor, Briefe über die italienische Philosophie. In: Der Gedanke VI. Bd., Berlin 1865, S. 71 ff, 123 ff, 153 ff, 230 ff

Sudre, Alfred, Histoire du communisme, 5ième éd., Paris 1856; deutsch: Geschichte des Communismus oder Historische Widerlegung der socialistischen Utopien. Nach der 5. Aufl. ds. Orig. übers. v. O. Friedrich. Berlin 1882 (240)

Thomas von Aquino, Opera omnia, tom 1—15. Rom 1882 ff

—, Opusc. IX, 38 (cf. Opuscula omnia, cura P. Mandonnet, tom. III, Paris 1927, opusc. XXIII, q. 38, p. 225) (163)

—, Quaestiones de potentia dei disputatae, qu. I (163)

—, Summa contra gentiles II, 37 (163); III, 59 (134); III, 70 (163); III, 117 (242)

Thonissen, Jean-Joseph, Le Socialisme depuis l'antiquité. Paris 1852

Treves, R., La filosofia politica di T. Campanella. Bari 1930

Tröbst, Christian Gottlob, Leben und Gedicht des Dominikaners Tomaso Campanella. Progr. d. Großh. Gymn. zu Weimar 1856

Überweg, Friedrich, Grundriß d. Gesch. d. Philosophie, 3. Teil: Die Philosophie d. Neuzeit b. z. Ende des 18. Jhs. 12. Aufl. Berlin 1924

Vairasse d'Allais, Denis, L'Histoire des Sevarambes, peuples qui habitent une partie du troisième continent, communément appellée la Terre Australe. Contenant un compte exact du Gouvernement, des Moeurs, de la Religion et du langange de cette Nation, jusques aujourd'huy inconnue aux Peuples de l'Europe. Traduit de l'Anglais. I. Partie Paris 1677, IIième Partie Paris 1678/79

(In der mir allein zugänglichen Ausg. ds. 5. Bandes der ‹Voyages imaginaires, romanesques, merveilleux, allégoriques, amusans, comiques

276

et critiques, suivis des songes et visions et des romans cabbalistiques, Amsterdam 1787> ist irrtümlich die Titulatur des 4. Bandes derselben Reihe eingeheftet; Titel daher nach Prys, a. a. O. S. 17, der den Titel der engl. Originalausgabe zitiert: Siden, Thomas, The History of Sevaritas or Sevarambi, a nation inhabiting part of the third continent, commonly called Terra Australis incognita, 1675 und 1679; sowie S. 18 die deutsche Übers.: Geographisches Kleinod / Aus Zweyen sehr ungemeinen Edelgesteinen bestehend; Darunter der Erste Eine Historie der Neugefundenen Völcker Sevarambes genannt, Welche einen Theil des Dritten festen Landes / so man sonsten das Süd-Land / nennet / bewohnen. Darinnen eine gantz neue und eigntliche Erzehlung von der Regierung / Sitten / Gottes-Dienst / und Sprache dieser denen Europaeischen Völckern biß anhero noch unbekannten Nation enthalten: Der Andere aber vorstellet / Die Seltzamen Begebenheiten Herrn T. S. Eines Englischen Kauffherrens ... in Englischer Sprache heraus gegeben / Durch A. Roberts. Anietzo in Hoch-teutscher Sprache mit vielen schönen Kupfern denen Liebhabern mitgetheilet. Sultzbach ... 1689 ... und Nürnberg 1717)

—, Geschichte der Sevaramben. Übers. v. J. G. Müller. Itzehoe 1783

VILLARI, PASQUALE, Niccolò Machiavelli e i suoi tempi, illustrati con nuovi documenti, 2a. ed., vol. II, Milano 1895, p. 438 ff

VILLEGARDELLE, La Cité du Soleil. Paris 1841

—, Histoire des idées sociales avant la Révolution française. Paris 1846

VIRNICH, MARIA, Die Erkenntnistheorie Campanellas und Fr. Bacons. In: Renaissance und Philosophie. Beiträge zur Geschichte der Philosophie Heft 11, Bonn 1920

VÖGELIN, SALOMON, Die Utopia des Thomas Morus. In: Die Neue Gesellschaft, Monatsschrift f. Socialwissenschaft, 1. Jg., Zürich 1878, S. 176 bis 189, 617 — 635

VOETIUS, GISBERTUS, Selectarum Disputationum theologicarum Pars I, Utrecht 1648, p. 202

VOIGT, ANDREAS, Die sozialen Utopien. Fünf Vorträge, Leipzig 1906, S. 9 (255); S. 20 (245); S. 61 (251); S. 92 (122); S. 112 (240)

VOLTAIRE, FRANCOIS-MARIE AROUET DE, Micromégas ou Voyage des habitans de l'étoile Sirius. Amsterdam 1787 (Voyages imaginaires ... tom. 23, p. 383 — 417)

VORLÄNDER, KARL, Von Machiavelli bis Lenin. Neuzeitliche Staats- und Gesellschaftstheorien. Leipzig 1926

WALDEN, R. s. Bacon, F., Neu-Atlantis, 1890

WEBER, KATHARINA, Staats- und Bildungsideale in den Utopien des 16. und 17. Jahrhunderts. In: Hist. Jahrbuch d. Görres-Ges. 51. Bd., Köln 1931, S. 307 — 338

WECHSLER, Utopien. Progr. d. höh. Bürgerschule. Königsberg 1859

WINDELBAND, WILHELM, Die neuere Philosophie. In: Allg. Geschichte der Philosophie, 2. Aufl., Leipzig u. Berlin 1913. Die Kultur der Gegenwart, hrsg. von Paul Hinneberg I, 5, S. 463 (254)

WITTE, JOHANNES, Mê Ti. Der Philosoph der allgemeinen Menschenliebe und sozialen Gleichheit im alten China. Ein Quellenbuch, Leipzig 1928, S. 47 (246)

WOLFF, EMIL, Francis Bacons Verhältnis zu Platon. Diss. München 1908 (vgl. bes. S. 58 — 60)

WUTTGE, HUGO, Erkenntnistheorie und Ethik des Tommaso Campanella, Diss. Halle 1897, S. 6 (256)

YIH, Z. L., Introduction to Mo-Tzse, 1922

ZENKER, ERNST VIKTOR, Geschichte der chinesischen Philosophie, 1. Bd. Reichenberg 1926, S. 236 (245); S. 237 f (244), S. 238 (246)

Das Verzeichnis enthält alle im Text vorkommenden Eigennamen, mit Ausnahme derer, die lediglich auf die benutzte Literatur hinweisen; darüber hinaus sind schwierigere Sachbezeichnungen aufgenommen.

der chalkidischen Pflanzstädte (vgl. Aristoteles, Politica II, 2, 5 und II, 12, 6; Cicero, De legibus I, 57; Seneca, Epist. moral. 90, 5: «Zaleuci leges Charondaeque laudantur»; Val. Max. 6, 5; Naudaeus, Bibliogr. politica p. 15). 122

281

285

rowohlts monographien
Begründet von Kurt Kusenberg, herausgegeben von Wolfgang Müller und Uwe Naumann.

Eine Auswahl:

Konrad Adenauer
dargestellt von Gösta von Uexküll
(234)

Augustus
dargestellt von Marion Giebel
(327)

Otto von Bismarck
dargestellt von Wilhelm Mommsen
(122)

Willy Brandt
dargestellt von Carola Stern
(232)

Che Guevara
dargestellt von Elmar May
(207)

Heinrich VIII.
dargestellt von Uwe Baumann
(446)

Adolf Hitler
dargestellt von Harald Steffahn
(316)

Iwan IV. der Schreckliche
dargestellt von Reinhold Neumann-Hoditz
(435)

Thomas Jefferson
dargestellt von Peter Nicolaisen
(405)

Karl der Große
dargestellt von Wolfgang Braunfels
(187)

Kemal Atatürk
dargestellt von Bernd Rill
(346)

Nelson Mandela
dargestellt von Albrecht Hagemann
(580)

Mao Tse-tung
dargestellt von Tilemann Grimm
(141)

Claus Schenk Graf von Stauffenberg
dargestellt von Harald Steffahn
(520)

Die Weiße Rose
dargestellt von Harald Steffahn
(498)

Ein Gesamtverzeichnis der Reihe *rowohlts monographien* finden Sie in der *Rowohlt Revue*. Jedes Vierteljahr neu. Kostenlos. In Ihrer Buchhandlung.

rowohlts monographien

rowohlts monographien
Begründet von Kurt Kusenberg, herausgegeben von Wolfgang Müller und Uwe Naumann.

Eine Auswahl:

Max Beckmann
dargestellt von Stephan Reimertz
(558)

Hieronymus Bosch
dargestellt von Heinrich Goertz
(237)

Paul Cézanne
dargestellt von Kurt Leonhard
(114)

Lucas Cranach d.Ä.
dargestellt von Berthold Hinz
(457)

Die Dadaisten
dargestellt von Hermann Korte
(536)

Max Ernst
dargestellt von Lothar Fischer
(151)

Anselm Feuerbach
dargestellt von Daniel Kupper
(499)

Vincent van Gogh
dargestellt von Herbert Frank
(239)

Francisco de Goya
dargestellt von Jutta Held
(284)

Wassily Kandinsky
dargestellt von Peter A. Riedl
(313)

Le Corbusier
dargestellt von Norbert Huse
(248)

Leonardo da Vinci
dargestellt von Kenneth Clark
(153)

Michelangelo
dargestellt von Heinrich Koch
(124)

Pablo Picasso
dargestellt von Wilfried Wiegand
(205)

Rembrandt
dargestellt von Christian Tümpel
(251)

Karl Friedrich Schinkel
dargestellt von Wolfgang Büchel
(494)

Henri de Toulouse-Lautrec
dargestellt von Matthias Arnold
(306)

Andy Warhol
dargestellt von Stefana Sabin
(485)

rowohlts monographien

Literatur

rowohlts monographien

Literatur

rowohlts monographien

Annette von Droste-Hülshoff

Eine Auswahl:

Medizin / Psychologie

Alfred Adler
dargestellt von Josef Rattner
(189)

Anna Freud
dargestellt von
Wilhelm Salber
(343)

Sigmund Freud
dargestellt von
Octave Mannoni
(178)

Erich Fromm
dargestellt von Rainer Funk
(322)

C. G. Jung
dargestellt von Gerhard Wehr
(152)

Alexander Mitscherlich
dargestellt von
Hans-Martin Lohmann
(365)

Wilhelm Reich
dargestellt von
Bernd A. Laska
(298)

Naturwissenschaft

Charles Darwin
dargestellt von
Johannes Hemleben
(137)

Thomas Alva Edison
dargestellt von Fritz Vögtle
(305)

Albert Einstein
dargestellt von
Johannes Wickert
(162)

Galileo Galilei
dargestellt von
Johannes Hemleben
(156)

Johann Kepler
dargestellt von
Mechthild Lemcke
(529)

Isaac Newton
dargestellt von Johannes
Wickert.
(548)

Alfred Nobel
dargestellt von Fritz Vögtle
(319)

Max Planck
dargestellt von
Armin Hermann
(198)

Medizin / Psychologie / Naturwissenschaft

rowohlts monographien

rowohlts monographien
Begründet von Kurt Kusenberg, herausgegeben von Wolfgang Müller und Uwe Naumann.

Eine Auswahl:

Louis Armstrong
dargestellt von Ilse Storb
(443)

Johann Sebastian Bach
dargestellt von Martin Geck
(511)

Robert Schumann
dargestellt von Barbara Meier
(522)

George Bizet
dargestellt von Christoph Schwandt
(375)

Frédéric Chopin
dargestellt von Jürgen Lotz
(564)

Hanns Eisler
dargestellt von Fritz Hennenberg
(370)

John Lennon
dargestellt von Alan Posener
(363)

Felix Mendelssohn Bartholdy
dargestellt von Hans Christoph Worbs
(215)

Elvis Presley
dargestellt von Alan und Maria Posener
(495)

Wolfgang Amadeus Mozart
FRITZ HENNENBERG

Sergej Prokofjew
dargestellt von Thomas Schipperges
(516)

Giacomo Puccini
dargestellt von Clemens Höslinger
(325)

Gioacchino Rossini
dargestelt von Volker Scherliess
(467)

Heinrich Schütz
dargestellt von Michael Heinemann
(490)

Richard Strauss
dargestellt von Walter Deppisch
(146)

Richard Wagner
dargestellt von Hans Mayer
(029)

Ein Gesamtverzeichnis der Reihe *rowohlts monographien* finden Sie in der *Rowohlt Revue*. Jedes Vierteljahr neu. Kostenlos. In Ihrer Buchhandlung.

rowohlts monographien

rowohlts monographien
Begründet von Kurt Kusenberg, herausgegeben von Wolfgang Müller und Uwe Naumann.

Eine Auswahl:

Theodor W. Adorno
dagestellt von Hartmut Scheible
(400)

Hannah Arendt
dargestellt von Wolfgang Heuer
(379)

Aristoteles
dargestellt von J.-M. Zemb
(063)

Walter Benjamin
dargestellt von Bern Witte
(341)

Ludwig Feuerbach
dargestellt von Hans-Martin Sass
(269)

Johann Gottlieb Fichte
dargestellt von Wilhelm G. Jacobs
(336)

Martin Heidegger
dargestellt von Walter Biemel
(200)

Karl Jaspers
dargestellt von Hans Saner
(169)

Immanuel Kant
dargestellt von Uwe Schultz
(101)

Konfuzius
dargestellt von P. Do-Dinh
(042)

Karl Marx
dargestellt von Werner Blumenberg
(076)

Platon
dargestellt von Gottfried Martin
(150)

Karl Popper
dargestellt von Manfred Geier.
(468)

Jean-Paul Sartre
dargestellt von Walter Biemel
(087)

Max Scheler
dargestellt von Wilhelm Mader
(290)

Rudolf Steiner
dargestellt von Christoph Lindenberg
(500)

Max Weber
dargestellt von Hans Norbert Fügen
(216)

rowohlts monographien